한국의 당간과 당간지주
Buddhist Banner Pole and Stone Posts in Korea

-개정증보판-

한국의 당간과 당간지주
Buddhist Banner Pole and Stone Posts in Korea

엄기표 지음

학연문화사

머리말

옛날에 만들어진 하나의 유적이나 유물을 볼 때 그것 자체만을 보고 이해하거나 분석해서는 안 된다. 유적이나 유물과 관련된 기록뿐만이 아니라 그것과 관련된 다른 것들도 볼 줄 알아야 한다. 한마디로 유적이나 유물과 관련된 모든 것을 종합하여 총체적으로 분석해야만 올바른 결론에 도달할 수 있을 것이다. 하나의 유적이나 유물을 그것만이 가지고 있는 것에 대하여 판단하고 결론내리는 것과 그 안에 내재된 것을 포함하여 수많은 것을 보고 결론내리는 것은 엄청난 차이를 가져올 수도 있다. 설사 결론이 같다 하더라도 결론에 이르는 과정은 엄연한 차이가 있는 것이다. 미술사의 대상이 되는 과거 우리 선조들이 만들어놓은 조형물에 대하여 접근하는 방법이 다양한 시각에서 이루어져야 한다는 것이다.

'아는 만큼 보인다.'는 말이 있는데 진정 맞는 말이다. 그런데 필자가 생각하기에 아는 만큼이 아니라 '본 만큼 알게 된다.'는 것도 진리인 듯하다. 특히 미술사를 공부하는 사람들에게는 더더욱 절실하게 다가올 것이다. 유·무형의 문화유산에 대하여 관련된 글을 천착하고 나름대로의 시각을 쌓아가는 것과 동시에 직접 현장에 가서 실견하고 느껴보고 비교해보고 자신의 생각을 정리해보아야 한다. 그러면서 자신도 모르게 눈의 수준의 달라지고 있다는 것을 느낄 수 있을 것이다.

그동안 한국 미술사는 괄목할만한 성장과 연구 업적을 축적하였다. 미술사의 대상이 되는 많은 문화유산에 대한 정리도 어느 정도 경지에 다다라 있다고 할 수 있다. 여기에 오기까지 수많은 연구자들의 땀과 노력이 있었고, 관심있는 사람들의 정성과 배려가 있었기에 가능한 일이었다. 그분들의 노고에 경하를 올리는 바이다. 그러나 아직까지 세분화되어 전문적이고 종합적인 연구는 그리 많지 않은 편이라 할 수 있다. 물론 분야마다 특성이 있고 통일된 의견이 마련되지 않은 점도 있다. 하지만 앞으로는 세부 분야에 대하여 종합적인 정보를 제공하는 성과물이 있어야 할 것이다. 필자의 이러한 생각을 사람에 따라 건방지다고 생각할지도 모르고, 이제 걸음마 단계에 불과하면서 감히 한국미술사 전체에 대하여 평한다는 것이 분명 무례한 일이다.

그런데 필자는 그동안 미술사라는 분야를 공부하면서 절실하게 다음과 생각을 하게 되었다. 한 사람이 오랫동안 축적하고 경험하고 조사하고 연구하고 기록한 것 등이 미흡하게 느껴질지라도 어느 정도 단계에 이르면 내놓아야만 한다는 것이다. 그래야만 정보가 공개되어 많은 사람이 공유할 수 있다는 것을 알았다. 나만을 위한 정보가 아니라 모든 사람을 위한 정보가 되어야 한다는 것이다. 그래야만 다시 누군가에 의하여 더욱 발전될 수 있다는 것을 알게 되었다. 어떤 분야를 연구한다는 것이 번뜩이는 머리도 중요하지만 미술사에서 무엇보다 중요한 것은 정보의 양이다. 누가 얼마만큼 많은 정보를 찾는데 시간을 투자하였느냐가 중요하다. 특히 조형물을 대상으로 연구하는 미술사는 더더욱 그러하다.

이 책도 이러한 생각의 일환으로 그동안 정리한 것을 나름대로 체계를 잡아 엮어 보았다. 당간과 당간지주에 대한 졸렬한 연구로 석사학위를 받은 이후 더욱 체계화시키고 많은 정보를 얻기 위하여 발품을 팔기도 하였다. 그리고 당, 당간, 당간지주에 대한 이해를 높이기 위하여 관련 기록을 찾는 등 많은 노력을 기울였다. 그러나 기록도 많지 않았고, 역부족인 능력으로 한계가 있었음을 시인하지 않을 수 없다. 특히 왜 한국 불교에서 당간과 당간지주가 크게 발전하였고, 그 이유는 무엇인가 하는 것 등이 가장 천착한 문제였다. 그러나 아직까지 필자 또한 솔직하게 명쾌한 답을 얻지 못한 상태이다. 그리고 북한에 소재하고 있는 당간지주에 대하여 실견하고 직접 조사한 이후에 성과물을 내놓으려고 했는데 그러지 못한 것이 못내 아쉽기도 하다. 이런 부담을 알고 있으면서 책으로 출판한다는 것이 무리가 있는 줄 알지만 필자 나름대로 지금까지 정리한 것을 여러 연구자들이나 관심 있는 사람들과 공유할 수 있다는 측면에서 위안으로 삼고자 한다.

이 책이 나오기까지는 그동안 한국 미술사에 대한 깊은 애착과 열정으로 연구한 분들이 있었기에 가능한 일이었다. 혹시 필자가 미혹하여 이해나 인용을 잘못하였거나 연구 업적을 毁言하는 일이 없지 않은지 내심 두렵기도 하다. 만약 그러한 일이 있다면 이 자리를 빌어 사죄드리고 너그러운 용서와 가르침을 간곡히 부탁드리고 싶다.

이 책은 지금까지 공부할 수 있도록 물심양면으로 지원해주신 부모님이 계셨기에 가능한 일이었다. 어느 덧 주름살이 많이 늘어난 부모님을 뵐 때마다 자식의 도리를 되새기게 한다. 그리고 어렵지만 한결같이 마음 씀씀이가 천사 같은 아내 이은영과 두 공주 엄지, 예지에게도 사랑을 전하고 싶다.

그리고 미술사에 대한 길을 열어주시고 혜안을 주신 정영호 선생님께 늘 감사드리고 있는데, 다시 한번 진심으로 깊은 사의를 표한다. 또한 학문하는 자세를 마음으로 일깨워 주시는 박경식 교수님께 감사드린다. 그리고 격려를 아끼지 않으시는 김동현, 장충식, 김상현 교수님을 비롯하여 '보기 보다'를 명언으로 심금을 울리게 하는 김항구 교수님에 대한 고마움도 잊을 수 없다. 그리고 연구소에서 든든한 후원자가 되어 주는 서영일 선생님을 비롯하여 정성권, 김호준, 방유리, 이재설, 최문환, 강형웅, 강경남, 박지영, 이순영 등에게도 고마움을 드린다. 또한 한국에 유학하면서 학위과정의 어려움을 불굴의 의지로 극복하고 있으며, 여러 가지 어려운 부탁을 내일처럼 도와준 田福凉에게 진심으로 감사드린다. 그리고 위영, 오호석에게도 고마움을 전하고 싶다. 특히 항상 경주에서 새로운 당간지주가 발견되거나 필자가 조사하지 못한 당간지주가 있으면 연락해주고 당간지주를 바라보는 시각을 제시해 준 이근직 선생님에게도 이 자리를 빌어 진심으로 감사드린다. 그리고 혹시 이 자리에 언급하지 못한 분이 있다면 너그럽게 이해해 주시기 바란다.

마지막으로 출판을 허락해 주신 권혁재 사장님과 자기 글 이상으로 꼼꼼하게 읽어가면서 편집하고 많은 사진을 정리해 주신 최정애 씨에게 깊은 감사를 드린다.

2004년 6월
엄 기 표

일러두기

1. 제한된 사료를 인용하다 보니 반복되는 경우가 많으며, 각 장별로 본문의 이해를 돕기 위하여 꼭 필요하다고 생각되는 원문은 주에서 반복 인용하였다.
2. 가능하면 모든 사진 자료를 실어 독자의 이해를 돕도록 하였으며, 인용 출처는 양이 많은 관계로 생략하고 참고문헌에 일괄 제시하였다.
3. 통일신라 말기에서 고려 초기에 건립된 것으로 추정되는 당간지주는 통일신라 항으로 설명하였다. 그리고 고려 말기에서 조선 초기에 건립된 것으로 추정되는 당간지주는 고려시대 항으로 설명하였다.
4. 당간과 당간지주에 대한 전반적인 변화 과정을 파악할 수 있도록 중복되지 않는 범위 내에서 일제 강점기 사진을 제시하였다.
5. 당간과 당간지주의 도면은 실측 조사 시 작성된 것이며, 필요하다고 생각되는 도면만 제시하였다.
6. 개별 당간과 당간지주에 대한 형식과 양식 등 별도의 고찰을 시도하였다.

차 례

머리말

1장 서론 • 15

2장 당의 기원과 형태 • 23

3장 당간과 당간지주
   1. 당간의 기원 • 79
   2. 당과 당간의 의의 • 97
   3. 당간과 당간지주의 명칭 • 118

4장 당간과 당간지주의 양식 분석
   1. 기단의 성립과 전개 • 139
   2. 간대의 기능과 유형 • 149
   3. 지주의 양식과 계열성 • 159
      (1) 통일신라 • 159
      (2) 고려 • 184
   4. 당간의 특징과 형상 • 205

5장 당간지주의 특성
   1. 가람에서 당간지주의 배치 • 235
   2. 당간지주의 분포와 특징 • 249
   3. 당간지주의 건립 • 262
   4. 당간지주의 쇠퇴와 괘불지주 • 266

6장 시대별 당간과 당간지주

1. 통일신라
   (1) 사천왕사지 당간지주(四天王寺址 幢竿支柱) • 280
   (2) 망덕사지 당간지주(望德寺址 幢竿支柱) • 283
   (3) 황룡사지 당간지주(皇龍寺址 幢竿支柱) • 285
   (4) 황복사지 당간지주(皇福寺址 幢竿支柱) • 286
   (5) 경주 구황동 당간지주(慶州 九黃洞 幢竿支柱) • 287
   (6) 삼랑사지 당간지주(三郎寺址 幢竿支柱) • 290
   (7) 불국사 당간지주(佛國寺 幢竿支柱) • 293
   (8) 경주 전 주전지 당간지주(慶州 傳 鑄錢址 幢竿支柱) • 296
   (9) 경주 동천동 당간지주(慶州 東川洞 幢竿支柱) • 297
   (10) 단속사지 당간지주(斷俗寺址 幢竿支柱) • 299
   (11) 고령 지산동 당간지주(高靈 池山洞 幢竿支柱) • 302
   (12) 부석사 당간지주(浮石寺 幢竿支柱) • 304
   (13) 비로사 당간지주(毗盧寺 幢竿支柱) • 306
   (14) 남간사지 당간지주(南澗寺址 幢竿支柱) • 309
   (15) 공주 반죽동 당간지주(公州 班竹洞 幢竿支柱) • 311
   (16) 구룡사지 당간지주(九龍寺址 幢竿支柱) • 314
   (17) 경주 보문리 당간지주(慶州 普門里 幢竿支柱) • 317
   (18) 미륵사지 당간지주(彌勒寺址 幢竿支柱) • 319
   (19) 경주 보문동 연화문 당간지주(慶州 普門洞 蓮華紋 幢竿支柱) • 326
   (20) 담엄사지 당간지주(曇嚴寺址 幢竿支柱) • 328
   (21) 장의사지 당간지주(莊義寺址 幢竿支柱) • 330
   (22) 법수사지 당간지주(法水寺址 幢竿支柱) • 332
   (23) 법광사지 당간지주(法廣寺址 幢竿支柱) • 334
   (24) 장연사지 당간지주(長淵寺址 幢竿支柱) • 337
   (25) 해인사 당간지주(海印寺 幢竿支柱) • 339
   (26) 안동 운흥동 당간지주(安東 雲興洞 幢竿支柱) • 341
   (27) 중초사지 당간지주(中初寺址 幢竿支柱) • 343
   (28) 장락사지 당간지주(長樂寺址 幢竿支柱) • 346
   (29) 송림사 당간지주(松林寺 幢竿支柱) • 350
   (30) 죽장사지 당간지주(竹杖寺址 幢竿支柱) • 352
   (31) 동화사 당간지주(桐華寺 幢竿支柱) • 354
   (32) 부인사지 당간지주(符仁寺址 幢竿支柱) • 356

(33) 황룡사지 서편 당간지주(皇龍寺址 西便 幢竿支柱) • 358
(34) 강릉 대창리 당간지주(江陵 大昌里 幢竿支柱) • 360
(35) 화엄사 당간지주(華嚴寺 幢竿支柱) • 362
(36) 숙수사지 당간지주(宿水寺址 幢竿支柱) • 365
(37) 영양 현일동 당간지주(英陽 縣一洞 幢竿支柱) • 367
(38) 금산사 당간지주(金山寺 幢竿支柱) • 369
(39) 상주 복룡동 당간지주(尙州 伏龍洞 幢竿支柱) • 372
(40) 갑사 철당간(甲寺 鐵幢竿) • 374
(41) 강릉 수문리 당간지주(江陵 水門里 幢竿支柱) • 379
(42) 굴산사지 당간지주(掘山寺址 幢竿支柱) • 381

2. 고려

(1) 광법사 당간지주(廣法寺 幢竿支柱) • 386
(2) 불일사지 당간지주(佛日寺址 幢竿支柱) • 389
(3) 숭선사지 당간지주(崇善寺址 幢竿支柱) • 390
(4) 법천사지 당간지주(法泉寺址 幢竿支柱) • 393
(5) 만덕사지 당간지주(萬德寺址 幢竿支柱) • 396
(6) 용두사지 철당간(龍頭寺址 鐵幢竿) • 398
(7) 귀법사 당간지주(歸法寺 幢竿支柱) • 405
(8) 보원사지 당간지주(普願寺址 幢竿支柱) • 407
(9) 봉업사지 당간지주(奉業寺址 幢竿支柱) • 410
(10) 부안 서외리 석당간(扶安 西外里 石幢竿) • 411
(11) 무량사 당간지주(無量寺 幢竿支柱) • 416
(12) 아산 읍내리 당간지주(牙山 邑內里 幢竿支柱) • 418
(13) 영통사 당간지주(靈通寺 幢竿支柱) • 420
(14) 자비사 당간지주(慈悲寺 幢竿支柱) • 422
(15) 춘천 근화동 당간지주(春川 槿花洞 幢竿支柱) • 423
(16) 홍천 희망리 당간지주(洪川 希望里 幢竿支柱) • 426
(17) 괴산 외사리 당간지주(槐山 外沙里 幢竿支柱) • 428
(18) 현화사 당간지주(玄化寺 幢竿支柱) • 430
(19) 고창 흥덕 당간지주(高敞 興德 幢竿支柱) • 432
(20) 미륵리사지 당간지주(彌勒里寺址 幢竿支柱) • 435
(21) 담양 읍내리 석당간(潭陽 邑內里 石幢竿) • 437
(22) 법주사 철당간(法住寺 鐵幢竿) • 443

(23) 천흥사지 당간지주(天興寺址 幢竿支柱) • 447
(24) 홍성 동문동 당간지주(洪城 東門洞 幢竿支柱) • 451
(25) 장성 사가리 당간지주(長城 四街里 幢竿支柱) • 453
(26) 정읍 장명동 당간지주(井邑 長明洞 幢竿支柱) • 455
(27) 칠장사 철당간(七長寺 鐵幢竿) • 456
(28) 범어사 당간지주(梵魚寺 幢竿支柱) • 461
(29) 파주 파주리 당간지주(坡州 坡州里 幢竿支柱) • 463
(30) 진주 성산리 당간지주(晋州 省山里 幢竿支柱) • 465
(31) 거돈사지 당간지주(居頓寺址 幢竿支柱) • 466
(32) 만복사지 당간지주(萬福寺址 幢竿支柱) • 468
(33) 원주 봉산동 당간지주(原州 鳳山洞 幢竿支柱) • 471
(34) 양평 옥천리 당간지주(楊平 玉泉里 幢竿支柱) • 474
(35) 서산 동문동 당간지주(瑞山 東門洞 幢竿支柱) • 476
(36) 나주 동문외 석당간(羅州 東門外 石幢竿) • 478
(37) 영광 단주리 석당간(靈光 丹朱里 石幢竿) • 482
(38) 창녕 직교리 당간지주(昌寧 直橋里 幢竿支柱) • 484
(39) 익산 쌍정리 당간지주(益山 雙亭里 幢竿支柱) • 486
(40) 울진 구산리 당간지주(蔚珍 九山里 幢竿支柱) • 488
(41) 회암사지 당간지주(檜岩寺址 幢竿支柱) • 489
(42) 통도사 석당간(通度寺 石幢竿) • 491

3. 기타

(1) 풍기 출토 금동 당간 용두(豊基 出土 金銅 幢竿 龍頭) • 496
(2) 금동 용두 보당(金銅 龍頭 寶幢) • 497
(3) 음각 탑당 동판(陰刻 塔幢 銅版) • 499
(4) 홍덕사지 청동 보당 용두(興德寺址 青銅 寶幢 龍頭) • 500

당간과 당간지주에 새겨진 명문 • 502

참고문헌 • 507

찾아보기 • 517

1장
서 론

한국미술사 연구에 있어서 고려시대의 불교미술은 신라시대에 비하여 상대적으로 쇠퇴내지는 후퇴로 파악하려는 경향이 있다. 그런데 이러한 쇠퇴는 기술적인 측면에서 치석술(治石術)이나 조각 기법이 떨어진 것이지, 불탑이나 불상 등 불교미술품에 대한 종교심이나 신앙의 대상성이 이전보다 못하지 않았음은 주지의 사실이다. 즉, 한시대의 미술은 상대적으로 비교 연구되는 것이 아니라, 절대적인 측면에서 연구되어야 한다는 것이다. 특히 종교미술은 당대인(當代人)의 신앙심을 비롯하여 역사성(歷史性)이나 시대성(時代性)이 깊게 습합되어 있기 때문에 더더욱 그러한 측면에서 접근이 이루어져야 할 것으로 보인다. 그래야만 그 시대의 특성이나 역사성을 올바르게 밝힐 수 있을 것이다.

한국의 불교미술은 4세기 후반 불교의 전래와 동시에 목조(木造)·석조(石造) 등의 조형물이 건립·조성되면서 시작되었다. 현존하는 석조미술품 중에는 조각을 제외하고 양과 질에서 석탑이 대표적이며, 그 외에 각 사찰에서 실용적인 목적과 홍법(弘法) 등을 위하여 필요에 따라 건조한 석조물로 석조부도, 석등, 석비, 당간지주, 석조 등이 있다. 이중에서 수효와 분포, 시대별 양식, 예배 대상, 사상사, 문화사적인 중요도 등으로 석탑·부도·석등은 비교적 연구가 많이 이루어졌다. 그런데 당간지주는 고려시대까지 성행한 후 조선시대에 접어들어 불교계가 위축되면서 새롭게 건립되지 않았던 이유 등으로 관심과 연구가 적은 편이다.

　당간지주는 당간을 세우기 위한 시설이며, 당간(幢竿)은 정상부에 당(幢)을 높게 걸기 위한 깃대와 같은 건조물이라 할 수 있다. 그래서 당간과 당간지주는 하나의 몸체로 구성된 조형물로 특별한 의미를 부여하여 건립된 불교미술품이라 할 수 있다. 따라서 당간과 당간지주를 세워 정상부에 당을 걸어 사찰의 입구에 배치한 것은 불교 사상의 변화와 아울러 사찰의 위상에 대한 새로운 인식이 형성되었음을 알 수 있게 한다. 이러한 당간지주는 통일신라시대부터 나타나기 시작하여 고려시대까지 대부분의 사찰에서 건립된다. 그래서 당간과 당간지주는 통일신라시대부터 고려시대까지 창건되거나 중창된 대부분의 사찰에 건립되어 전국 곳곳의 사찰이나 절터에 남아 있다.

　이러한 사실로 보아 당간과 당간지주는 석탑이나 불상과 마찬가지로 사찰 가람에서 불가결의 존재로 등장하게 되었음을 알 수 있다. 또한 당이나 당간은 불교 의식 및 행사시에 중요한 역할을 하였던 건조물이었음을 짐작할 수 있다. 따라서 당간과 당간지주는 석탑이나 불상과 마찬가지로 가람 상에서 차지하는 위치나 의의가 상당하였을 것이다. 그리고 그 규모로 보아 건립 기간, 제작비용 등이 석탑이나 불상에 결코 뒤지지 않았으리라 짐작된다.

　그런데 지금까지 당간과 당간지주에 대한 연구는 석탑, 석불, 석등 등에 비하면 많지 않은 실정이다.[1] 여러 가지 이유가 있겠지만 필자가 생각하기에는 당간

---

1) 당간과 당간지주와 관련된 연구는 아래와 같다.
　松本文三郎,「朝鮮の幢に就いて」,『內藤博士還曆祝賀支那學論叢』, 弘文社, 1926.
　葛城末治,「朝鮮の幢及ひ幢竿に就いて」,『小田先生頌壽記念朝鮮論集』, 1933(『朝鮮金石巧』(韓國金石文全書補助資料), 亞細亞文化社, 1979).
　具善會,「韓國上代伽藍建築의 幢竿支柱 및 掛佛臺에 關한 硏究」, 영남대 석사학위논문, 1981.
　李浩官,「統一新羅時代 幢竿支柱와 石橋」,『考古美術』158 159합집, 한국미술사학회, 1983.
　朴洪國,「慶州地方 幢竿支柱의 硏究」,『慶州史學』4, 동국대 경주캠퍼스 국사학회, 1985.
　辛鍾遠,「幢竿造營의 文化史的 背景」,『江原史學』3집, 강원대 사학회, 1987.
　金昌庚,「高麗石造建築의 硏究 -幢竿支柱・石燈・石碑-」,『考古美術』175・176합집, 한국미술사학회, 1987.
　姜友邦,「統一新羅 法幢의 復元的 考察 -豊基 出土 金銅龍頭의 出現을 계기로-」,『圓融과 調和』, 悅和堂, 1990.
　鄭永鎬,「韓國의 幢竿과 幢竿支柱」,『古美術』1991년 봄호, 韓國古美術協會, 1991.

지주가 사찰 가람에서 차지하는 비중이 높았음에도 불구하고 불상이나 불탑과 같이 주요한 신앙과 예배의 대상이 아니었기 때문에 주목을 받지 못한 이유가 있었을 것이다.[2] 그리고 다른 불교 미술품과 같이 지역이나 시기에 따라 형식이나 양식상의 변화가 뚜렷하지 않다는 점을 들 수 있을 것이다. 즉, 관련 기록과 양식적인 특징이 뚜렷하지 않아 지금까지 별다른 주목을 받지 못하였다. 또한 당간과 당간지주는 미술사적으로 사찰 가람 상에서 중요성이 인식되지 못하였고, 예술사적으로는 미학적·예술적 감상의 대상이 되지 못한 점도 그 이유라 할 수 있다. 나아가 당간지주의 형식이 간단하고 석재의 형태가 다른 용도로의 전이가 용이하여 당대(當代)의 수량보다 현존하는 양이 적은 것도 또 하나의 이유이다.

이러한 당간과 당간지주는 통일신라시대부터 성행하여 고려시대까지 전국 대부분의 사찰에서 건립하였으며, 현재까지 많은 수량이 남아 있기 때문에 이에 대한 정리와 연구가 필요하다. 또한 당간이 사찰의 입구에 세워져 경내로 들어오는 불도들에게 사찰의 위상과 상징성을 부여한 조형물(造形物)이었다는 점에서 이에 대한 이해가 요구되고 있다. 또한 국가지정문화재로 지정되어 있는 당간지주의 수량은 상당하다. 현재 한국에는 많은 당간지주가 남아 있는데, 완전하지는 않지만 당간까지 남아있는 것은 8기(基) 정도이며,[3] 당간지주는 남북한을 합하여 총 100여기 정도인데[4] 대부분이 남한 지역에 집중되어 있다.[5]

嚴基杓, 「韓國의 幢竿과 幢竿支柱 硏究」, 한국교원대학교 석사학위논문, 1996.
嚴基杓, 「忠北地域 幢竿과 幢竿支柱 考察」, 『博物館誌』 5호, 충청전문대 박물관, 1996.
嚴基杓, 「統一新羅時代의 幢竿과 幢竿支柱 硏究」, 『文化史學』 6·7호, 韓國文化史學會, 1997.
전창기, 『미륵사지 당간지주』, 현대옵셋인쇄사, 1999.
嚴基杓, 「高麗時代 幢竿과 幢竿支柱」, 『文化史學』 11·12·13호, 韓國文化史學會, 1999.
嚴基杓, 「충북지역 당간과 당간지주」, 『충북의 석조미술』, 충북학연구소, 2000.
嚴基杓, 「全北地域 幢竿과 幢竿支柱」, 『順天大博物館誌』 2호, 순천대학교 박물관, 2000.
齋藤忠, 『幢竿支柱の硏究』, 第一書房, 2003.

2) 佛塔이나 佛像에 비하여 종교적인 신앙의 주요한 예배의 대상성과 예술성이 뒤떨어져 신앙과 예배의 주요한 대상이 되지 못하였다는 의미이다.
3) 현재 당간까지 남아있는 것으로는 갑사 철당간, 용두사지 철당간, 법주사 철당간, 나주 동문외 석당간, 담양 읍내리 석당간, 칠장사 철당간, 영광 단주리 석당간, 부안 서외리 석당간 등이 있다. 이외에 당간의 형태를 알 수 있는 것으로는 호암미술관 소장 龍頭寶幢, 국립중앙박물관 소장의 陰刻 塔幢 銅版 등이 있다.
4) 葛城末治는 500여기가 있을 것으로 추정하고 있는데, 이것은 幢竿支柱와 掛佛支柱를 모두 합하여 수량화한 것으로 보인다(葛城末治, 「朝鮮の幢及ひ幢竿に就いて」, 『朝鮮金石巧』(韓國金石文全書補助資料),

당간과 당간지주에 대한 조사는 일제 강점기부터 이루어졌다.[6] 이후 고고미술 동인회에 의하여 당간지주에 대한 조사와 보고가 부분적으로 시작되었으며,[7] 문화재관리국에 의하여 한국에 소재한 모든 유적과 유물에 대한 조사 시 당간지주에 대한 조사가 이루어졌다.[8] 그 중에서 국가지정문화재급은 비교적 실측과 조사가 체계적으로 이루어져 각 유물에 대한 보고가 이루어지기도 하였다.[9] 그리고 1977년 풍기에서 금동 당간 용두와 청주 흥덕사지(興德寺址)에서 청동 보당 용두가[10] 출토되어 현존하는 당간을 중심으로 통일신라시대 당간의 복원이 시도되었다.[11] 나아가 고려시대 조성된 것으로 보이는 용두보당은 당간의 원형을 추정하는데 결정적인 자료가 되고 있다. 이외에도 많은 연구 성과가 있었지만[12] 당

亞細亞文化社, 1979). 필자의 생각으로는 掛佛支柱를 제외하고 현재 남북한에 산재되어 있는 幢竿支柱는 파괴된 것까지 합하여 200여기 정도 될 것으로 추정된다.

5) 현재까지 북한에 소재하고 있는 것으로 보고 된 당간지주는 6기 정도이다. 모두 고려시대에 건립된 것이며 통일신라시대 건립된 당간지주는 아직까지 확인되지 않고 있다.

6) 關野貞,『朝鮮の建築と藝術』, 東京 岩波書店刊行, 1941.8. 이 글에서는 芬皇寺, 法住寺, 金山寺幢竿支柱를 소개하고 있다. 이외에도 藤島亥治郎,『朝鮮建築史論』(景仁文化社, 1982)과『朝鮮と建築』(21卷 12號)에도 수기의 당간지주가 보고되어 있다. 그리고『朝鮮古蹟圖譜』는 전국적인 고적조사로 1916년 간행한 第4冊에서 華嚴寺외 10基를, 1918년에 간행된 第6冊에서는 萬福寺址외 5基를 조사하여 사진과 해설을 실었다. 이외에 2편의 논문이 있다.
葛城末治,「朝鮮の幢及ひ幢竿に就いて」,『朝鮮金石巧』(韓國金石文全書補助資料), 亞細亞文化社, 1979.
藤島亥治郎,「慶州を中心とせる新羅時代幢竿支柱論」,『史蹟名勝天然記念物』第8집 第11호 별쇄, 1933(pp. 1~11).

7) 尹容鎭,「法水寺址와 遺物」,『古文化』1집, 한국대학박물관협회, 1962.
李夏中,「尙州邑伏龍里幢竿支柱」,『考古美術』第2권 第9호 통권14호, 고고미술동인회, 1961.
秦弘燮,「八公山 符仁寺址의 調査 -新羅五岳調査記 其一-」,『考古美術』第5권 第12호 통권 53호, 고고미술동인회, 1964.
申榮勳,「安城郡 七長寺의 調査」,『考古美術』第5권 第12호 통권53호, 고고미술동인회, 1964.
李殷昌,「洪城五官里寺址의 幢竿支柱와 石佛坐像」,『考古美術』第6권 第1호 통권54호, 고고미술동인회, 1965.

8) 文化財管理局,『文化遺蹟總覽』上・中・下卷, 1977.
전국적인 遺物・遺蹟 總覽으로 幢竿支柱는 총 70기가 소개되어 있다.

9) 鄭永鎬 編,『國寶』7, 石造, 예경산업사, 1983.

10) 청주대학교 박물관,『淸州興德寺址 發掘調査報告書』, 古蹟調査報告 8책, 1986.

11) 姜友邦,「統一新羅 法幢의 復元의 考察」,『圓融과 調和』, 悅話堂, 1990, pp. 305~314.

12) 具善會,「韓國上代伽藍建築의 幢竿支柱 및 掛佛臺에 關한 硏究」, 영남대 건축공학과 석사논문, 1980.
李浩官,「統一新羅時代 幢竿支柱와 石橋」,『考古美術』158・159합집, 한국미술사학회, 1983.

간지주의 소재나 양식 파악, 그리고 건립 시기를 추정하는데 치중한 면이 없지 않다.

이러한 당간지주는 중국 불교문화의 영향을 받아 삼국통일 이후 국가적으로 중요한 사찰을 중심으로 본격적으로 건립되기 시작한 것으로 추정되고 있다. 이것은 당시 사찰 가람(伽藍)에서 당(幢)과 당간이 갖는 의의가 높았기 때문이었을 것이다. 즉, 불교 사상의 변화나 종파의 형성 등으로 불전(佛殿) 장엄을 위해서 당이 중요한 상징적 역할을 하였던 것으로 보인다. 관련기록이 구체적이지 못하고 현존하는 당이 전무하여 정확한 유래나 역할, 기원 등을 파악하기는 어려운 실정이다.

그리고 중국이나 일본 사찰에서는 한국보다 당간과 당간지주가 크게 성행하지 않은 것으로 확인되고 있다. 이러한 현상은 한국 고대 불교문화만이 갖는 독특한 전통과 사상적인 배경에서 유래된 것으로 추정되고 있다. 나아가 당과 당간은 불교의식 및 행사시에 중요한 역할을 하였던 불교 가람의 건조물로서 한국 불교의 특수성을 유출하는 데에도 주목되어야 할 것이다.

따라서 이 글에서는 현재까지의 연구 성과와 관련 기록 등을 통하여 당과 당간의 기원과 의의에 대하여 간략히 고찰하고, 나아가 당간과 당간지주의 건립 의의를 고찰할 것이다. 그리고 당간과 당간지주를 과거에는 어떻게 불렀는지 관련 기록을 통하여 시론적으로 제시할 것이다. 또한 통일신라시대와 고려시대의 당간과 당간지주에 대하여 형식과 양식을 분류하여 기단부, 간대부, 지주부, 당간부로 나누어 고찰하고자 한다. 나아가 지주부의 간구(杆溝)와 간공(杆孔)의 시공 수법에 대하여 알아보고자 한다. 또한 당과 함께 당간의 형상은 무엇이었으며, 의미하는 바가 어떤 것인지를 시론적으로 제시해 보고자 한다.

그리고 사찰 가람에서 당간지주가 어디에 배치되었으며, 전국적인 당간지주의 분포와 그 특징을 간략히 고찰하고자 한다. 또한 당간지주의 양식적인 계보를 분

朴洪國, 「慶州地方 幢竿支柱의 硏究」, 『慶州史學』 4, 동국대 경주캠퍼스 국사학회, 1985.
金喜庚, 「高麗石造建築의 硏究 -幢竿支柱·石燈·石碑-」, 『考古美術』 175·176합집, 한국미술사학회, 1987.
辛鍾遠, 「幢竿造營의 文化史的 背景」, 『江原史學』 3집, 강원대 사학회, 1987.
鄭永鎬, 「韓國의 幢竿과 幢竿支柱」, 『古美術』 1991년 봄호, 韓國古美術協會, 1991.

석하여 어떤 발전 과정을 거쳤는지 파악하고 지방으로의 확산 과정과 그 시기를 개략하고자 한다.

한편 당간지주는 고려후기부터 서서히 쇠퇴하기 시작하여 조선 초기에는 건립되지 않다가 조선후기에 새롭게 괘불지주(掛佛支柱)가 성행하게 된다. 특히 괘불지주는 당간지주와 그 기능이나 의의는 다르지만 지주부가 강한 친연성을 가지고 있다. 그래서 괘불지주에 대하여 간략하게 고찰하고자 한다.

마지막으로 한국의 당간과 당간지주에 대한 전반적인 검토가 없었기 때문에 각 개의 당간과 당간지주에 대하여 기록뿐만이 아니라 사찰의 창건과 발굴 성과 등을 토대로 각론(各論)하였다.

2장

당의 기원과 형태

당(幢)은 당간의 정상부에 거는 깃발과 같은 형태의 장엄물이라 할 수 있다. 당간지주를 세우는 기능적인 목적은 당간을 세워 당을 걸기 위한 것이다. 결국 당간지주와 당간을 세우는 목적은 당을 걸기 위한 것이며, 조형물을 세우는 의의가 당에 결집되어 있었다고 할 수 있다. 따라서 당의 형태와 문양, 제작 수법 등은 당간과 당간지주를 건립하는 의의를 이해하는데 결정적인 근거임에도 불구하고 현재 남아있는 유물이 많지 않은 실정이다. 다만 기록에 번(幡)과 당이 보이고 있으며, 번과 당은 그 형태가 유사하여 일찍부터 혼용되어 명칭이 사용되었던 것으로 나타나고 있다.[1] 이들은 불전(佛殿)이나 절의 문 앞에 꽂는 기(旗)의 일종으로 일찍부터 불보살(佛菩薩)의 장엄(莊嚴)에 사용되었던 것으로 알려져 있다. 그리고 불경에도 번과 당이 오래전부터 다양하게 불전 장엄용 등으로 널리 보급되어 있었음이 보이고 있다.[2]

『백연경(白緣經)』에는 '석존 재세 시(釋尊 在世時)에 가비라성에 한 장자(長子)가 있었는데, 그 아들이 있어 용모 단정하고 그가 태어날 때 허공중에 큰 깃발이

---

1) 林玲愛, 「古代 中國 佛敎幡의 樣式變遷考」, 『美術史學硏究』189, 한국미술사학회, 1991, p. 71.
  嚴基杓, 「全北地域 幢竿과 幢竿支柱」, 『順天大博物館誌』2호, 순천대학교 박물관, 2000, p. 44.
2) 『法華經』에는 번의 사용에 대하여 비교적 명확하게 서술되어 있다. 1. 塔의 莊嚴, 2. 寶樹의 莊嚴, 3. 菩薩의 執持具, 4. 供養行事具, 5. 經卷의 書寫와 誦讀 등이다(齋藤忠, 『幢竿支柱の硏究』, 第一書房, 2003, p. 8).

나타나 성(城)을 덮었다. ……한 남자가 탑 주위에서 대회(大會)를 설하고 긴 번을 만들어 탑에 걸쳐 발원하였는데 그 남자는 다름 아닌 파다가(波多迦)의 전신(前身)이며 그는 그 공덕에 의하여 이후 91겁(劫) 사이에 악도(惡道)에 떨어지지 않고 태어날 때에도 대번(大幡)에 둘려 쌓였다.'고[3] 하여 번의 연유를 밝히고 있다. 오래전부터 무언가를 발원하기 위하여 번을 탑에 걸어 장엄하였으며, 그 기원이 오래되었음을 알 수 있다. 그리고 번을 만들어 탑에 거는 것이 공덕(功德)을 쌓는 것과 관련되어 있음을 전하고 있다.

『반니원경(般泥洹經)』 권 하 에는 '다비(茶毘)를 마치고 사리를 거두어서는 네 거리에 탑묘(塔廟)를 세우고 찰간(刹竿)으로 표시하고 비단을 달았다.'고[4] 하였으며, '벽돌을 모아 탑을 쌓았는데 크기가 모두 1장 5척이 되었다. 금 항아리에 사리를 담아 그 속에 넣고 장간(長竿)을 세워 법륜(法輪)을 표시하고 그 위에 비단을 달았다.'고[5] 전하고 있다. 이러한 기록은 석가모니 입멸 당시부터 깃발 모양을 한 번이 비단 등으로 만들어져 사리탑 등에 장엄물로 사용되었음을 알 수 있게 한다. 여기서 말하는 찰간이나 장간이 후대에 만들어지는 당간은 아니지만 사리탑 정상부에 일정한 높이로 세운 다음 비단으로 만든 깃발 모양의 장엄물을 달았음을 알 수 있다. 이외에도 『묘법연화경(妙法蓮華經)』 서품의 게송(偈頌)에 '낱낱의 탑묘(塔廟)에는 각각 천개의 당번(幢幡)을 달았고, 주문노만(珠文露幔)에 보배 방울 울려오니' 하였다. 그리고 『법화삼부경(法華三部經)』에는 '어떤 사람이 탑묘(塔廟)와 보상(寶像) 및 화상(畵像)에 꽃이나 향 혹은 번개(幡蓋)로서 공경한 마음으로 공양하며'와[6] '이 탑에 마땅히 일체의 꽃과 향과 영락, 당번(幢幡), 기악과 노래를 불러서 공양 공경하고 존중 찬탄하라'는[7] 내용이 보인다. 또한 『정토론(淨土論)』 권 하에도 '염부제에서의 과보가 다하여 목숨을 버리려 할 때 촌(村)의

---

3) 홍윤식, 『한국의 불교미술』, 대원정사, 1988, pp. 190~191(재인용).
4) 『大正新修大藏經』 第1冊, 阿含部 上.
  '闍維之訖收舍利 於四衢道 立塔起廟 表刹懸繒'
5) 『大正新修大藏經』 第1冊, 阿含部 上.
  '集用作塔 高及縱廣 皆丈五尺 藏黃金甖 舍利於其中置 立長 表法輪 枹蓋懸繒'
6) 『法華三部經』(한진섭 역, 법륜사, 1979, pp. 152~153).
7) 『法華三部經』(한진섭 역, 법륜사, 1979, pp. 376~377).

모든 사람들이 여러 불, 보살, 당번(幢幡), 보개(寶蓋)가 아래로 내려와 맞아가는 것을 보았다.'라고 하였다.

이와 같이 불경에서 번과 당을 말하고 있는 것으로 보아 그 유래가 오래되었음을 짐작할 수 있다. 그리고 번과 당이 불전 내부나 가람을 장엄하는 대표적인 불구(佛具)였음을 알 수 있다. 번과 당은 적어도 석존 입멸 직후부터 깃발과 같은 모양의 장엄물로서 번 또는 당이라는 호칭으로 불가(佛家)에서 특별한 목적으로 사용되었음을 알 수 있다. 즉, 번과 당이 사찰에서 불세계(佛世界)를 장엄하는 불

인도 불탑(스와트 출토, 높이 28cm)

인도 불탑(스와트 출토, 높이 35cm)

인도 사리탑의 상륜부

인도 사리탑의 상륜부

키질석굴 벽화의 승려와 사리탑(7세기)

구로서 또는 부처에게 공양(供養)하거나 공덕을 쌓는 주요 도구로 활용되었음을 알려 준다.

각종 불경에서 번과 당이 가람 상에서 장엄 등의 도구로서 오래전부터 사용되었음을 확인할 수 있다. 인도에서도 일찍부터 번을 달아 불전(佛殿)을 장엄하였던 것으로 나타나고 있다. 400년경 법현(法顯)이 인도를 순례하고 남긴 『고승법현전(高僧法顯傳)』에 의하면 대법회 시에 승좌(僧座)에 그림 번개(幡蓋)를 걸어 놓았다고 전하고 있다. 그리고 숭립사(崇立寺)의 승려 혜생(惠生)과 송운(宋雲)이 518년경 서역에 법을 구하러 갔을 때에도 수천의 소탑(小塔)에 수많은 번(幡)이 걸려 있었다고 전한다.[8] 혜초(慧超)가 인도를 순례하면서 기록한 『왕오천축국전(往五天竺國傳)』을 보면 '매년 8월 8일이 되면 남자스님들과 여승 도인 속인들이 모두 그곳에 모여 대대적으로 불공을 드린다. 그때 공중에 깃발(幡)이 휘날리는데 그 수를 헤아릴 수 없다.'라고[9] 하여 공양 시 공중에 휘날리는 번을 걸었음을 알려주고 있다. 또한 혜초는 파라나시국에 도착하여 사원 입구 전경을 기록하기를 '위에 사자상이 있는 저 당(幢)은 극히 아름답다.' 그리고 '탑을 세울 때 이 당도 만들었다.'라고[10] 묘사하고 있다. 즉, 사리탑을 장엄한 형형색색의 화려한 장엄물로 번을 달았으며, 번이 중요한 공양구

---

8) 김영숙, 「佛腹藏物 통해 본 服飾 思想性 檢討」, 『文化財』 35호, 국립문화재연구소, 2002. p. 197(재인용).
9) 慧超, 『往五天竺國傳』.
   '就彼大設供養 於其空中有幡現'
10) 慧超, 『往五天竺國傳』.
   '上有獅子 彼幢極麗 五人合抱 文里細……塔時 幷造此幢'

임을 전하고 있다. 그런데 당은 꼭대기에 사자상이 있는 조형물에 걸려 있는데, 사리탑을 조성할 때 사자상이 있는 조형물도 건립되었다고 하였다. 이 기록이 당시의 정황을 정확하게 전하는 기록이라면 당은 번과 다르게 별도의 조형물에 달았으며, 당을 거는 조형물은 사원 입구에 세워져 있었음을 간접적으로나마 알려준다. 또한 당을 거는 조형물 꼭대기에 사자상이 있다고 한 것으로 보아 오늘날 인도에 남아있는 아쇼카왕의 석주(石柱)를 지칭하는 것이 아닌가 한다. 그리고 번이 휘날리고 있었다는 것으로 보아 천으로 제작되었음도 알 수 있다.

중국에서도 일찍부터 번과 당이 성행하였으며, 당간이 건립되었던 것으로 나타나고 있다. 양현지(楊衒之)가 북위(北魏)의 수도였던 낙양을 보고 남긴 『낙양가람기(洛陽伽藍記)』에 경명사(景明寺)의 전경을 묘사하면서 '번당(幡幢)이 구름 속에 걸려 있다'고[11] 기록하였다. 북위시대 낙양에는 1300여 개의 사찰이 있었을 정도로 불교가 융성한 곳이었다. 북위가 동위와 서위로 분열되고 동위가 수도를 업(鄴)으로 천도함에 따라 낙양은 황폐하게 되었다. 양현지는 547년 낙양에 와서 지난날의 영화를 생각하며 실지로 자신이 보고 느낀 것을 후세에 전하기 위하여 『낙양가람기』를 저술하였는데, 낙양의 많은 사찰에 번당이 걸려 있다고 묘사하고 있다. 이외에도 중국의 많은 사서에서 번이나 당과 관련된 기록들을 찾을 수 있다.

이와 같이 인도와 중국에서 일찍부터 번과 당이 성행하였으며, 그것이 불전 장엄을 위한 중요한 장식물로 인식되었음을 전하고 있다. 그리고 사찰에 별도

운강 제2굴 동벽 중앙 불탑

---

11) 楊衒之, 『洛陽伽藍記』 卷 第2, 景明寺.

운강 제2굴 동벽 북측 불탑

의 조형물을 만들어 번이나 당을 걸어 장엄하였음도 알 수 있다.
　한국에서는 백제의 성왕(聖王 : 523~554)이 일본에 불교를 전할 때에 번을 보냈다는 기록이 『일본서기(日本書紀)』에 전하고 있다. 즉, '겨울인 10월에 백제 성왕은 서부 희씨(姬氏) 달솔 노리사치계(達率 怒唎斯致契) 등을 보내 석가불 금동상 1구, 번개(幡蓋) 약간, 경론 약간 권을 보냈다.'고[12] 하였다. 그리고 623년 7월 신라가 여러 종류의 번을 보냈다는 기록이 있다. 즉, '31년 가을 7월 신라는 대사 나말 지세이(大使 奈末 智洗爾)를 임나는 달솔 나말지(達率 奈末智)를 보내 같이 내조(來朝)하였다. 이때 불상 1구와 금탑(金塔), 사리를 보내왔다. 또한 큰 관정번(觀頂幡) 1구(具)와 소번(小幡) 12조(條)를 보내 왔다. 그래서 불상은 갈야(葛野)의 진사(秦寺)에 모시고, 나머지 사리·금탑·관정번 등은 모두 사천왕사(四天王寺)

---

12) 『日本書紀』 卷19, 欽明天皇 13年 10月.
　'冬十月百濟聖明王更名聖王遣西部姬氏達率怒唎斯致契等獻釋迦佛金銅像一軀幡蓋若干經論若干卷'

운강 제11굴 서벽 남측 불탑

운강 제11굴 남벽 동측 불탑

돈황 막고굴 257호굴 남벽 중앙 삼존불상 (북위시기)

돈황 막고굴 428호굴 서벽 중앙 남측 금강보좌탑(金剛寶座塔)(북주시기)

돈황 막고굴 146굴 북벽 약사경변 (오대)

에 들였다.'고[13] 하였다. 여기에서 불상 1구와 더불어 관정번(灌頂幡)과 소번(小幡)을 보냈다는 것으로 보아 불교가 성행하면서 각종 번을 각 사찰에서 소장하고 있거나, 의식이나 행사 시 특별한 목적을 위해서 달았던 것으로 보인다. 또한 번이 그 형태와 크기에 따라 다양하게 불렸으며, 다른 나라에 선물로 보낼 만큼 중요한 물품이었음을 알 수 있다. 이 기록에 보이는 관정번과 소번은 불전을 장엄하였던 번으로 당과 유사한 형태였을 것으로 보인다. 이와 같이 당시 백제와 신라에서 일본으로 건너간 번이 당과는 다른 용도이지만, 당의 형태가 번과 유사하였던 것으로 당의 기원과 용도를 밝히는데 중요한 단서를 제공한다.

또한 『삼국유사(三國遺事)』에는 '자장은 대장경 1부와 여러 가지 번당(幡幢) 화개(花蓋) 등에 이르기까지 복리(福利)가 될 만한 것을 가져가게 해주기를 청하여 모두 이것을 싣고 돌아왔다.'고[14] 하였다. 이 기록은 신라에도 불교가 들어온 이후 일찍부터 번당이 전래되었음을 알려준다. 다만 여기서 번당이 번과 당을 분리하여 칭하고 있는 것인지, 아니면 불전을 장엄할 때 혼용하여 사용한 번당을 칭하는 것인지는 불분명하다. 어쨌든 번과 당 또는 번당이 불교 전래 이후 그리 오랜 시간이 지나지 않은 삼국시

6존자상 책(六尊者像 冊, 唐, 傳 盧楞伽)

---

13) 『日本書紀』 卷22, 推古天皇 31年 7月(623년).
 '卅一年秋七月 新羅遣大使奈末智洗爾 任那遣達率奈末智 幷來朝 仍貢佛像一具及金塔幷舍利且大灌頂幡一具小幡十二條 卽佛像居於葛野秦寺 以餘舍利金塔觀頂幡等 皆納於四天王寺……'

14) 『三國遺事』 第4卷, 義解 第5, 慈藏定律.
 '……乞齋藏經一部泊諸幡幢花蓋堪爲福利者皆載之……'

금동투조관정번(金銅透彫灌頂幡, 동경국립박물관, 7세기, 세로 510cm)

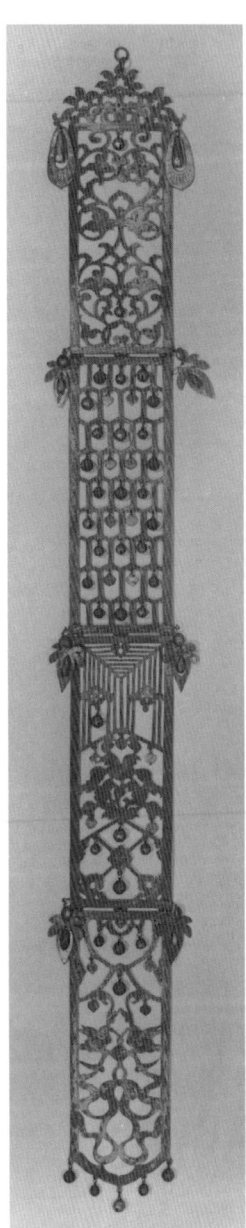
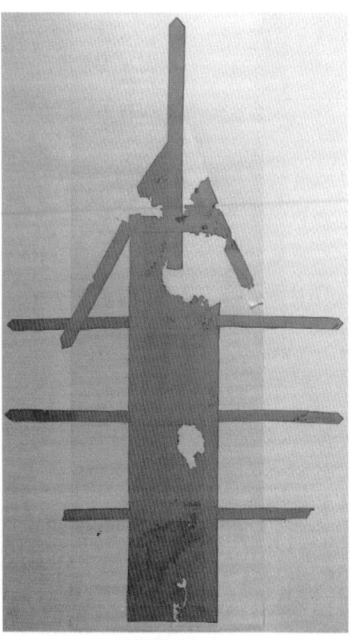

금동번(金銅幡, 정창원, 세로 170cm, 가로 15.5cm)

평견번(平絹幡, 동경국립박물관, 7~8세기, 세로 250cm, 가로 38.5cm)

광동평견번(廣東平絹幡, 동경 국립박물관, 7~8세기, 세로 298cm, 가로 32.3cm)

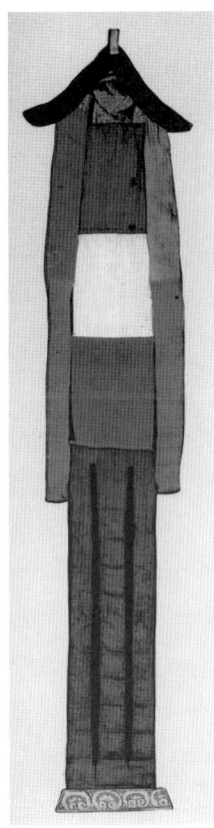 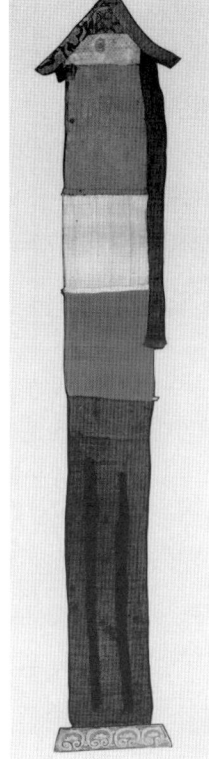 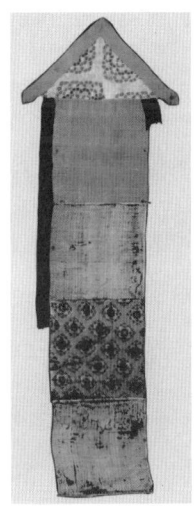 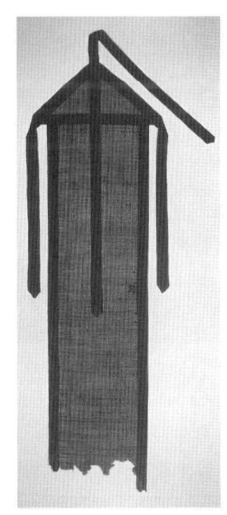

| 채색 명주번(彩絹幡, 唐, 8~9세기, 세로 131.1cm) | 채색 명주번(彩絹幡, 唐, 8~9세기, 세로 129.5cm) | 채색 명주번(彩絹幡, 唐, 8~9세기, 세로 130.5cm) | 채색 마번(彩麻幡, 8세기, 세로 133cm) |

대 말기에는 불전 장엄이나 특별한 용도의 불구(佛具)로서 널리 보급되었음을 알 수 있다.

이와 같이 불교가 인도에서 성행하면서 많은 사찰들이 불전을 화려하게 장엄하기 위하여 건물의 상단이나 내부에 번을 달았던 것으로 보인다. 이러한 영향을 받아 추가적으로 사찰을 장엄하거나 또 다른 목적과 의의로 별도의 조형물을 세우고 그 상단부에 대형의 깃발을 달게 되었다. 이 깃발은 불전에 장엄된 것과 유사한 형태로 만들어져 번 또는 당이라는 호칭이 사용되었던 것으로 추정된다. 이러한 전통이 중국과 한국으로 전래되었음을 알 수 있다.

그리고 구체적이지는 못하지만 번이나 당의 재료나 형태를 전해주는 기록들이 있다. 먼저 『삼국유사』에 '이 산을 만불산(萬佛山)이라 하였다. 다시 그곳에 금과 옥을 새겨 유소번개(流蘇幡蓋), 암라(菴羅), 담복(薝葍), 화과(花果) 등을 장엄하였다.'라고[15] 하였다. 이 내용은 신라 경덕왕 때(742~765) 만든 만불산의 장엄을 설명한 부분이다. 당시 번개가 유소(流蘇)로 장식되어 제작되었음을 알려 준다. 유소란 끈으로 매듭을 맺고 그 끝에 수를 놓아 화려하게 꾸미는 것을 말하는데, 현재 중국의 벽화나 일본에 남아있는 번의 번수(幡手)나 번미(幡尾) 아랫단에 장식되는 것을 지칭하는 것으로 추정된다.[16]

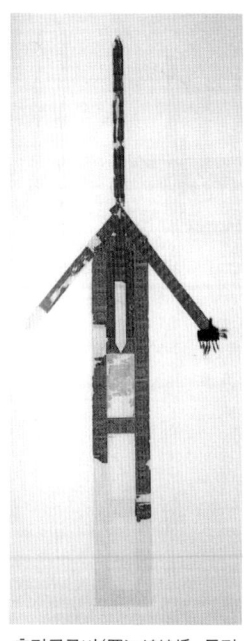

촉강금릉번(蜀江錦綾幡, 동경 국립박물관, 7세기, 세로 119cm, 가로 14.3cm)

또한 번의 형태와 관련하여 비교적 구체적으로 전하는 『불국사고금역대기(佛國寺古今歷代記)』의[17] 기록을 보면 '중화(中和) 6년 5월 10일 수를 놓아 석가모니 불상 번을 만들었다. 전체의 배열이 다되어 받들어서 완성되었음을 알리니 이는 삼귀의 의지를 장려하는 것이다. 오색으로 무늬를 이루고, 부채모양으로 마름질한 나머지 부분은 염색하고, 바늘의 묘로 꿰매 이어서 노을같이 펴서 상서로운 모양이며, 구름이 늘어서 있는 모양은 신령스럽고 신선과 같다. 허공에 높이 걸려있는 모습이 실로 공덕을 드러내어 우러러 생천(生天)의 즐거움을 돕고 열수(閱水)의 자비를 펼친다.'라는[18] 내용이 있다. 이 기록은 886년(정강왕 1)에 번을 제작하면서

---

15) 『三國遺事』 第3卷, 塔像 第4, 四佛山·掘佛山·萬佛山.
   '號萬佛山更鏤金玉爲流蘇幡蓋菴羅　薝花果莊嚴'
16) 幡이 많이 남아있는 일본은 幡을 재질에 따라 金銅, 錦, 綾, 絹, 羅, 麻, 玉類, 板, 紙 등으로 나누고 있다. 그리고 장식 기법에 따라 夾纈, 纐纈, 﨟纈, 刺繡 등으로 나눈다. 또한 裂幡, 金銅幡, 糸幡, 玉幡, 板幡, 紙幡 등으로 나누기도 한다(光森正士, 「奈良時代의 佛具」, 『正倉院寶物にみる 佛具·儀式具』, 紫紅社, 1993, p. 147). 이중에서 金銅幡과 板幡이 내구성이 뛰어나 가장 오래 존속된다(松本包夫, 「上代布帛の形式について」, 『正倉院寶物にみる 佛具·儀式具』, 紫紅社, 1993).
17) 조선 영조 16년(1740) 5월에 대암의 문인이었던 活庵東隱이 지은 것을 만연 등이 다시 교정을 하였다. 불국사의 역사적 배경과 유물·유적 등에 대하여 종합적으로 언급하고 있다.

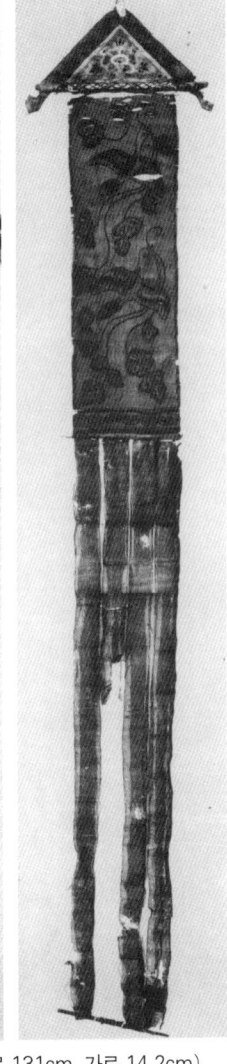

화조문양번(花鳥紋幡, 唐, 8세기, 세로 131cm, 가로 14.2cm) 평견거계분번(平絹褸繼分幡, 동경국립박물관, 8세기, 세로 199.5cm, 가로 20.5cm)

---

18) 「佛國寺古今創記」(한국학문헌연구소 편, 『佛國寺誌 外』, 아세아문화사, 1983).
  '中和六年丙午五月十日敬繡釋迦牟尼佛像幡一幀奉爲蘇判莊嚴告畢斯及三歸勵志五彩成章染其裁扇之餘綴以因針之妙霞舒瑞質雲例靈仙高掛虛空實彰功德仰助生天之樂耶申閔水之悲'

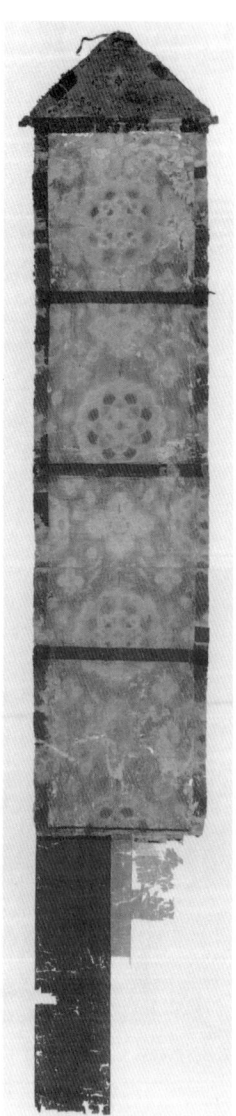

대번(大幡, 정창원, 8세기, 세로 458cm, 가로 90cm)

대번(大幡, 정창원, 8세기, 세로 323cm, 가로 90cm)

라중번(羅中幡, 정창원, 8세기, 세로 316.5cm, 가로 53cm)

라중번(羅中幡, 정창원, 8세기, 세로 582cm, 가로 49.5cm)

백릉번(白綾幡, 752년, 세로 100cm)

금사계분겹번(錦斜繼分袷幡, 동경국립박물관, 757년, 세로 231cm, 가로 36.5cm)

금번(錦幡, 정창원, 757년 5월 제작)

비단번(緋緞幡, 정창원, 8세기, 세로 295cm, 가로 38.5cm)

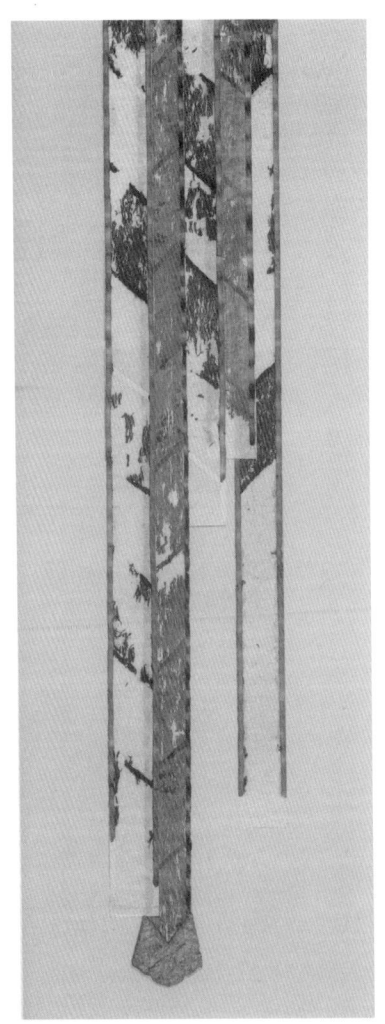

비단번(緋緞幡, 정창원, 8세기)

 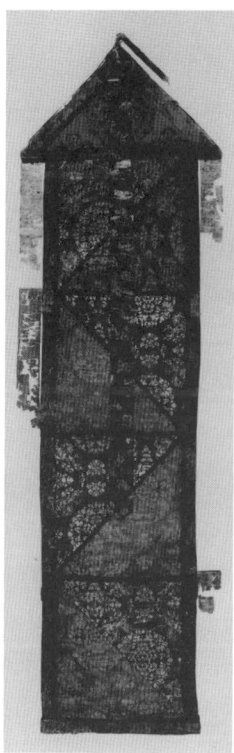  

금도량번(錦道場幡, 동경 국립박물관, 757년, 세로 152cm) 금도량번(錦道場幡, 정창원, 757년, 세로 131.5cm) 라번(羅幡, 정창원, 757년, 세로 258cm) 라화형봉철번(羅花形縫綴幡, 동경국립박물관, 757년, 세로 159cm)

그것의 형태를 비교적 자세하게 묘사한 내용이다. 당시 번이 표면에 불상을 수놓았으며, 오색 천을 엮어서 길게 제작되었음을 알려 준다. 번과 당의 모양이 유사하였던 것으로 보아 당도 화려하게 표면을 수놓고 불상을 새겨 공덕을 선양하는 의기(儀器)로 사용되었을 것이다. 당시 불국사에 걸린 번이 현재 서역(西域)이나 일본 동경국립박물관에 남아있는 돈황 보살상번(菩薩像幡), 법륭사에 남아있는 번들과 유사한 형태였음을 짐작할 수 있다.

그리고 당간의 정상부에 걸었던 깃발과 관련하여 「용두사 철당기(龍頭寺 鐵幢記)」에 '일찍이 듣건 데, 당간은 불문(佛門)을 장식하는 옥표(玉標)요, 번개(幡蓋)는 보전(寶殿)을 꾸미는 신령한 깃발에서 유래하였다. 그 모양은 푸른 하늘에 학이 날고 용이 약동하는 것과 같다.'라고[19] 기록되어 있다. 이 기록은 당간의 위치와 아울러 당간의 정상부에 거는 깃발을 번개라고 하였으며, 이것이 불전을 꾸미는 신령한 깃발인 번에서 유래하였다고 그 기원을 밝히고 있다. 즉, 불전을 장엄하던 번의 영향을 받아 별도의 조형물을 높게 세워 번이나 당을 거는 전통이 형성되었다는 것이다. 또한 기록의 내용이 당의 재료나 형태에 대하여 구체적으로 알려주지는 않지만 적어도 당간의 꼭대기에 달았던 당이 번개라고 불렸으며, 깃발처럼 펄럭이는 형태였음을 전하고 있다. 즉, 당의 재료가 비단 등으로 만들어졌으며, 용이 약동하는 것과 같이 길게 제작되었음을 알려준다.

한편 「영국사 혜거국사비문(寧國寺 慧炬國師碑文)」에는[20] '비단으로 만든 빛나는 번(幡)이 휘날리며, 천하를 통철하게 보신 분이 바로 국사이시다.'라고[21] 하였다. 고려 광종대(949~975)의 사실을 전하는 내용으로 번이 비단으로 화려하게 만들어졌음을 알려주고 있다. 그리고 「보원사 법인국사 보승탑비(普願寺法印國師寶乘塔碑)」를[22] 보면 '법당(法幢)을 중정(中庭)에 세우고 범패(梵旆)를 그 위에 걸어두니 바람에 흔들리고 태양에 빛나며 휘날렸다(翩翻).[23] 뭇 사람들이 그 아래에 모이고 구경하는 사람들이 담을 에워싸듯 했다.'라고[24] 기록되어 있다. 여기서 당의 형태와 관련하여 주목되는 부분은 법당의 정상부에 범패(梵旆)을 달았다는 내용이다. 범패는 범서(梵書)로 오방번(五方幡)이나 천수다라니(千手陀羅尼) 등을 쓴 깃발을 가리킨다. 즉 다라니경과 같은 경전의 내용을 적은 당을 비단으로 만들어 당간 꼭대기에 달음으로써 생명력을 부여함과 동시에 예배의 대상이 되도록 하였음을 알 수 있다.

---

19) 「龍頭寺 鐵幢記」.
   '早聆幢竿所制飾佛門之玉標幡盖由來 粧寶殿之神旆其狀也鶴翔碧落龍躍'
20) 「寧國寺 慧炬國師碑文」은 『大東金石書』에 비문이 일부 전재되어 있지만 많은 부분이 결락되어 88자만이 확인되고 있다.
21) 「寧國寺慧炬國師碑文」(韓國歷史研究會 篇, 『譯註羅末麗初金石文』 上, 혜안, 1996).
   '錦幡光動搖通照寰宇者'
22) 이 비는 978년(경종 3)에 세워졌으며, 金廷彦이 찬하였다. 현재 충남 서산시 운산면 용현리 보원사지에 소재하고 있으며 법인국사의 부도도 남아 있다.
23) 깃발이 허공을 가르며 나부끼는 것을 가리킨다.
24) 「瑞山普願寺法印國師寶乘塔碑」(李智冠, 『歷代高僧碑文』 -高麗篇 2-, 가산문고, 1995, pp. 74~116).
   '父亦申夢法幢竪于中庭梵旆掛其上隨風搖曳映日翩翻衆人集其下觀者如堵.'

중국 사신으로 고려를 다녀 간 서긍(徐兢)도 『선화봉사고려도경(宣和奉使高麗圖經)』에서[25] 흥국사 당간 전경을 묘사하면서 '정상부는 봉황의 머리로 되어 있고, 비단으로 만든 번을 물고 있다.'라고 하였다. 당시 흥국사 당간과 당간지주가 남아 있는지는 알 수 없지만 당간의 정상부에 거는 깃발형의 장엄물을 번이라 호칭하였으며, 화려한 비단으로 제작되었음을 알려준다. 이어서 서긍은 '다른 절에도 번이 걸려 있는데, 안화사(安和寺)의 것에는 대송 황제 성수 만년(大宋皇帝聖壽萬年)이라고 씌어져 있다.'라고[26] 하였다. 이것은 당시 안화사의 당간 꼭대기에 당을 걸었는데, 표면에 무언가를 기원하는 내용이 새겨지는 형태로도 당이 제작되었음을 알 수 있게 한다. 또한 서긍이 어느 사찰을 묘사한 것인지는 불분명하지만 '불상과 공양구들이 모두 깨끗하고, 번(幡)이 화려하게 채색되었으며 개(蓋)가 질서정연하게 장엄되었다.'라고[27] 하였다. 이러한 기록들은 당시 번과 개가 불전을 장엄할 때 활용된 공양구들로 비단으로 화려하게 제작되었음을 알려준다.

또한 『고려사(高麗史)』에도 '금은으로 가산(假山)을 만들어 뜰에 두었고 당번(幢幡)과 보개(葆蓋)가 오색으로 햇빛에 번쩍거렸으며, 승 3백여 명을 뽑아 수미산을 두르고, 법요를 거행하여 범패를 부르니, 기뻐함이 하늘을 진동하였는데 집사자가 무려 8천인이 되었다.'라고[28] 기록되어 있다. 이 기록은 왕이 아들을 낳기 위하여 신돈으로 하여금 연복사(演福寺)[29]에서 문수회를 여는 장면을 묘사한 14세기 중반경의 내용이다. 연복사의 가람을 설명하면서 당번을 화려하게 장엄하여

---

25) 『高麗圖經』으로 널리 알려져 있는 『宣和奉使高麗圖經』은 송나라 사신으로 송도를 다녀간 徐兢(1091~1153)이 그 경과와 견문을 그림을 곁들여서 엮은 사행보고서이다. 서긍이 고려를 다녀간 것은 1123년(인종 1)이다.
26) 徐兢, 『宣和奉使高麗圖經』第17卷, 祠宇, 興國寺.
 '興國寺在廣化門之東南道旁前直一溪爲梁橫跨大門東面榜曰興國之寺後有堂殿亦甚雄壯庭中立銅鑄幡竿下徑二尺高十 餘丈其形上銳逐節相承以黃金塗之上爲鳳首銜錦幡餘寺或有之唯安和者書云 大宋皇帝聖壽萬年觀其傾頌之意出於誠 心宜其被遇 聖朝眷龍懷佅之厚也.'
27) 徐兢, 『宣和奉使高麗圖經』第18卷, 釋氏.
 '佛像供具皆悉修潔幡華繪蓋行列有序'
28) 『高麗史』第132卷, 列傳 第45, 辛旽.
 '作假山置于庭幢幡葆蓋五色曄日選僧三百遶須彌山作法梵唄震天隨喜執事者無慮八千人'
29) 개성시 연복동에 있었던 사찰로 원래는 普濟寺라 하였다. 언제 창건되었는지는 알 수 없지만 보제사는 고려 문종 때 보이고, 연복사는 고려 충숙왕 때 나타나므로 그 중간에 개창한 것임을 알 수 있다.

오색이 빛나게 걸었음을 묘사하고 있다. 이러한 것으로 보아 당과 번이 그 형태가 유사하여 고려후기까지 혼용되고 있었음을 간접적으로 알 수 있다. 그리고 당번은 비단으로 화려하게 만들어 걸었으며, 오색의 갖가지 색깔로 염색된 천을 사용하여 제작하였음도 알 수 있다.

현재 통일신라시대나 고려시대의 번과 당이 현존하지 않아 어떠한 형태였는지 정확하게 알 수는 없지만 당간과 당간지주를 세우는 주요 목적이 번이나 당을 거

 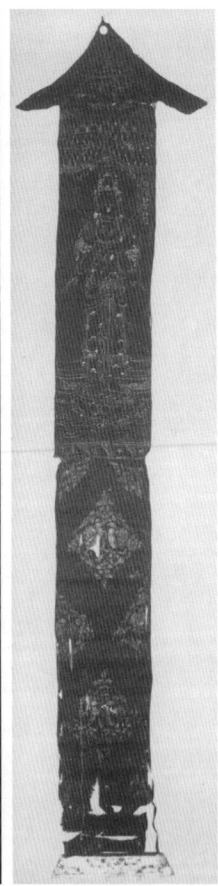 

약사여래상번(高昌(현 중국 신강 성의 투르판), 8~9세기, 세로 90.5cm, 가로 27.5cm) / 일요보살상번(日曜菩薩像幡, 唐, 8세기, 세로 213cm, 가로 25.5cm) / 돈황 보살상번(동경국립박물관, 唐, 9세기, 세로 84.8cm, 가로 17.7cm)

돈황 지장보살상번(동경국
립박물관, 唐, 세로
83.8cm, 가로 18cm)

금강역사상번(唐, 9세기 말, 세
로 187.5cm, 가로 18.6cm)

사천왕상번(高昌, 麻, 9세기, 세로 47cm,
가로 28cm)

2장 당의 기원과 형태 49

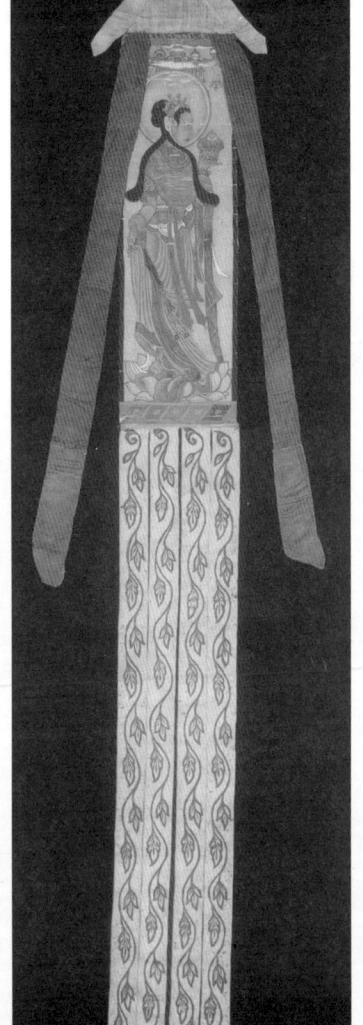

사천왕산번(吐魯番文河, 9~10세기, 세로 26cm, 가로 25.5cm) 보살상번(唐, 9세기 말, 세로 172.5cm, 가로 18cm) 보살상번(唐, 9세기 말, 세로 71cm, 가로 17.5cm)

보살상번(吐魯番, 9~10세기, 세로 45.5cm, 가로 13cm) / 지장보살상번(唐, 9세기 말, 세로 58cm, 가로 18.5cm) / 연화수 관음보살상번(吐裕溝, 9~10세기, 세로 49.5cm, 가로 19.3cm)

관세음보살상번(唐, 9세기 말, 세로 56.5cm, 가로 16.5cm)

관세음보살상번(唐, 9세기 말, 세로 104.5cm, 가로 17cm)

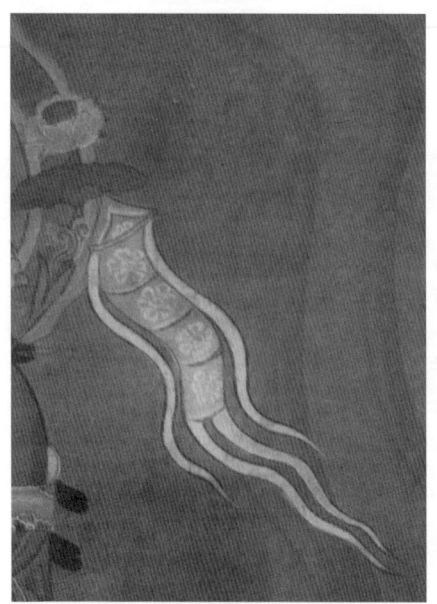

인로보살도의 번(引路菩薩圖, 唐, 9세기 말)

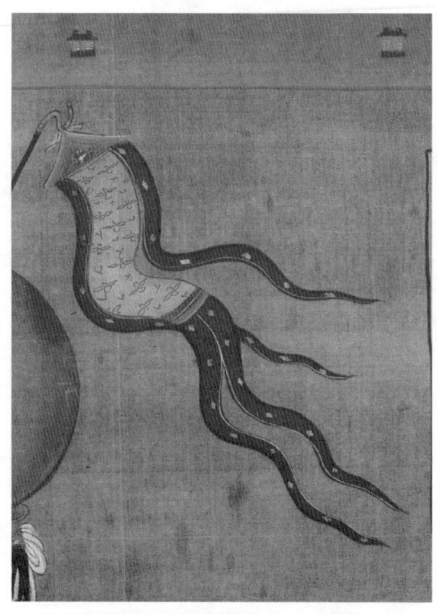

인로보살도의 번(引路菩薩圖, 五代, 10세기 초)

(9세기 말~10세기 초, 세로 224.5cm, 가로 25cm)　　(9세기 말~10세기 초, 세로 227.2cm, 가로 19cm)

관세음보살상번(觀世音菩薩像幡)

(9세기 말~10세기 초, 세로 98cm, 가로 11.5cm)

(9세기 말~10세기 초, 세로 99cm, 가로 16cm)

(9세기 말~10세기 초, 세로 106.5cm, 가로 17.5cm)

관세음보살상번

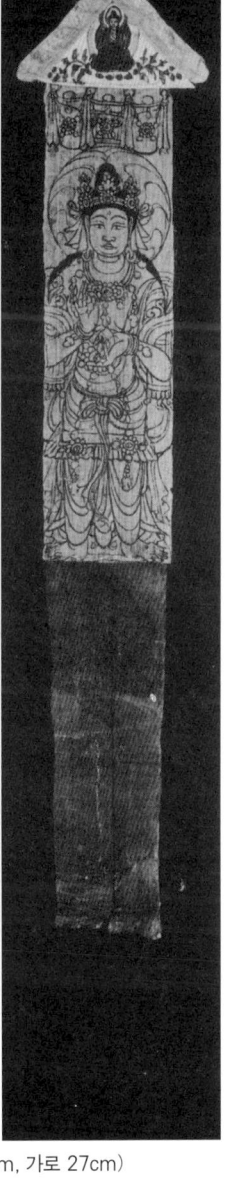

(9세기 말~10세기 초, 세로 42cm, 가로 16cm)　　(五代, 10세기 초, 세로 194.5cm, 가로 27cm)

관세음보살상번

2장 당의 기원과 형태　55

(10세기, 세로 97.5cm, 가로 17cm)

(10세기, 세로 100cm, 가로 18.5cm)

관세음보살상번

(10세기, 세로 91cm, 가로 22cm)

 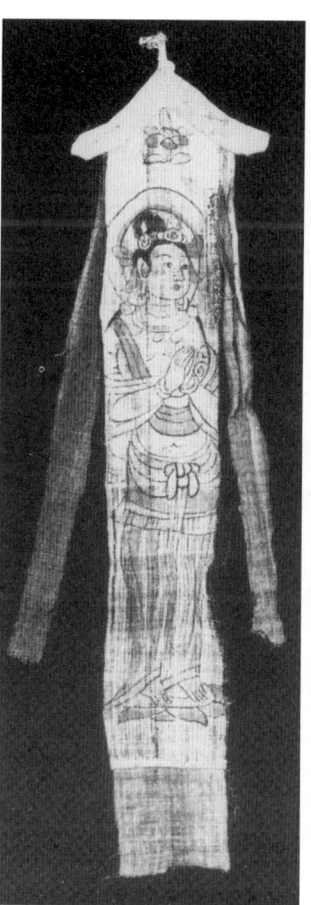 

(10세기, 세로 104cm, 가로 15.5cm)　　(10세기, 세로 108.5cm, 가로 17cm)　　(10세기, 세로 68.5cm, 가로 15cm)

관세음보살상번

보살상번(菩薩像幡, 麻, 8~9세기, 55×25.5cm)

왕자번(王子幡, 麻, Uigurian, 9세기, 142× 52cm)

는데 있었던 만큼, 오색 비단으로 장엄하기도 하며 성대하게 제작되었음이 상기의 기록에서 확인되고 있다. 이러한 것과 관련하여 조선시대 채수(蔡壽: 1449~1515)의 지방여행 기록으로 주목되는 부분이 있다. 즉, '스님들이 소장하고 있던 보주와 장번(長幡)을 내어 걸었는데, 보주의 지름은 수촌이며 광택이 나서 사람을 비추었고, 번 역시 금빛 비단으로 만들었는데, 이것은 모두 당시 귀한 제후들이 보시한 것이다.'라고[30] 하였다. 이 기록은 조선시대에 사찰에서 의식을 거행하기 위하여 규모가 큰 번을 거는 것과 그 모양을 묘사하고 있는 내용이다. 이 내용에서 보주는 번을 걸 때 사용된 당간을 의미하는 것으로 보이며, 그 재료가 나무였을 가능성이 높다. 번은 아름다운 비단으로 만들어 바람에 날릴 수 있도록 깃발과 같이 길게 제작되었음을 알 수 있다. 또한 당간은 광택이 나도록 화려하게 세웠고, 당시 귀족들의 발원이나 보시로 건립되어 기복적인 성격을 가지고 있었음도 알 수 있다. 이와 같이 조선시대에도 이전의 번과 당의 형태가 계승되고 있었음을 알 수 있다.

한편 서긍은 고려시대 군인들이 의식 시에 사용하는 깃발도 번이라 지칭하면서 그 형태를 기록하였다. 즉, '황번(黃幡)은 문양 있는 비단으로 만들고, 위에 상서로운 구름을 수놓고, 그 형상은 위를 뾰족하게 하고, 두 귀에 유소(流蘇)를 내

---

30) 蔡壽, 『遊松都錄』.
'僧出所藏寶珠長幡以示之珠徑數寸光艶照人幡亦織錦爲之皆堂時奇后所施者也'

지장시왕도(地藏十王圖, 일본 寶道寺, 고려, 14세기)

렸는데 흔들면 소리가 난다.'라고[31] 하였다. 당시 군대에서 의식구로 사용하는 깃발은 일정한 규범과 제도에 의하여 제작되었을 것으로 보이는데, 사찰에서 사용하는 번과 같은 용어가 사용된 것으로 보아 재료나 형태가 유사하였을 것으로 추정된다. 특히 통일신라시대에는 일정한 단위의 군대나 그들을 통솔하는 지휘

---

31) 徐兢, 『宣和奉使高麗圖經』 第10卷, 儀物2, 黃幡.
  '黃幡之制以文羅爲之上繡祥雲其形上銳兩角設流蘇動搖有聲'

돈황막고굴 76굴 동벽 남측 팔탑변 1 (송)

돈황막고굴 76굴 동벽 남측 팔탑변 2 (송)

돈황막고굴 76굴 동벽 북측 팔탑변 1 (송)

돈황막고굴 76굴 동벽 북측 팔탑변 2 (송)

자들의 호칭으로 당(幢)이나 당주(幢主)라는 용어를 많이 사용하였다. 이것은 깃발 형태의 당이 군대의 지휘나 부대의 소속을 표시하기 위한 역할과 동시에 일정한 단위의 부대를 상징하는 상징물로 간주되었던 것으로 보인다. 따라서 사찰에서 사용하는 당이나 번이 군대에서 사용하는 당이나 번과 의의나 문양은 달랐지만 형태나 재료에 있어서는 유사하였을 것으로 보인다. 또한 군대에서 사용하는 당과 같이 사찰에서도 당이나 번을 제작할 때 일정한 규범이나 제도에 의하여 제작되었을 것이다.

군대에서 사용된 당이나 번과 관련하여 조선시대 행사나 의식 시에 사용된 당의 형태가 주목된다. 직접적으로 사찰의 당과 관련된 내용은 아니지만 『세종실록』에 의하면 '청룡당(靑龍幢)은 청색 홍색 백색 3가지 빛깔의 저사(紵絲)로 4겹의 처마를 일산(日傘)같이 만드나 작다. 위에는 청색 생초(生綃)로 덮고 청룡을 그린다. 사방 옆으로는 이두(螭頭)를 설치하고 각각 유소(流蘇)를 드리운다. 한복판에는 도금한 정자(頂子)를 설치하고 가죽으로 간두(竿頭)의 용구(龍口) 고리에 매어 단다. 그 당간(幢竿)은 붉은 빛깔로 칠하는데 아래쪽의 끝은 쇠로써 장식한다. 주작당(朱雀幢)은 청룡당과 같은데, 위에는 주작을 그린다. 백호당(白虎幢)은 주작당과 같은데, 위에는 백호를 그린다. 현무당(玄武幢)은 백호당과 같은데, 위에는 현무를 그린다.'라고[32] 기록되어 있다. 이 기록에서 청룡당은 3가지 색의 모시로 만들어졌으며, 당을 거는 조형물 꼭대기에는 용을 형상화하여 제작하였음을 알 수 있다. 청룡당이라는 호칭이 사찰에 걸었던 당과 그 형태가 유사함에서 유래한 것으로 보인다. 따라서 사찰에 걸었던 당이 청룡당과는 달랐지만 재료나 형태 면에서는 유사하였을 것으로 판단된다.

지금까지 번과 당의 형태를 추정할 수 있는 기록들을 살펴보았다. 먼저 당은 번과 유사한 형태였음을 알 수 있다. 통일신라시대와 고려시대의 기록들을 보면 번과 당을 정확하게 구분하여 사용한 경우도 있지만 그렇지 않고 재료와 형태가 유사하기 때문에 혼용하여 기록한 경우가 더 많다.[33] 그래서 각종 기록에 당과 번은 엄밀하게 구분되지 않고 다양한 용어로 기록되었다.

---

32) 『世宗實錄』 卷132, 五禮・嘉禮序例
33) 嚴基杓, 「高麗時代 幢竿과 幢竿支柱」, 『文化史學』 11・12・13호, 한국문화사학회, 2000, p. 541.

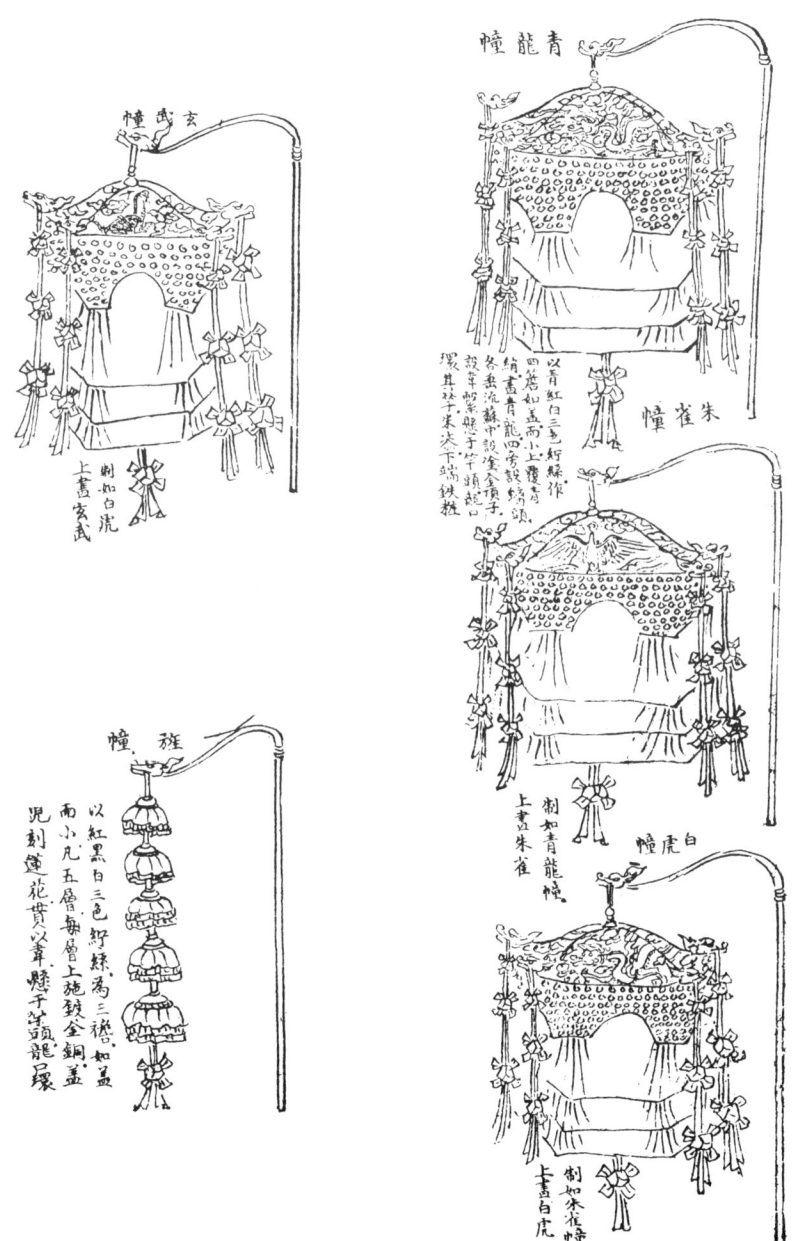

『世宗實錄』卷132, 五禮・嘉禮序例.

2장 당의 기원과 형태 65

여수 흥국사 제석탱(1741년)

시왕도(국립중앙박물관, 18세기)

인로왕보살번

비로사나불번

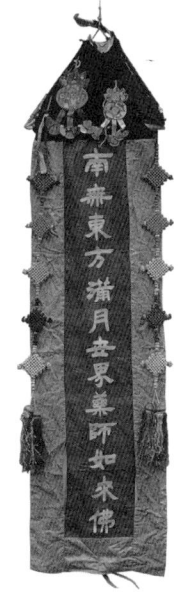
약사여래불번

아미타불번

보승여래불번

부동존불번

통도사 성보박물관 소장 각종 번

중국 영태사 대웅보전내 번

그런데 당간과 당간지주의 상징성은 당간의 정상부에 거는 당에 치중되어 있었음도 알 수 있다. 당은 당간과 당간지주를 세우는 목적이 함축되어 있는 곳이라 할 수 있다. 현재 당간은 일부 남아 있기는 하지만 당은 유존되지 않고 있다. 당시 불교 전래 과정이 중국을 통하여 유입되고 한국을 경유하여 일본으로 건너갔기 때문에 번 또는 당은 삼국과 일본이 유사한 형태였을 것으로 보인다.

현재 중국과 일본은 벽화나 실물이 일부 남아 있는데, 특히 중국에서는 당의

일본 동대사의 번

형태가 당나라 시대에 정형화되었을 것으로 짐작되고 있다. 이전에도 번이나 당이 만들어졌지만 당나라 시대에 들어와 불교의 발전과 함께 당간과 당간지주가 가람 상에서 정형화되었으며, 본격적으로 성행한 것으로 보이기 때문이다. 또한 현재 실물이나 벽화 등 중국에 전하고 있는 번이나 당이 당나라 시대에 제작된 형태에서 크게 벗어나지 않고 있다. 이러한 중국의 번이나 당이 한국과 일본에 직접적으로 영향을 주었을 것이고, 기본적인 형태도 유지되었을 것이다. 또한 당나라 당의 형태는 송대(宋代)에까지 계속적으로 나타나고 있어, 한국에서도 고려시대 당의 형태는 통일신라시대의 것이 계승되었을 것이다. 한국에서 제작된 번이나 당의 정확한 형태는 알 수 없지만 중국이나 일본에 전하고 있는 것들로 보아 비단 등을 재료로 하여 그 표면에 화려하게 수를 놓아 아래로 길게 깃발과 같이 드리우고, 수식(垂飾)을 하거나 방울을 달아 바람에 날릴 때 소리가 나도록 하

였던 것으로 추정되고 있다.[34]

　이상에서 번이나 당과 관련된 기록들을 종합하여 보면 재료는 대부분이 당시 가장 고급스럽고 화려한 비단이었음을 알 수 있다. 불경에도 당이 화려하고 고급스럽게 제작되었음을 간접적으로나마 전하고 있다. 『대비로자나성불경소(大毘盧遮那成佛經疏)』를 보면 '당은 다만 여러 종류의 잡색(雜色) 표치(標幟)를 만들어 장엄(莊嚴)한다.'고[35] 하였다. 이 기록은 당간에 걸었던 당을 묘사한 것으로 당이 여러 종류의 비단 조각을 꿰매고[36] 서로 연결하여 화려하게 제작되었음을 알려준다.

　당시 사찰에서 당이나 번은 불전을 장엄하는 중요한 장식물이었으며, 통일신라와 고려시대는 호국불교로 불교가 사회의 중추적인 역할을 하고 있었기 때문에 당이나 번을 비단으로 제작하는 것은 당연한 일이었을 것이다. 그리고 당의 제작이나 형태와 관련하여 주목되는 기록은 여러 조각으로 된 천을 바늘로 꿰매어 만들었으며, 유소(流蘇)를 달았다는 내용이다.[37] 현재 중국이나 일본에 남아있는 것들을 볼 때 번이나 당이 일정한 모양의 여러 조각을 꿰매어 제작한 것과 일맥상통하는 내용이다.[38] 그리고 번이나 당은 화려하게 장식하기 위하여 유소를 달았는데, 이것은 끈으로 매듭을 맺고 그 끝에 수를 놓아 화려하게 꾸미는 것을 말한다.[39] 당이나 번의 표면에는 연화문이나 당초문과 같은 화려한 무늬로 장식하고, 그 중심에는 다라니경과 같은 경전의 내용이나 여래나 보살과 같이 예배의 대상이 되는 부처를 그리기도 하였을 것이다. 특히 당의 표면에 경전이나 부처

---

34) 林玲愛, 「古代 中國 佛敎幡의 樣式變遷考」, 『美術史學硏究』 189, 한국미술사학회, 1991, p. 19.
35) 「大毘盧遮那成佛神變加持經」(『大正新修大藏經』第39冊, p. 673(재인용)).
　　'幢但以種種雜色標幟莊嚴'
36) 김영숙, 「佛腹藏物 통해 본 服飾 思想性 檢討」, 『文化財』 35호, 국립문화재연구소, 2002, p. 196.
37) 文明大, 『佛敎美術槪論』, 현대불교신서 30, 1992, p. 200.
38) 현재 중국에는 고대시대에 사용된 많은 양의 번이나 당이 남아 있으며, 돈황석굴 등에 실제 모습을 전하고 있는 회화 자료도 상당수 있다. 일본은 동경국립박물관에만 50여점 이상의 번이 남아 있는 것으로 전하고 있다.
39) 林玲愛는 幡의 유형과 유래, 형태에 대한 자세한 고찰을 하면서 통일신라시대 번에 대한 추정도를 제시하였다(林玲愛, 「韓國・日本의 古代 佛敎幡에 관한 硏究 -中國 唐幡의 韓國・日本에의 傳播와 受容을 중심으로-」, 『美術史學硏究』 190・191, 한국미술사학회, 1991, p. 19). 그리고 전창기도 幡의 형태와 각국 번의 형태에 대하여 자료를 제시하였다(전창기, 『미륵사지 당간지주』, 현대옵셋인쇄사, 1999, p. 16/p. 19).

등을 장엄하는 것은 당의 의의와 관련하여 주목되는 부분이다. 이것은 당간과 당간지주가 단지 기능적인 목적으로 세워지는 조형물이 아니라 예배의 대상으로서 조성되었음을 알려준다.

이와 같이 당은 기본적으로 당간의 꼭대기에 걸 수 있고 당을 지탱해주는 당두(幢頭), 화려한 천을 사용하여 장엄하였으며 당의 핵심부라 할 수 있는 당신(幢身), 당의 하단부로 여러 가닥의 천이 내려져 있는 당수식(幢垂飾)으로 크게 구성되어 있었다.[40] 그리고 당두를 추가적으로 장식한 당두수식(幢頭垂飾)이 주요 구성 부위였다. 특히 당신에는 불상이나 경전을 새겨 공양하거나 기원하는 내용을 간략하게 기록하여 발원하기도 하였다.

한편 당간의 정상부에 거는 당은 번과 그 재료와 형태가 유사하여 혼용되는 경

약사유리왕여래본원공덕경(淸, 康熙 44年 : 1705년)

---

40) 東京國立博物館에서 발간한 『法隆寺獻納寶物』(1990, p. 35)과 松本包夫(「上代布帛の形式について」, 『正倉院寶物にみる佛具・儀式具』, 紫紅社, 1993)이 제시한 幡의 명칭을 참고하여 필자 나름대로 幢의 주요 구성부에 대한 명칭을 제시해 보았다. 幢이 형태 면에서 幡과 유사하였으며, 특별한 구분 없이 용어가 혼용되었기 때문이다.

2장 당의 기원과 형태 71

우가 많았다. 그러나 번과 당이 깃발 형태로 유사하였지만 번은 주로 불전을 장엄했으며, 당은 당간의 꼭대기에 걸었다. 따라서 번과 당이 유사한 형태였으나 세부적으로는 달랐던 것으로 보인다. 이것은 중국에 당의 형태를 추정할 수 있는 돈황 막고굴 331굴[41]의 벽화와 대족 북산석굴 107호감에 부조된 모습의 자료에서 알 수 있다. 이 자료들을 보면 당의 전체적인 형태는 번과 유사하지만 번과는 달리 상단부를 삼각형 형태로 하지 않고 지지대와 끈을 활용하여 용두의 입에 달았음을 알 수 있다. 그리고 번과 같이 추가적인 장식물이라 할 수 있는 유소가

관세음보살보문품경(淸, 康熙年間, 총 8폭 중 6)

---

41) 辛鍾遠,「幢竿造營의 文化史的 背景」,『江原史學』3집, 강원대 사학회, 1987, p. 32.

돈황석굴 제61굴 서벽 북측 오대산 전경의 당   돈황석굴 제61굴 서벽 북측 오대산 전경의 당

없으며, 하단부는 여러 조각이나 겹으로 갈라지게 하였다. 이것은 당의 전체적인 형태가 번과 유사하였지만 번보다는 대형이고, 불전 장엄보다는 의식 시에 사용하는 것이기 때문에 지나친 장식화는 피하여 제작되었던 것으로 보인다. 오히려 당의 표면에 화려한 수식보다는 불경이나 부처를 새김으로써 상징성을 나타냈던 것으로 보인다.

그리고 당간의 정상부에 깃발과 같은 당만을 걸었던 것으로 보이지는 않는다. 당이나 당간과 관련된 기록들을 보면 번개(幡蓋), 화개(花蓋), 당개(幢蓋) 등의 용어가 나타나고 있기 때문이다.[42] 이것은 당간의 정상부에 깃발 형태의 당만을 달았던 것이 아니라 의장기물(儀仗器物)의 하나인 산(傘)과 같이 덮개 형태로 장식된 개(蓋)를 달아 장식하였기 때문에 유래된 용어로 추정된다. 산이나 개는 덮는다는 뜻으로 햇빛이나 비를 가리는데 사용되었으며, 오래전부터 왕이나 귀인을 상징하는 기물이기도 하였다. 당간을 지칭하는 용어에 개를 접미사로 하여 호칭한 것은 당간의 정상부에 깃발 형태의 당뿐만 아니라 경우에 따라서는 개를 달아 장식하기도 하였음을 시사한다. 또한 상단부에 개와 같은 구조물이 설치되고, 그 아래로 깃발이 드리워진 형태도 있었던 것으로 보인다.

---

42) 嚴基杓, 「統一新羅時代의 幢竿과 幢竿支柱 硏究」, 『文化史學』 6·7호, 韓國文化史學會, 1997, p. 307.

돈황석굴 제61굴 서벽 남측 대청량사의 당

돈황석굴 제61굴 서벽 남측의 당

돈황석굴 159호 서감실 후벽의 당

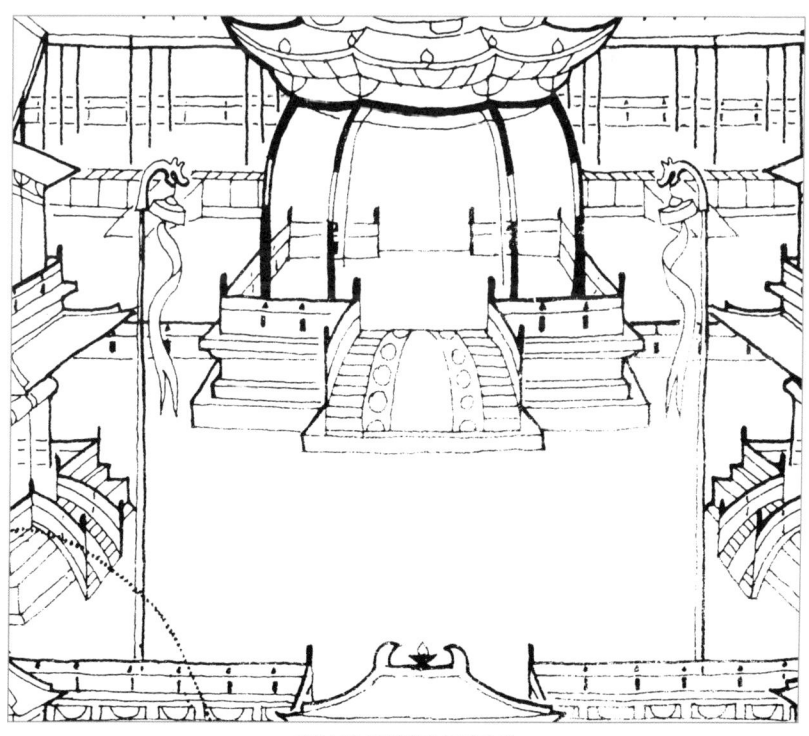

돈황석굴 제361굴 북벽의 당

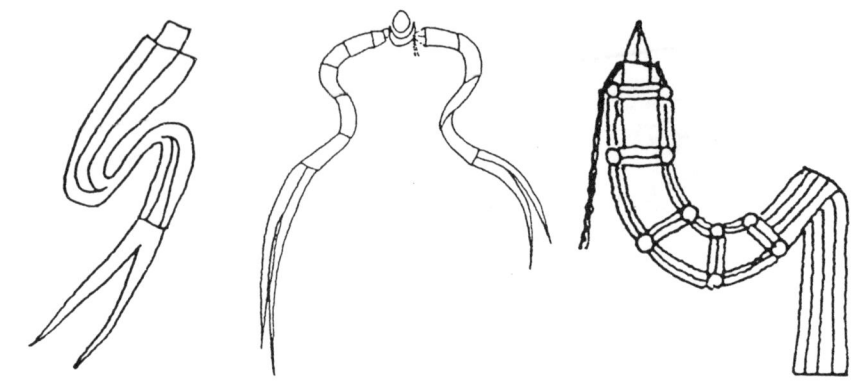

돈황 막고굴 257굴 남벽(북위)　　돈황 막고굴 428굴 서벽(북주)　　돈황 막고굴 305굴(수)

돈황 막고굴 305굴(수)

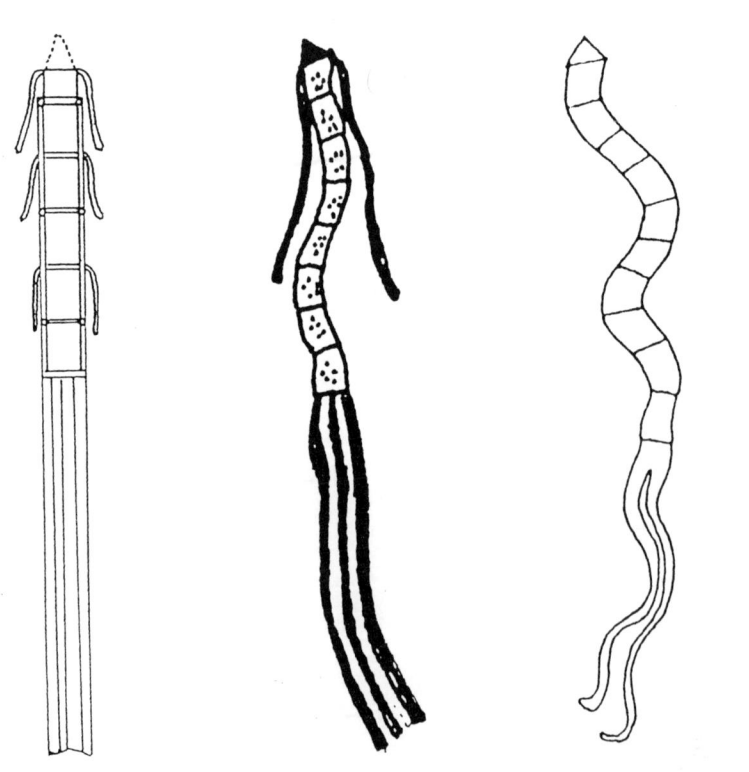

돈황 막고굴 302굴(수)　　돈황 막고굴 332굴 남벽(당)　　돈황 막고굴 172굴(당)

3장
당간과 당간지주

1. 당간의 기원

현재 사찰 가람에서 주요한 조형물이었던 당간의 유래와 기원에 대하여 구체적으로 전하는 기록은 없는 실정이다. 다만 불경에 번과 당에 대한 내용이 상당수 기록되어 있고, 그것이 오래전부터 불전(佛殿)을 장엄하는 주요 장엄물(莊嚴物)이었던 것으로 전하고 있다. 이것은 당대(當代)의 번이나 당과 관련된 실물이 전하고 있지는 않지만 불교가 인도에서 본격화되면서 가람에 당이나 번이 장엄되었음을 전하는 내용이다.[1] 아직도 밀교의 영향이 남아있는 사원에서는 이러한 전통이 계승되고 있다. 특히 티벳이나 중앙아시아, 몽골의 사원들은 불진을 번으로 화려하게 장엄하고 사원 입구 쪽에 당간을 세우는 전통이 강하게 계승되고 있다. 이와 같이 번이나 당으로 불전을 장엄한 것은 부처에 대한 공양의 의미와 아

---

1) 돌기둥이나 나무기둥을 높이 세우는 것은 동서양에서 오래된 풍습이다. 이것은 높은 기둥이 땅과 인간이 다다를 수 없는 하늘을 연결시킨다는 우주관에서 유래한 것이다. 또한 기둥이 중심을 상징적으로 나타내며 이곳을 통한 再生의 의미도 있었다고 한다. 즉 높은 기둥을 세우는 것은 그곳이 우주의 중심을 표시하며 새생명을 의미하는 것이다. 이러한 풍습이 고대 인도의 불교 가람에도 수용되었던 것으로 추정된다. 즉, 아쇼카왕 때 스투파와 같은 불교적인 조형물 앞이나 입구에 세운 石柱가 이러한 전통에서 나타난 것으로 보인다. 이후 중국이나 한국 등 동양의 나라들로 불교가 전래되면서 나무나 돌로 기둥을 세우는 오래된 풍습이 습합되었을 것으로 보인다. 특히 나무나 돌로 기둥을 세우는 것은 표식이나 경계를 표시하는 의미도 있었는데, 이러한 상징적 의미가 불교에 전이되었을 것이다. 그래서 가람 상에 어떤 형태로든 높은 기둥 형태의 조형물이 존재하고 있었기 때문에 사원을 刹 또는 寺刹이라고 불렀던 것으로 추정된다. 또한 기둥을 刹柱 또는 刹竿이라고 불렀다. 즉 寺刹은 당간과 같이 가람 상에 기둥 형태의 조형물이 있었기 때문에 유래된 용어로 볼 수 있다.

울러 신성성(神聖性)을 높이기 위한 것으로 보인다. 또한 그것은 사찰의 상징으로서 표상적(表象的) 억알도 하였을 것이다. 그런데 불경을 비롯하여 각종 기록들은 번과 당을 명확하게 구분하지 않았다. 오히려 혼용하고 있다. 이러한 것은 번과 당의 형태가 비슷하였기 때문이었을 것이다.[2]

본록부(本綠部)의『불소행찬(佛所行讚)』권 1에는 '석가왕(釋迦王)을 맞이하고자 법당(法幢)을 세우고……'[3]라는 기록이 보인다. 여기서 법당이 당간이나 당간지주를 지칭하는 것인지는 구체적으로 알 수 없지만 적어도 불전을 장엄하는 조형물로 높은 형태의 기념물로서의 성격을 갖는 것임은 짐작할 수 있다. 따라서 그 형식이 오늘날 전하고 있는 당간과 당간지주와는 다르더라도 당시 사찰 가람에 당간이 세워졌음을 간접적으로 알 수 있다.

한편 혜초(慧超)가 인도를 순례하면서 기록한『왕오천축국전(往五天竺國傳)』에 의하면 인도에서 승려들과 속인들이 불공을 드릴 때 공중에 수없이 많은 번이 휘날린다고 하였다. 여기서의 번은 불전에 달았던 것을 의미한다. 그런데 파라나시국에 있는 사찰에 도착하여 묘사하기를 '꼭대기에 사자상이 있는 당(幢)은 매우 아름답다.' 그리고 '탑을 만들 때 당도 만들었다고 하였다.'[4] 즉, 꼭대기에 사자상이 있는 조형물에 달린 장엄물을 당이라 부르고 있다. 이와 관련하여 산치탑에 남아있는 아쇼카왕 법칙비(法勅碑)가 주목되는데, 이것은 사리탑이 조성될 때 같이 세워진 것으로 꼭대기에 사자상이 있다. 혜초는 아쇼카왕 때 조성된 사리탑 전경을 묘사하면서 아쇼카왕 석주에 걸린 장엄물을 당이라 기록하였던 것으로 보인다.[5] 이 기록은 면밀한 고찰이 요구되지만 중국이나 한국의 사찰에서 입구에 세워진 당간이 인도 아쇼카왕 때 세운 석주와 어느 정도 관련성이 있음을 시

---

2) 幡은 주로 佛殿을 장엄하는 莊嚴物이었고, 幢은 사찰의 입구나 경내에 특별한 조형물을 시설하여 깃발과 같이 걸렸던 장엄물을 지칭하는 것으로 보인다.
3)『大正新修大藏經』第4冊, 本緣部 下.
  '欲觀釋迦王 建立正法幢'
4) 慧超,『往五天竺國傳』.
5) 아쇼카왕 석주와 관련하여 주목되는 것은 고려시대에 세워지는 石幢이다. 현재 석당은 북한 지역에 성동리다라니석당·성동리서문밖석당·해주다라니석당이 보고되어 있으며(서울대 출판부,『북한의 문화재와 문화유적 IV』, 2000, 도판 번호 230~234), 남한 지역에서 필자가 확인한 석당은 法住寺石幢이 있다. 일본 圓仁이 당나라를 순례하면서 남긴『入唐求法巡禮行記』에는 "지금도 寶幢이 서 있는 것을 볼

인도 아쇼카왕 석주

수 있다. 보당에는 불정다라니경이 기록되어 있다."라고(圓仁, 『入唐求法巡禮行記』, 840年 7月 6日)하여 석당의 기원과 유래가 오래되었음을 알 수 있다. 석당은 표면에 다라니경 같은 경전의 내용을 새기거나 여래나 보살상 등을 부조하기도 한다. 이것은 아쇼카왕 때 세운 법칙비와 일맥상통하는 점이 있다. 앞으로 석당의 기원과 유래에 대한 고찰이 요구된다고 하겠다.

중국 소경묘(蕭景墓)의 석주

중국 소굉묘(蕭宏墓)의 석주

중국 건릉(乾陵) 입구의 석주

사한다.[6] 또한 고대 인도의 사찰에도 당을 걸 수 있는 시설이나 조형물들이 건립되어 있었음을 알 수 있게 한다. 이러한 것으로 보아 당간의 기원이 고대 인도에서 유래되었음은 분명하다. 이후 불교가 중앙아시아와 중국 등으로 전래되면서 당을 걸기 위한 다양한 형태의 조형물이 건립된 것으로 보인다.

신라 흥덕왕릉 팔각 석주

중국의 사찰들도 인도와 마찬가지로 오래전부터 번이나 당을 걸어 불전을 장엄하였다. 이러한 사실은 각종 기록이나 벽화를 통하여 쉽게 확인할 수 있다. 중국 운강석굴이나 돈황의 벽화 등에 불전을 장엄하기 위하여 탑의 꼭대기에 번을 달았거나 별도의 시설물을 만들어 당을 걸었던 사실을 전하고 있다. 그리고 많은 사찰들이 불전뿐만이 아니라 별도의 조형물, 즉 당간과 당간지주를 건립하여 그 꼭대기에 대형의 당을 걸었음을 알 수 있다. 당시 당간은 가람 상에서 제일 높게 만들어졌는데, 이것은 당이 사찰

---

6) 현재로서는 당간과 당간지주가 아쇼카왕 때 세워진 石柱에서 유래하였는지는 불분명하다. 그런데 주목되는 사실은 중국 남북조시대 조성된 많은 왕릉 앞에 아쇼카왕의 석주와 그 형식과 양식, 배치 등이 유사한 석주가 건립되었다는 점이다. 중국에서 이러한 전통은 당나라시대까지 계속된다. 이와 같이 인도와 중국의 석주들은 무덤의 입구에 배치함으로써 상징성을 나타내기 위한 기념물이었다는 점에서 조성 목적이 상통하고 있다. 이러한 점으로 보아 무덤 앞의 석주를 조성한 의도와 당간지주를 사찰 입구에 세우게 된 배경이 전혀 무관한 것으로 보이지는 않는다. 모두 입구에 배치함으로써 상징성을 강화하기 위한 시설물이었다.

곤명 지장사 석경당(중국, 송)

성동리 다라니 석당(북한, 1027년)

의 장엄이나 위상을 표상하는데 중요한 역할을 하였기 때문으로 보인다. 또한 당간은 가람 상에서 경내로 들어가는 진입 공간이나 중심 공간에 배치된 건물 앞에 높게 배치되었다. 그리고 그 정상부는 용두를 형상화하여 만들어졌으며, 용이 입으로 당을 물고 있는 모습이다. 당은 한결같이 길게 늘어져 바람에 펄럭이는 모습으로 묘사되고 있다. 이것은 당이 사찰의 장엄물로서 상징적인 의미가 높았음을 간접적으로 알 수 있게 하며, 적어도 당을 걸기 위한 당간이나 당간지주가 오래전부터 건립되고 있었음을 강하게 시사한다.

이러한 사실은 돈황 막고굴에 당과 당간이 그려진 146호굴 북벽의 사원 벽화(五代), 361호굴 북벽의 사원 벽화(唐), 61호굴 대청량사(大淸凉寺) 벽화(宋代), 61호굴 서벽 중앙 오대산 대건안사(大建安寺)의 벽화 등에서 쉽게 확인할 수 있다. 그러나 중국은 한국처럼 사찰 가람의 필수적인 조형물로서 정형화되어 발전하지는 않았던 것으로 보인다. 하여간 오늘날까지 중국 사원들은 경내로 들어가는 입구나 경내에 당간을 세워 가람을 장엄하는 전통이 계승되고 있다. 그리고 이러한 형태의 당간이 아직도 인도나 네팔 등지에 있는 사원에 전하고 있다고 한다.[7] 그리고 중국 소림사 등 다수의 고찰(古刹)에 세워져 있으며, 몽골의 간단사, 경녕사 등에도 남아 있다.

낙신부도(洛神賦圖, 東晋, 傳 顧愷之(346~407년), 북경 고궁박물원 소장)

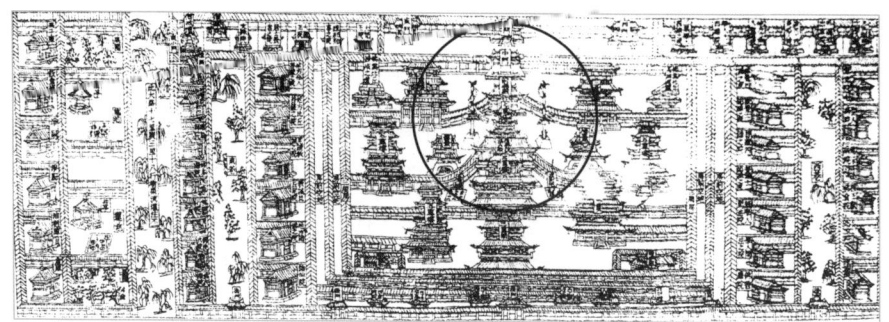

도선(道宣) 『관중창립계단도경(關中創立戒壇圖經)』의 사원도

인도, 중국, 몽골, 네팔, 티벳 등 중앙아시아에 남아 있는 당간이 처음 건립되었을 당시의 당간은 아니지만 당간의 형태와 정상부 장식을 추정하는 데에는 귀중한 자료임에는 분명하다.

한국은 번과 당이 삼국시대에 전래되었다. 따라서 삼국시대부터 번과 당으로 불전을 장엄하였음을 알 수 있다. 이러한 사실은 백제 성왕이 552년 일본에 여러 가지 귀중한 물건을 보냈는데 그중에 번을 보냈다는 내용이 있으며, 623년에는 신라가 일본에 관정번과 소번을 보냈다는 기록에서 알 수 있다. 또한 신라 자장이 643년 당나라에서 귀국할 때 번당을 가지고 왔다고 한다. 이와 같이 당시 백제와 신라는 번을 제작하여 불전을 장엄하였을 뿐만 아니라 일본에도 전해주었다. 그런데 번이나 당을 걸기 위한 당간과 당간지주가 사찰 가람 상에 구체적으로 언제부터 건립되기 시작하였는지에 대하여 전하는 내용은 전혀 없다. 다만 번이나 당을 거는 작은 규모의 간주(竿柱)는 많이 만들어졌을 것으로 추정된다. 이러한 간주를 만들어 그 정상부에 번이나 당을 걸어 불전을 장엄하거나 공양하였으며, 고승들에 대한 예우를 높였을 것으로 보인다. 한편 편린의 기록을 통하여 당간이나 당간지주가 삼국시대부터 건립되었을 가능성을 시사 받을 수 있다.

『삼국유사(三國遺事)』에 보면 '절들이 별처럼 널려져 있고, 탑들이 기러기 행렬같이 많고, 법당(法幢)을 세우고 범종(梵鍾)도 달았다.'고[8] 기록되어 있다. 이 기

---

7) 鄭永鎬, 「韓國의 幢竿과 幢竿支柱」, 『古美術』 1991년 봄호, 韓國古美術協會, 1991, p. 11.
8) 『三國遺事』 第3卷, 興法 第3, 原宗興法 · 厭髑滅身.
 '……寺寺星張塔塔鴈行竪法幢懸梵鍾……'

중국 보성사 당간지주

중국 법화선사 동편 당간지주

중국 법화선사 서편 당간지주

중국 법화선사 서편 당간지주 연화문

중국 소림사(少林寺)의 당간

중국 원조사(圓照寺)의 당간

중국 운거사 당간지주

중국 상해 용화사 당간

몽골 간단사의 당간

몽골 초이진람 사원 당간

몽골 경녕사 당간(최인선 제공)　　　　　몽골 경녕사 당간지주(최인선 제공)

록은 불교가 크게 성행한 6세기 중후반경에서 7세기 전반경까지 신라의 수도였던 경주를 묘사한 것으로 추정되고 있다.[9] 당시 경주에 수많은 사찰들이 밀집되어 분포하고 있는데, 범종에 버금가는 장엄물로 법당을 세웠다고 한다. 당시 세워진 법당이 오늘날 전하고 있는 당간과 당간지주와 동일한 형식과 양식으로 건립되지는 않았을지라도 당을 걸기 위한 시설물로서 통일신라 이후 크게 성행한 당간과 강한 친연성을 가지고 있었을 것이다. 그리고 『삼국유사』에는 당간과 관련된 또 다른 기록이 있는데, '우물이 높이 솟아올라 그 높이가 7장이나 되어 찰당(刹幢)과 같게 되었다. 이에 궁중 안에 있는 모두 사람이 크게 놀랬다.'고[10] 한

---

9) 一然은 『三國遺事』에서 565년 진나라 사신 劉思가 승려 明觀과 함께 불경을 받들고 와서 본 신라 경주의 모습으로 기록하였다. 그러나 불교가 신라에서 공인되기 전이고, 신라는 삼국시대 말에서 통일신라 초기에 불교가 크게 성행하면서 많은 불사가 이루어졌던 것으로 보아 삼국통일을 전후한 시기의 전경을 묘사한 것으로 추정된다. 그리고 이 기록은 특정 시기를 한한 내용이 아니라 불교가 크게 성행한 신라 경주의 모습을 일반화시켜 묘사한 것으로 보인다.
10) 『三國遺事』第4卷, 義解 第5, 賢瑜珈·海華嚴.
'……斯須井水湧出高七丈許與刹幢齊閤宮驚駭……'

다. 이것은 754년(경덕왕 13) 가뭄이 심하여 승려 대현(大賢)이 강연회를 열자 갑자기 우물이 솟았다는 사실을 전하는 내용이다. 그런데 물이 높게 솟았는데 그 모습이 찰당과 같다고 하였다. 당시 신라 사람들은 당간을 오늘날 첨탑과 같이 높은 것으로 인식하였음을 알 수 있다. 여기에서 7장은 당척(唐尺)으로 계산하여 약 20미터가 되므로 당시 당간의 높이를 대략 짐작할 수 있다. 이것은 오늘날 당간이 남아 있는 갑사 철당간이나 용두사지 철당간의 높이와 거의 일치하고 있다. 이러한 기록으로 보아 통일신라 초기에도 당간이 높게 건립되었음을 알 수 있다.

이후 827년에 건립된 사실을 전하는 「중초사지 당간지주기」, 살생을 금하는 당간을 세웠다는 「대안사 적인선사 조륜청정탑비문」, 지증대사 도헌의 명성이 높음을 당간에 비유한 「봉암사 지증대사 적조탑비문」 등 통일신라 중기와 말기에는 당간의 건립이 성행하였고, 그에 따라 당간의 상징성이 비문 등에 기록되고 있음을 알 수 있다. 한편 고려시대에도 당이나 당간과 관련된 기록들이 산견되는 것으로 보아 당간과 당간지주의 건립이 일반화되었음을 짐작할 수 있다.

그런데 당간이나 당간지주가 같은 불교 국가였던 중국[11]이나 일본에 비하여 한국이 많다. 즉, 중국이나 일본과는 다르게 한국 고대의 사찰에서 정형화된 당간지주의 건립이 일반화되었으며, 사찰 가람 상에서 진입 공간에 배치되는 필수적인 조형물로서 확고하게 자리를 잡았다. 또한 현재까지 남아있는 수량도 한국이 많다. 그리고 당간과 당간지주는 신라의 수도였던 경주 지역을 중심으로 전국적으로 확산되어 크게 성행하는 특징을 보이고 있다.

이러한 이유는 한국만이 가지고 있는 불교의 특수성이나 불교문화, 민간 신앙과의 관련성 등에서 기인한 것으로 보인다. 이와 관련하여 불교가 전래되기 이전에 있었던 한국의 고유한 신앙형태로 삼한의 소도신앙(蘇塗信仰)이 주목된다.[12]

---

11) 중국 용문석굴, 운강석굴, 돈황석굴 불전 장엄용인 번의 형태를 알 수 있는 자료들은 많다. 그러나 한국과 같은 전형적인 당간지주 양식을 보이는 것은 그리 많지 않은 것으로 알려져 있다. 이러한 상황은 일본도 마찬가지인 것으로 보인다(齋藤忠, 『幢竿支柱の研究』, 第一書房, 2003, p. 200).

12) 辛鍾遠, 「幢竿造營의 文化史的 背景」, 『江原史學』 3집, 강원대 사학회, 1987, p. 25.
洪潤植, 「馬韓蘇塗信仰領域에서의 百濟佛敎의 受容」, 『馬韓・百濟文化』 11집, 馬韓・百濟文化硏究所, 1988, p. 16.
嚴基杓, 「統一新羅時代의 幢竿과 幢竿支柱 硏究」, 『文化史學』 6・7호, 韓國文化史學會, 1997, p. 303.

당시 불교 전래 직후에도 소도의 전통을 이어받은 어떤 형태의 신성구역(神聖區域)이 존재하였으며, 이를 표시하기 위한 솟대와 같은 조형물이 있었을 것으로 보인다. 오늘날도 이러한 전통을 이어받은 많은 솟대와 장승이 전국적으로 분포하고 있는 점에서도 그러하다.

고구려와 백제는 불교수용 과정에서 사회적인 반발이 없었음에 반하여, 신라는 반발이 있었다. 이러한 것은 당시 신라의 사회적인 지배원리가 아직도 불교를 수용할 기반이 마련되어 있지 않았다는 것을 의미한다. 즉, 재래의 민간신앙이 불교의 도입에 반발할 만큼 기존 사회질서에 큰 영향력을 행사하고 있었던 것이다. 그러나 이후 어느 신앙보다도 포용성이 큰 불교가 전래되면서 모두 그런 것은 아니지만 당시 사원이 소도 지역과 같은 신성 구역에 건립되었던 것으로 추정되고 있다. 즉, 신성 구역으로 인식된 소도 지역이 사원으로 대체되고, 사원들은 불교 수용과 전래에 구심적인 역할을 하였다. 이렇게 불교가 유입되는 과정에서 사찰은 재래의 전통을 계승하거나 새로운 형태의 신앙과 의식, 나아가 조형물을 만들었을 것이다. 외형상으로도 소도와 불교 즉, 소도 영역과 사찰은 성역공간(聖域空間)이라는 의미를 동시에 함축하고 있다. 이러한 공간에는 내용은 다르지만 신앙의 대상을 봉안하는 시설물들이 있었을 것이다. 또한 양자 모두 종교적인 의식을 행하는 신앙이 장소라는 점에서 유사한 면을 보여 준다.[13]

이런 측면에서 볼 때 소도 지역을 표시하는 솟대와 사찰을 표상하는 당이나 당간이 상호 접촉과 영향을 주고받았을 것으로 보인다. 특히 소도와 솟대는 불교의 유입에 따른 토착화 과정에서 상당히 많은 영향을 미쳤던 것으로 짐작되고 있다. 따라서 사찰에서 당간을 세워 당을 거는 전통이 중국에서 전래되기는 하였지만 한국 고유 민속 신앙체인 솟대와 만나 한국만이 가지는 독특한 불교문화를 형성하였던 것으로 추정된다. 즉, 어느 불교 국가보다 발전되고 정형화된 당간과 당간지주를 세워 당을 걸게된 배경으로 이해된다. 따라서 당과 당간의 유래와 성행은 한국 고대에 있어 불교의 토착화 과정 및 그 사상적 변천과 함께 이해되어야 할 것으로 사료된다.

---

13) 洪潤植,「馬韓蘇塗信仰領域에서의 百濟佛敎의 受容」,『馬韓・百濟文化』11집, 圓光大 馬韓・百濟文化 硏究所, 1988, p. 16.

결국 인도나 중국 불교의 영향도 있었지만 한국에서 대대적으로 당간과 당간 지주가 성행한 것은 민간의 신앙체인 솟대가 당간에 영향을 주었기 때문으로 보인다. 즉, 당간은 그 규모나 모양은 약간 다르지만 전체적인 외관이 솟대와 흡사하여 신성구역을 나타내는 솟대와 같이 사찰의 경계나 신성구역임을 나타냈다. 또한 당간은 경내로 들어가는 입구에 배치되어 불법 수호의 상징물로 발전된 것으로 추정된다.[14]

당간은 한국의 사찰 가람에 있어서 사찰의 입구에 배치되어, 당을 걸기 위한 시설물로서 일종의 장엄·장식·경계 및 상징적인 의미로 목조·석조·철조 등으로 제작되어 건립된 것으로 보인다. 이러한 당간과 당간지주는 삼국 통일 직후 경주를 중심으로 내구성이 강한 석조 당간지주가 등장하면서, 치석 수법도 한층 발전된 당간지주가 만들어지기 시작한다. 이후 전국 사찰에서 가람 구성의 필수적인 건조물로 사찰 입구에 세워졌던 것으로 보인다.

이와 같이 당간의 기원이 불교의 시발지인 고대 인도에서 유래되어 중국의 영향을 받아 유래하였지만 다른 불교국에 비하여 한국 사찰에서 건립된 당간과 당간지주의 형태가 발전되고, 대대적으로 성행한 점 등은 소도 신앙과 일정한 상관관계가 있었을 것으로 추정된다. 특히 당간과 당간지주가 그 형태 면에서 솟대의 입목(立木)과 유사하고, 위치 면에서도 솟대는 마을이나 신성한 영역의 입구에 세우는데 당간도 사찰로 들어가는 입구에 배치된다는 점, 기능면에서 솟대가 벽사적인 성격도 가지고 있는데, 당간도 여러 가지 기능이 있지만 벽사적인 목적

부안 서문안 당산 솟대

---

14) 具善會, 「韓國上代伽藍建築의 幢竿支柱 및 掛佛臺에 關한 硏究」, 영남대 건축공학과 석사논문, 1980, p. 7.

등이 있다는 점에서 일맥상통하고 있다. 따라서 한국 사찰 가람에서 당간이 성행한 것은 솟대신앙과 일정한 상관관계가 있었을 것으로 추정된다.15)

또한 당간과 당간지주가 대대적으로 건립된 것은 사찰 가람에서 당을 걸 필요성이 있었기 때문일 것이다. 먼저 대승 불교 사상이 폭넓게 확산되면서 불도들의 수가 증가하고, 밀교(密敎)의 영향으로 의례(儀禮)와 사찰의 외형적 측면을 중시하는 풍조가 형성된 것과 관계가 있다. 그리고 각 사찰의 사격(寺格)과 종파적 성격을 분명하게 드러낼 필요성이 대두되었을 것이다. 한편 당간과 당간지주가 선종 사찰에서는 극히 드물게 세워진 양상을 보이고, 교종이나 화엄종 계열의 사찰에서 통일신라 중기 이후 많이 건립되었다. 이것은 통일신라 중기 이후 선종이 유입되면서 선종보다 의례나 절차를 중시하는 교종 사찰들이 선종과 구별되는 사찰의 위상(位相)을 보여야 될 필요성이 대두되었을 가능성을 시사한다. 당간지주는 여러 전각들이 들어서는 것과 동시에 사찰의 위상을 분명히 해야 할 필요성으로 더욱더 건립이 요구되었을 것이다. 그래야만 절의 위상을 높이고, 불도들에게 사찰의 위엄을 보임과 동시에 경내는 부처와 승려들이 머무는 신성한 공간으로서 신자들이 드나들기 어려운 영역이라는 인식을 유도하였을 것이다.

또한 의식과 행사시에 당을 걸 필요성이 요구되었을 것이다. 이러한 것은 당시 통일신라와 고려가 불교국가였다는 점을 감안해 볼 때, 신도들의 증가로 법회 시 모든 신도들이 경내 중심 공간으로 들어와 예불을 올릴 수는 없었을 것이다. 따라서 당간에 당을 걸어 행사를 알리고, 예불하는 방편으로 더욱더 필요성이 증대되었을 것으로 추정된다. 이러한 사실은 통일신라와 고려시대에 당간과 당간지주가 집중적으로 건립되었다는 것에서도 간접적으로 알 수 있다.

이와 같이 한국에서 번과 당은 불교 전래 직후인 삼국시대부터 불전 장엄물로 활용되었으며, 당간은 중국 사찰 가람의 영향으로 세워지기 시작한 것으로 추정된다. 그리고 당간과 당간지주는 고유 신앙인 소도 신앙과 습합되면서 동양의 어

---

15) 辛鍾遠, 「幢竿造營의 文化史的 背景」, 『江原史學』 3집, 강원대 사학회, 1987.
洪潤植, 「馬韓蘇塗信仰領域에서의 百濟佛敎의 受容」, 『馬韓·百濟文化』 11집, 馬韓·百濟文化硏究所, 1988.
朴昊遠, 「솟대와 幢竿」, 『古美術』 가을·겨울호, 한국고미술협회, 1988.
嚴基杓, 「統一新羅時代의 幢竿과 幢竿支柱 硏究」, 『文化史學』 6·7호, 韓國文化史學會, 1997.

느 나라보다 많은 당간과 당간지주가 세워지게 되는 배경이 되었을 것이다. 그 시기는 기록상으로 늦어도 삼국시대 말기부터 당을 걸기 위한 당간과 당간지주가 세워진 것을 알 수 있다. 현재 당시 건립된 것으로 남아있는 유물은 없지만, 통일신라 이후 건립된 당간과 당간지주와 같이 전형적인 양식은 아니었을 것으로 보이며, 중국 돈황 막고굴 벽화에서 볼 수 있는 간단한 형태의 지주였을 것으로 짐작된다. 그러다가 당간과 당간지주는 삼국이 통일되면서 경주를 중심한 지역에서 건립되기 시작하여, 내구성이 강한 석조 당간지주가 세워졌고, 그 양식도 전형화(典型化)되었던 것으로 보인다. 이후 통일신라 중기를 지나면서 전국에 있는 각 사찰에서 크게 성행하게 된다.

2. 당과 당간의 의의

당과 당간이 어떤 목적으로 사찰의 입구에 세워졌으며, 당간이 사찰 가람에서 어떤 의의를 가지는가 하는 것은 당을 거는 목적, 당간의 위치와 그 형상(形象)에서 찾아신다. 그리고 당간의 건립 의의는 당을 거는 목적이 어디에 있었는가에 따라 결정되었다고 할 수 있다. 그 만큼 당과 당간의 의의는 당을 거는 목적과 당간의 형상에 집중되어 있었다고 하겠다.

일찍이 불교가 성행한 인도와 중국에서도 번은 불전 내부를 장엄하거나 별도의 조형물에 거는 가람 상에서 주요한 불구(佛具)였다. 또한 번은 항마(降魔)와 현세 이익적인 성격이 반영되기도 하였다.[16] 이러한 번과 같이 당도 기본적으로는 불전(佛殿)이나 가람을 장엄하여 사찰의 신성성을 높이기 위한 것이었다.

『삼국유사』에 신라 경덕왕(742~765)이 만불산(萬佛山)을 장엄하면서 유소번개(流蘇幡蓋)가 가장 주요한 장엄물로 사용되었음을 전하는 내용이 있다. 『동문선(東文選)』에[17] 최충(崔冲)이 1026년 남긴 기록에 의하면 '병진년(1016) 가을에 시

---

16) 光森正士, 「奈良時代の佛具」, 『正倉院寶物にみる佛具・儀式具』, 紫紅社, 1993, p. 146.
17) 신라 때부터 조선 숙종 때(1674~1720)까지의 한시와 문장을 모은 책으로 3차례에 걸쳐서 찬술된 것이다.

작하여 신유년(1021)까지 법당·불전·대문·행랑 등 모두 2백여 간을 세웠고, 그곳에 안치할 소상·화상 등 여러 공덕의 상(像)과 종경(鍾磬)·번개(幡盖)들은 모두 현재 있는 대로이다. 그 수가 많았다. 마침내 절 이름을 봉선 홍경사라 하였다.'라는[18] 내용이 있다. 이 내용은 봉선홍경사의 불사와 관련된 사실을 전하고 있다. 당시 봉선홍경사는 1016년에 창건되기 시작하여 1021년에 공사가 마무리되었고, 2백여 간에 이르는 대찰이었음을 알 수 있다.[19] 이 사찰이 1177년 화재로 전소되기는 하였지만 그 이전에 번개로 장엄되었음을 전하고 있다. 기록이 간결하여 번개가 당간 꼭대기에 걸었던 것인지 불전에 걸었던 것인지 불명확하지만, 앞뒤 내용으로 보아 당간이나 지주 위에 걸었던 깃발 형태의 장엄물을 의미하는 것으로 보

인로보살도(引路菩薩圖, 唐, 9세기 말)

---

18) 『東文選』第64卷, 奉先弘慶寺記(『東文選』 VI(고전국역총서 30), 민족문화추진회, 1985, pp. 64~67). '起自丙辰秋迄于辛酉歲凡造得堂殿門廊等共二百餘間所置塑畵諸功德像及鍾磬幡盖具如見在其數寔繁 乃賜額爲奉 先弘慶寺'

19) 현재 弘慶寺址는 천안시 성환읍 대홍리에 소재하고 있다. 사지에는 1026년 세워진 奉先弘慶寺碑碣이 있고, 석탑재 등 일부 석조물이 남아 있다. 또한 경작지로 변한 사지의 넓은 범위에서 기와편들이 발견되고 있다. 그러나 당간이나 당간지주의 흔적은 전혀 찾을 수 없다.

인다. 따라서 당간이 가람에서 중요한 요소였으며, 사찰을 장엄하는 주요 장엄물이었음을 알 수 있다. 또한 번개라는 용어를 사용한 것으로 보아 상단부에 개(蓋)와 같은 구조물이 설치되고 그 아래로 깃발이 드리워진 형태였던 것으로 보인다. 이와 같이 번은 신라와 고려시대에 주요한 장엄 불구였음을 알 수 있다.

그리고 임춘의 시문집인 『서하집(西河集)』에[20] '공력을 다 마치고 당번(幢幡)과 궤안(几案)을 구비하고 작은 종과 반자·나발(螺鉢)·기명(器皿) 등 여러 가지 장엄한 도구를 주조하여 이 절 안에 봉안하였으며 영원히 공양에 충당토록 하였다.'고[21] 한다. 이 내용은 1179년에 기록된 것인데, 당시 당번이 사찰의 장엄과 공양에 있어서 중요한 도구였음을 알 수 있다. 또한 '새로 회주(會主)를 구성하여 금으로 관음보살상 1구를 만들고, 진귀한 불감(佛龕)·회개(繪蓋)·화과(花果)·당번(幢幡)을 준비하고, 종경(鐘磬)을 주조하고, 인장(茵帳)·궤안(几案)·기명(器皿) 등에 이르기까지 여러 장엄한 공양구를 갖추었다.'라는[22] 내용도 있다. 이 내용도 12세기 후반경의 사실을 기록한 것으로 보이는데, 당시 당번이 불상과 함께 사찰에서

인로보살도(引路菩薩圖, 五代, 10세기 초)

---

20) 고려 고종 때의 인물인 임춘의 시문집으로 6권 2책이다. 그의 친구였던 李仁老가 시문과 유고를 수습하여 고려 고종 9년(1222)에 처음 간행되었다.
21) 林椿, 『西河集』 卷5, 妙光寺十六聖衆繪象記(秦星圭 譯/林椿 著, 『西河集』, 一志社, 1984, p. 257~260). '功旣畢兼備幢幡几案或鑄小鍾盤子螺鉢器皿凡百莊嚴之具奉安于玆宇之內水充供養'
22) 林椿, 『西河集』 卷5, 小林寺重修記條(秦星圭 譯/林椿 著, 『西河集』, 一志社, 1984, p. 260~262). '新構成會主滿金觀音菩薩像一軀或營珍龕繪蓋花果幢幡或鑄鐘磬至於茵帳几案器皿種種莊嚴之具'

돈황막고굴 97굴 남벽 공양비구 (서하)

중국 영암사 벽지탑 부조 법회승번 (송)

평등원 운중공양보살상 북6호(1053년)　　　평등원 운중공양보살상 북17호(1053년)

　필수적인 장엄과 공양구로 인식되었음을 전하고 있다.
　고려시대 이규보(1168~1241)가 지은 『동국이상국집(東國李相國集)』에도 '나라에서 장륙상을 안치한 전각이 매우 쇠락했다고 해서 이를 보수하게 하였다. 지금의 상국 청하 최우(相國 淸河 崔瑀)가 내무 진력한 바 있다. 공은 불개(佛蓋)와 당개(幢蓋)가 많이 낡고 해졌다는 말을 듣고 탄식하였다. 이런 것은 불교 의식의 대표적인 것이다. 성대하게 꾸미지 않으면 불교 의식의 가장 큰 것을 갖추지 못한 것이다. 라고 하면서 장인에게 명하여 만들게 하니, 온갖 보배의 광채가 눈이 부시게 찬란하여, 정말 예전에는 보지 못하던 것이다.'라는[23] 내용이 있다. 이 내용은 송악산에 있었던 왕륜사(王輪寺)에[24] 대한 것으로 당시 불개와 당개가 걸려있음을 전하고 있다. 그리고 당의 꼭대기에 개(蓋)를 구비한 당이 오랜 세월로 변형되고 낡아 이를 새롭게 만들어 걸었다는 것이다. 당시 당이 불교 의식이나 장엄

---

23) 李奎報, 『東國李相國集』 第25卷, 記·牓文·雜著.
　　'國家以丈六殿之頹殘方命而修葺也今相國淸河崔公甚有力焉公又聞佛蓋與幢蓋之多至殘毁乃嘆曰此皆梵儀之眉目也不崇餙無以備佛儀之最巨者尋命工營之百寶光明爛然奪目眞古所未見也'
24) 개성 송악산에 있던 사찰로 고려 태조가 919년 송도십찰(松都十刹)의 하나로 창건하였으며, 이후 여러 차례의 중수를 거친다

시에 중요한 도구였음을 전하고 있는 내용으로 주목된다. 이에 따라 당도 화려하게 제작되었던 것이다.

이외에도 「동화사 홍진국존 진응탑비문(桐華寺 弘眞國尊 眞應塔碑文)」에 '어느 날 만안사(萬安寺)의 당두(堂頭)를 여러 가지 당으로 도량을 장엄하고 국사로 하여금 인왕경을 강설해 주기를 청하였다.'고[25] 한다. 이 비는 1298년 건립된 것인데, 당시까지 당이 사찰의 큰 행사나 의식 시에 도량을 장엄하는 주요 장엄물이었음을 전하고 있다. 또한 『고려사』에는 신돈이 연복사(演福寺)에서 문수회(文殊會)를 여는 장면을 묘사한 내용이 있는데, 당번과 보개로 사찰을 장엄하자 오색으로 햇빛에 번쩍거렸다고 한다.[26] 마찬가지로 당번이 큰 행사나 의식 시에 사찰을 장엄하는 주요 공양구였음을 알 수 있다. 이러한 인식이 내용이나 형식은 다르더라도 간헐적으로 조선전기까지 이어졌던 것으로 보인다. 『세종실록』에 '승려들이 도성 안까지 들어와 거리에서 당번(幢幡)을 세우고, 징과 북을 치면서 음식상을 차려놓고 죽은 자의 이름을 부르는데 이를 백종시식(百種施食)이라 한다.'라고[27] 기록되었다. 또한 『세조실록』에도 '어떤 때는 도성 안의 길거리에서 어떤 때는 냇가에서 당번을 늘어 세우고 떡과 과일을 차려 놓았다.'고[28] 하였다. 이는 이전보다 당번의 상징성이 약화되기는 하였지만 여전히 중요한 불구(佛具)였음을 알 수 있게 한다.

이와 같이 불전이나 당간의 꼭대기에 걸었던 번이나 당은 사찰을 장엄할 뿐만 아니라 의식이나 행사시에 분위기를 조성하기 위하여 달았던 중요 장엄물이었다. 그래서 번이나 당은 정성을 드려 화려하게 제작되었다.

이상과 같이 번과 당이 다양하고 화려한 형태로 만들어져 장엄적 의의가 높은 불구로서 의식 시 주요하게 활용되었음을 알 수 있다. 그리고 이외에도 여러 가지 의의가 있었음이 당간의 상징성과 관련된 편린의 기록과 그 형상에서 찾을 수

---

25) 「桐華寺弘眞國尊眞應塔碑文」(李智冠, 『校勘譯註 歷代高僧碑文』-高麗篇 4, 가산문고, 1997, pp. 284~301).
  '一日萬安寺堂頭以種種幢盖莊嚴道場'
26) 『高麗史』 第132卷, 列傳 第45, 辛旽.
27) 『世宗實錄』, 세종 27년 7월 14일.
28) 『世祖實錄』, 세조 4년 7월 28일.

있다. 먼저 당과 당간의 상징성과 관련된 기록들을 고찰해 보면 간접적으로나마 그 의의에 대하여 시사 받을 수 있다.

먼저 「대안사 적인선사 조륜청정탑비문」에29) '……문성대왕이 이를 듣고 상말(象末)의 시대에 여러 몸을 나타냈다고 이르고 자주 서신을 내려 위문하면서 겸하여 선사가 주석하는 절의 사방 바깥에 살생을 금하는 당(幢)을 세울 것을 허락하였다.'라는30) 내용이 전하고 있다.31) 이 비는 872년 건립된 것이며, 비문은 최하(崔賀)가 왕명을 받들어 찬한 것으로 적인선사 혜철(寂忍禪師 慧徹: 785~861)이 대안사에 주석하고 있을 때 왕이 허락하여 살생을 금하는 경계의 표시로 사방에 당을 세웠다고 한다. 당시 당을 높이 걸기 위하여 당간이 세워졌을 것이며, 당의 표면에는 살생을 금하거나 불교의 교리와 관련된 내용이 명기되었을 것으로 추정된다. 현재 대안사에서 당간과 당간지주는 확인되지 않지만 당이 살생을 금하는 계율 등 불교 교리를 실천하거나 경계의 표시로 조성되었음을 알 수 있다. 나아가 살생을 금한다는 표식적(標式的) 기능의 당을 사찰의 외곽에 높게 걸었다는 것은 불법(佛法)을 수호하고 사찰의 위상을 높이고자 하는 목적도 있었을 것이다. 또한 당을 세우는데 국왕의 허락을 받았음도 알 수 있어, 당이나 당간이 특별한 경우나 국가적으로 중요한 사찰에 석조부도나 탑비와 같이 국왕의 윤허가 있어야만 건립할 수 있는 시설물이었을 가능성도 시사한다.

그리고 962년에 기록된 「용두사 철당기(龍頭寺鐵幢記)」에는 '일찍이 듣건대 당간(幢竿)은 불문(佛門)을 장엄하는 옥표(玉標)요, 번개(幡蓋)는 보전(寶殿)을 꾸미는 신령한 깃발이다. 그 모양은 푸른 하늘에 학이 날고 용이 약동하는 것과 같다. 그것을 세운 사람은 크게 신심(信心)을 내고, 보는 사람은 참된 마음을 가질 것이

---

29) 이 비는 872년(경문왕 12)에 건립되었는데, 현재 碑身이 파괴되어 판독이 불가능하지만 구례 華嚴寺에 장사본이 남아있어 비문의 내용을 알 수 있다. 탑비는 전남 곡성군 죽곡면 원달리 泰安寺에 소재하고 있다.
30) 「大安寺寂忍禪師照輪清淨塔碑文」(李智冠,『校勘譯註 歷代高僧碑文』-新羅篇-, 가산문고, 1994, pp. 74~93).
전라남도,『全南金石文』향토문화총서 제41집, 1990, pp. 14~17.
'文聖大王聞之謂現多身於象末頻賜書慰問兼所住寺四外許立禁殺之幢'
31) 幡과 幢이라는 용어가 규모와 목적에 따라 혼용되고 있었는데, 적어도 9세기 후반 경에는 당간에 거는 깃발을 '幢'이라고 호칭하였음을 알 수 있다.

다. 그러므로 당간은 마군(魔軍)을 항복시키는 철장(鐵丈)이요, 적(賊)을 물리치는 아름다운 깃발이다.'라고 당간과 당의 의의를 말하고 있다. 이 내용은 당간이 다소 지나치게 상징화된 면이 있기는 하지만 사찰을 장엄하는 대표적인 장엄물로 표식적 역할을 한다고 하였다. 또한 당간은 용을 형상화하였으며, 번개는 불도들에게 불심을 일으키며, 인간 세상을 불교의 교리로 정화하고 불가의 세계를 마군으로부터 보호해 주는 상징물로 인식되었음을 알려 준다.32) 이러한 사실은 다른 기록에서도 확인된다. 이규보가 편찬한 『동국이상국집』에 '삼가 대비다라니신주경(大悲陁羅尼神呪經)을 상고한 결과 거기에 이르기를 만약 환란이 바야흐로 일어나거나, 원적(怨敵)이 와서 침범하거나, 전염병이 유행하거나, 귀마(鬼魔)가 설쳐 어지럽히는 일이 있거든, 마땅히 큰 자비심으로 불상을 만들어 모두가 지극히 공경하는 마음을 기울이며, 당개(幢蓋)로 장엄하고, 향과 꽃으로 공양하면 적들이 모두 스스로 항복하여, 모든 환란이 아주 소멸한다.'라고33) 하였다. 이 내용은 순천사(順天寺) 중수와 관련된 기록으로 당이 불상과 마찬가지로 주요한 예배의 대상이었으며, 나아가 악마로부터 불법을 수호해 주는 상징적 대상으로 인식되었음을 시사한다. 즉, 당과 당간이 신앙심을 불러일으키는 장엄물로서 사찰의 위상을 보이고, 불법(佛法)의 위력을 상징적으로 표상(表象)하는 것이었음을 알 수 있다.

한편 당과 당간을 전법(傳法) 활동의 주요 상징물로서 전하는 내용도 있다. 먼저 『불국사고금역대기(佛國寺古今歷代記)』에34) '중화(中和) 6년(886) 5월 10일 수를 놓아 석가모니 불상 번을 만들었다. 전체의 배열이 다되어 받들어서 완성되었음을 알리니 이는 삼귀(三歸)의 의지를 장려하는 것이다. …… 허공에 높이 걸려 있는 모습이 실로 공덕을 드러내어 우러러 생천(生天)의 즐거움을 돕고, 열수(閱

---

32) 崔珍源, 「龍頭寺幢竿說話考」, 『人文科學』 12집, 성균관대학교 인문과학연구소, 1983, p. 13.
33) 李奎報, 『東國李相國集』 第41卷, 釋道疏.
　'謹案大悲陁羅尼經云若患難之方起有怨敵之來侵疾疫流行鬼魔耗亂當造大悲之像悉傾至敬之心幢蓋莊嚴香花供養則擧彼敵而自伏致諸難之頓消'
34) 조선 영조대의 승려 東隱이 불국사의 사적을 기록한 책으로 1740년(영조 16) 5월에 대암의 문인이었던 동은이 지은 것을 만연 등이 다시 교정을 하였다. 불국사의 역사적 배경과 유물·유적 등에 대하여 종합적으로 언급하고 있으며, 『佛國寺古今創記』라고도 한다.

水)의 자비를 펼친다.'라는³⁵⁾ 내용이 있다. 먼저 번의 표면에 불상을 새겼음을 알수 있다. 그리고 번은 공양구로서 공덕(功德)을 드러내어 자비를 펼치고, 불법승이 일치가 되어 부처에게 귀의하고자 하는 의의를 나타내고 있다.

978년 김정언(金廷彦)이 찬하여 건립된「보원사 법인국사 보승탑비문(普願寺法印國師寶乘塔碑文)」을³⁶⁾ 보면 '법당(法幢)을 중정(中庭)에 세우고 범패(梵旆)를 그 위에 걸어두니 바람에 흔들리고 태양에 빛나며 휘날렸다. 뭇 사람들이 그 아래에 모이고 구경하는 사람들이 담을 에워싸듯 했다.'고³⁷⁾ 하며, '스님의 일행이 가야산사에 이르니 승도들이 부처를 맞이하듯 아름다운 음악이 울렸다. 이에 번개가 구름처럼 날고 나발과 소라가 우뢰처럼 부르짖었다.'고³⁸⁾ 한다. 여기서 당간의 의의와 관련하여 주목되는 부분은 법당의 정상부에 범패를 달았다는 내용이다. 범패는 삼신번(三身幡) 또는 오방번(五方幡) 등과 같은 것으로 범서(梵書)로 비단 등에 부처님의 명호나 천수다라니(千手陀羅尼) 등 법구(法句)를 쓴 깃발을 가리킨다. 즉, 당간에 걸었던 당을 비단으로 만든 다음 다라니경과 같은 경전의 내용을 적은 깃발을 달음으로써 생명력을 부여함과 동시에 예배의 대상이 되도록 하였음을 알 수 있다. 이것은 당이 불상의 복장물과 같이 당간과 당간지주라는 조형물에 생명력을 부여하는 역할을 하였던 것으로 추정케 하며, 밀교와도 관련이 있음을 암시한다. 불상이나 불화 등에서 복장물은 종교적인 신앙이나 예배의 대상으로 조성된 것임을 알려주는 깃이다. 이와 같이 복장물은 생명을 부여하여 신앙의 대상이 되게 하는 상징적인 의미가 있다. 당간과 당간지주도 정상부에 당을 걸음으로써 비로소 생명력이 부여되고 신앙의 대상성이 강화되었던 것으로 보인다. 당시 법인국사가 보원사로 하산하는 것을 기념하기 위하여 번개를 달기도 하였지만 그 밑을 중심으로 군중들이 운집하였던 것으로 보아 당과 당간이 전법과 교화의 상징물이었음도 알 수 있다.

---

35)「佛國寺古今創記」(한국학문헌연구소 편,『佛國寺誌 外』, 아세아문화사, 1983).
36) 현재 충남 서산시 운산면 용현리 보원사지에 소재하고 있으며, 법인국사의 부도도 남아 있다.
37)「瑞山普願寺法印國師寶乘塔碑」(李智冠,『歷代高僧碑文』-高麗篇 2-, 가산문고, 1995, pp. 74~116).
　'父亦申夢法幢竪于中庭梵旆掛其上隨風搖曳映日翩翻衆人集其下觀者如堵'
38)「瑞山普願寺法印國師寶乘塔碑」(李智冠,『歷代高僧碑文』-高麗篇 2-, 가산문고, 1995, pp. 74~116).
　'行至迦耶山寺其僧徒等如迎佛具仙樂於是幡盖雲飛螺鉢雷吼教禪一千餘人迎奉入寺'

또한「만덕산 백련사 원묘국사비(萬德山白蓮社圓妙國師碑)」에도 '대사는 종교가 쇠해지자 크게 법당(法幢)을 세워 법(法)을 듣지 못하던 세속을 놀라게 하여 뿌리 없던 신심을 서게 하고 조사의 교리가 다시 일어나 천하에 선포하게 하였다.'는[39] 내용이 있다. 이 비문은 원묘국사 요세(圓妙國師 了世: 1163~1245)의 행적을 전해주는 것으로 최자(崔滋: 1188~1260)가 찬하였다. 이 내용은 당시 불교의 기강이 해이해짐에 원묘국사가 근심하여 불교와 사찰의 위상을 높이기 위하여 당간을 건립하여 불심을 서게 하였다고 한다. 당시 당간이 불법의 전파와 귀의를 이끌어내는 조형물로 인식되었음을 알 수 있다. 그리고『고려사(高麗史)』에는 '금은으로 가산(假山)을 만들어 뜰에 두었고, 당번(幢幡)과 보개(葆蓋)가 오색

화엄경변상도(일본 경도국립박물관, 1291년)

---

39)『東文選』117卷, 碑銘, 萬德山白蓮社圓妙國師碑銘(『東文選』IX(고전국역총서 33), 민족문화추진회, 1985, pp. 95~101).
　'…惟師當宗敎寢夷之日立大法幢…'

3장 당간과 당간지주　107

관무량수불경도송(觀無量壽佛經圖頌, 청나라 順治 연간(1644~1661))

으로 햇빛에 번쩍거렸으며, 승 3백여 명을 뽑아 수미산을 두르고, 법요를 거행하여 범패를 부르니, 기뻐함이 하늘을 진동하였는데 운집한 불도들이 무려 8천인이 되었다.'라는[40] 내용이 있다. 먼저 이 기록에서 당번과 보개가 의식이나 행사시에 중요한 장엄물이었음을 알 수 있다. 그리고 많은 불도들이 운집한 사원을 당번과 보개로 장엄하였다는 것은 사찰 장엄과 더불어 그것이 전법을 위한 공양구였음도 간접적으로 시사한다고 할 수 있다.

그리고 당간은 다른 조형물보다 높게 조영되었다. 그래서 도가 높거나 불교계에서 차지하는 비중이 높았던 고승들이 당간에 비유되기도 하였다. 최치원은 「봉암사 지증대사 적조탑비(鳳巖寺智證大師寂照塔碑)」에서 '썩은 선비의 도로 대사의 정상(情狀)을 들추기가 부끄럽도다. 발자취가 보당(寶幢)처럼 빛나니 이름을 새길 만한데, 나의 재주가 금송(錦頌)을 감당하지 못하여 글을 짓기 어렵도다.'라고[41]

---

40) 『高麗史』 第132卷, 列傳 第45, 辛旽.

하였다. 이 비는 893년경 최치원이 찬술하여 924년 건립된 탑비이다. 먼저 비문이 찬술된 9세기 말경 당간과 당간지주를 세우는 것이 어느 정도 일반화되었음을 간접적으로 시사받을 수 있다. 그리고 최치원은 지증대사의 살아생전 행적과 업적이 높음을 당간에 비유하였다. 이것은 당시 가람 상에서 당간의 규모가 다른 조형물에 비하여 상대적으로 높기 때문에 지증대사의 행적을 높이고 선양하기 위하여 당간에 비유한 것으로 볼 수 있다.

또한 천태종을 크게 발전시킨 대각국사 의천(大覺國師 義天 : 1055~1101)도 당간에 비유되었다. 1125년 영통사에 건립된 「영통사 대각국사비(靈通寺大覺國師碑)」에 '입적하기에 앞서 어느 날 보당(寶幢)이 땅에서 무너지는 꿈을 꾸었다.'는[42] 기록이 있다. 이 비문은 김부식이 찬한 것인데, 당시 대각국사는 불교계뿐만 아니라 국가적으로도 추앙을 받았던 승려로서 불교의 발전에 크게 기여한 인물이었다. 그만큼 그의 업적이 높았고 불교계에서 차지하는 비중이 상당하였기 때문에 높은 당간에 비유되었고, 그의 입적은 당간이 무너지는 것에 비유되었음을 알 수 있다. 그리고 『삼국유사』를 편찬한 보각국사 일연(普覺國尊 一然)도 1289년 7월 8일 입적 당시 '손으로 금강인을 맺고 조용히 입적하니 오색광명이 방장실 뒤쪽에서 일어났는데, 곧기가 당간과 같고 단엄하고 빛나는 모양은 불꽃과 같다.'고[43] 하였다. 이 비문은 민지(閔漬)가 찬하였는데, 당시 일연은 『삼국유사』를 저술하는 등 많은 저서를 남겼고 많은 제자들을 양성하였다. 민지는 당간이 곧고 높기 때문에 일연의 성품을 당간에 비유하였다.

한편 발원(發願)과 소원을 성취하기 위하여 당간 건립을 후원하거나 당에 기원을 담는 경우도 있었다. 용두사지 철당간은 당시 청주 지방의 부호였던 당대등(堂大等) 김예종(金芮宗)이라는 사람이 병이 들자 당과 당간이 사찰을 장엄하고 악마

---

41) 「鳳巖寺智證大師寂照塔碑」(李智冠, 『校勘譯註 歷代高僧碑文』-新羅篇-, 가산문고, 1994, pp. 280~338).
   '腐儒玄杖憨摘埴跡耀寶幢名可勒才輸錦頌文難'
42) 「靈通寺大覺國師碑」(李智冠, 『歷代高僧碑文』-高麗篇 3-, 가산문고, 1996, pp. 116~178).
   '是前或夢 寶幢崩推于地'
43) 「麟角寺普覺國尊靜照塔碑文」(李智冠, 『校勘譯註 歷代高僧碑文』-高麗篇 4-, 가산문고, 1997, pp. 190~282).
   '手結金剛印 泊然示滅 有五色光 起方丈後 直如幢 其端煜煜如炎火'

를 물리치는 것으로 인식하고 발원하여 건립되기 시작한 것이다. 즉, 김예종은 병이 완치되고자 하는 서원(誓願)을 갖고 후원하였으나 결국은 죽고 만다. 이후 몇 년이 흘러 종형 김희일(金希一) 등이 다시 후원하여 중단된 공사를 마무리하였다. 이러한 사실로 보아 김예종은 소원을 성취하고자 당간을 세우는 일에 발원하였음을 알 수 있다.

그리고 서긍은 안화사의 당간에 '대송황제성수만년(大宋皇帝聖壽萬年)'이라고[44] 씌어진 당이 걸려 있다고 하였다. 이것은 송나라 사신들의 내왕에 즈음하여 송나라 황제의 건강을 빈다는 정치적인 목적도 있었지만 당시 당간에 걸었던 당에 성취코자 하는 기원이나 소원을 담기도 하였음을 알 수 있다. 이와 관련하여 이색(1328~1396)이 남긴「자비령라한당기(慈悲嶺羅漢堂記)」가 주목된다. 이색은 '라한당 앞을 지나게 되어 일찍이 문안에 들어가 예를 드린 적이 있다. 당번(幢幡)이 수 없이 걸려 있는데, 대부분이 여행자의 기원하는 바가 적혀 있다.'고[45] 하였다. 여기서 말하는 당번이 당간의 꼭대기에 걸었던 것과는 다를지라도 당이나 번의 의의와 관련하여 주목되는 사실을 알려준다. 즉, 당이나 번이 발원자의 기원 내용을 표면에 새겨 그것이 이루어지기를 바라는 공양구로서 활용되었음을 알 수 있다. 서긍이 본 안화사의 당과 같이 발원자의 기원이나 소원을 적어 그것이 이루어지기를 바라는 것과 일맥상통하고 있다.

이와 같이 통일신라와 고려시대의 각종 기록을 통하여 당시 당과 당간의 의의가 다양하였음을 알 수 있다. 그 의의는 주로 당에 집중되어 있었다. 그것은 당간과 당간지주를 세우는 목적이 당을 거는데 있었기 때문일 것이다. 당과 당간은 여러 가지 의의가 있었는데 주로 사찰의 장엄과 공양에 중요한 도구였으며, 사찰의 위상을 나타내고 불법의 위력을 상징적으로 표상(表象)하는 것이었다. 그리고 전법과 교화의 상징물이었으며, 당이 기원이나 소원을 발원하는 대상으로 인식되었음을 알 수 있다.

---

44) 徐兢,『宣和奉使高麗圖經』第17卷, 祠宇, 興國寺.
  '唯安和者書云大宋皇帝聖壽萬年觀其傾頌之意出於誠心宜其被遇 聖朝眷龍懷徠之厚也'
45)『東文選』卷74, 記, 慈悲嶺羅漢堂記.
  '再過堂下 甞一入門而致禮焉 幢幡甚盛 類皆行役者之願詞也'

평가납경의 천개와 번(平家納經, 일본 嚴島神社, 1162년)

그런데 당간의 의의와 관련하여 간과할 수 없는 부분이 있다. 그것은 당간이 용(龍)을 형상화하고 있다는 점이다. 통일신라와 고려시대 건립된 모든 당간이 용을 형상화하지는 않았지만 많은 당간이 용과 관련되어 있다. 이러한 것과 관련하여 통일신라시대에 만들어진 1977년 풍기에서 출토된 금동당간용두(金銅幢竿龍頭)와 흥덕사지(興德寺址) 출토 청동용두(靑銅龍頭), 고려시대의 것으로 당간의 원형을 완전하게 유존하고 있는 호암미술관 소장 용두보당(龍頭寶幢), 중앙박물관 소장의 음각당탑동판(陰刻幢塔銅版) 등이 주목된다. 이러한 현존 유물들에 착안하면 당간과 당간지주는 용이 비천(飛天)하는 모습을 형상화하였다[46]는 것을 알 수 있다. 그리고 용두사지 철당간도 절 이름과 철당기의 내용으로 보아 상단

---

46) 姜友邦, 「統一新羅 法幢의 復元的 考察」, 『圓融과 調和』, 열화당, 1990, p. 308.

석산사연기(石山寺緣起, 일본 石山寺, 14세기)

부에 용이 형상화되었을 가능성이 높다. 그러나 용 이외에도 당시 신령스러운 동물로 인식되었던 봉황(鳳凰)의 형상을 한 것도 있다.[47] 당간을 용의 모습으로 형상화하였다면 당과 당간의 의의를 고찰하는데 있어서, 불교에서 용의 수용과 의의를 살피는 것이 중요하다. 중국의 벽화에 남아있는 당간들도 대부분 용의 모습을 형상화하였다. 특히 당과 당간의 원형을 전하는 돈황의 벽화에도 당간의 정상부에는 용두(龍頭)가 올려져 있다.

용에 대한 관념은 고대 이집트, 바빌로니아, 인도, 중국 등 문명의 발상지를 중심으로 발전되어 왔다. 특히 동양에서는 용에 대한 숭배사상이 확고한 위치를 차지하여 수천 년 동안 동양인의 마음과 정신세계를 지배하여 왔으며[48] 용의 형상과 관련된 용문(龍紋)은 상대(商代)의 청동 의기(儀器)에서부터 볼 수 있고, 이후 중국 미술품에서 가장 주목할 만한 무늬로서 폭넓게 등장하고 있다.[49] 한국에서

---

47) 徐兢, 『宣和奉使高麗圖經』 第17卷, 祠宇, 興國寺.
     '…… 上爲鳳首 ……'
48) 具美來, 『한국인의 상징세계』, 교보문고, 1992, p. 227.

대족석굴 북산 245호 관무량수불경변상(唐)

도 용은 일상생활과 밀접한 관련을 가진 상상의 동물로서 그 의미와 상징성은 신앙뿐만 아니라 생활 전반에 걸쳐 미치고 있다. 특히 신화·전설·설화 등에 용과 관련된 내용이 상당히 많으며, 나아가 문학과 미술의 형태에 이르기까지 광범위

---

49) 許英桓, 「龍紋과 中國美術」, 『삼불김원룡교수정년퇴임기념논총』 II, 一志社, 1987, pp. 117~118.

하게 파급되어 왔다. 또한 우리 민속과 민간신앙, 각종 지명에 이르기까지 깊게 자리 잡고 있다.⁵⁰⁾ 그래서 한국에서도 용은 각종 미술품에 주요 소재로 등장하였다.⁵¹⁾ 이와 같이 용은 선사시대 이래로 주술적인 토테니즘이나 샤머니즘과 습합되어 발전되었다. 그리고 고대 인도에서 불교가 성행하면서 불교로 흡수되어 포교나 호법(護法)의 상징으로 등장하였다.⁵²⁾

불교와 용의 관련은 고대 인도의 사신숭배(蛇神崇拜)에서 비롯되었다고 한다. 인도에서는 독사의 위험이 많아 뱀을 숭배하는 신앙을 가지고 있었는데, 중국에 불교가 전래되면서 중국 용의 모습에 인도 뱀을 신격화한 용의 관념과 형상이 혼합되었다. 그리하여 단순한 초능력이나 악신이었던 용의 존재가 부처님의 설법 속에서 불교의 호법자(護法者)로 변화되었다고 한다. 나아가 용은 불법을 수호하는 팔부신중의 하나로 수용되었으며, 불법을 옹호(擁護)하고 선신(善神)으로 추앙되는 팔대용왕(八大龍王)으로 분류된다.⁵³⁾ 그래서 고대 인도에서 나가(Naga : 뱀 또는 龍)는 진귀한 것을 수호하기도 하지만 경계를 표시하거나 성스러운 영역을 보호하는 것으로 인식되어 사원들의 입구에 조각을 해놓기도 하였으며 문지기 역할로도 등장한다.⁵⁴⁾ 이와 같은 용에 대한 인식은 사원으로 들어가는 입구에 배치된 당간의 형상과 상통하는 측면을 보이고 있다.

불경에는 용과 관련된 것이 많은데, 대부분 용왕들이 불교에 귀의하여 불법을 수호한다는 내용이다. 이중에서 석가와 용이 관련된 주요 내용을 보면, 석가는 성불(成佛)한 직후 아직 세간의 누구에게도 불법의 참 도리를 설하기 전에 먼저 축생에 속하는 용을 설법하여 제도(濟度)하였다. 용왕이 가장 먼저 부처로부터 삼귀오계(三歸五戒)를 받고 세간에서 최초의 우파새(優婆塞)가 되었다. 그러자 용왕은 세존을 벌레로부터 물리지 않도록 온몸으로 가리었다.⁵⁵⁾ 이러한 내용은 용

---

50) 權相老, 「韓國古代信仰의 一瞥」, 『佛敎學報』 1집, 동국대 불교문화연구소, 1963, p. 90.
51) 許英桓, 「韓國美術과 龍」, 『한국학의 과제와 전망』 I (예술·사상·사회편), 제5회 국제학술회의 세계한국학대회 논문집, 한국정신문화연구원, 1988, p. 166.
52) 洪慶杓, 「龍神說話와 그 象徵體系 試攷 -『三國遺事』所收 說話를 中心으로-」, 『韓國傳統文化研究』 1, 1985, p. 276.
53) 具美來, 『한국인의 상징세계』, 교보문고, 1992, pp. 238~242.
54) 윤용복, 「인도의 龍신앙」, 『용 그 신화와 문화』 -세계편-, 민속원, 2002, p. 34.

이 불교와 오랜 인연이 있었으며 불법을 수호하는 한 상징으로 인식되었음을 알 수 있게 하는 것이다. 이와 같이 용은 불교와 밀접한 관련을 가지면서 폭넓게 응용되었으며, 불법 수호에 그 상징성이 있었다.

한국 고대 사회에서도 불교와 용이 밀접하게 관련되어 있었다. 그래서 인지 『삼국유사』에 불교와 용이 관련된 설화가 많다. 특히 신라는 호국용(護國龍)이 나라 및 불교의 성쇠와 밀접한 관련을 가지고 등장하고 있다. 이러한 신라의 용신사상(龍神思想)은 용의 힘으로 나라와 불교를 보호한다는 관념과 인식이 형성되는 배경이 되었다. 신라인들은 나라 전체가 불국정토(佛國淨土)이기 때문에 호법용(護法龍)들이 머물면서 외호(外護)한다고 생각하였다. 그래서 숭불호국(崇佛護國)의 용신사상은 신라 불교사상의 산물이라 할 수 있다.[56] 결국 용은 신라에서 호국 호법의 상징적인 동물로 인식되어 불교와 밀접한 관련을 가지면서 주요하게 등장한 것으로 보인다.

이러한 상징성을 지닌 용의 모습을 당간의 정상부에 형상화하였다는 것은 당간이 용의 상징성과 밀접한 관련이 있음을 시사한다. 특히 한국에서 당간과 당간지주는 사찰의 경내로 들어가는 입구에 배치되었다. 이러한 당간의 배치도 용의 상징성과 함께 고려되어야 할 요소이다. 즉, 당간이 용의 모습으로 형상화된 것은 당간의 상징 및 조성 의의가 불법 수호와 깊게 관련되어 있음을 알 수 있게 한다.

앞에서 당과 당간의 의의에 대하여 각종 기록들을 통해 개략적으로 살펴보았다. 대부분이 당과 직접적으로 관련되어 있었다. 그런데 당을 걸기 위한 당간이 비천(飛天)하는 용의 모습으로 형상화되었다는 것은 당간이 단순히 당을 걸기 위한 시설물이 아니었음을 시사한다. 즉, 당과 당간의 기능성이나 상징성이 당에 치중되어 있었지만 그 의의는 당과 당간을 하나의 몸체로 이해해야 할 것이다. 당과 당간을 사찰의 입구에 세운 것은 당에 소원이나 전법 등 발원한 바를 이루고자 하는 목적이 내재되어 있으며, 나아가 이러한 것을 성취하고자 수호의 의미

---

55) 「佛本行集經」卷 第31, 二商奉食品 第35 上(『大正新修大藏經』 第3卷).
　　'爾時迦羅龍王 詣於佛所……於世間中 最初而得優婆塞名 於畜生中……所謂卽是迦羅龍王'
　　'……以其大身 七重圍遶 擁蔽佛身 復以七頭 垂世尊上 作於大蓋 擬然而住 心如是念 莫令世尊身體 寒冷風濕塵坌 蚊虻諸蟲 觸世尊體……'
56) 김방룡, 「한국불교의 龍신앙 수용」, 『용 그 신화와 문화』-한국 편-, 민속원, 2002.

가 있는 용의 모습을 당간으로 형상화하였을 가능성이 높은 것으로 추정된다.[57]
　이외에도 당과 당간을 사찰의 입구에 조성하여 배치함으로써 불법과 불세계(佛世界)인 사찰을 수호하고,[58] 널리 불법을 전파하고자 하는 이유도 있었을 것이다. 또한 당이나 당간은 사찰의 위치나 경계를 표상하는 기능도 하였을 것이다.[59] 그리고 당간이나 당간지주는 거의 모든 사찰이 경내로 들어가는 입구인 진입공간(進入空間)에 배치되어 있다. 이것은 당이나 당간의 상징성을 고려한 것으로 보인다. 진입공간은 사찰의 중심공간으로 향하는 불도들에게 종교적인 정적분위기(靜的 雰圍氣)와 불심을 가지도록 유도하는 곳이다.[60] 당간과 당간지주를 사찰로 들어가는 불도들의 시야를 고려하여 입구에 배치함으로써 중심공간인 불가의 세계로 들어선다는 인식을 유도하였을 것이다. 따라서 당간이 신성한 공간에 대한 암시와 세속적인 세계와의 경계를 상징하여, 불심을 갖

청주 보살사 傳 석당간 부재

---

57) 龍은 중국의 전국시대부터 서한 이래로 고분 벽화에서 자주 등장하는 성물인데 이것은 용이 천상의 낙원으로 승선케 하는 동물로 인식되었으며, 비천하는 용의 모습을 조형화한 것은 용이 지상과 천상을 매개하는 중요한 상징이었으며, 불교의 이상세계인 극락으로 연결시켜 주는 상상의 동물이었다(서영대 엮음, 『용 그 신화와 문화』-세계 편-, 민속원, 2002). 이러한 것으로 보아 당간을 용이 비천하는 모습으로 조형한 것은 용 자체가 불법수호의 의미가 있었기 때문에 불가의 세계를 상징적으로 조영한 사찰 경내를 수호한다는 의미가 있었을 것이다. 그리고 용이 지상과 천상을 매개해주는 상징적인 동물로 현실속의 사찰을 불가의 이상세계가 구현되어 있는 천상의 세계와 연결시켜 주며 그곳으로 인도한다는 의미도 있었으며, 동시에 사찰 자체가 불가의 이상세계임을 상징적으로 나타내고 있는 것이라고 볼 수도 있을 것이다.
58) 嚴基杓,「高麗時代 幢竿과 幢竿支柱」,『文化史學』11・12・13호, 韓國文化史學會, 1999, p. 564.
59) 辛鍾遠,「幢竿造營의 文化史的 背景」,『江原史學』3집, 강원대학교, 1987, p. 29.
60) 安瑛培,『韓國建築의 外部空間』, 寶晉齊, 1992, pp. 38~44.

회암사지 괘불지주

봉선사 괘불지주

범어사 괘불지주와 간주

적천사 괘불지주(1702년)

도록 유도하는 1차적인 역할을 하였던 것으로 볼 수 있다.[61]

한편 당과 당간은 적어도 고려시대까지는 가람 상에서 중요한 조형물이었으며, 상징성이나 그 의의도 상당히 높았다. 그러나 조선시대에 들어와 불교계가 위축되면서 모든 불사(佛事)가 축소되듯이 당간과 당간지주의 건립도 희박해지는 경향을 보인다. 이에 따라 당이나 당간에 대한 이해도 실용적인 측면으로 강조되었으며, 특히 당간과 당간지주에 대한 상징성이 약화되거나 변질되게 된다. 이에 따라 당간이나 당간지주에 음양오행설과 풍수지리설이 습합되면서 풍수적인 요소나 벽사적(辟邪的)인 성격으로 변질된 것이 아닌가 한다.[62] 그리고 당간이나 당간지주의 기능적인 측면은 조선후기 주요 법당 앞에 세워지는 괘불지주(掛佛支柱)로 이행되었다. 괘불지주는 당간이나 당간지주와 그 형식은 유사하지만 의의나 조성 목적은 전혀 다르다고 할 수 있다. 괘불지주는 의식이나 행사시 주요하게 활용되는 괘불을 걸기위한 기능적인 시설물이었다. 이에따라 당이나 당간의 상징성은 상쇄되어 간 것으로 추정된다.

3. 당간과 당간지주의 명칭

현재까지 인도와 중국은 당간과 당간지주에 대하여 기록과 조사된 예가 많지 않아 정확한 명칭은 알 수 없는 형편이다. 그리고 당과 당간의 기원과 명칭을 밝히는데 있어서 주목해야 할 것은 깃발과 같은 형태뿐만 아니라 다양한 형식으로 불전을 장엄했던 번이다.

번은 범어로 'Pataka'의 한역어(漢譯語)로 '파다가(波多迦)'로 음역된다. 여기서 말하는 번은 모든 깃발의 통칭으로 불보살의 위신과 공덕을 표하는 장엄구이다.

---

(61) 嚴基杓, 「統一新羅時代의 幢竿과 幢竿支柱 硏究」, 『文化史學』 6·7호, 韓國文化史學會, 1997, p. 339.
(62) 당간은 불교적인 조형물로서 이것이 풍수지리설과 관련되어 이해되는 것은 후대의 기록에 등장하는 사실이다. 지금까지 필자가 확인한 바에 의하면 나주 동문외 석당간을 제외하고는 모두 불교적인 조형물로 확인되었다. 이러한 것으로 보아 당간은 원래 사찰의 입구에 세우는 조형물이었으나 폐사가 되어 당간지주만 남게 되자 민간신앙이나 풍수지리설이 습합되면서 당간을 민간 신앙적 조형물로 보는 설명이 등장한 것으로 보인다. 그러므로 당간을 이해할 때에는 불교적인 조형물로 보아야 할 것이다.

일반적으로 그 표면에 불화가 그려지는데, 깃발은 번(幡)·증번(繒幡)·당번(幢幡)으로 통칭된다. 번은 개(蓋) 또는 당(幢)과 함께 불보살에게 올리는 장엄 공양으로 사용되었다.[63] 당(幢)은 범어로 'Dhvaja' 또는 'Ketu'의 한역어이며, '태박약(馱縛若)' 또는 '계도(計都)'로 음역된다. 그리고 보당(寶幢)·법당(法幢)·천당(天幢)과 같은 뜻으로 사용되었다. 이러한 당은 절의 문 앞에 꽂는 기(旗)의 일종으로 불보살의 장엄에 일찍부터 사용되었다고 한다.[64] 이와 같이 깃발과 같았던 번이나 당은 고대 인도에서 왕이나 장군 또는 어떤 집단의 소속을 밝히고 표시하기 위하여 사용되었다. 이것이 불교로 이입되면서 불가에서도 번의 형식이나 기능을 채용한 것으로 추정된다. 이후 불가에서는 불전이나 사리탑을 장엄하는 주요 도구가 되었다. 이와 같이 인도에서 주로 불전을 장엄하였던 번은 불교의 전파와 함께 중국으로 전래되고 한역(漢譯)되는 과정에서 군대의 지휘나 부대의 소속을 표시한 당과 유사함으로 인하여 당으로 번역된 것이 아닌가 한다. 이에 따라 번 또는 당이 혼용된 것으로 추정된다.[65]

따라서 번(幡), 당(幢), 번당(幡幢), 당번(幢幡), 번간(幡竿), 당간(幢竿) 등은 명확하게 구분되지 않는 용어라 할 수 있다. 그런데 당의 모양이 번과 유사하여 오래전부터 혼용되어 사용되기는 하였지만 번과 당은 그 모양에서는 구분하기 어려워도 어디에 사용되느냐에 따라 구분되기도 하였다. 즉, 번은 주로 불전을 장엄하거나 또는 의식이나 행사시에 사찰을 장엄하기 위한 깃발과 같은 형태를 지칭하며, 당은 별도의 조형물을 세워 그 정상부에 달았던 것으로 번보다는 대형의 깃발을 의미하였던 것으로 추정된다. 그러나 여러 번 언급했듯이 번과 당은 명확하게 구분되지 않고 사용되었다. 그래서 아직도 번과 당에 대한 명확한 구분과 당간의 명칭에 대하여 구체적으로 이해하기는 어려운 실정이라 할 수 있다.

그리고 당간지주는 당간을 세워 견고하게 고정하기 위한 시설물이다. 물론 당간을 세우는 이유도 당을 걸기 위한 것이지만 당과 당간은 하나의 몸체로서 기능하도록 하였다. 즉, 그 상징성이나 의의가 당과 당간에 함께 있었다. 따라서 당뿐

---

63) 韓國佛教事典編纂委員會 編, 『韓國佛教大事典』 2, 보련각, 1982, p. 457.
64) 韓國佛教事典編纂委員會 編, 『韓國佛教大事典』 1, 보련각, 1982, pp. 625~626.
65) 홍윤식, 『한국의 불교미술』, 대원정사, 1988, p. 190.

만 아니라 당간을 조성하는 데에도 상당한 관심을 기울였으며, 이에 따라 당간과 당간지주의 명칭도 당이나 당간에 주목한 경우가 많다. 그리고 당간과 당간지주는 경주를 중심으로 통일신라 초기부터 각 사찰에 본격적으로 건립되기 시작한 것으로 추정된다. 이러한 당간과 당간지주에 대한 명칭은 당간의 재료 및 형식에 따라 다양하게 이해되고, 시대가 흐르면서 의의와 용도에 따라 여러 가지 명칭이 사용되었다.

이와 같이 번과 당을 명확하게 구분하기도 어렵고 그 명칭이 혼용되어 사용되었다. 당·당간·당간지주에서 어디에 주안점을 두었고, 기록자의 인식에 따라 다양한 명칭이 사용되었다. 그리고 번이나 당에 주목한 명칭과 가람 상에서 하나의 조형물로서 전체를 주목한 명칭이 있다. 따라서 각종 기록에 나와 있는 다양한 명칭을 필자 나름대로 분류하여 그대로 제시해 보겠다.

먼저 깃발에 초점을 맞추어 기록된 경우이다. 번이나 당은 재료나 형태, 용도에 따라 그 종류가 다양하였음을 알 수 있다. 재료에 따라 옥으로 꾸며져 있을 경우 옥번(玉幡), 비단으로 제작되었을 경우 금번(錦幡)이라고 하였다. 이는 번에 한정된 명칭으로 보인다. 형태에 따라서는 번, 당, 번개(幡盖), 당개(幢盖), 소번(小幡) 등이 나온다. 이중에서 번과 당은 두 가지가 혼용되어 사용되는 과정에서 기록자에 따라 특별한 구분 없이 가장 많이 사용되었다. 그리고 번개와 당개도 두 가지가 혼용된 것인데, 다만 번이나 당의 상단부에 개(盖)와 같은 추가 장식이 있을 경우 특별히 호칭한 것으로 보인다. 소번은 작은 형태의 번을 지칭하는 것으로 보이는데, 이와 구분되는 대번(大幡)이라는 명칭도 있었을 것이다. 용도에 따라서는 관정번(灌頂幡)·불상번(佛像幡) 등이 있는데, 이는 번을 만드는 목적에 따라 다르게 명칭하였음을 알 수 있다. 그리고 불상번이라는 명칭이 있었던 것으로 보아 번이나 당의 표면 장엄이나 장식에 따라 여러 가지 명칭이 있었을 것으로 보인다. 불국사에 석가모니불상번이 걸리기도 하였다. 이외에도 당번(幢幡) 또는 번당(幡幢)이라는 명칭이 자주 나온다. 이러한 명칭들은 깃발에 초점을 두었음을 알 수 있다. 이러한 것은 당간지주보다는 당간의 꼭대기에 거는 깃발에 주목하여 당간과 당간지주를 인식하였으며, 당시 당간과 당간지주의 불교적인 상징성이 번이나 당에 치중되었음을 짐작할 수 있다.

【표-1】각종 기록에 보이는 번과 당의 명칭과 깃발에 초점을 둔 명칭

명칭	출 처
幡幢	『大正新修大藏經』第9冊. 『三國遺事』第4卷, 義解 第5, 慈藏定律.
幢幡	『妙法蓮華經』序品. 『法華三部經』. 『涅槃經』. 『華嚴經』. 林椿, 『西河集』卷5, 妙光寺十六聖衆繪象記. 林椿, 『西河集』卷5, 小林寺重修記. 『高麗史』第132卷, 列傳, 第45, 辛旽. 『東文選』卷74, 記, 慈悲嶺羅漢堂記(李穡).
幡盖	『法華三部經』. 『藥王菩薩本事品』第23. 『日本書紀』卷19, 欽明天皇 13年. 『三國遺事』第3卷, 塔像 第4, 四佛山・掘佛山・萬佛山. 龍頭寺 鐵幢記. 普願寺 法印國師 寶乘塔碑文. 『東文選』卷64卷, 奉先弘慶寺記.
幢盖	『無量壽經』. 李奎報, 『東國李相國集』第25卷, 記牓文雜著・記. 李奎報, 『東國李相國集』第41卷, 釋道疏.
錦幡	寧國寺 慧炬國師碑文. 徐兢, 『宣和奉使高麗圖經』第17卷, 祠宇, 興國寺.
小幡	『日本書紀』卷22, 推古天皇 31年.
灌頂幡	『日本書紀』卷22, 推古天皇 31年.
佛像幡	『佛國寺古今歷代記』.

 다음으로 당간의 꼭대기에 걸었던 깃발과 함께 당간에 주목하여 기록한 경우이다. 당간에 대한 인식과 그 재료에 따라 다양한 명칭이 사용되었다. 즉, 당, 당간, 철당(鐵幢), 철주(鐵柱), 석당(石幢), 석장(石檣), 동장(銅檣) 등이다.[66]
 여기서 당은 앞에서 깃발에만 초점을 두어 명칭한 것과는 달리 깃발과 당간을 통칭한 경우이다. 민지는 보각국사 일연을 당에 비유하면서 곧음이 당과 같다고 하였다. 따라서 민지가 사용한 당은 깃발보다는 당간에 주안점을 두었으며, 당이

---

66) 이 외에도 幡이나 幢을 거는 造形物을 長竿, 旌竿, 旗竿, 幟竿, 幡竿, 帆檣 등 다양한 명칭으로 불리어졌음을 확인할 수 있다.

당간까지 포괄하였던 용어임을 시사받을 수 있다. 당간(幢竿)은 현재 일반적으로 사용되는 있는 명칭이다. 이러한 명칭이 처음 사용된 것은 「용두사 철당기」이다. 물론 「용두사 철당기」에는 당간의 재료에 주목하여 철당이라는 명칭도 사용되었지만, 찬자였던 김원(金遠)은 글의 첫머리에서 당간은 오래전부터 사찰의 입구를 장식하는 으뜸으로 인식하였다.[67] 따라서 고려초기에도 당간이라는 명칭이 사용되었으며, 두 지주 사이에 세워지는 당간에 초점을 둔 명칭임을 알 수 있다.

그리고 철당, 철주, 석당은 당간의 재료에 따라 불려진 명칭임을 알 수 있다. 이 명칭도 당간과 당간지주를 포괄하기 보다는 당간에 주안점을 두고 부여된 명칭이었다. 이것은 시대가 흐르면서 당과 당간의 상징성이 약화되고, 가람 상에서 그 중요성이 떨어지면서 나타난 현상으로 보인다. 범어사는 현재 두 지주만 남아 있는데, 기록에 철당이라는 명칭이 사용된 것으로 보아 용두사지나 갑사와 같이 원래는 철당간이 조성되었음을 알 수 있다.

한편 석장과 동장은 일부 당간과 당간지주에 한하여 불려진 명칭이며, 조선시대 기록된 사서에서만 나타나고 있다. 이것은 당간과 당간지주의 기능이나 의의가 변질되어 풍수지리사상과 습합되면서 생긴 명칭이다. 갑사 철당간, 용두사 철당간, 부안 서외리 석당간, 법주사 철당간, 칠장사 철당간 등 당간이 남아있는 대부분의 당간지주들이 조선시대 풍수지리사상과 습합되어 잘못 이해되거나 기록되었다. 그래서 당간을 불교적인 것이 아니라 배에서 돛대의 형상을 상징하는 조형물이라고 이해하였다. 현존하지는 않지만 조선시대까지 안동에 남아있었던 당간과 당간지주를 돛대라고 이해하였으며, 용두사지 철당간도 마찬가지였다. 즉, 당간과 당간지주가 지세(地勢)를 보강하기 위하여 건립된 시설물로 인식되었다. 그런데 나주 동문외 석당간은 아직까지 사찰과 관련된 흔적을 찾을 수 없다. 따라서 당간과 당간지주의 형식을 빌려 풍수지리사상에 입각하여 세워진 석당간일 가능성도 있다.

---

67) 「龍頭寺 鐵幢記」.
　　'早聆幢竿所制飾佛門之玉標幡盖由來'

【표-2】당 · 당간 · 당간지주를 포괄한 명칭

명 칭	출 처
幢	『大正新修大藏經』第39冊. 慧超, 『往五天竺國傳』. 麟角寺 普覺國尊 靜照塔碑文.
幢竿	龍頭寺 鐵幢記. 徐兢, 『宣和奉使高麗圖經』第17卷, 興國寺.
法幢	『大正新修大藏經』第4冊. 『三國遺事』第3卷, 興法 第3, 原宗興法 · 猒觸滅身. 赫連挺, 『均如傳』. 普願寺 法印國師 寶乘塔碑文. 萬德山 白蓮社 圓妙國師 中眞塔碑文.
寶幢	『大正新修大藏經』第33冊. 鳳巖寺 智證大師 寂照塔碑文. 靈通寺 大覺國師碑文.
刹幢	『三國遺事』第4卷, 義解 第5, 賢瑜珈 · 海華嚴.
刹竿/長竿	『大正新修大藏經』第1冊.
玉刹	慶州 崇福寺碑文.
金刹	居頓寺 圓空國師 勝妙塔碑文.
鐵幢	龍頭寺 鐵幢記. 『梵魚寺創建事蹟』, 古蹟. 梵魚寺 事蹟碑銘.
鐵柱	『永嘉誌』卷6, 古跡.
銅檣	『新增東國輿地勝覽』第15卷, 淸州牧, 古蹟. 『輿地圖書』, 淸州, 古蹟.
石幢	『大華嚴寺事蹟』.
石檣	『新增東國輿地勝覽』第35卷, 羅州牧, 古蹟.

그리고 번과 당, 당과 당간에만 주안점을 두지 않고, 전체적인 외관이나 사찰에서의 위치 등에 따라 포괄적으로 명칭하여 기록한 경우가 있다. 즉, 당 · 당간 · 당간지주를 하나의 단위로 하여 명칭을 부여한 경우라고 할 수 있다. 물론 이 경우에도 기록자의 인식에 따라 다양한 명칭이 혼용되었으며, 당과 당간에 1차적인 주안점을 두었다. 예를 들어 법당(法幢), 보당(寶幢), 찰당(刹幢), 찰간(刹竿), 옥찰(玉刹), 금찰(金刹) 등이다.

이중에서 찰당, 찰간, 옥찰, 금찰은 사찰을 의미하는 찰(刹)이라는[68] 글자를 사용한 것으로 보아 당간과 당간지주가 사찰의 입구에 세워진 높은 기둥형 조형물이라는 것에 주안점을 두고, 그것이 사찰의 위상을 보이기 위한 대상으로 인식하여 기록한 명칭으로 보인다. 그리고 이 명칭도 1차적으로는 당간에 주안점을 둔 명칭으로 당이나 당간의 장식과 장엄에 따라 옥찰 또는 금찰 등 기록자의 인식에 따라 달랐다. 한편『삼국유사(三國遺事)』에 '우물이 솟아올라 그 높이가 7장이나 되어 찰당(刹幢)과 높이가 같게 되었다.'는[69] 기록이 있다. 이것은 찰당이 높은 조형물로 인식되어 비유된 명칭임을 알 수 있다.

다음으로 법당(法幢)과 보당(寶幢)은 당과 당간이 가지고 있는 상징성이나 사찰에서의 의의에 주안점을 둔 명칭이라 할 수 있다. 나아가 이 명칭은 다른 명칭에 비하여 당, 당간, 당간지주를 가장 넓게 포괄하고 있는 명칭으로 볼 수 있다.『삼국유사』에 '절들이 별처럼 널려져 있고, 탑들이 기러기 행렬같이 많고, 법당(法幢)을 세우고 범종(梵鍾)도 달았다.'고[70] 하여 법당이 가람 상에서 중요한 조형물이었음을 알 수 있다. 그리고『균여전(均如傳)』에도 '큰 법고(法鼓)를 울리고, 큰 법당(法幢)을 세웠다.'고[71] 하였다. 「보원사 법인국사 보승탑비」에도 '법당(法幢)을 중정(中庭)에 세우고, 범패(梵旆)를 그 위에 걸어두니 바람에 흔들리고 태양에 빛나며 휘날렸다.'라는 기록이 있다. 또한 「만덕산 백련사 원묘국사 중진탑비」에도 '오직 대사는 종교가 침이(寢夷)하던 시일을 당해 크게 법당(法幢)을 법을 듣지 못하는 세속을 놀라게 하고 부근(無根)한 신심(信心)을 서게 하였다.'고[72] 하였다.

---

(68) 절을 '寺刹'이라고 표현하기도 하는데, 大刹·梵刹이라고 하여 '刹' 자체를 절의 또 다른 이름으로 부르기도 한다. 여기에서 刹이란 범어에서는 'laksata'로서 표기되는데, 깃대 혹은 탑의 중심부를 일컫는 말이다. 이 명칭이 절의 다른 이름으로 쓰여 지게 된 것은 佛堂 앞에 刹 혹은 당간을 세우는 풍습에서 유래된 듯하다. 즉, 솟대와 같은 刹쭈인 당간을 세워 신성구역임을 표시하였다(정각, 『伽藍』, 봉은사 출판부, 1994, p. 27). 또한 여기에 깃발을 걸어 행사가 있음을 알리는 한편 그 깃발의 색깔에 따라 그 절이 어느 종파의 사찰인지를 표시하기도 하였다.
(69)『三國遺事』第4卷, 義解 第5, 賢瑜珈·海華嚴.
(70)『三國遺事』第3卷, 興法 第3, 原宗興法·厭髑滅身.
(71) 赫連挺,『均如傳』.
　　'振大法鼓 竪大法幢'
(72)「萬德山白蓮社圓妙國師中眞塔碑」(『萬德寺誌』, 아세아문화사, 1977).
　　'惟師當宗教寢夷之日立大法幢駭未聞之俗生無根之信'

여기서 법당이라는 명칭은 당에 치중하기 보다는 당뿐만 아니라 당간과 당간지주를 포괄한 개념으로 사용되고 있음을 알 수 있다. 이러한 것으로 보아 법당이나 보당은 당, 당간, 당간지주가 정연하게 구비되었을 경우 붙여진 명칭으로 보인다.[73]

이와 같이 당간과 당간지주에 대하여 통일신라시대에서 고려시대까지 통일된 명칭이 사용되지 않았음을 알 수 있다. 그리고 당간과 당간지주의 명칭은 주로 당간 정상부에 걸었던 번이나 당에 치중되어 기록되었다. 그런데 번

시왕경화(十王經畵)의 명사(冥使)(북송)

이나 당도 명확하게 구분되어 사용되지도 않았으며, 기록자에 따라 다양한 명칭이 혼용되었다. 그러한 것은 번과 당의 형태가 유사하였기 때문으로 보인다. 다만 당간 정상부에 걸었던 깃발에 초점을 맞추어 당번(幢幡)이나 번당(幡幢)이 많이 사용되었고, 당이나 번의 상단부에 개(蓋)와 같은 추가 장식물이 있을 경우 당개(幢蓋) 또는 번개(幡蓋)라는 명칭이 주로 사용되었다. 그리고 당간과 당간지주에서도 주로 당간에 초점을 맞추어 다양한 명칭이 혼용되었음을 알 수 있다. 특히 당간의 재료나 그 의미에 따라 명칭이 기록되었다. 또한 당·당간·당간지주를 포괄하는 명칭으로 법당(法幢)과 보당(寶幢) 등이 기록으로 나타나고 있다. 오늘날 두 지주 사이에 세운 높은 조형물을 당간이라고 명칭한 것이 용두사 철당기에서 처음으로 나타나고 있어 주목된다.

---

73) 法幢(『三國史記』에는 法幢 뿐만 아니라, 軍官職名으로 法幢監·法幢頭上·法幢火尺·法幢辟主 등의 용어를 사용하고 있다)은 삼국통일 이전 약 1백년간에 걸쳐 6停과 더불어 신라 군사력의 기본이 되었던 軍團이다. 특히 고대의 전쟁에서 幢 즉, 전투 시 사용하는 깃발은 부대를 상징하고 소속을 표시하는 중요한 역할을 하였던 점을 감안하면 이후에 佛家에서 사용하던 法幢이라는 용어도 幢竿의 형태가 佛法守護의 의미로 꼭대기에 깃발과 같은 幢을 달았으므로 法幢이라는 명칭을 사용하였을 것으로 보인다.

당간과 당간지주가 통일신라시대와 고려시대에 가람 상에서 중요한 요소였음에도 불구하고 명확한 구분이나 통일된 명칭이 없었던 것은 여러 가지 이유가 있었을 것으로 추정된다. 필자의 추론으로는 당간이나 당간지주를 세우는 목적이 번이나 당을 거는데 있었는데, 번이나 당은 주로 천으로 제작되기 때문에 내구성이 약하여 수명이 짧았기 때문으로 보인다. 이와 같이 번이나 당이 다른 조형물에 비하여 지속적으로 전해지지 못하자 기록자나 당대의 인식 정도에 따라 다양한 명칭이 사용되었으며, 일률적인 명칭이 일반화되지 못한 것으로 보인다. 그리고 번이나 당은 각 사찰이나 종파 등에 따라 다양한 형태가 있었을 것이다. 나아가 번이나 당의 재료·형태·표면 등은 발원의 내용이나 후원 정도에 따라 가지각색이었을 것으로 보인다. 이에 따라 다양한 명칭으로 불려졌을 가능성이 높다.

또한 당간이나 당간지주는 가람을 구성하는 다른 조형물에 비하여 상대적으로 그 중요성이 떨어졌던 점도 간과할 수 없을 것이다. 따라서 불교 신앙 활동에 있어서 주요 대상이었던 석탑이나 불상 등은 높은 인식과 분명한 명칭이 일반화되었지만 이들에 비하여 상징성이나 신앙의 대상성이 상대적으로 떨어지는 당간과 당간지주는 명칭이 다양하게 사용되었을 가능성이 높다. 그러나 당·당간·당간지주는 통일신라시대에서 고려시대까지 가람의 중요한 요소로 당과 함께 당간에도 특별한 의미가 부여되어 조성되었음은 분명한 사실이다.

현새 가장 일반적으로 사용되고 있는 당간지주라는 명칭은 일제 강점기 고적조사가 본격화되면서 일반화된 명칭이다. 일제 강섬기에 찰간지주(刹竿支柱)라는[74] 명칭이 사용되기도 하였으며, 두 지주 사이에 세우는 조형물도 당간 또는 찰간(刹竿)으로 혼용되기도 하였지만 당간지주와 당간으로 정착되었다. 중국에서는 번찰(幡刹) 또는 번간지주(幡竿支柱)라는 용어가 사용되기도 하였다.[75] 이러한 용어의 혼란은 당간과 당간지주의 정확한 명칭이 전래되지 않은 이유도 있지만 당간의 꼭대기에 달았던 깃발이 번과 당으로 혼용된 것에서 기인한다.

한편 당간지주는 지역이나 그 모양에 따라 젓가락바위, 당바위, 고바위, 솟대바위, 돛대바위 등 다양한 이름으로 불리고 있다. 이와 같이 당간지주는 지역이

---

74) 關野貞, 『朝鮮の建築と藝術』, 東京 岩波書店刊行, 1941.
75) 齋藤忠, 『幢竿支柱の研究』, 第一書房, 2003, p. 58.

악양루(岳陽樓, 작자 미상)

나 마을에 따라 민간신앙적인 요소가 습합된 모습으로 전하거나 일부는 원래의 목적에서 벗어나 풍수지리적인 요소로 이해되는 경우도 있다. 그래서 그 지역의 풍습에 따라 다양한 명칭으로 불리고 있다.

　어쨌든 현재 일반화된 당간 또는 당간지주라는 명칭은 전체 구조물에서 일부분을 호칭하는 용어이다. 원래는 당간과 당간지주의 핵심부가 번이나 당이었기 때문에 이 부분에 초점을 맞춘 명칭이 많았다. 그러나 지금은 번이나 당뿐만 아니라 당간도 남아있는 경우가 드물다. 다만 당간지주가 완전한 것은 아니지만 예전의 모습을 전해주고 있는 유물들이다. 그리고 당간이라는 용어가 폭넓게 회자되지는 않았지만 적어도 고려 초기에 사용되었음을 알 수 있다. 따라서 당간과 당간지주라는 명칭을 사용하는 것이 큰 문제가 되지는 않을 것으로 판단된다. 나아가 당·당간·당간지주가 정연하게 모두 구비되었을 경우 이를 통칭하여 법당이나 보당이라 명칭하는 것도 큰 무리는 없을 것으로 판단된다.

/ 4장

당간과 당간지주의 양식 분석

당간과 당간지주는 크게 기단부(基壇部), 간대부(竿臺部), 지주부(支柱部), 당간부(幢竿部)로 주요 구성 부분이 세분된다. 이러한 기본적인 조영 방식은 시대의 흐름에도 특별한 변화 없이 유지되었다.[1] 다만 지주부의 치석이나 장식 수법, 당간의 재료 등에서 부분적인 변화를 보이며 발전하였다.

당간지주의 하부에는 기단과 간대석을 마련하여 두 지주와 당간을 견고하게 세우게 된다. 그러나 모든 당간지주가 미륵사지나 금산사 당간지주와 같이 전형적인 기단을 마련한 것은 아니었다. 그리고 기단은 파손되거나 결실된 경우가 많다.

간대석은 두 지주 사이에 마련되어 당간을 받치는 부분이다. 그래서 간대석은 기단을 어떻게 조영하였으며, 당간의 재료가 무엇인가에 따라 조금씩 다른 수법으로 마련되었다. 간대석도 기단과 마찬가지로 결실되거나 파손된 경우가 많다.

지주부는 당간을 견고하게 지탱하기 위하여 두 개의 지주로 마련된다. 일반적으로 평면 사각 석주형(石柱形)의 지주를 높게 세워 마련하는데, 그 표면에 장식을 하기도 한다. 그리고 당간을 높게 세울 때 견고하게 고정하기 위하여 지주 내면에 간공(杆孔)이나 간구(杆溝)를 시공하여 간을 끼우도록 한다. 간(杆)은 당간에서 간공이나 간구와 연결하여 고정하는 별도의 부재이다. 당간을 어떻게 고정할

---

[1] 鄭永鎬,「韓國의 幢竿과 幢竿支柱」,『古美術』1991년 봄호, 韓國古美術協會, 1991, p. 12.

것인가에 따라 간을 끼우는 간공이나 간구의 시공 수법도 달라진다. 그래서 당간지주에 따라 여러 가지 방법들이 활용되었으며, 다양한 형태의 간구와 간공이 마련되었다.

당간은 직접적으로 당을 걸기 위하여 깃대와 같이 높이 세우는 부분으로 일반적으로 철, 돌, 나무 등으로 제작되었다. 재료의 특성상 남아있는 경우가 많지 않으며, 남아 있어도 파손된 경우가 많다. 당간의 꼭대기는 별도의 장식물을 올려 당을 걸기 위한 특별한 장치가 시설된다.

현재 당간과 당간지주는 통일신라시대에 제작된 것이 가장 많지만 고려시대까지 꾸준하게 건립되었다. 특히 당간지주의 건립은 통일신라 말기에서 고려 초기 사이에 집중된 양상을 보인다. 이러한 사실은 불교의 성행과 상통하고 있음을 보여준다. 당간지주는 조선시대에 들어와 불교계의 위축과 더불어 쇠퇴의 길을 걷게 된다. 따라서 당간과 당간지주의 형식과 양식에 대한 분석은 통일신라와 고려시대 당간과 당간지주를 중심으로 고찰하도록 하겠다.

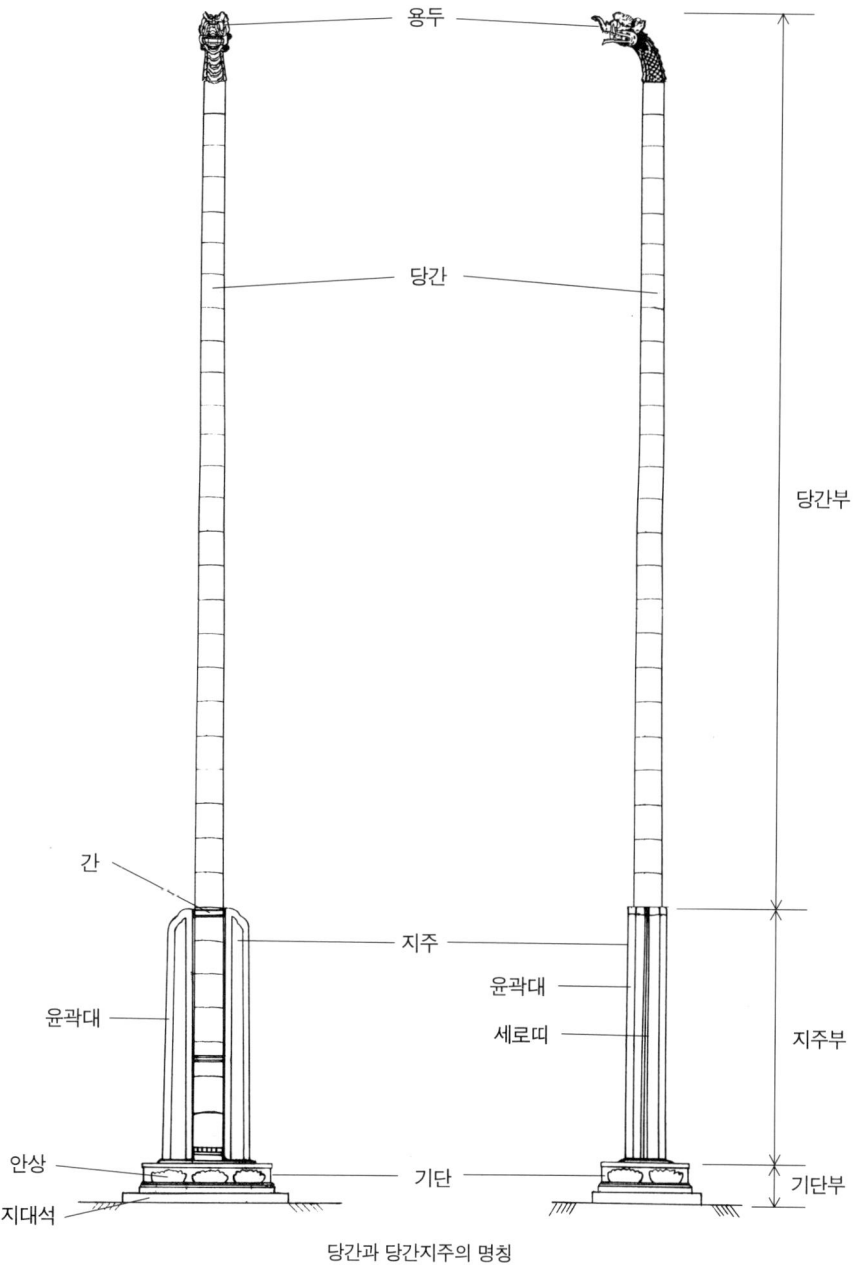

당간과 당간지주의 명칭

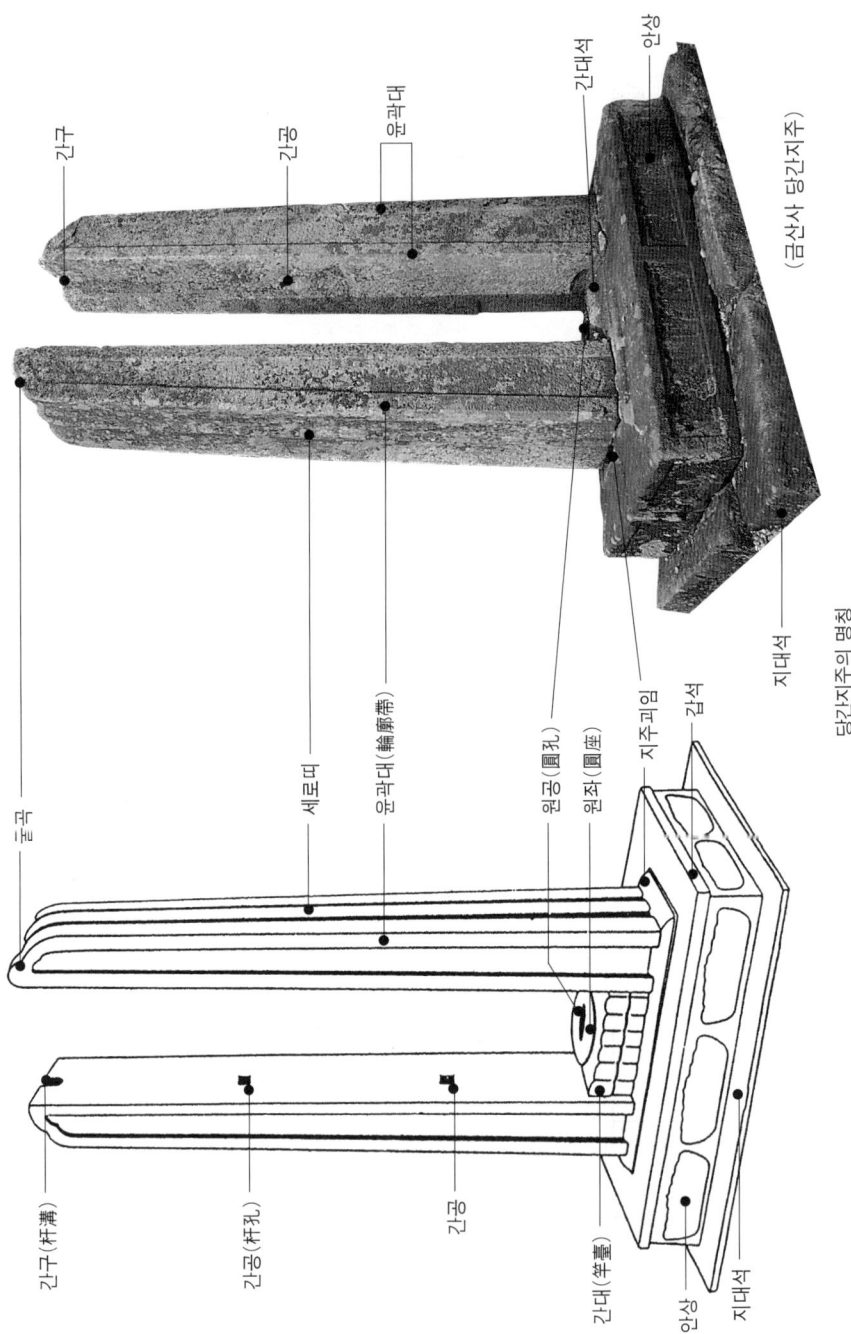

134 한국의 당간과 당간지주

【표-3】幢竿과 幢竿支柱 一覽表[2]

명 칭	소 재 지	지정번호	수량	전체 높이 (cm)	건립 시기	비 고
四天王寺址 幢竿支柱	경북 경주시 배반동 96-65	·	1基	231	統一新羅	四天王寺 창건 시 건립 추정 1928년 민가 옆에 있던 것을 이건
望德寺址 幢竿支柱	경북 경주시 배반동 964	보물 69호	1基	299	統一新羅	望德寺 창건 시 건립 추정
皇龍寺址 幢竿支柱	경북 경주시 구황동	·	1基	44	統一新羅	파손되어 하단부만 남음
皇福寺址 幢竿支柱	경북 경주시 구황동	·	1柱	43	統一新羅	삼층석탑, 귀부 2기, 부조상이 양각된 석조물이 산재됨
慶州 九黃洞 幢竿支柱	경북 경주시 구황동 315-2	·	1基	324	統一新羅	소속 사찰은 芬皇寺로 추정됨
三郎寺址 幢竿支柱	경북 경주시 성건동 429-1	보물 127호	1基	325	統一新羅	1977년 현 위치로 이건
佛國寺 幢竿支柱	경북 경주시 진현동	·	2基	355	統一新羅	1柱는 후대 보강
慶州 傳 鑄錢址 幢竿支柱	경북 경주시 북부동 80-1	·	1柱	273	統一新羅	다른 사찰에서 이전된 것으로 추정됨
慶州 東川洞 幢竿支柱	경북 경주시 동천동 507-7	·	1柱	245	統一新羅	헌덕왕릉 주변에 있었던 사지에서 옮겼다고 전함
斷俗寺址 幢竿支柱	경남 산청군 단성면 운리	·	1基	371	統一新羅	1984년 복원되었으며 사지에 2기의 삼층석탑 남음
高靈 池山洞 幢竿支柱	경남 고령군 고령읍 지산리 4-2	보물 54호	1基	314	統一新羅	시내 한복판에 있으며 소속 사찰은 알 수 없음
浮石寺 幢竿支柱	경북 영주시 부석면 북지리 171	보물 255호	1基	428	統一新羅	浮石寺 입구에 세워져 있으며 기단 결실
毗盧寺 幢竿支柱	경북 영주시 풍기읍 삼가동 390	경북 유형 107호	1基	445	統一新羅	지정 명칭은 영주 삼가동 당간지주임
南澗寺址 幢竿支柱	경북 경주시 탑정동 858-6	보물 909호	1基	362	統一新羅	南澗寺는 헌덕왕대(809~826) 이전에 창건됨
公州 班竹洞 幢竿支柱	충남 공주시 반죽동 301	보물 150호	1基	376	統一新羅	大通寺址의 것으로 전함 기단 하부에서 우물지 발견
九龍寺址 幢竿支柱	충남 공주시 반포면 상신리	충남 유형 94호	1基	380	統一新羅	발굴 조사시 九龍寺 명문 기와 출토
慶州 普門里 幢竿支柱	경북 경주시 보문동 856	보물 123호	1基	383	統一新羅	普門寺址로 전함
彌勒寺址 幢竿支柱	전북 익산시 금마면 기양리 79-93	보물 236호	2基	434	統一新羅	2基가 東西로 89m 간격을 두고 서있음. 八角幢竿石 7개 발견

[2] 표의 순서가 건립 시기의 선후를 의미하지는 않음/전체 높이는 노출되어 있는 전체 높이를 의미함.

명 칭	소 재 지	지정번호	수량	전체높이(cm)	건립시기	비 고
慶州 普門洞 蓮華紋 幢竿支柱	경북 경주시 보문동 752-2	보물 910호	1基	144	統一新羅	소속 사찰은 알 수 없으며 지주 하부가 깊게 묻혀있음
曇嚴寺址 幢竿支柱	경북 경주시 탑동	·	1基	256	統一新羅	1주는 절단되었으며, 석탑재가 출토됨
莊義寺址 幢竿支柱	서울시 종로구 신영동 218-2	보물 235호	1基	263	統一新羅	659년(武烈王 6) 창건된 사찰
法水寺址 幢竿支柱	경북 성주군 수륜면 백운동 1316	경북 유형 87호	1基	358	統一新羅	삼층석탑과 동일한 시기에 건립된 것으로 보임
法廣寺址 幢竿支柱	경북 포항시 북구 신광면 상읍리	·	1基	157	統一新羅	사지에 삼층석탑, 불상 대좌, 쌍신두 귀부 등이 남음
長淵寺址 幢竿支柱	경북 청도군 매전면 장연리	·	1基	199	統一新羅	다른 용도로 사용하기 위해 절단됨
海印寺 幢竿支柱	경남 합천군 가야면 치인리	·	1基	396	統一新羅	서쪽지주 후대 보강
安東 雲興洞 幢竿支柱	경북 안동시 운흥동 231	경북 유형 100호	1基	258	統一新羅	東部洞五層塼塔과 동일 사찰의 것으로 추정됨. 한국전쟁 당시 지주 상부 파손
中初寺址 幢竿支柱	경기도 안양시 석수동 212-1	보물 4호	1基	364	統一新羅 (827)	서쪽지주 외면에 幢記 남음
長樂寺址 幢竿支柱	충북 제천시 장락동 65-2		1柱	218	統一新羅	2003년도 발굴 조사 시 처음 발견
松林寺 幢竿支柱	경북 칠곡군 동명면 구덕동	·	1柱	270	統一新羅	한국전쟁 당시 무너진 것을 전쟁 직후 다시 세움. 지주부 절단됨
竹杖寺址 幢竿支柱	경북 구미시 선산읍 죽장리	·	1基	187	統一新羅	竹杖寺로 들어가는 입구 마을에 위치함. 지주부 절단됨
桐華寺 幢竿支柱	대구광역시 동구 도학동 124	보물 254호	1基	313	統一新羅	북쪽지주 杆孔 부분이 절단됨
符仁寺址 幢竿支柱	대구광역시 동구 신무동	·	1基	95	統一新羅	符(夫)仁寺址 입구 포도농원에 파손이 심한 상태로 남음
皇龍寺址 西便 幢竿支柱	경북 경주시 구황동	·	1基	257	統一新羅	석탑과 같은 소속 사찰로 추정
江陵 大昌里 幢竿支柱	강원도 강릉시 옥천동 333	보물 82호	1基	510	統一新羅	無盡寺 또는 龍池寺로 전하는 사지에 남음
華嚴寺 幢竿支柱	전남 구례군 마산면 황전리	·	1基	297	統一新羅	華嚴寺 경내에 있는 다른 석조물과 같은 시기 건립 추정
宿水寺址 幢竿支柱	경북 영주시 순흥면 내죽리 158(소수서원)	보물 59호	1基	390	統一新羅	宿水寺는 1542년 毁撤됨
英陽 縣一洞 幢竿支柱	경북 영양군 영양읍 현1리	경북 문자 85호	1柱	241	統一新羅	삼층석탑과 같은 사찰의 것임

명 칭	소 재 지	지정번호	수량	전체높이(cm)	건립시기	비 고
金山寺 幢竿支柱	전북 김제시 금산면 금산리 39	보물 28호	1基	369	統一新羅	전형적인 양식의 당간지주
尙州 伏龍洞 幢竿支柱	경북 상주시 복룡동 207-2	경북 유형 6호	1基	334	統一新羅	지주 중간부가 파손됨
甲寺 鐵幢竿	충남 공주시 계룡면 중장리	보물 256호	1基	1543	統一新羅	1893년 7월 25일 벼락으로 철당간 상단 마디가 부러짐
江陵 水門里 幢竿支柱	강원도 강릉시 옥천동 43-24	보물 83호	1基	344	新羅末 高麗初	남쪽지주 앞면에 해서체의 음각 명문 음각
掘山寺址 幢竿支柱	강원도 강릉시 구정면 학산리 223	보물 86호	1基	540	新羅末 高麗初	掘山寺는 847년 梵日 창건 당간지주의 규모가 가장 큼
廣法寺 幢竿支柱	북한 평양시 대성구역 대성동	보물급 7호	1基	470	高麗	두 지주의 치석 수법이 약간 다름
佛日寺址 幢竿支柱	북한 판문군 산적리 보봉산 남록 불일동	·	1基	442	高麗	951년 光宗이 先妣인 劉氏의 願堂으로 창건
崇善寺址 幢竿支柱	충북 충주시 신니면 문승리	·	1基	440	高麗	1柱는 일제 강점기에 저수지 공사 시 사용된 것으로 전함
法泉寺址 幢竿支柱	강원도 원주시 부론면 법천리	강원 문자 20호	1基	420	高麗	法泉寺 중창 시 건립 추정
萬德寺址 幢竿支柱	부산광역시 북구 만덕1동 784	부산 유형 14호	1柱	357	高麗	竿臺石으로 추정되는 파손된 석재 남음
龍頭寺址 鐵幢竿	충북 청주시 상당구 남문로 2가 48-9	국보 41호	1基	1270	高麗 (962)	幢竿은 철통 20개 연결. 밑에서 3번째 철통에 鐵幢記가 陽鑄됨
歸法寺址 幢竿支柱	북한 개성시 영남면 용흥동	·	1基	450	高麗	귀법사지에 석탑과 石槽 등이 남아있음
普願寺址 幢竿支柱	충남 서산시 운산면 용현리 150	보물 103호	1基	425	高麗	오층석탑, 石槽 등과 비슷한 시기에 건립된 것으로 추정됨
奉業寺址 幢竿支柱	경기도 안성시 죽산면 죽산리 728	경기 유형 89호	1基	342	高麗	통일신라시대 華次寺였으며 고려 태조의 眞影을 봉안한 眞殿寺院
扶安 西外里 石幢竿	전북 부안군 부안읍 서외리	전북 유형 59호	1基	723	高麗	민가에 초석과 석탑재들이 남음
無量寺 幢竿支柱	충남 부여시 외산면 만수리	충남 유형 57호	1基	291	高麗	석탑, 석등과 함께 건립된 것으로 추정됨
牙山 邑內里 幢竿支柱	충남 아산시 읍내동 255-2	보물 237호	1基	365	高麗	북쪽 편 민가지역에 탑재와 건물지가 남음
靈通寺 幢竿支柱	북한 개성시 용흥동	보물급 37호	1基	447	高麗	大覺國師碑와 3기의 석탑이 있으며, 최근에 복원되고 있음
慈悲寺 幢竿支柱	북한 평양시 순안구역 오산리	·	1基	320	高麗	정연한 치석 수법 보임
春川 槿花洞 幢竿支柱	강원도 춘천시 근화동 793-1	보물 76호	1基	395	高麗	寺名은 알 수 없으나 주변 공사 중 기와와 연화문이 장식된 석등 대석이 출토됨

명 칭	소 재 지	지정번호	수량	전체 높이 (cm)	건립 시기	비 고
洪川 希望里 幢竿支柱	강원도 홍천군 홍천읍 희망리 376-2	보물 80호	1基	327	高麗	院의 기능도 수행했던 사찰로 추정됨
槐山 外沙里 幢竿支柱	충북 괴산군 칠성면 외사리 삼성마을	충북 유형 139호	1基	326	高麗	외사리사지에서 고려 전기의 부도와 탑비가 반출됨
玄化寺 幢竿支柱	원:북한 개성시 장풍군 월고리 현:북한 개성시 방직동	보물급 38호	1基	480	高麗	북한에 남은 당간지주 중에 규모가 가장 큼
高敞 興德 幢竿支柱	전북 고창군 흥덕면 교운리	전북 유형 36호	1基	345	高麗	고려시대 葛空寺의 것으로 전함
彌勒里寺址 幢竿支柱	충북 충주시 상모면 미륵리	·	1基	307	高麗	1976년 사지 정비 작업과 발굴시 출토됨
法住寺 鐵幢竿	충북 보은군 내속리면 사내리	·	1基	2200	高麗 (1006)	1006년 처음 건립되어 여러번 보수와 중수를 거침
天興寺址 幢竿支柱	충남 천안시 성거면 천흥리 234	보물 99호	1基	389	高麗	오층석탑과 소속 사찰이 같은 것으로 추정됨
洪城 東門洞 幢竿支柱	충남 홍성군 홍성읍 오관리 297-1	보물 538호	1基	480	高麗	고려시대 廣景寺址로 전함
長城 四街里 幢竿支柱	전남 장성군 북이면 사가리 남산동		1基	293	高麗	寺名은 알 수 없으며 남쪽지주는 심하게 파손됨
井邑 長明洞 幢竿支柱	전북 정읍시 장명동 545-1	·	1基	249	高麗	원래는 논 가운데 있었는데 민가가 들어서면서 담 사이에 위치/원래의 모습에서 변형
潭陽 邑內里 石幢竿	전남 담양군 담양읍 객사리 45	보물 505호	1基	1500	高麗	오층석탑과 동시기에 건립 추정됨
七長寺 鐵幢竿	경기도 안성시 죽산면 칠장리 801-1	경기 유형 39호	1基	1150	高麗	鐵幢은 현재 15개가 연결되었는데 원래는 30개였다고 함
梵魚寺 幢竿支柱	부산광역시 금정구 청룡동	부산 유형 15호	1基	442	高麗	원래는 33단의 철통이 세워졌다고 함
坡州 坡州里 幢竿支柱	경기도 파주시 파주읍 파주4리 511-4	향토유적 18호	1柱	223	高麗	원래는 2주 모두 남아있었는데, 군부대 창설시 부대내의 연병장으로 옮겨짐
晋州 省山里 幢竿支柱	경남 진주시 금곡면 성산리 덕계마을		1基	215	高麗	1973년 농지 정리 시 마을 사람들에 의하여 세워짐
居頓寺址 幢竿支柱	강원도 원주시 부론면 정산리	·	1柱	690	高麗	폐교된 정산초등학교 운동장에 넘어져 있음
萬福寺址 幢竿支柱	전북 남원시 왕정동 537-1	보물 32호	1基	270	高麗	치석 수법이 고르지 못하고 석탑 등과 같은 시기로 추정
原州 鳳山洞 幢竿支柱	강원도 원주시 봉산동 1146	강원 유형 49호	1基	384	高麗	신라 때 창건된 天王寺址로 전함
楊平 玉泉里 幢竿支柱	경기도 양평군 옥천면 옥천리 479-4	향토유적 8호	1柱	315	高麗	大院寺 또는 大月寺로 전함 일제 때 1柱가 반출

명칭	소재지	지정번호	수량	전체 높이 (cm)	건립 시기	비고
瑞山 東門洞 幢竿支柱	충남 서산시 동문동 832-1	충남 유형 14호	1基	493	高麗	大寺洞으로 불리는 곳에 삼층석탑과 남음
羅州 東門外 石幢竿	전남 나주시 성북동 108-1	보물 49호	1基	1100	高麗	풍수지리와 결합되어 세워진 石幢竿으로 추정됨
靈光 丹朱里 石幢竿	전남 영광군 영광읍 단주리	전남 유형 153호	1基	502	高麗	天作寺 또는 月坪寺로 전함
昌寧 直橋里 幢竿支柱	경남 창녕군 창녕읍 직교리 64-11	경남 문자 17호	1基	262	高麗	창녕술정리 서삼층석탑과 관련된 사찰의 것으로 추정됨
益山 雙亭里 幢竿支柱	전북 익산시 춘포면 쌍정리 입석마을		1柱	272	高麗	1970년대 초반까지만 해도 2주가 남아있었으나 새마을사업 시 옮기면서 1주가 사라짐
蔚珍 九山里 幢竿支柱	경북 울진군 근남면 구산리	경북 문자 472호	1基	182	高麗	논 가운데 서 있음
檜巖寺址 幢竿支柱	경기도 양주군 회천읍 회암리	향토유적 13호	2基	329	高麗末 朝鮮初	현재 3柱만 남음 1981년 9월 발굴 복원함
通度寺 石幢竿	경남 양산시 하북면 지산리	경남 유형 403호	1基	485	高麗末 朝鮮初	통도사 경내로 들어가는 입구에 세워져 있음

1. 기단의 성립과 전개

　기단은 당간과 당간지주를 세우고 지탱하는데 꼭 필요한 시설물이다. 기단은 현존하는 유물의 대부분이 매몰 또는 파손되거나 없어진 상태이며, 원래부터 특별히 마련하지 않고 땅속에 묻어 세운 지주도 많은 것으로 보인다. 따라서 모든 당간지주가 별도의 기단을 마련하였던 것으로 보이지는 않는다. 필요에 따라 간단하게 자연석이나 사각형의 큰 돌을 깔아 기단을 형성하거나 또는 두 지주를 그대로 땅에 묻고 잡석(雜石)으로 고정시킨 경우도 있다.
　중초사지 당간지주의 경우 특별한 기단 시설 없이 두 지주를 깊게 땅에 묻고 그 사이에 크고 작은 자연석을 흙과 혼합하여 견고하게 기초를 다진 것으로 밝혀졌다.[3] 또한 고령 지산동 당간지주도 지주 하단부의 치석 수법으로 보아 정연한

고령 지산동 당간지주 하부　　　　　　　중초사지 당간지주 하부

　기단은 마련되지 않았던 것으로 보인다. 그리고 발굴 결과 두 지주를 잡석과 흙을 혼합하여 견고하게 다진 것으로 확인되었으며, 받침돌 위에 간대석을 마련하였던 것으로 밝혀졌다.[4]
　그리고 금산사 당간지주와 같이 전형적인 기단을 마련한 경우도 상당수 있다. 통일신라시대에 건립된 당간지주에서 전형적인 기단으로 구성되어 비교적 원형을 잘 유지하고 있는 것으로는 공주 반죽동·미륵사지·금산사·갑사 당간지주 등이다.
　기단의 기본 평면은 사각형으로 크게 지대석, 면석부(面石部), 면석 하부의 받침, 면석 상부의 갑석(甲石), 지주와 간대석 괴임과 홈 등으로 세분된다. 이와 같이 전형적인 기단이 마련되었을 경우 석탑의 하층기단과 동일한 형식으로 조영되어 주목된다.[5] 또한 평면은 다르지만 석등, 부도, 불상 대좌의 하대석과도 유사한 형식을 보이고 있어 당시 석조미술의 흐름과 교류를 알 수 있게 한다.
　공주 반죽동 당간지주는 평면 사각의 지대석을 놓고 석탑 하층기단형의 기단을 마련하였다. 기단부는 현재 파손이 심하지만 각 면을 구획하여 전후면 4구씩, 양 측면 2구씩의 안상(眼象)을 음조(陰彫)하였다. 면석부에 안상을 조식하는 것은 불상이나 석등의 하대석에서 볼 수 있는 수법으로 다른 석조미술품과 친연성을 보인다. 미륵사지 당간지주는 평평한 사각형의 돌을 지대석으로 깔고, 그 위에

---

3) 안양시청, 『中初寺址 幢竿支柱 修理 報告書』, 2000, p. 40.
4) 具滋奉, 「高靈 池山洞 幢竿支柱의 發掘調査」, 『佛敎考古學』 창간호, 위덕대학교 박물관, 2001, p. 146
5) 嚴基杓, 「統一新羅時代의 幢竿과 幢竿支柱 硏究」, 『文化史學』 6·7호, 韓國文化史學會, 1997.

기단을 마련하였다. 기단은 2매의 긴 사각형 돌을 전후에서 가운데 쪽으로 결구하였다. 면석부에는 전후면 3구씩, 양 측면 2구씩 안상을 조식하였다. 그리고 기단 상면에 각호각형(角弧角形)의 3단괴임을 두어 두 지주와 간대석을 받치도록 하였다. 그래서 두 지주와 간대석이 기단 상면 사각형 구획 안에 끼워지도록 하였다. 이와 같이 기단은 기능적인 측면이 중시되지만 부분적으로 정교한 치석 수법들이 가미되고 있음을 알 수 있다. 갑사 철당간의 기단은 사각형 지대석을 놓고 전후에서 2매의 석재를 결구하여 마련하였다. 그런데 기단 상면에 기단부를 견고하게 고정하기 위하여 이음쇠(나비장)를 박았던 별도의 홈을 마련하였다. 이러한 시설은 두 지주와 당간을 밀리지 않고 견고하게 고정하기 위한 기단 결구 수법임을 알 수 있다. 그리고 면석부에 안상을 음조하였다.

금산사 당간지주의 기단은 한국의 당간지주에서 가장 전형적인 기단부로 구성되었다. 바닥에는 자연석을 깔고 그 위에 긴 사각형 돌로 지대석을 마련하여 단층의 기단을 올렸다. 기단은 2매의 석재를 전후에서 가운데로 끼워 결구하였다. 면석부에는 석탑에서 우주(隅柱)와 탱주(撐柱)가 모각된 것처럼 구획을 하고 그 사이에 안상을 음조하였다. 그리고 안상 아래로는 괴임이 있고, 위로는 갑석형(甲石形)과 또 다른 받침이 마련되었다. 안상은 상부 가운데 첨형(尖形)을 중심으로 좌우로 호형(弧形)이 연속되어 대칭을 이루고 있는 첨두형(尖頭形) 안상으로 호형의 끝 연결점이 중앙부로 모이는 듯한 인상을 주면서 양끝에서 넓고 부드럽게 밑으로 이어지고 있다. 기단 상면에는 1단괴임을 마련하여 두 지주를 받치도록 하였다. 이러한 기단의 조영은 당대 석조 조형물들의 기단 수법과 강한 친연성을 보이고 있으며, 고려시대까지 계승되기도 하였다.

그런데 통일신라 초기 당간과 당간지주가 처음 건립될 때에는 기단이 마련되지 않았던 것으로 보인다. 현재 초기에 건립되었을 것으로 보이는 사천왕사지·망덕사지·황룡사지·경주 구황동 당간지주 등에서 기단의 흔적은 찾을 수 없다. 또한 지주 하단부의 치석 수법으로 보아 전형적인 기단이 마련되지 않고 곧바로 땅 속에 깊게 묻어 두 지주를 세웠던 것으로 보인다. 그러다가 당간지주의 건립이 성행하고 당간을 세우는 기술이 발전하자 다른 석조미술의 영향을 받아 전형적인 기단을 구성하기 시작한 것으로 보인다. 통일신라 중기에 건립된 것으

공주 반죽동 당간지주 기단

공주 반죽동 당간지주 안상

미륵사지 동편 당간지주 기단

미륵사지 서편 당간지주 기단

금산사 당간지주 기단

금산사 당간지주 안상

갑사 철당간 기단

구룡사지 당간지주 기단

해인사 당간지주 기단

화엄사 당간지주 기단

로 추정되는 당간지주들은 지주 하단부의 치석 수법으로 보아 전형적인 기단이 결구된 경우가 많은 양상을 보이고 있다. 즉, 지주 하단부를 거칠게 다듬었지만 지주부의 너비와 폭보다 좁게 다듬어 전형적인 기단에 결구되었음을 알 수 있다. 경주 지역에 있는 삼랑사지나 불국사 당간지주 등에서 확인된다. 따라서 당간과 당간지주의 건립이 경주 지역을 중심으로 시작되어 성행하였듯이 전형적인 기단부의 구성도 처음에는 경주 지역을 중심한 당간지주에서 나타나기 시작하였다. 이러한 기단 결구 수법이 점차 지방으로 확산된 것으로 보인다.

특히 당간지주의 기단이 석탑의 하층기단과 강한 친연성을 보이는 것으로 보아 석탑으로부터 강한 영향을 받았을 것으로 보인다. 그리고 면석부에 안상을 조

망덕사지 당간지주 지주 하단부

부석사 당간지주 지주 하단부

비로사 당간지주 지주 하단부

삼랑사지 당간지주 지주 하단부

불국사 당간지주 지주 하단부

숙수사지 당간지주 지주 하단부

중초사지 당간지주 기단

각하거나 각형(角形)이나 호형(弧形)의 받침을 두는 것은 석탑뿐만이 아니라 석등이나 불상 대좌 등으로부터도 영향을 받았을 것이다. 기단은 석탑의 기단부 구성을 모방하여 평면이 긴 사각형으로 두 지주를 견고하게 고정하기 위한 홈이나 괴임을 마련하였다. 그리고 기단 아래까지 두지주가 묻히도록 하였다.

이와 같이 당간지주의 기단은 석탑의 하층기단, 석등이나 석조부도의 하대석 등과 동일한 조영 수법을 보이고 있는 점은 당대의 석조미술이 상호 영향을 주고받았음을 시사한다. 나아가 당간과 당간지주가 당을 걸기 위한 기능적인 측면이 강한 조형물이었지만 당대에 예배의 대상이 되었던 조형물들과 상통한다는 점은 당간도 기능적인 측면뿐만 아니라 신앙적인 측면이 점차 습합되었음을 시사한다.[6]

갈항사지 삼층석탑 기단부

진전사지 삼층석탑 기단부

선림원 홍각선사탑

청량사 석등

고려시대 건립된 당간지주들은 전대(前代)의 기단 조영 수법을 계승하기도 하지만 기단을 마련하지 않은 경우가 더욱 많아지는 경향을 보인다. 현재 고려시대 건립된 당간지주 중에서 전형적인 기단으로 구성된 경우는 법주사·천흥사지·현화사·영통사·무량사 당간지주 등이다. 이중에서 천흥사지·영통사·무량사 당간지주의 기단은 통일신라시대의 금산사 당간지주의 전형적인 기단 양식을 계승하고 있다. 천흥사지 당간지주의 기단은 면석 상부에 갑석을 마련하고, 호각형의 괴임을 두었

천흥사지 당간지주 기단

천흥사지 당간지주 기단 측면

천흥사지 당간지주 기단 안상

칠장사 철당간 기단

담양 읍내리 석당간 기단

6) 姜友邦, 「統一新羅 法幢의 復元的 考察」, 『圓融과 調和』, 열화당, 1990, p. 305.

다. 또한 면석부는 전후면 4구씩, 양 측면 2구씩의 안상을 음조하였다. 안상 안에는 안상의 윤곽선을 연장하여 고려전기 안상의 조식 수법으로 등장하는 화형(花形)무늬를 장식하였다. 그리고 영통사 당간지주의 기단은 넓은 사각형 대석(臺石)으로 지대석을 깔고 면석부와 갑석을 마련하여 두 지주를 받치고 있다.[7] 기단이 단순 소박하게 마련되어 고려시대 석탑에서 간략화 된 기단부의 인상을 주고 있다. 무량사 당간지주의 기단은 면석과 갑석을 마련하고 면석부에는 전후면 3구, 양 측면 2구씩의 안상이 조식되었다. 이러한 것은 고려시대에도 통일신라시대의 기단 조영 수법이 그대로 계승되어 유지되고 있었음을 보여준다. 그런데 고려시대에는 전형적인 기단부의 경우라도 부분적으로 생략 또는 간략화의 경향이 나타나고 있어 다른 석조 조형물과 맥을 같이하고 있다. 또한 고려시대 당간지주의 전형적인 기단은 고려시대 석탑의 기단부와 유사하다는 점이 주목된다.

이 외에 고려시대의 것으로 전형적인 기단 조영 수법을 보이는 용두보당(龍頭寶幢)이 있다. 용두보당의 기단부는 사각형의 하-중-상대석으로 구성되어 불상 대좌와 강한 친연성을 보이고 있다. 특히 고려시대에 들어와 사각형의 불상대좌가 많이 조성되는데, 용두보당의 기단부와 유사하다. 하대석은 우주와 탱주형의 기둥을 모각하고, 정면 3칸·측면 2칸으로 머름칸을 구성하였다. 그 위에 하대갑석을 마련하고 중대석 괴임에 복련(伏蓮)을 장식하였다. 중대석은 우주와 탱주형의 기둥을 모각하여 각 면을 구획하였으며, 상대석 하부는 앙련(仰蓮)을 화려하게 장식하였다. 상대석은 난간형으로 상대갑석 중앙부에 사각형의 홈을 마련하여 두 지주와 당간을 받치도록 하였다. 이와 같이 기단부에 앙련과 복련을 배치하는 것은 고려시대 석탑이나 불상의 기단부에서 흔히 볼 수 있는 장식 수법이다.

한편 법주사 당간지주의 기단은 사각형 돌을 이용하여 지대석을 깔고 1층의 단을 결구하여 구성하였다. 이러한 것은 북한 소재의 현화사 당간지주가 여러 매의 사각형 돌을 결구하여 2단으로 마련한 것과 유사하다. 이것은 고려시대가 되면 석탑의 기단부가 생략되거나 약화되는 경향을 보이면서 간단하게 기단부를 마련하는 것과 같이 당간지주의 기단도 간략화되는 경향을 보여주고 있다. 또한

---

7) 姜友邦, 『北韓文化財解說集』-石造物 篇-, 국립문화재연구소, 1997, pp. 247~249.

용두보당 기단(호암미술관)

승안사지 삼층석탑 기단부

여주 창리 삼층석탑 기단부

고달사지 석조대좌

법주사 철당간 기단

음각탑당동판(陰刻塔幢銅版)에 새겨진 당간지주도 기단을 3단으로 마련하였다.

이와 같이 고려시대 당간지주의 기단은 유실되거나 파손된 경우가 많기도 하지만 특별히 기단을 마련하지 않고 두 지주를 깊게 땅 속에 매몰하여 세우는 경우가 더 많은 양상을 보이고 있다. 또한 두 지주 놓이는 간대석에 'ㄷ'자형으로 홈을 마련하여 지주를 끼워 세우거나, 두 지주 주변에 여러 매의 석재를 깔아 두 지주를 고정함으로써 특별히 기단부가 필요치 않게 되었던 것으로 보인다.

이와 같이 통일신라와 고려시대 당간지주의 대부분은 기단을 마련하지 않고 두 지주를 깊게 땅속에 매몰한 후 잡석과 흙을 혼합하여 견고하게 기초를 다진 경우가 많은 것으로 추정된다. 이러한 것으로 보아 기단은 두 지주와 당간을 어떻게 세울 것인가에 따라 전형적인 기단이 마련된 경우도 있으며, 그렇지 않은 경우도 있었음을 알 수 있다. 전형적인 기단이 마련된 당간지주의 경우에 통일신라시대의 기단 조영 수법이 고려시대까지 꾸준하게 계승되면서 부분적으로 간략화의 경향이 보이고 있다. 그리고 고려시대가 되면서 전형적인 기단 조영이 상대적으로 줄어드는 양상을 보인다. 특히 통일신라시대 건립된 당간지주의 기단은 당대(當代)의 석조 조형물들과 친연성을 보이고 있으며, 고려시대 건립된 당간지주의 기단은 당대의 석조 조형물들이 간략화의 경향을 보이는 것과 상통하였던 것으로 나타난다. 이러한 점은 당간과 당간지주의 양식적인 변천 과정과 건립 시기를 추정하는데 좋은 자료가 되기도 한다.

2. 간대의 기능과 유형

간대석은 기단이나 두 지주 사이에 끼워 당간 하단부를 견고하게 받치는 부분이다. 간대석은 당간을 고정하여 세우는 기단부의 부속 시설물로 대부분의 당간지주가 별도로 마련하거나 기단부 역할을 겸하고 있는 경우가 많다. 고려시대가 되면 기단부가 약화되거나 생략되어 간대부가 두 지주를 끼워 세우는 역할도 하는 경우가 많다. 특히 기단을 특별히 시설하지 않는 경우 간대석은 상대적으로 규모가 커지는 경향을 보인다. 간대석도 기단과 마찬가지로 결실되거나 파손된 경우가 많다. 간대석의 유형은 크게 사각형, 긴 사각형(長大石形), 기타형으로 구분할 수 있다. 그리고 간대석은 상면의 원좌(圓座)와 원공(圓孔)의 시공 수법에 따라 다양하게 마련되었다.

먼저 통일신라시대 건립된 당간지주의 간대석은 전체적인 평면의 형태에 따라 사각형이 주류를 이루고 있다. 이러한 형식은 부석사·공주 반죽동·구룡사지·

부석사 당간지주 간대석

구룡사지 당간지주 간대석

미륵사지 당간지주 간대석

해인사 당간지주 간대석

부인사지 당간지주 간대석

영양 현일동 당간지주 간대석

금산사 당간지주 간대석

갑사 철당간 간대석

미륵사지·법수사지·해인사·부인사지·금산사·갑사 당간지주 등이 있다. 이들은 대부분 전형적인 기단부가 마련되었으며, 기단 상면과 같은 높이이거나 돌출되어 결구되었다.

부석사 당간지주의 간대석은 두 지주 사이에 사각형으로 마련되었는데, 상면 주위에 연화문을 돌리고 그 안쪽에 원좌와 원공을 시공하였다. 원좌는 2단으로 일정한 너비의 낮은 돌기대를 마련하였는데, 2단 지름이 57cm로 당간 하부의 지름을 대략적으로 추정할 수 있다.

다음으로 간대석이 지주부와 거의 동일한 규모로 마련된 경우가 있다. 이러한 간대석으로 상주 복룡동 당간지주와 중초사지 당간지주 등에서 볼 수 있다.[8] 상주 복룡동 당간지주 간대석은 남북으로 긴 지주형의 석재를 마련하였는데, 그 규모(334×83cm, 높이 45cm)가 상당히 길다.[9] 간대석 상면 중앙부에는 원좌(圓座)와 원공(圓孔)이 시공되었다. 중초사지 당간지주의 간대석도 긴 석재를 남북으로 놓아 마련하였는데, 상면에 별다른 조식은 없으며 원좌와 원공을 시공하였다. 이와 같이 긴 지주형 석재를 간대석으로 마련한 당간지주의 경우는 기단이 없다. 따라서 이것은 별도의 기단이 없기 때문에 당간을 견고하게 지탱하기 위한 방법으로 간대석이 기단의 역할도 병행하였으며, 규모가 큰 간대석이 마련되었던 것으로 보인다.

이 외에 안동 운흥동 당간지주는 자연석에 가까운 원형의 돌을 마련하였으며, 상면에 원좌와 원공을 비롯하여 낙수홈을 파서 물이 지면으로 빠져나가도록 하였다. 또한 경주 구황동 당간지주는 거북형의 간대석을 마련하였다. 거북형 간대석은 머리를 동쪽을 향하고 있으며, 귀갑 아래로 머리, 다리, 꼬리 등이 표현되었다. 치석 수법이 정교하지는 않지만 비신을 세울 때 활용되는 귀부를 채용한 독특한 간대석이다. 귀부 상면에는 연화문을 장식하고 그 안쪽으로 사각형의 괴임대를 마련하였다. 괴임대로 보아 당간 하단부의 평면이 사각형이었음을 알 수 있

---

[8] 慶州 普門里 幢竿支柱 간대석도 石柱形의 석재를 동서로 놓아 마련하였지만 원래부터 간대석은 아닌 것으로 보이며, 부러진 지주의 일부로 추정된다.

[9] 간대석의 북쪽부분은 지주의 하단부와 같이 치석수법이 고르지 못하고 넓어 땅속에 묻기 위한 치석으로 보이며, 남쪽으로 갈수록 가늘어지고 있어 최초 치석 시에는 지주용이었으나 간대석으로 변용한 듯하다.

경주 구황동 당간지주 간대석

불국사 당간지주 간대석

다. 따라서 석제 당간일 가능성이 높다.

그리고 간대석 상면에 마련되는 원좌와 원공의 시공 수법이 당간의 재료나 장인에 따라 다양하게 치석되었음을 알 수 있다. 특히 원좌와 원공은 당간의 재질이나 모양에 따라 다양한 시공 수법이 적용되었다. 일반적으로 일정한 너비로 1~3단의 돌기대를 돌려 원좌를 마련하고, 그 중앙에 1개의 원공을 시공하여 당간을 끼워 고정하도록 하였다. 이와 같이 원좌와 원공이 시공된 간대석의 당간은 철제일 가능성이 높다. 구룡사지·부인사지·금산사·갑사·영양 현일동 당간지주 등의 간대석이 원좌를 마련하였다. 그런데 석당간이 세워졌던 미륵사지 당간지주의 간대석은 전체적인 평면은 사각형이지만 상부에 원좌는 없고 원공만 시공하였다. 석제 당간은 그 받침으로 원좌가 있을 경우 없는 것보다 견고하지 못할 뿐만 아니라 원좌에 맞추어 당간의 평면을 치석하기 어렵기 때문에 원좌를 마련하지 않은 것으로 보인다. 석제 당간일 경우 당간 하단부가 원형이 아니고 사각형이나 팔각형인 경우가 많은데, 굳이 원좌를 마련할 필요가 없기 때문이다. 철제 당간은 원좌 주위를 철통이 감싸도록 하여 견고하게 하고, 원공에 철심주(鐵心柱)를 끼워 여러 개의 철통이 견고하게 유지되도록 하였다.

이와 같이 통일신라시대 당간지주의 간대석은 대부분 사각형이 주류를 이루고 있으며, 이외에 지주형에 가까운 형태나 귀부형과 같은 특징적인 것들이 마련되기도 하였다. 그리고 사각형 간대석은 고려시대까지 꾸준하게 계승되었다.

고려시대 당간지주의 간대석들도 통일신라시대와 같이 사각형이 가장 많이 채용되었다. 고려시대 당간지주 대부분의 간대석은 사각형 대석(臺石)을 두 지주 사

법수사지 당간지주 간대석

화엄사 당간지주 간대석

안동 운흥동 당간지주 간대석

중초사지 당간지주 간대석

이에 마련하여 당간을 받치도록 하였다. 이러한 것은 보원사지·법주사·천흥사지·현화사·괴산 외사리·만덕사지[10]·무량사·담양 읍내리·부안 서외리 당간지주 등의 간대석 등에서 나타나고 있는 수법으로 통일신라시대 전형적인 간대석이 형식을 그대로 계승하고 있음을 알 수 있다. 이중에서 보원사지·천흥사지·무량사 당간지주의 간대석은 통일신라 말기에 건립된 미륵사지 당간지주와 동일한 치석 수법을 보이고 있다.

그리고 두 지주 사이를 가로 질러 지주형에 가

상주 복룡동 당간지주 간대석

---

10) 현재 당간지주가 서있는 곳에서 남쪽으로 3m되는 지점에 竿臺石으로 보이는 석재가 놓여있다. 상부에 당간을 받쳤던 圓孔과 圓座의 흔적이 남아 있어 간대석임을 알 수 있다

만덕사지 당간지주 간대석

보원사지 당간지주 간대석

부안 서외리 석당간 간대석

무량사 당간지주 간대석

아산 읍내리 당간지주 간대석

괴산 외사리 당간지주 간대석

까운 긴 석재를 놓고, 가운데 부분에 원좌나 원공 또는 굵은 돌기대를 마련하여 당간을 끼우도록 한 지주와 거의 동일한 규모의 간대석이 있다. 이러한 것은 광법사·용두사지·홍성 동문동 당간지주 등에서 나타난 수법으로 이미 통일신라 말기에 건립된 중초사지나 상주 복룡동 당간지주에서 채용된 수법이었다. 즉, 고려시대에 갑자기 출현한 것이 아니라 이미 통일신라시대부터 적용된 수법이었

현화사 당간지주 간대석

담양 읍내리 석당간 간대석

법주사 철당간 간대석

천흥사지 당간지주 간대석

칠장사 철당간 간대석

창녕 직교리 당간지주 간대석

4장 당간과 당간지주의 양식 분석 155

광법사 당간지주 간대석

홍성 동문동 당간지주 간대석

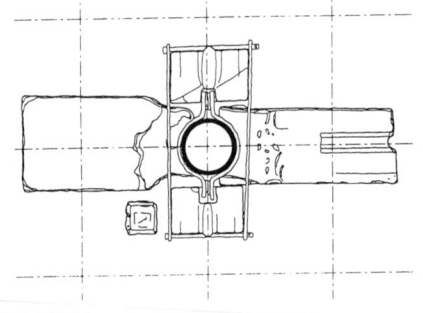

용두사지 철당간 간대석

다. 이러한 당간지주들은 기단을 특별히 마련하지 않고 큰 규모의 간대석을 두 지주 사이에 끼움으로써 기단과 간대석을 겸하도록 하였다.

   고려시대에는 통일신라시대의 간대석 수법을 계승하기도 하였지만 통일신라시대에 비하여 특수한 형태의 간대석들이 많이 나타나는 양상을 보인다. 경주 구황동 당간지주의 귀부형 간대석과 같이 극히 예외적으로 고려시대에도 특수한 간대석이 마련되는 경우가 있다. 즉 숭선사지·법천사지·춘천 근화동·원주 봉산동 당간지주 등에서 특이한 수법의 간대석이 나타나고 있다. 숭선사지 당간지주 간대석은 사각형으로 별다른 조식은 없으나 상면에 사각형 구멍을 남북으로 33cm 간격을 두고 시공하였다. 이것은 당간 하단부를 이중으로 세워 견

숭선사지 당간지주 간대석

법천사지 당간지주 간대석

춘천 근화동 당간지주 간대석

원주 봉산동 당간지주 간대석

미륵리사지 당간지주 간대석

미륵리사지 당간지주 간대석 세부

고하게 고정하기 위한 시설로 보이며, 당간의 재질이 목제였을 가능성이 높다. 이러한 간공 시공 수법은 광종이 951년 선비(先妣)인 유씨(劉氏)의 원당(願堂)으로 창건한 불일사지 당간지주와 유사하다.[11] 숭선사도 광종이 창건한 것으로 보아 두 사찰은 광종이 적극적으로 후원한 사찰임을 알 수 있다. 따라서 광종이 파견한 동일 국공(國工)에 의하여 당간지주가 치석되어 건립되었을 가능성이 높다. 그래서 유례로 보기 드문 간대석의 시공 수법이 같은 것으로 보인다.

법천사지 당간지주의 간대석은 평면이 팔각에 가까운 원형을 유지하고 있다. 간대석의 치석 수법이 정교하지 못하지만 가운데 높은 돌기대를 시공하여 당간을 받치도록 하였다. 그리고 춘천 근화동 당간지주의 간대석은 고려시대 치석된 간대석 중에서 가장 화려한 수법을 보인다. 간대석은 상하 2단으로 구성하였는데, 하단은 사각형이고 상단은 팔각형이다. 상단의 팔각 간대석에는 입상형(立狀形) 연화문을 장식하였으며, 그 상면에는 원좌와 원공을 시공하였다. 원좌나 원공의 시공 수법으로 보아 석제나 철제 당간이 세워졌을 것으로 보인다. 한편 원주 봉산동 당간지주의 간대석은 평면은 원형이고 가운데가 높게 돌출된 반원형의 돌을 남북으로 놓아 마련하였다. 간대석은 가운데가 볼록한 형태이며 상면에 3단의 원좌와 원공을 시공하였다. 그리고 간대석 좌우에 홈을 파서 지주부를 끼웠다. 이와 같이 대형의 간대석은 당간과 두 지주를 견고하게 고정하기 위한 것이다. 즉, 간대석이 기단의 역할도 겸하고 있음을 알 수 있다.

그리고 당간을 직접적으로 끼워 고정하는 간대석 상면은 일반적으로 1~2단의 원좌를 마련하고, 중앙에 원공을 시공하여 심주(心柱)를 끼우고 당간을 세우도록 하였다. 그러나 원좌 위에 사각형 구멍을 시공하여 당간을 고정하거나 특별한 수법도 간헐적으로 채용되고 있다. 이러한 것은 현화사·미륵리사지·숭선사지 당간지주의 간대석에서 보이고 있다. 이외에 간대석을 마련하지 않은 경우도 있었던 것으로 보이는데, 이것은 당간을 철당간이 아닌 석당간으로 조성하여 두 지주와 같이 기초를 견고히 하여 땅속에 묻어 세웠던 것으로 보인다.

고려시대에는 간대석을 마련하지 않는 경우도 있었던 것으로 보이며, 당간의 재료나 형태에 따라 다양한 간대석이 결구되었음을 알 수 있다. 이와 같이 통일신라시대에 이어 고려시대에도 모든 당간지주가 정연한 기단과 간대석이 마련된 것은 아니었다.

현존하는 통일신라시대와 고려시대의 간대석으로 보아 통일신라시대에는 일

---

11) 구체적으로 확인되지는 않았지만 일제 강점기에 조사된 圖面을 보면 竿臺石의 형태와 杆孔의 시공 수법이 동일함을 알 수 있다

반적으로 사각형의 간대석이 마련되었으며, 이러한 양상은 고려시대까지 주류를 이룬다. 그런데 고려시대에 들어와서는 통일신라시대의 수법이 계승되기도 하지만 지역이나 장인에 따라 다양한 유형의 간대석이 마련되었다.

3. 지주의 양식과 계열성

(1) 통일신라

지주부는 당간을 세워 지탱하기 위한 중요한 부분으로 대부분 원형이 잘 남아있다. 지주부는 건립 시기와 지역에 따라 각 면의 치석과 장식 수법, 간구와 간공의 시공 수법 등에서 조금씩 차이를 보이고 있다. 당간지주는 불탑이나 불상과 같이 신앙의 직접적인 대상이기 보다는 사찰의 장엄을 위한 기능적 측면에서 건립되었기 때문에 비교적 장식과 장엄이 적은 편이라 할 수 있다. 그래서 당간지주의 양식적 변천은 뚜렷하지 않다. 따라서 당간지주의 건립 시기를 구체적으로 파악하는 것은 상당한 어려움이 따른다. 그래서 당간지주의 건립 시기를 파악하는 것은 두 지주의 양식뿐만이 아니라 소속 사원의 연혁을 구체적으로 파악하는 것이 중요하다. 당간지주는 소속 사원의 창건이나 중건 시에 건립되는 것이 일반적이었기 때문이다. 아울러 소속 사원에 남아있는 다른 유적이나 유물들과도 면밀한 비교 검토가 병행되어야 한다. 그리고 소속 사원의 연혁을 알 수 없는 경우에는 당간지주의 양식을 자세히 고찰하여야 한다.

현재까지 확인되거나 조사된 통일신라시대의 당간지주는 총 41기 정도가 알려져 있다.[12] 그러나 실제로는 이보다 훨씬 많은 수량이 세워졌을 것으로 보인다.

---

[12] 필자가 조사한 전체 수량이다. 이외에도 더 있을 가능성은 얼마든지 있다. 강릉 수문리 당간지주와 굴산사지 당간지주는 통일신라 말기에서 고려 초기 사이에 건립된 것으로 추정되지만 전체 수량으로는 통일신라시대로 포함시켰다. 이외에도 聖住寺址에 당간지주가 남아있었다고 한다(황수영 선생님).

통일신라시대 당간지주의 지주부는 지주의 형식과 각 부의 치석 수법, 당간을 고정하기 위한 간(杆)을 끼우는 간구와 간공의 시공 수법 등에 따라 몇 가지 유형으로 분류된다. 특히 지주부에서 전후면과 외면의 외곽 장식 수법에서 구별되는 특징을 보이고 있으며, 간공은 지주 내면에서의 위치, 형태, 수량 등이 비교된다.[13]

통일신라시대 당간지주들은 지주부의 외형에 따라 분류하면 크게 5종류로 나눌 수 있다. 즉, 5가지 양식이 계열(系列)을 형성하면서 지속적으로 건립되었다고 볼 수 있다. 물론 이들 계열에 들지 않는 당간지주도 있다. 그러나 지주부가 세부적으로는 다를지라도 전체적인 치석 수법은 크게 벗어나지 않고 있어 다른 석조물과 마찬가지로 형식이나 양식이 지속적으로 계승되고 있었음을 알 수 있다.

첫째로 당간지주는 평면 사각 석주형(石柱形)의 두 지주를 세웠는데, 지주 중간부나 하단부에 지주면을 1단 낮거나 높게 깎은 치석 수법을 보이는 지주이다. 특히 지주 하단부를 1단 높게 하여 안정적인 외관을 갖게 한다. 지주 외면 외곽 모서리는 각(角)을 깎아 부드럽게 처리한다. 각 면은 비교적 고르게 다듬고, 정상부는 내면에서 외면으로 나가면서 평평하다가 외면과 만나는 지점에서 약하게 호선(弧線)을 형성한다. 이러한 양식은 사천왕사지·경주 구황동·남간사지·경주 보문리·법수사지 당간지주 등에서 보인다. 그리고 지주면에 단을 치석한 수법이 다르기는 하지만 안동 운흥동과 중초사지 당간지주도 이 계열에 속한다고 할 수 있다. 이중에서 가장 초기적인 양식을 보이며, 모범이 되었을 것으로 보이는 당간지주가 사천왕사지 당간지주이다(사천왕사지 당간지주 계열).

1974년 발굴된 聖住寺址 실측조사 보고서에도 당간지주 3편이 있었다고 보고되어 있다(동국대학교 박물관, 「聖住寺址實測調査」, 『佛教美術』 2, 1974). 그러나 여러 번 聖住寺址에 가서 확인하였으나 반출 내지는 유실된 것으로 보인다. 조사 당시의 사진 자료집에서도 확인할 수 없었다. 이후 충남대학교 박물관의 발굴 보고서에도 실리지 않은 것으로 보아 조사되지 않은 것으로 보인다(충남대학교 박물관, 『聖住寺』, 1998). 聖住寺址 幢竿支柱는 성주사가 통일신라 말기에 대대적인 중창이 이루어졌던 것으로 보아 이 시기를 전후하여 건립되었을 것으로 추정된다. 한편 경주 崇福寺址에도 幢竿支柱가 있었던 것으로 전하고 있다. 절단된 상태였으며, 三郎寺址나 佛國寺 幢竿支柱와 같은 수법이었다고 한다.

13) 李浩官, 「統一新羅時代 幢竿支柱와 石橋」, 『考古美術』 158·159합집, 韓國美術史學會, 1983.
통일신라시대의 幢竿支柱를 지주부의 치석 수법과 간구와 간공의 시공 수법 등에 따라 4가지 형식으로 분류하였다.
A형: 中初寺址 幢竿支柱 형식　　　B형: 慶州 普門里 幢竿支柱 형식
C형: 佛國寺 東便 幢竿支柱 형식　　D형: 慶州 普門洞 蓮花紋 幢竿支柱 형식

이들 양식의 당간지주들은 대부분이 경주를 중심한 지역에서 초기에 건립되었으며, 경주에서 멀리 떨어져 늦은 시기에 건립된 안동 운흥동과 중초사지 당간지주는 변형된 모습을 보인다. 이들은 전체적으로 장식성이 덜하여 투박한 인상을 주며, 전체 높이에 비하여 지주의 너비와 폭이 넓어 전체적인 외관이 둔중하다. 또한 중초사지 당간지주와 같이 세장한 인상을 주기도 한다. 지주부에 시공되는 간구와 간공의 수량이 많은 것이 특징적이며, 간공은 관통되게 시공되는 경우가 대부분이다.

이 계열에 속하는 당간지주들은 기단이 결구되지 않고 두 지주를 깊게 땅 속에 묻어 세웠다. 그리고 두 지주 사이에는 평면 사각형의 간대석이 아니라 지주 규모에 가까운 간대석을 마련하거나 경주 구황동 당간지주와 같이 귀부형의 간대석을 마련하여 당간을 받치게 하였다. 또한 두 지주는 간대석 양쪽에 홈을 마련하여 끼운 후 땅 속에 묻도록 하였다. 한편 황룡사지 당간지주는 지주 하단부만 남아있지만 치석과 간공의 시공 수법으로 보아 사천왕사지나 경주 구황동 당간지주와 유사한 양식이었을 것으로 추정된다. 그리고 조선후기 이후에 많이 건립되는 괘불지주(掛佛支柱)가 이 계열과 강한 친연성을 보이고 있는

사천왕사지 당간지주 지주부

황룡사지 당간지주

경주 구황동 당간지주 지주 상단부

경주 보문리 당간지주 지주부

경주 보문리 당간지주 지주 하단부

남간사지 당간지주 지주부 외면

법수사지 당간지주 지주부

안동 운흥동 당간지주 지주 상단부

중초사지 당간지주 지주부

점도 주목된다.

둘째로 지주부가 평면 사각 석주형(石柱形)으로 상단부로 올라갈수록 조금씩 가늘게 치석하고, 정상부는 내면에서 외면으로 나가면서 평평하다가 외면과 만나는 지점에서 부드럽게 호선(弧線)을 그리게 하여 모서리를 곡선으로 처리한 지주이다. 그리고 당간지주에 따라 외면 외곽 모서리를 직선형이나 호형(弧形)으로 깎아 약간의 장식성을 보인다. 따라서 전체적인 지주의 외형이 길다란 석주형을 취하면서 각 면에 별다른 장식을 하지 않은 소박한 당간지주이다. 이러한 양식은 망덕사지·장의사지·동화사·황룡사지 서편[14]·강릉 대창리·화엄사·상주 복룡동·갑사·강릉 수문리 당간지주 등에서 볼 수 있다. 이중에서 초기적인 양식을 보이고 있으며 정연한 치석 수법을 보이고 있는 당간지주가 망덕사지 당간지주이다(망덕사지 당간지주 계열).

이들 당간지주는 전체적인 양식이 소박하면서도 단아한 인상을 준다. 치석 수법은 각 면을 고르게 다듬기도 하지만 정자국이 많이 남아있다. 또한 갑사와 화엄사 당간지주 외에는 별도의 기단을 마련하지 않고, 산내석을 놓고 두 지주를 세우는 비교적 간략한 결구 수법을 보인다. 지주의 하단부는 간략하고 거칠게 치석

망덕사지 당간지주 지주부

---

14) 필자는 황룡사지 서편 폐사지에 서있는 당간지주를 시원적인 양식으로 추정하였으나(嚴基朽, 「統一新羅時代의 幢竿과 幢竿支柱 硏究」, 『文化史學』 6·7호, 韓國文化史學會, 1997, p. 321) 최근 이 일대에 대한 조사 성과와 여러 가지 검토를 통하여 잘못된 것임을 알게 되었다. 현재 한국에 남아있는 당간지주 중에서 어느 지주가 가장 먼저 세워진 것인가 하는 문제는 추후 여러 가지 검토를 통해서 가능할 것이다. 다만 경주 지역에 세워진 당간지주들 중에 1基가 가장 먼저 건립된 것은 분명하다. 그러나 그것을 밝히는 것이 특별한 의미가 있는 것은 아닌 것으로 판단된다.

하며, 땅에 묻어 견고하게 고정하기 위하여 지주부보다 굵게 한다. 그래서 하단부는 두 지주를 견고하게 세우기 위하여 상당한 깊이까지 묻힐 수 있도록 마련한다. 이러한 양식은 망덕사지와 경주 구황동 당간지주 등 비교적 초기에 건립된 당간지주에서 나타나기 시작하고 있으며, 경주 지역을 중심으로 분포하다가 점차 지방으로 확산되는 양상을 보인다. 이것은 이 양식이 당간지주 발생 초기부터

장의사지 당간지주 지주부

장의사지 당간지주 지주부 외면

장의사지 당간지주

황룡사지 서편 당간지주 지주부

화엄사 당간지주 지주부

강릉 대창리 당간지주 지주부

강릉 대창리 당간지주 지주부 외면

강릉 대창리 당간지주 지주 상단부

상주 복룡동 당간지주 지주부

상주 복룡동 당간지주 지주부 내면

4장 당간과 당간지주의 양식 분석 165

강릉 수문리 당간지주 지주부

강릉 수문리 당간지주 지주 상단부

송림사 당간지주

동화사 당간지주 지주부

동화사 당간지주 지주부 장식

나타났고, 초기에는 경주 지역을 중심으로 성행하였음을 시사한다. 그런데 동화사 당간지주와 같이 다른 계열의 당간지주 장식 수법으로부터 영향을 받아 지주 중간부를 1단 낮게 장식한 경우도 있다. 또한 고려시대 건립되는 당간지주가 대부분 이 계열에 속한다.

셋째로 지주부를 가장 화려하고 세련되게 장식한 당간지주이다. 이 계열에 속하는 당간지주는 삼랑사지·불국사·경주 전 주전지·경주 동천동·고령 지산동·비로사·법광사지·숙수사지 당간지주 등이 있다. 이중에서 기단과 간대석이 결실되었지만 삼랑사지 당간지주가 초기적인 양식을 보이며, 가장 정연한 치석과 장식 수법을 보이고 있다(삼랑사지 당간지주 계열).

이들 지주부는 전후면이나 외면 외곽에 일정한 너비로 윤곽대(輪廓帶)를 돌리고, 그 가운데에 좁은 세로띠를 길게 장식한다. 지주는 전체적으로 평면 사각 석주형이지만 상단부로 올라갈수록 지주의 너비와 폭이 크게 변화되지 않는다. 그리고 지주 중간부는 일정한 너비로 1단 낮게 치석하여 장식적인 의장을 더한다. 지주의 각 면을 고르게 다듬고 정상부는 내면에서 외면으로 내려서서 완려한 호선을 형성하도록 하며, 그 중간에 1~2단의 굴곡(屈曲)을 준다. 그래서 두 지주의 내면이 맞닿으면 지주의 상단부가 마치 하나의 안상형(眼象形) 문양을 이루도록 하였다. 특히 고령 지산동 당간지주는

삼랑사지 당간지주 지주 중간부

삼랑사지 당간지주 지주 상단부

불국사 당간지주 지주부 외면

불국사 당간지주 상단부

경주 전 주전지 당간지주

고령 지산동 당간지주 지주부 외면

고령 지산동 당간지주 상단부

비로사 당간지주 지주부 외면

비로사 당간지주 중간부

비로사 당간지주 상단부

법광사지 당간지주 지주부

장연사지 당간지주 지주부

해인사 당간지주 지주부

해인사 당간지주 지주부 외면

숙수사지 당간지주 지주부　　숙수사지 당간지주 지주부 외면　　숙수사지 당간지주 중간부

숙수사지 당간지주 상단부

전후면 상단부에 별도의 안상형 문양을 추가하여 장식성을 더하고 있으며, 두 지주가 맞닿아 하나의 문양을 이루도록 하였다. 외면 외곽 모서리는 부드럽게 깎아 윤곽대와 조화를 이루도록 하였다. 지주 하단부의 치석 수법으로 보아 대부분이 기단을 결구하였으며, 별도의 간대석을 마련하여 당간을 받치도록 하였다. 한편 해인사 당간지주는 외면 가운데 세로띠를 중심하여 좌우에 반원형으로 1단 낮게 대칭을 이루도록 치석하여 발전된 장식 수법이 적용되었다. 그리고 동화사 당간지주가 각 면의 치석과 장식 수법은 다르지만 지주 중간부를 1단 낮게 치석하여 이 계열의 당간지주로부터 영향을 받았음을 알 수 있다.

　이 계열에 속하는 당간지주들은 각 사찰에서 당간지주의 건립이 크게 성행하고 치석 기술이 상당히 발전한 8세기 중반 이후 경주 지역을 중심으로 나타나기 시

단속사지 당간지주 상단부

부석사 당간지주 지주부

부석사 당간지주 지주부 하단부

작한 후 지방으로 확산되는 양상을 보인다. 그런데 이 계열의 당간지주가 건립된 사찰들은 왕실과 밀착된 경우가 많았다. 이중에서 소속 사찰을 알 수 있는 삼랑사, 불국사, 비로사, 법광사 등 모두 통일신라 중기와 말기에 왕이나 왕실과 긴밀한 관계를 가졌던 사찰이었다. 이러한 것으로 보아 이 계열에 속하는 당간지주들은 왕실의 후원과 더불어 중앙정부에서 파견된 석공(石工)들에 의하여 건립되었을 가능성이 높은 것으로 추정된다. 그리고 고려시대에는 삼랑사지 당간지주 계열과 동일한 양식의 당간지주는 건립되지 않는다. 다만 고려시대에는 이 계열의 당간지주가 변형되거나 간략화된 양식으로 변화되어 건립되는 경향을 보인다.

넷째로 지주부는 전체적인 평면이 사각형을 이루면서 상단부로 올라갈수록 좁아지는 형식이다. 지주 외면의 외곽선이 상단부로 올라가면서 부드럽게 호선을 그리며 정상부로 이어진다. 그리고 전후면 또는 외면 외곽에 윤곽대를 일정한 너

공주 반죽동 당간지주 지주부 외면

공주 반죽동 당간지주

공주 반죽동 당간지주 상단부

구룡사지 당간지주 지주부

구룡사지 당간지주 지주부 외면

미륵사지 서편 당간지주

미륵사지 서편 당간지주 지주부 외면

미륵사지 동편 당간지주

영양 현일동 당간지주 지주부

영양 현일동 당간지주 지주부 외면

금산사 당간지주 지주부

금산사 당간지주 지주부 외면

비로 돌리고, 그 가운데에 반원형(半圓形)의 넓은 세로띠를 둔 장식적인 지주이다. 외면 외곽 모서리는 각을 부드럽게 호형으로 깎았다. 이러한 양식은 단속사지·부석사·공주 반죽동·구룡사지·미륵사지·영양 현일동·금산사 당간지주 등이다. 이들 당간지주들은 정연한 결구와 치석 수법을 보이고 있으며, 전체적으로 안정되고 세련된 인상을 주는 당간지주이다. 삼랑사지 당간지주 계열보다는 장식성이 떨어지지만 지주 중간부에 1단 낮은 치석 수법을 제외하고는 전체적으로 강한 친연성을 보인다. 특히 미륵사지와 금산사 당간지주는 기단과 간대석, 지주부의 치석과 간구와 간공의 시공 수법 등에서 당간지주의 전형적인 양식을 보여준다고 할 수 있다(미륵사지 당간지주 계열).

이 계열 중에 단속사지와 부석사 당간지주는 지주 하단부의 치석 수법으로 보아 기단을 결구하지 않았던 것으로 보이지만 나머지 당간지주들은 석탑의 하층 기단과 동일한 형식의 기단을 결구하였다. 그리고 지주부에 일정한 너비로 낮거나 높게 깎은 단은 마련되지 않았지만 삼랑사지나 불국사 당간지주와 같이 화려하고 세련되게 지주가 치석된다. 지주 정상부도 내면에서 외면으로 나가면서 유려한 호선을 형성하며, 그 중간에 1단의 굴곡을 두어 장식적인 의장을 보이게 한다. 이러한 양식의 당간지주는 8세기 중후반경부터 9세기까지 지속적으로 건립되며, 고려시대에도 지방에 소재한 사찰을 중심으로 건립된다. 특히 이 계열의 당간지주는 경주를 중심한 지역에서는 건립되지 않는 양상을 보인다. 그것은 이미 경주 지역에는 삼랑사지나 불국사 당간지주와 같이 이 계열보다 세련되고 화려한 당간지주들이 건립되고 있었기 때문으로 보인다. 이 계열의 당간지주들은 당시 중앙이었던 경주 지역의 삼랑사지 계열 당간지주들로부터 영향을 받아 부분적으로 치석과 장식 수법을 간략화시켜 건립된 것으로 보인다.

다섯째로 지주 각 면의 치석 수법이 고르지 못하고, 전체적으로 정연하지 못한 당간지주이다. 이 당간지주들은 평면이 사각형이지만 정연하지 못하고, 표면을 거칠게 다듬어 올라가다가 정상부도 별다른 장식없이 마무리하였다. 통일신라 말기에서 고려 초기에 건립된 것으로 추정되는 굴산사지 당간지주가 대표적이다(굴산사지 당간지주 계열). 이전에 건립된 안동 운흥동과 중초사지 당간지주도 거친 치석 수법과 정연하지 못한 당간지주라 할 수 있다. 치석 수법이 정연하지 못한 당

굴산사지 당간지주 지주부

굴산사지 당간지주 지주부 외면

간지주가 지방에 산재한 사찰을 중심으로 건립되었을 가능성이 높다. 또한 동화사 당간지주도 각 면을 고르게 다듬고 정연한 치석 수법을 보이기는 하지만 정상부 치석을 둥글게 첨형으로 처리하여 부분적으로 친연성을 보이기도 한다. 어쨌든 이 세 예는 통일신라시대 건립된 당간지주 양식에서는 치석 수법이 가장 떨어진다고 할 수 있다. 이러한 양식과 강한 친연성을 보이는 당간지주가 고려시대에 일부 건립되기도 한다. 통일신라시대나 고려시대에 이런 양식의 당간지주는 크게 성행하지 못하였다. 이것은 당대(當代)는 불교가 크게 신봉되는 사회였고, 당간과 당간지주가 사찰 가람의 필수적인 조형물이 되면서 그 중요성이 높아져 당간지주의 치석에도 상당한 관심과 배려가 있었기 때문으로 보인다. 이러한 이유로 당간지주는 석탑이나 불상 못지않게 가람 상에서 중요한 조형물로서 인식되었기 때문에 화려하고 세련된 당간지주의 건립이 일반화되었을 것이다. 굴산사지 당간지주

4장 당간과 당간지주의 양식 분석 175

는 치석 수법이 고르지 못하고 전체적인 외관이 정연하지는 못하지만 한국에서 가장 규모가 큰 당간지주로 웅장한 인상을 주고 있다. 따라서 사찰의 위상을 대외적으로 표상하기 위하여 지주부 보다는 당이나 당간에 중점을 두어 난기산에 긴립한 것으로 추정된다.

이 외에 경주 보문동 연화문 당간지주와 같이 정교한 치석과 더불어 화려한 장식이 있는 경우도 있다. 이 당간지주의 지주부 치석 수법은 화려하면서도 전체적인 외관이 평면 사각 석주형을 이루고 있어 소박한 인상을 주기도 한다. 현재 깊게 매몰되어 있어 구체적인 양상을 파악하기는 힘들지만 지주면의 치석과 장식 수법이 화려하고 세련되었을 것으로 추정된다. 지주부에 연화문을 조식한 예는 고려시대에 제작된 미륵리사지와 고창 흥덕 당간지주에서도 나타나고 있어 연화문 당간지주의 시원적인 양식이라 할 수 있다.

이와 같이 통일신라시대 당간지주의 지주부는 그 양식에 따라 크게 5가지 계열로 분류되고 세부적인 치석이나 장식은 다양하게 조성되었음을 알 수 있다. 전체적으로 통일신라시대에 세워진 당간지주는 안정되고 세련된 인상을 주며, 지주 굵기도 전체 높이에 비해 날씬하게 하여 경쾌하게 치석하였다. 이후 고려시대에는 지주의 폭과 넓이가 넓어져 둔중한 인상을 주고, 지주부의 장식적인 면도 줄어드는 경향을 보인다.

다음으로 지주부의 장식 수법만을 살펴보면, 가장 일반적인 장식으로 내면을 제외한 나머지면 외곽 부분에 윤곽대(輪廓帶)를 돌리고, 외면 중앙 부분에는 반원형의 둥근 세로띠를 조식한다. 그리고 지주 정상부는 내면에서 외면으로 나가면서 1~2단의 굴곡(屈曲)을 두었으며, 두 지주는 내면을 중심으로 좌우대칭을 이루도록 하였다. 이러한 치석 수법은 두개의 지주가 원래는 하나의 지주였는데 가운데를 중심으로 갈라놓은 듯한 인상을 주고 있다. 이러한 치석과 장식 수법은 단속사지·고령 지산동·부석사·공주 반죽동·구룡사지·영양 현일동·금산사 당간지주 등에서 보인다. 그리고 이러한 치석과 장식 수법에 더하여 지주 중간부를 1단 낮게 한 삼랑사지·불국사·비로사 당간지주 등이 있다. 이외에 지주부를 1단 낮게 하거나 단을 두어 치석한 것으로는 사천왕사지·경주 보문리·고령 지산동·법수사지·동화사·안동 운흥동·중초사지 당간지주 등에서 나타나고

경주 보문동 연화문 당간지주 지주부

경주 보문동 연화문 당간지주 지주부 외면

경주 보문동 연화문 당간지주 연화문

4장 당간과 당간지주의 양식 분석

있다. 지주부 외면 외곽 모서리를 깎아 장식한 지주로는 망덕사지 · 남간사지 · 장의사지 · 황룡사지 서편 당간지주 등이 있다.

한편 대구 동화사를 중심으로 동화사 · 부인사지 · 송림사 · 죽장사지 당간지주 등이 남아있다. 이중에서 동화사 당간지주만 비교적 완전하게 남아있고 나머지 당간지주는 상단부가 결실 또는 파손된 상태이다. 그런데 지주 하단부의 치석 수법이 친연성을 보이고 있으며, 각 면을 고르게 다듬은 수법 등이 많이 닮았다. 또한 지주 하단부의 평면이 닮아있고, 각각의 당간지주가 비교적 가까운 지점에 위치하고 있다. 이러한 것으로 보아 이들 당간지주는 현재 파손이 심하지만 원래는 비슷한 시기에 동일 계열의 양식으로 건립되었을 가능성이 높은 것으로 추정된다. 나아가 비슷한 시기에 동일 장인이나 그 기술을 전수받은 장인집단에 의하여 건립되었을 가능성도 있다.

다음으로 지주부 내면에 마련되는 간구(杆溝)와 간공(杆孔)의[15] 유무와 그 시공 수법에 따라 다양하게 분류할 수 있다.

먼저 간구는 지주 내면 꼭대기에 마련되는 것으로 대부분의 당간지주에 凵형으로 마련되어 있다. 그러나 경주 구황동 · 장의사지 · 굴산사지 당간지주처럼 간구가 없는 것도 있는데, 이러한 것은 지주부 상부에 간공을 시공하였거나 이를 대체할 시설물이 있었기 때문이다. 또한 당간을 고정하기 위한 별도의 시설물이 당간지주에 연결되었을 것으로 보인다. 그리고 남간사지 당간지주는 '十'자형으로, 경주 보문동 연화문 당간지주는 'U'형으로 시공되어 있다. 특히 남간사지 당간지주의 간구를 십자형으로 한 것은 간을 견고하게 고정하기 위한 장치임을 알 수 있다.

그리고 간구는 지주 내면 꼭대기에 상하로 길게 사각형을 이루는데, 그 규모에 따라 단형(短形)과 장형(長形)으로 세분할 수 있다. 먼저 간구의 규모가 지주부 규모에 비하여 작은 것으로는 망덕사지 · 부석사 · 금산사 · 삼랑사지 · 숙수사지 · 불국사 당간지주 등을 들 수 있다. 통일신라시대 건립된 대부분의 당간지주가 간

---

15) 杆은 棒과 유사한 것으로 杆構나 杆孔에 연결하여 끼우는 것이다. 지주 내면 꼭대기에 사각형으로 홈을 파서 마련한 것은 杆構, 지주 중하부에 시공한 구멍은 杆孔이라고 일반화되었다. 따라서 필자도 이 의견에 따라 간공과 간구로 분류하였다.

구를 작게 시공하였는데 이는 지주 내면 하부에 별도의 간공이 마련되어 당간을 고정하는 역할을 분담하였기 때문에 간구를 굳이 크게 할 필요성이 없었기 때문으로 여겨진다. 고려시대에는 간공이 사라지고 간구만 시공되는 경우가 많기 때문에 간구의 규모가 커지는 경향을 보인다.

간공은 지주부 내면에 사각형 또는 원형으로 시공되는데, 그 형태와 수량, 관통 여부에 따라 다양하게 분류할 수 있다.

먼저 통일신라시대에는 대부분의 당간지주가 간공을 사각형으로 시공하였다. 삼랑사지 당간지주의 간공은 지면에서 44cm 높이에 사각형으로 시공하였는데, 지주 규모에 비하여 작게 시공하였다. 서쪽지주 간공은 윗부분에 연이어 작은 홈을 마련한 것으로 보아 간을 견고하게 하기 위한 시설로 보인다. 불국사 당간지주는 사각형의 간공을 1개 시공하였고, 다른 쪽 지주는 2개 시공하였다. 또한 상부 간공이 하부보다 크다. 이것은 당간을 고정시키는 방법이 다양하였음을 알 수 있게 하며, 당간 하단부는 간대석이 받치기 때문에 상부 간공을 더 크게 시공한 것으로 보인다. 공주 반죽동 당간지주는 간구에서 밑으로 250cm 부분에 방형으로 깊이 12cm인 간공을 시공하여 끼우도록 하였다. 이외에도 미륵사지 당간지주가 2개의 간공을 시공하였으며, 비로사 당간지주는 1개의 간공을 시공하였다. 갑사 당간지주는 동쪽지주에만 간공이 시공되어 있다. 이것은 서쪽지주가 후대에 보강되었음을 시사하며, 간공은 당간이 중수되면서 그 효용성이 없어져 사용되지 않은 것으로 보인다. 경주 보문리 당간지주는 간구는 마련하지 않고 간공만 시공하였다. 남쪽지주는 관통되었고, 북쪽지주는 관통되지 않았다. 이것은 당간을 세운 이후 남쪽지주에서 북쪽지주 방향으로 간을 끼워 고정하였음을 알 수 있다.

또한 간공을 원형으로 시공한 경우도 많다. 황룡사지 당간지주의 간공 시공 수법은 현재 정자국과 절단 흔적으로 보아 원형으로 관통시켜 시공하였음을 알 수 있다. 경주 구황동 당간지주는 상중하 3곳에 원형의 관통된 간공을 만들어 간을 끼우도록 하였다. 장의사지 당간지주는 지면에서 218cm 되는 높이에 간공을 시공하여 간을 끼워 고정하도록 하였다. 동쪽지주의 간공은 원형으로 관통되었으나 서쪽지주는 관통되지 않았다. 이는 당간을 세운 이후 간을 어느 방향으로 끼웠는지 알 수 있게 한다. 남간사지 당간지주는 간구에서 아래로 49cm되는 부분과 이곳에서 133cm 아래 부분에 지름 20cm인 원형의 관통된 간공 2개를 시공하였다. 중초사지 당간지주는 관통된 원형 간공을 시공하였다. 안동 운흥동 당간지주의 간공은 양지주가 다르게 시공하였다. 남쪽지주는 지름 15cm, 깊이 16cm로 113cm 간격을 두고 관통되지 않은 2개의 간공을 시공하였고, 북쪽지주는 지름

13cm로 112cm 간격을 두고 관통된 2개의 간공을 시공하였다. 동화사 당간지주의 간공은 지면에서 20cm 높이에 시공하여 낮은 위치에 있다. 그리고 북쪽지주의 간공은 원형으로 관통되었고, 남쪽지주는 원형으로 관통되지 않았다. 특히 북쪽지주 간공이 시공된 내면과 외면에는 간공 주위에 별도의 홈(나비장)을 두었다. 이러한 간공 시공 수법은 당간을 세운 이후 북쪽지주에서 남쪽지주 쪽으로 간을 끼운 후, 간공 주위에 있는 홈을 이용하여 간을 견고하게 하였음을 알 수 있다. 굴산사지 당간지주도 간구는 없고, 상하부에 원형으로 2개의 관통된 간공을 시공하였다. 한편 사천왕사지 당간지주는 사각형과 원형을 혼합하여 상중하 3곳에 간공을 시공하였다. 상하부는 사각형이고 중간은 원형으로 비교적 규모가 작은 간공을 마련하였다. 단속사지 당간지주도 상하는 사각형으로 중간은 원형으로 다른 평면의 간공을 마련하여 변화를 주고 있다.

그리고 간공은 시공하지 않고 간구만을 마련한 당간지주도 상당수 있다. 망덕사지 · 부석사 · 숙수사지 · 상주 복룡동 · 고령 지산동 · 법수사지 · 영양 현일동 · 강릉 대창리 · 강릉 수문리 당간지주 등이 있다. 이러한 것은 간대석이 당간을 견고하게 받치고, 당간은 간구에 간을 끼워 견고하게 고정함으로써 충분하였기 때문으로 보인다. 현재 남아있는 갑사와 용두사지 철당간이 간대석 위에 당간 하부를 고정하고, 간구만을 이용하여 간을 끼우고 있다.

다음으로 통일신라시대 건립된 당간지주 중에서 간공이 시공된 경우 간공의 수는 1~2개가 일반적이었다. 그런데 비교적 이른 시기에 건립된 것으로 추정되는 사천왕사지 · 경주 구황동 · 경주 보문리 · 단속사지 당간지주 등은 간구는 없고 3개의 간공이 시공되었다. 이외에 간공이 1개인 경우는 삼랑사지 · 장의사지 · 공주 반죽동 · 불국사 · 비로사 · 동화사 · 갑사 당간지주 등이다. 간공이 2개인 당간지주로는 남간사지 · 미륵사지 · 안동 운흥동 · 중초사지 · 금산사 당간지주 등이다. 이와 같이 간공의 수량은 처음에는 많다가 점점 줄어드는 경향을 보인다.

그리고 간공은 관통된 것과 관통되지 않은 것들이 있다. 두 지주 모두 관통된 당간지주는 사천왕사지 · 황룡사지 · 경주 구황동 · 남간사지 · 중초사지 · 굴산사지 당간지주 등이다. 한쪽 지주만 관통된 당간지주는 경주 보문리 · 장의사지 · 안동 운흥동 · 동화사 당간지주 등이다. 이러한 것은 두 지주 사이에 당간을 세우

통일신라시대 당간지주의 간공		
 사천왕사지 당간지주 간공	 경주 구황동 당간지주 간공	 황복사지 당간지주 간공
 단속사지 당간지주 간공	 남간사지 당간지주 간구와 간공	 공주 반죽동 당간지주 간공
 경주 보문리 당간지주 간공	 장의사지 당간지주 간공	 안동 운흥동 당간지주 간공

통일신라시대 당간지주의 간공		
동화사 당간지주 간공	중초사지 당간지주 간공	중초사지 당간지주 하단부 간공
화엄사 당간지주 간공		굴산사지 당간지주 간공

고 한쪽에서 다른 쪽으로 간을 끼우기 위한 배려로 추정된다. 이외에 관통되지 않은 간공도 상당수 있는데, 이는 당간과 지주부가 동시에 건립되었을 가능성을 시사한다. 그리고 미륵사지 당간지주와 같이 간공 상부가 경사지게 깎인 경우가 있다. 이는 간을 끼우기 위한 배려임을 알 수 있다.[16]

당간지주에서 간(杆)은 당간을 견고하게 세우고, 고정하기 위한 필수적인 시설이었다. 간은 보통 철이나 나무 등으로 만들어졌을 것이다. 그리고 간은 당간을

---

[16] 고려시대 건립된 보원사지 당간지주도 한쪽 지주는 사각형으로 시공하고, 한쪽 지주는 간공의 상단부를 경사지게 깎았다.

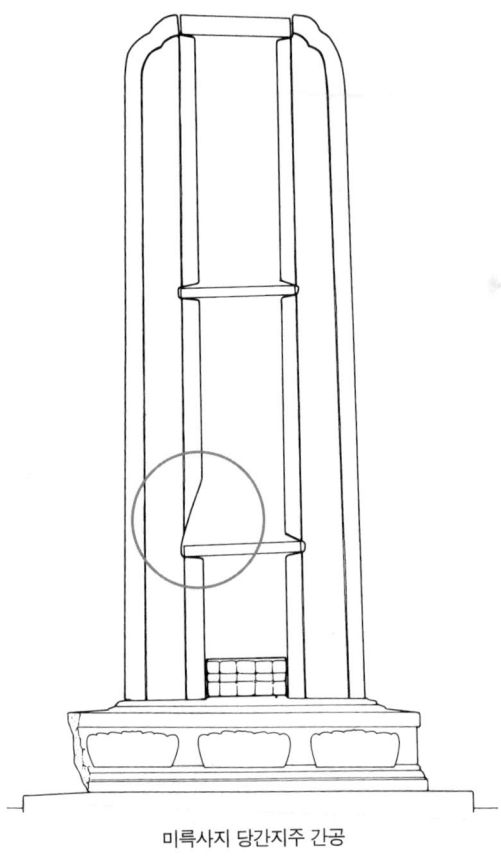

미륵사지 당간지주 간공

관통시키거나 당간 표면에 견고하게 부착하여 간구나 간공에 끼워졌을 것이다. 간구가 시공되지 않은 당간지주는 간공이 간구의 역할을 하였다. 간공은 처음에는 2~3개로 많은 간공이 관통되어 시공되다가 점차 기단이 결구되고 당간을 견고하게 세우는 기술이 발전함에 따라 1~2개로 수량이 적어지고 관통되지 않게 시공되는 경향을 보인다.

(2) 고려

고려시대의 불교는 신라시대의 불교를 계승하여 한층 심화시키고 내실을 기하였으며, 국가 체제와 긴밀한 관계를 가지면서 하층민에 이르기까지 폭넓게 확산되어 신앙된 전국민적 종교로서 국가불교였다고 할 수 있다. 그래서 전국 각지에 새로운 사찰이 창건되거나 중건되면서 사원들은 정치, 경제, 문화 등 각 지방에서 중심적인 역할을 수행한다. 이에 따라 고려시대에도 통일신라에 이어 전국에 소재한 사찰들을 중심으로 많은 양의 당간지주가 건립된다. 새롭게 창건되거나 중창되는 대부분의 사찰에서 당간지주가 건립되었을 것이다. 특히 고려가 건국되면서 수도였던 개경 일대에 수많은 사찰이 창건되었는데 당시 대부분의 사찰에서 당간지주를 세웠을 것으로 추정된다. 대부분의 사찰 창건이 왕이나 왕실과 긴밀한 관계에 있었으며, 중앙 정부에서 직접 장인을 파견한 경우가 많은 것으로 보아 당간지주의 건립은 일반적이었을 것이다. 그러나 현재 북한에 소재한 당간지주의 수량이나 소개되거나 보고 된 당간지주는 소량에 불과하다.[17] 따라서 고려시대 당간지주의 양식을 고찰하는 데에는 많은 한계가 따르고 일반화시키기에도 다소 무리가 있을 수 있다. 그렇지만 북한에 소재한 당간지주 중에 이미 소개된 것과 남한 지역에 산재한 고려시대 당간지주를 중심으로 지주부의 형식과 양식에 대하여 개략적으로 고찰하는 것은 가능하다.

현재까지 확인되거나 조사된 고려시대의 당간지주는 총 38여 기 정도이다.[18] 이와 같이 당간지주는 형식이 간단하고, 석재의 형태가 다른 용도로의 전이가 용이하여 전체 사찰과 사지 수에 비하여 현존하는 양은 극히 적은 편이라 할 수 있다.

이미 살펴본 것처럼 당간지주는 탑파나 불상과 같이 신앙의 직접적이고 주요한 대상으로 예배의 대상이기 보다는 기능적인 측면이 중시되어 건립되었기 때문에 비교적 장식이 적은 편이라고 하겠다. 그래서 당간지주는 다른 석조미술에 비하여 양식적인 변화가 뚜렷하지 않다. 그러한 이유는 당간지주가 당간을 세워 당을 걸기 위한 시설물이라는 점에 치중되었기 때문일 것이다. 한편 고려시대의 석조미술은 초기에는 기본적으로 통일신라의 석조미술을 계승하고 부분적으로 변화를 보이면서 발전하였다. 그런데 점차 고려의 정치 체제가 안정되고 발전되면서 석탑, 부도, 석등 등 서서히 고려적(高麗的)인 석조미술이 창출되어 정착되게 된다. 고려 초기에는 당간지주도 통일신라시대의 형식과 양식을 계승하다가

---

17) 일제 강점기에 조사된 것까지 합하여 현재 6基가 소개되어 있다. 광법사·불일사지·영통사·자비사·협화사·귀법사 당간지주이다. 이중에서 歸法寺 幢竿支柱는 일제 강점기에 그려진 시건과 도면만 전하고 있다(『大正六年度古蹟調査報告』/齋藤忠, 『幢竿支柱の研究』, 第一書房, 2003, p. 203). 1917년 今西龍이 소개하였으며, 도면과 원경 사진이 전하고 있으나 현존 여부는 알 수 없다.
18) 고려말 조선초에 건립되었을 것으로 추정되는 회암사지 당간지주를 포함한 수량이며, 북한 귀법사 당간지주는 확인하지 못하였기 때문에 제외하였다. 고려시대에는 이보다 훨씬 많은 수량이 건립되었을 것으로 보이며, 북한에는 확인되지 않은 고려시대 당간지주가 많을 것으로 보인다.
이 외에도 산청 智谷寺址에 당간지주가 있었는데(權相老 編, 『韓國寺刹全書』下卷, 동국대학교 출판부, 1979, p. 1042(智谷寺 古此在慶尙南道山淸郡知谷面內里距山淸邑東南約九十町有幢竿支柱 寺塔古蹟攷)), 저수지를 만들면서 행방이 묘연해졌다. 그리고 경기도 이천 安興寺址에 있었던 5층석탑이 1916년 총독부 박물관으로 이건되었다. 5층석탑이 이건 될 당시의 보고서에 의하면 높이 5尺의 당간지주 1基가 남아있었다고 한다(今西龍). 지금은 행방을 알 수 없지만 5층석탑과 같이 고려 초기에 건립된 당간지주로 추정된다(이천시사편찬위원회, 『인물과 문화유산』, 이천시지 2, 2001, p. 394).

서서히 고려화된 형식과 양식을 보이는 당간지주가 건립된다.

고려시대 당간지주는 지주부의 형식과 양식에 따라 크게 3가지 계열이 주류를 형성하게 된다. 특히 통일신라시대 경주를 중심한 지역에서 많이 건립된 사천왕사지 당간지주 계열과 화려한 삼랑사지 당간지주 계열은 건립되지 않는다. 이러한 양상은 왕조(王朝)의 변화와 아울러 당간지주 치석 수법상의 변천을 염두에 두어야 할 것이다. 또한 수도의 위치가 경주에서 개경으로 옮겨진 사실도 중요하게 작용하였을 것이다.

첫째로 지주부가 평면 사각형을 유지하고 상단으로 올라가면서 조금씩 가늘게 치석되었으며, 정상부는 내면에서 외면으로 나가면서 평평하다가 외면과 만나는 지점에서 약하게 호형(弧形)을 형성하도록 처리한 지주이다. 이러한 양식의 당간지주는 통일신라시대에서 고려시대까지 가장 보편적으로 보이는 수법이다. 특히 고려시대에 가장 일반적인 양식의 당간지주이다. 이러한 당간지주로는 광법사・숭선사지・법천사지・만덕사지・봉업사지・아산 읍내리・영통사・자비사・춘천 근화동・홍천 희망리・괴산 외사리・현화사・미륵리사지・법주사・장성 사가리・칠장사・범어사・원주 봉산동・양평 옥천리・서산 동문동・울진 구산리 당간지주 등에서 보인다. 고려시대 건립된 대부분의 당간지주가 이 계열에 속한다고 할 수 있다.

숭선사지 당간지주 지주부

이러한 양식은 통일신라시대의 망덕사지・장의사지・강릉 대창리 당간지주 등에서 나타난 수법으로 전체적으로 지주부 치석 수법이 간결 소박하면서도 단아한 인상을 주고 있다. 통일신라시대 경주를 중심으로 초기에 나타나기 시작하여 고려시대에 들어와 전국적으로 확산된 지주부의 양식이다. 이러한 양식은 고려시대에 들어와 지주부의 너비와 폭이 넓어지면서 전체적으로 둔중한 인상을 주기도 하지만 만덕사지나 영통사 당간지주와 같이 각 면을 고르게 다듬어 정연한 치석 수법을 보이고 세련된 인상을 주는 당간지주도 있다. 그리고 이들 당간지주들은 점차 시간이 흐르면서 세장한 당간지주가 건립되다가 규모가 작아지는 경향을 보이는 것이 특징이다. 한편 미륵리사지 당간지주는 지주부의 너비와 폭이 넓어 둔중한 인상을 주지만 외면에 연화문을 조식하기도 하였다.

둘째로 지주부는 평면 사각형을 유지하면서 상단부로 갈수록 가늘게 치석하고, 전후면과 외면 외곽에는 일정한 너비로 윤곽대(輪廓帶)를 돌린다. 그리고 지주에 따라 외면 중앙에 반원형으로 돌기된 세로띠를 장식한 당간지주 계열이다. 또한 지주 정상부는 내면에서 외면으로 나가면서 유려한 호선을 그리거나 외면과 만나는 지점을 약하게 호형으로 깎았다. 나아가 호형을 형성하고 있는 지주 정상부 중간에 1~2단의 굴곡을 두어 장식적인 의장을 보인다. 외면 중앙부도 1조(條)의 세로띠를 두거나 가운데를 중심으로 좌우대칭을 이루도록 3조의 세로띠를 두기도 한다. 이 계열의 당간지주는 고려시대 건립된 당간지주 중에서 가장 화려하고 세련된 양식에 속한다고 할 수 있다. 이러한 양식의 당간지주로는 불일사지·용두사지·보원사지·부안 서외리·무량사·고창 흥덕동·천흥사지·홍

법천사지 당간지주 지주부

법천사지 당간지주 지주 상단부

만덕사지 당간지주 지주부 내면

만덕사지 당간지주 지주부

봉업사지 당간지주 지주부

아산 읍내리 당간지주 지주부

아산 읍내리 당간지주 지주부 외면

춘천 근화동 당간지주 지주부

춘천 근화동 당간지주 지주부 외면

춘천 근화동 당간지주 지주 상단부

홍천 희망리 당간지주 지주부

홍천 희망리 당간지주 지주부 외면

괴산 외사리 당간지주 지주부

미륵리사지 당간지주 지주부

미륵리사지 당간지주 연화문

4장 당간과 당간지주의 양식 분석   189

법주사 철당간 지주부

법주사 철당간 지주부 외면

칠장사 철당간 지주부

범어사 당간지주 지주부

원주 봉산동 당간지주 지주부

양평 옥천리 당간지주 지주부

서산 동문동 당간지주 지주부 외면

나주 동문외 석당간 지주부 외면

울진 구산리 당간지주 지주부

회암사지 당간지주 지주부   통도사 석당간 지주부

성 동문동·정읍 장명동·담양 읍내리 당간지주 등이 있다.

  이러한 당간지주들은 고려시대 가장 일반적인 양식이었던 첫 번째 계열 당간지주 유형에 윤곽대와 외면 중앙에 돌기된 세로띠를 추가적으로 장식한 수법이라 할 수 있다. 고려시대 당간지주에서 주류를 형성하였으며, 전체적으로 세장하면서 세련미를 보인다. 지주의 각 면은 고르고 깔끔하게 처리하여 단아한 인상을 주도록 하였다. 통일신라시대 건립된 공주 반죽동·부석사·미륵사지·금산사 당간지주 등으로부터 영향을 받았음을 알 수 있다.

  특히 고려시대 이 양식의 당간지주는 단정적으로 한정지울 수는 없지만 당시 대찰(大刹)의 면모를 갖추었던 사찰에서 많이 보이고 있다. 즉, 고려시대에 이러한 양식의 당간지주가 세워진 사찰들은 중앙정부의 후원을 받은 대찰이거나 한 지방의 유력 사찰일 경우가 많다. 이러한 것은 이 사찰들이 충분한 경제적 배경과 후원 속에서 불사(佛事)가 진행되었으며, 이에 따라 당간지주도 중앙정부에서 파견되거나 숙련된 장인들에 의하여 건립되었을 가능성을 높여준다.

  이 계열에 속하는 당간지주 중에서도 용두사지·보원사지·부안 서외리·담양 읍내리 당간지주 등은 지주면 외곽에 윤곽대를 돌린 수법이나 각 면을 고르게 다듬은 수법 등이 정연하다. 다만 윤곽대의 장식 수법이 형식화 내지는 간략화된 측면이 있고, 지주 정상부의 처리가 유려하지 못한 인상을 주기도 한다. 그러나 지주의 규모가 전체 높이에 잘 어울리고 있어 통일신라시대 당간지주 치석 수법을 그대로 계승하면서 발전된 모습을 보이고 있다. 그리고 고창 흥덕동 당간지주는 전후면과 외면에 장식된 윤곽대를 음각선(陰刻線)으로 처리하여 간략화의 경향을 보이기는 하지만 외면에 연화문을 장식하여 화려한 양상을 보이고 있다.

또한 천흥사지·홍성 동문동·정읍 장명동 당간지주는 전체적으로 지주의 규모가 크고 외면 중앙에 반원형(半圓形)으로 돌기된 굵은 세로띠를 장식하였다. 그리고 지주부가 상단부로 올라갈수록 좁아지고 정상부를 부드럽게 호형으로 처리한 수법 등이 강한 친연성을 보인다. 이러한 것은 이들 당간지주가 비록 기단이나 간대석 마련 수법은 다르지만 비슷한 시기에 동일 장인 집단에 의하여 건립되었을 가능성도 있는 것으로 추정된다. 이중에서 천흥사지 당간지주는 지주 상단부를 1단 낮게 치석하여 장식성을 더하였다.

셋째로 평면 사각 석주형(石柱形)으로 각 면에 아무런 장식이 없고 지주면을 거칠게 다듬은 지주이다. 전체적으로 지주부의 치석 수법이 정연하지 못하고 투

용두사지 철당간 지주부

용두사지 철당간 지주부 외면

보원사지 당간지주 지주부

보원사지 당간지주 지주 외면 장식

보원사지 당간지주 지주 상단부

부안 서외리 석당간 지주부

부안 서외리 석당간 지주부 외면

무량사 당간지주 지주부

고창 흥덕동 당간지주 지주부 외면

고창 흥덕동 당간지주 지주 상단부

고창 흥덕동 당간지주 지주부 외면 연화문

홍성 동문동 당간지주 지주부

홍성 동문동 당간지주 지주부 외면

홍성 동문동 당간지주 지주부 외면 장식

담양 읍내리 석당간 지주부 외면

천흥사지 당간지주 지주부 외면

정읍 장명동 당간지주 지주부

박한 인상을 둔다. 두 지주가 약간의 간격을 두고 마주보게 세운 당간지주로 거돈사지·만복사지·영광 단주리·익산 쌍정리·창녕 직교리 당간지주 등이다. 이러한 당간지주는 고려시대에서도 건립 시기가 떨어질수록 많이 나타나고 있다. 당간지주의 치석 수법은 조선 후기에 접어들면서 경내의 중심 법당 앞에 많이 건립되는 괘불지주와 강한 친연성을 보이고 있다.

거돈사지 당간지주는 현재 1주(柱)만 남아 있는데,[19] 지주부에 별다른 장식이 없고 정자국이 그대로 남아있어 거칠게 치석되었다. 마치 굴산사지 당간지주처럼 거칠게 대강 다듬은 길다란 석주(石柱)를 세워놓은 듯하다. 만복사지 당간지주도 각 면을 거칠게 다듬어 정자국이 그대로 남아있으며, 전체적인 외관이 투박하면서도 강인한 인상을 주고 있다. 그런데 간공은 정교하게 다듬었다. 영광 단주리와 창녕 직교리 당간지주도 각 면에 정자국이 그대로 남아있으며, 전체적으로 투박한 인상이다.[20] 고려시대 지방에 소재한 사찰을 중심으로 건립되었으며, 적은 수량의 당간지주가 확인되고 있어 일반화된 수법은 아니었음을 알 수 있다.

다음으로 간구와 간공의 시공 수법에 따라 지주부의 형식을 분류해 볼 수 있다. 먼저 간구는 지주 내면 꼭대기 마련되는데, 간구가 있는 것과 없는 것, 간구의 형태에 따라 단형(短形)과 장형(長形)으로 세분된다. 고려시대 건립된 당간지주들의 간구는 대부분 지주 내면 꼭대기에 'ㄴ'형으로 마련되어 있다. 그러나 원주 봉산동 당간지주는 간공 만을 시공하였다. 간구의 규모는 고려시대가 되면 통일신라시대에 비하여 작게 시공되며, 전체적인 지주 규모에 비해서도 작거나 세로로 길게 시공되는 특징을 보인다.

그리고 간공은 지주부 내면에 원형이나 사각형으로 시공되는데, 원형과 사각형이 동시에 사용되기도 한다. 간공은 두 지주의 지주부를 관통시켜 시공되기도 하며, 한쪽지주만을 관통시키기도 하였다. 이러한 것은 당간을 세우고 고정하기 위한 시공 수법 상에서 오는 배려이다. 어쨌든 통일신라 초기에는 당간이 다수의 간공을 시공하여 그곳에 간을 끼워 고정한 경우가 많았으며, 통일신라 중기를 지나면서 기단이 결구되고 간대석이 마련되면서 간공을 시공하지 않고 간구만을 활용하여 당간을 고정하는 경향을 보였다. 고려시대가 되면 기단이 점차 사라지면서 당간은 간구만을 시공하여 고정하거나, 지주부와 당간을 별도의 시설로 연결하여 고정하는 방법이 활용된 것으로 보인다. 용두사지 철당간은 두 지주 상단부에 별

---

19) 현재는 폐교된 정산초등학교 운동장에 완전히 노출되어 넘어져 있다.
20) 창녕 직교리 당간지주의 북쪽지주 상단부는 43cm 정도를 원통형으로 치석하였는데, 후대에 당간이 무너지자 원래의 지주 상단부를 깎아 철통을 끼우기 위한 시설로도 보인다.

만복사지 당간지주 지주부

만복사지 당간지주 지주부 외면

영광 단주리 석당간

거돈사지 당간지주 지주부

도의 간을 연결하여 당간을 고정하고 있다. 또한 천흥사지 당간지주와 같이 지주 상단부 외곽으로 별도의 간을 길게 연결한 흔적들이 있는 경우도 있다.

고려시대 건립된 당간지주는 간공의 수가 일반적으로 1~2개이다. 이와 같이 간공의 수량이 통일신라시대의 2~3개에 비하여 상대적으로 줄어든 경향을 보인다. 그리고 간공은 통일신라시대 건립된 당간지주의 경우 관통된 경우가 상당수 있지만 고려시대에는 일반적으로 간공을 관통시키지 않는 경향을 보인다.[21] 이것은 당간을 세우는 기술이 발전되었음을 간접적으로 시사한다. 한편 고려시대의 영통사 · 만

창녕 직교리 당간지주

복사지 · 양평 옥천리 · 영광 단주리 당간지주 등은 간공을 관통시켜 시공하였다.

그리고 간(杆)은 당간을 세우고 고정하기 위한 필수적인 시설로 보통 철이나 나무 등으로 만들어져 당간을 관통시키거나 부착하여 간구나 간공에 연결하였던 것이다. 현재 간구와 간공이 동시에 시공되지 않은 당간지주는 없으며, 간구가 시공되지 않은 경우 간공이 간구의 역할을 겸하였다. 이중에서 간구는 대부분의 당간지주에 시공되었는데, 통일신라시대에는 일반적으로 간구의 규모가 전체적인 지주 규모에 비하여 작게 시공되었다. 그런데 고려시대에는 간구가 지주 규모에 비하여 세로로 길쭉하게 시공하여 세장하거나 크게 시공되었다. 또한 간공은 통일신라 초기의 당간지주에서는 마련하지 않는 경우도 있지만 대부분이 2~3개의 간공을 관통시켜 마련하였고, 통일신라 중기에는 1~2개의 간공을 시공하였다. 그런데 고려시대가 되면 간구만을 시공하거나 간공을 시공할 경우 작고 형식적으로 마련한다. 이것은 고려시대 당간지주가 기단을 마련하지 않는 경향으로 변화되면

---

21) 嚴基杓, 「韓國의 幢竿과 幢竿支柱 硏究」, 한국교원대학교 석사학위논문, 1996, p. 31.

고려시대 당간지주 간구		
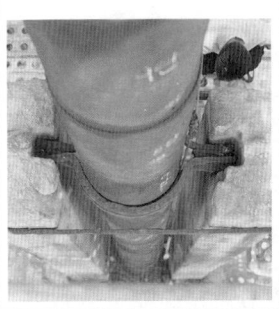 용두사지 철당간 간구 부위	 봉업사지 당간지주 간구	 아산 읍내리 당간지주 간구
 홍천 희망리 당간지주 간구	 정읍 장명동 당간지주 간구와 간공	 만복사지 당간지주 간구
 서산 동문동 당간지주 간구	 양평 옥천리 당간지주 간구	 울진 구산리 당간지주 간구

서 당간 하부를 견고하게 받칠 수 있는 별도의 방법이 활용되었으며, 나아가 당간의 재질과 내구성이 강화되었음을 간접적으로 시사한다고 할 수 있다.

이상에서 살펴본 통일신라시대와 고려시대 건립된 당간지주의 형식과 양식을 정리하면 아래와 같다.

통일신라시대 건립된 지주부는 안정되고 세련된 인상을 주며, 지주 굵기도 날씬하고 경쾌하게 치석되었다. 한편 고려시대 건립된 지주부는 지주의 폭과 너비가 넓어져 둔중한 인상을 주고 지주의 전체 높이도 낮아지며 정상부의 호선도 형식적으로 처리되는 경향을 보인

천흥사지 당간지주 지주부 외면 상단부

다.22) 그리고 고려시대가 되면 기단이 많이 사라지고 간구만을 시공하여 간을 끼우고, 간을 지주 상단부에 돌려 당간을 고정하는 경우노 있었던 것으로 보인다. 간공은 통일신라시대에는 일반적으로 관통시켜 시공하였고, 고려시대에는 관통시키지 않았음을 알 수 있다. 간구 크기도 통일신라시대에는 지주부 전체 규모에 비하여 작게 시공되었으나, 고려시대에는 세징하거나 크게 시공되고 있다.

한편 고려시대 당간지주의 양식은 대부분 통일신라시대를 계승하고 있다. 그러나 통일신라시대에 경주지역을 중심으로 일부 지역에서만 조성되던 삼랑사지 · 불국사 · 경주 전 주전지 · 경주 동천동 · 고령 지산동 · 비로사 · 법광사지 당간지주 양식은 고려시대에 들어서면서 전혀 나타나지 않고 있다. 즉, 고려시대에는 지주부 외곽에 윤곽대를 돌리고, 정상부는 내면에서 외면으로 나가면서 유려

---

22) 鄭永鎬, 「韓國의 幢竿과 幢竿支柱」, 『古美術』 1991년 봄호, 韓國古美術協會報, 1991, p. 17.

고려시대 당간지주 간공	
용두사지 철당간 간공	담양 읍내리 석당간 지주부 간공
보원사지 당간지주 간공(서)	보원사지 당간지주 간공(동)
원주 봉산동 당간지주 간공	만복사지 당간지주 간공

한 호선을 그리며, 그 중간에 1~2단의 굴곡을 두고, 지주부 중간에는 1단 낮게 단을 두며, 외면 중앙부에는 세로띠를 두는 화려한 치석과 장식 수법의 당간지주가 건립되지 않는다. 이러한 것은 고려시대 불교미술이 전체적으로 소박하고 간결해지는 경향에서 기인한 것으로 보인다. 또한 경주 지역을 중심으로 불교미술

【표-4】당간지주의 양식적 계열성 도표

4장 당간과 당간지주의 양식 분석

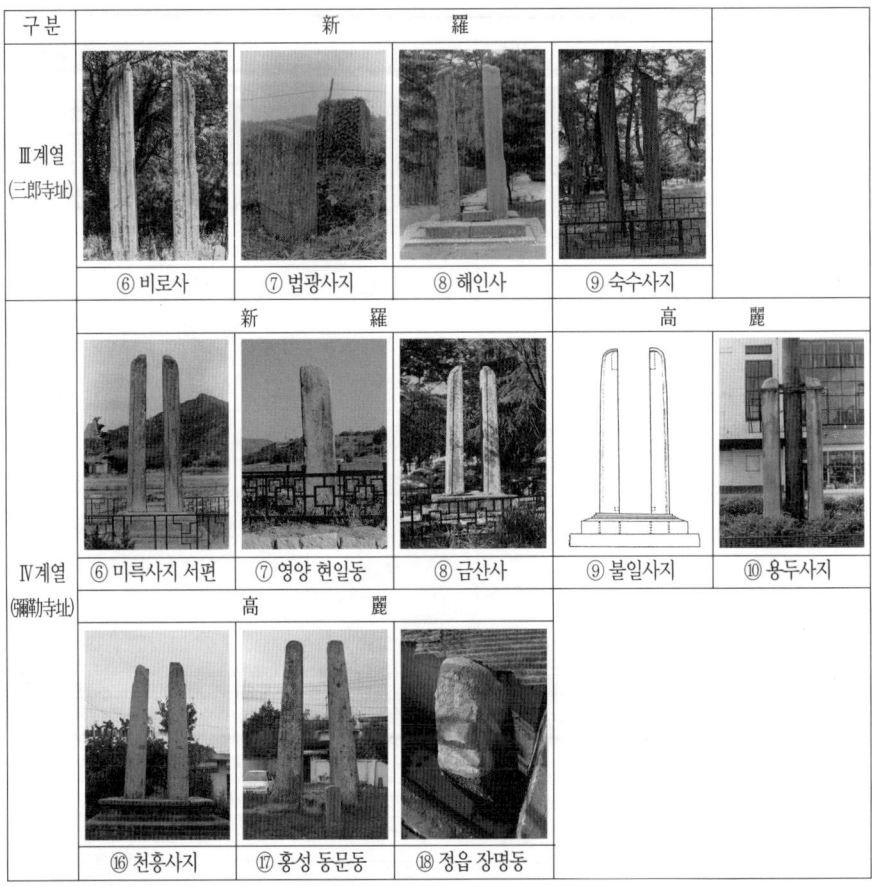

성행기에 건립된 당간지주들이 고려시대 들어와 건립되지 않은 것은 치석 수법의 변천과 아울러 고려시대 불교의 중심지가 경주에서 개경으로 옮겨진 문화적 배경도 작용하였을 것이다. 나아가 이러한 양상은 통일신라와 고려시대 당간지주에서 보이는 차별화의 한 단면으로도 이해할 수 있을 것이다.

통일신라시대 당간지주는 경주를 중심으로 하여 각 지방에 분포하고 있다. 특히 경주 지역을 중심으로 다양한 양식의 당간지주가 집중적으로 분포하고 있는데, 이러한 것은 당시 불교가 신라 수도를 중심으로 성행하였으며, 사찰 경영이 경주를 중심으로 이루어졌음을 알 수 있게 한다. 그러나 고려시대에 오면 국초부터 수도인 개경을 중심으로 사찰의 창건이 이루어지면서 통일신라시대에는 조성되지 않았던 북한 지역에도 개경과 평양을 중심으로 경기도 일대에 많은 당간지주가 분포되는 특징을 보이고 있다. 이것은 당시 불교의 중심지가 경주에서 개경과 서경으로 이동하였음을 방증해준다. 또한 고려시대에는 당간지주가 일부 지역에만 편중되어 분포되지 않고 전국적으로 분포되는 양상을 보이고 있다. 그런데 중부지방에 많이 분포하고 있어 이 지역에서 사찰의 창건이 많았음을 간접적으로 알 수 있다.

4. 당간의 특징과 형상

현재 당간과 당간지주가 완벽하게 남아있는 경우는 전무한 실정이다. 그나마 당간이 몇 기 유존하고는 있지만 당간의 꼭대기에 걸었던 당대(當代)의 번이나 당은 남아있지 않다. 당시 불교 전래 과정이 중국을 통하여 유입되고 한국을 경유하여 일본으로 건너갔기 때문에 번이나 당도 삼국이 유사한 형태였을 것으로 보인다. 특히 중국에는 당과 당간의 형태를 알 수 있는 벽화들이 남아있는데, 이러한 것으로 보아 늦어도 당나라 때에는 당간과 당간지주가 정형화되었을 것으로 보인다. 이러한 당간과 당간지주가 한국에 영향을 주었을 것이고, 처음에는 기본적인 형식과 양식이 전래되었을 것이다. 또한 중국에서 당나라의 당과 당간이 송나라 때까지 그대로 계승되는 양상을 보이고 있다. 마찬가지로 고려시대에도 통일신라시대의 당과 당간이 계승되면서 발전되었을 것이다.

이중에서 당간은 오랜 세월로 도괴되거나 파손되어 그 유례가 희소하며, 두 지주만이 유존하고 있어 당시의 상황을 짐작케 할 뿐이다. 그래서 당간이 대부분 남아있지 않아 당간의 재료와 제작 기법 등을 이해하는데 많은 어려움이 따르고 있다. 특히 당간 꼭대기의 형상에 대하여 구체적으로 전하는 기록이나 유물이 많지 않은 실정이다. 다만 당간이나 당간지주의 완연한 형식과 양식을 보여주는 예는 호암미술관 소장 용두보당(龍頭寶幢)과 국립중앙박물관 소장의 음각당탑동판(陰刻幢塔銅版) 뿐이다.

우선 불경의 기록을 통하여 당시 당간이 어떤 모습이었는지 단편적으로 추정할 수 있다. 먼저 『관무량수경(觀無量壽經)』에는 '석가비릉가보(釋迦毗楞伽寶)를 가지고 그 대(臺)를 만든다. 이 연화대(蓮華臺)는 팔만(八萬)의 금강견숙가보(金剛甄叔迦寶)와 범마니보 묘진주강(梵摩尼寶 妙眞珠綱)으로 교식(交飾)하고, 그 대 위에 저절로 사주(四柱)의 보당(寶幢)이 생겨나 각각의 보당이 백천만억 수미산(百千萬億 須彌山)과 같다. 당 위의 보만(寶幔)은 야마천궁(夜摩天宮)과 같아서 오백억의 미묘(微妙)한 보주(寶珠)로서 영식(映飾)되고 있다.'고[23] 하여 대략적인 당간의 모습을 전하고 있다. 당간과 당간지주는 지대석과 연화가 조식된 기단을 마련하고, 그 위에는 4개의 기둥을 연결하여 당간을 세웠는데 높이가 수미산만큼이나 높다고 하였다. 그리고 구체적이지는 못하지만 당간의 상단부에 화려한 장식을 하였던 것으로 짐작된다. 이 기록이 단편적이기는 하지만 당간과 당간지주의 구조, 기단의 장식, 당간의 상징성을 고찰하는데 중요한 단서를 제공해 준다. 한편 당간이 세워진 사찰은 정토에 비유되었음도 알 수 있다. 이러한 모습은 현재 공예품으로 호암미술관에 소장되어 있는 용두보당과 유사한 모습이었던 것으로 보인다.

그리고 『삼국유사(三國遺事)』에는 당간의 높이를 짐작할 수 있는 기록이 보이는

---

23) 『淨土三部經』 下, 岩波文庫 33-306-2, p. 52(재인용).

데, '우물이 솟아나와 높이가 7장(七丈) 가량으로 찰당(刹幢)과 같다.'고[24] 하였다. 여기에서 7장은 당척(唐尺)으로 계산하면 약 20미터가 되므로 당시 당간의 높이가 상당히 높았음을 알 수 있다. 이것은 오늘날 당간이 남아 있는 갑사나 용두사지 철당간의 높이와 거의 동일한 높이이다. 그리고 「용두사 철당기(龍頭寺 鐵幢記)」에 '번개(幡蓋)는 보전(寶殿)을 꾸미는 신령한 깃발이다. ……30단(段)의 철통(鐵筒)을 주성(鑄成)시켜 쌓아 올렸더니 60척(尺)의 철당(鐵幢)이 되었다. 그것은 구름을 뚫고 해를 받들고 안개를 끼고 하늘에 기대었다.'라는[25] 내용이 있다. 철당간의 제작 기법을 설명하기도 하지만 당간의 모습을 간접적으로 알 수 있게 한다. 용두사지 철당간은 962년(광종 13)에 건립된 것으로 당간은 철을 녹여 만들었다. 그리고 절 이름으로 보아 당간 꼭대기에는 용두(龍頭)가 장식되었을 것으로 추정되며, 거기에 화려한 깃발을 달아 날리게 하였음도 알게 해 준다. 또한 완공된 철당간의 높이가 60척으로 상당히 높았음을 알게 해주며, 당시 많은 사람들이 당간을 높은 구조물로 인식하였음도 보여준다. 당간을 상당히 높은 조형물로 비유한 사실은 고려시대 승려였던 무외가 영암에 있는 달마산 위에 큰 바위가 우뚝 솟아 있는데, 그 모습이 마치 당과 같이 높다고 묘사하였던 것에서도 알 수 있다.[26]

서긍(徐兢)은 『고려도경(高麗圖經)』에서 비교적 자세하게 당간의 모습을 묘사하였다. '아래 지름이 2척(尺), 높이가 10여장(丈)이고, 형태는 위쪽이 뾰족하고, 마디에 이어져 있으며, 황금으로 칠을 했다. 정상에는 봉수(鳳首)로 되어 있는데, 비단 번(幡)을 물고 있다.'고[27] 기록하였다. 이 기록은 고려시대 흥국사(興國寺) 마당에 서있던 당과 당간을 설명한 내용이다. 당시 당간은 철(鐵)이 아닌 동(銅)으로 주성하였는데, 제일 하단부 통(筒)의 지름이 2척이며, 높이가 10여장에 이르는 고당(高幢)이라 하였다. 그리고 철통은 갑사나 용두사지 철당간처럼 여러 개를 마디 식으로 연결하여 조성하였던 것으로 추정된다. 또한 당간의 몸체는 화려

---

24) 『三國遺事』第4卷, 義解 第5, 賢瑜珈·海華嚴條.
　　'斯須井水湧出 高七丈許 與刹幢齊'
25) 「龍頭寺 鐵幢記」.
　　'幡盖由來 粧寶殿之神旆 其狀也 …… 三十段之鐵筒 連立六十尺之幢柱'
26) 『新增東國輿地勝覽』35卷, 靈巖郡, 山川, 達摩山.
27) 徐兢, 『宣和奉使高麗圖經』第17卷, 祠宇, 興國寺

하게 금박(金箔)을 했으며, 꼭대기에는 용두(龍頭)가 아닌 봉황(鳳凰)의 머리를 달아 장식하였고, 입에는 화려한 번을 걸어 바람에 휘날리도록 하였다고 한다. 이 기록에서 당간의 형상과 관련하여 주목되는 부분은 당간의 꼭대기에 장식된 봉황이다.[28] 당간의 꼭대기 장식과 당이 남아있지 않는 상태에서 고려시대 당간의 원형과 당의 형태를 추정하는데 결정적인 단서를 제공하는 자료이다.

한편 당간의 형태나 그 특징과 관련하여 용두나 봉황 장식이 주목된다. 이런 유물들이 구체적으로 어디에 활용되었는지 밝혀진 것은 없지만 그 형태나 구조로 보아 번이나 당을 장엄할 때 사용되었을 가능성이 높은 것으로 추정되기 때문이다.[29] 비록 규모는 작았지만 대형의 번이나 당을 걸었던 당간의 전체적인 형태와 유사하였을 것으로 보이는 조형물에 활용되었던 것으로 추정된다. 따라서 당간의 상단부 장식과 강한 친연성을 보여주는 유물들로 보인다.

『일본서기(日本書紀)』에 보면 백제와 신라가 왜에 번(幡)을 전하여 주었다고 기록되어 있어,[30] 번이 삼국시대부터 불전 장엄이나 특별한 목적을 위하여 사용되었음을 알 수 있다. 특히 번을 사리나 불상과 같이 보낸 것으로 보아 전래품으로 중요하게 인식되었음도 짐작할 수 있다. 이러한 것과 관련하여 부소산성 동문지 부근에서 출토된 금동 봉황 장식품(金銅鳳凰裝飾品)이 주목된다. 이 봉황 장식품은 흥덕사지에서 출토된 용두와 같이 하단부에 기둥 형태의 조형물에 끼워 고정할 수 있도록 되어 있으며, 입에 여의주를 물고 있으며 머리부분에서 목까지 고리 형태의 장식이 추가적으로 달려있어 무언가를 걸 수 있도록 시설되어 있다. 따라서 불전 내부나 기타 조형물을 장엄하기 위한 끝부분 장식으로 추정된다. 또는 고려시대에 제작된 호암미술관의 용두보당과 같이 규모가 작은 보당의 간주 정상부

---

[28] 당시 서긍이 본 興國寺 당간의 꼭대기 장식이 봉황이었는지는 의문이다. 당간의 꼭대기 장식이 통일신라 이후 용두가 일반적이었던 것으로 보아 용두일 가능성도 있으며, 그 형상이 비슷하여 봉황으로 착각하였을 가능성도 있다. 따라서 서긍이 당간 꼭대기에 장식된 용두를 봉황으로 잘못 기록하였을 가능성도 있다. 그렇지만 당간의 꼭대기를 봉황으로 장식한 경우도 있었다는 것을 간접적으로 알 수 있다.

[29] 이 외에도 의자나 건물의 내부를 장식할 때 사용되었을 가능성도 있다. 그 형태와 구조로 보아 무언가를 걸었던 것으로 보아 낭간의 형태를 추정하는데 도움을 주는 유물이다.

[30] 『日本書紀』 卷 第19, 欽明天皇 13年.
'冬十月百濟聖明王更名聖王遣西部姬氏達率怒唎斯致契等獻釋迦佛金銅像一軀幡蓋若干經論若干卷'
『日本書紀』 卷 第22, 推古天皇 31年 7月

에 장식되었던 것인데 나머지 부분은 없어지고 봉황 장식 부분만 남은 것으로도 보인다. 백제에서 봉황이나 용은 신성한 동물로 인식되어 많은 장식품에서 등장하고 있다. 한편 서긍은 고려 초기 홍국사 당간의 정상부를 묘사하면서 봉황으로 장식되어 있다고 기록하고 있다. 이러한 것으로 보아 번이나 당을 거는 간주(竿柱) 상단부가 봉황으로도 장식되었을 가능성을 시사하고 있다. 따라서 백제의 금동 봉황 장식품은 번이나 당을 걸기 위한 조형물의 일부분일 가능성도 있다.

한편 부소산성에서 출토된 금동 봉황 장식품과 관련하여 중국 낙양(洛陽 偃師 寇店鄕 龐村)에서 출토된 금동 용두 장식(金銅龍首柄飾)도 주목되는 유물이다.[31] 이 용두는 용의 목에서 머리까지 조형화한 형태로 목 부분이 비어 있어 깃대나 봉과 같은 조형물에 부착되어 있던 장식물임을 알 수 있다. 특히 입부분에 무언가를 걸 수 있도록 시설되어 있어 입에 번이나 당과 같은 장식물을 달았던 유물로 추정된다.[32] 백제가 문화적으로 중국 문물의 영향을 많이 받았고 중국 선진문물의 수용에 적극적이었던 점을 고려한다면 일찍부터 번을 걸기 위한 이런 형태의 조형물이 제작되었을 것이다.

이와 같이 관련 기록이나 유물로 보아 삼국시대부터 당이나 번을 걸어 불전을 장엄하기 위한 소위 보당(寶幢) 형태의 소규모 장식품이 제작되었을 것으로 보인다. 어쨌든 이 장식품들이 직접적으로 번이나 당을 걸기 위한 조형물이 아닐지라도 당간의 정상부 장식을 추정하는데 도움을 주는 것은 분명하다.

하여간 이상의 기록과 유물들은 당간의 재료와 그 형태를 직접적으로 전해주지는 않지만 당간의 재료와 원형을 추정하는데 많은 도움을 준다. 이러한 내용을 기초로 대략 당간의 원형을 추정하여 보면 철·동·나무·돌 등으로 만든 높은 당간을 세우고, 그 꼭대기에는 용이나 봉황 등의 머리를 장식하고, 거기에 비단이나 마 등으로 제작된 화려한 깃발을 달아 휘날리게 하였을 것이다.

---

31) 국립부여박물관, 『중국 낙양문물 명품전』, 1998, p. 78/도판번호 65.
현재 중국 낙양박물관에 소장되어 있는 龍頭이다.
32) 이 유물에 대한 해설을 보면 어떤 유물에 부착되어 있던 손잡이로 추정하고 있다(국립부여박물관, 『중국낙양문물명품전』, 1998, p. 240). 그러나 금동으로 만들어진 점과 전체적인 형태가 손잡이로서는 부적절한 모양이다. 따라서 손잡이라기보다는 어떤 조형물의 끝부분을 장식하기 위한 일부분이며, 입의 형태가 장식물을 달기 위한 시설이다.

부소산성 출토 금동제 봉황 장식

금동 용두(唐)[33]

금동용두장식[34]

중국 낙양 출토 금동용두장식

33) 동으로 주조하여 도금한 金銅龍頭이다. 일본 개인이 소장하고 있으며, 중국 당나라 8세기경에 제작된 것으로 추정되고 있다. 최대 길이는 24.5cm, 높이는 13.9cm, 폭은 6.2cm이다. 幡을 달기 위하여 竿柱의 상단부에 장엄된 용두이다.

34) 현재 국립춘천박물관에 소장되어 있으며, 높이는 11.4cm이다. 고려시대에 제작된 것으로 추정되고 있으며, 하부에 원형공과 입부분에 무언가를 걸 수 있도록 조형한 것으로 보아 번이나 당을 걸기 위한 용두로 추정된다. 또는 佛殿을 상엄하거나 휴대용 竿柱 상단부에 끼웠던 장식물로 보인다.

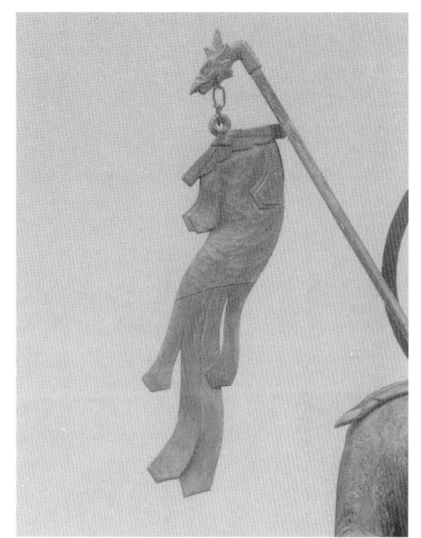

평등원 운중공양보살상 북6호(1053년)   평등원 운중공양보살상 북17호(1053년)

    다음으로 현재까지 당간이 남아있는 유물들은 다음의 표와 같다.[35] 이외에도 당간의 원형과 형상(形象)을 추정하는데 결정적인 자료를 제공해주는 유물로 고려시대에 제작된 음각탑당동판과 금동용두보당 등이 있다.
    통일신라시대에 건립된 당간의 재료는 대부분 나무(木), 돌(石), 철(鐵), 동(銅) 등이었던 것으로 보인다. 이중에서 나무로 제작된 당간은 재질의 특성상 남아있는 것이 전혀 없으며,[36] 돌로 당간을 올렸던 미륵사지 석당간이 있다. 미륵사지 석당간은 평면을 팔각형으로 하여 여러 매의 석재를 결구(結構)하는 방식으로 올렸다.[37] 미륵사지에서 석당간이 출토되어 통일신라시대부터 당간의 재료로 돌을

---

[35] 표에서 제시된 것 외에 안동 운흥동 당간지주가 철당간이 마련되었던 것으로 추정되며, 범어사 당간지주도 철통 33단으로 연결된 철당간이 있었던 것으로 전하고 있다.
[36] 무량사 당간지주는 1942년 1월 발간된『朝鮮と建築』21卷 12號에 朝鮮古建築圖抄-幢竿 及 幢竿支柱 (一)에 의하면 두 지주 사이에 幢竿이 서있는데, 자세한 설명이 없어 구체적인 것은 알 수 없지만 사진상으로 보아 木幢竿이었던 것으로 추정된다.
[37] 장경호,『백제사찰건축』, 예경산업사, 1991, p. 379.
    전창기,『미륵사지 당간지주』, 현대옵셋인쇄사, 1999.

돈황석굴 159호 서감실 후벽의 당간

대족 북산석굴 107호감 부조 당간

돈황석굴 제61굴 서벽 북측 오대산 전경의 당

돈황석굴 제61굴 서벽 북측 오대산 전경의 당

활용하여 조성하였음이 확인되었다. 이러한 석당간은 고려시대에도 담양 읍내리·나주 동문외·부안 서외리·영광 단주리 석당간 등 대부분 호남지역에 분포하고 있다.[38] 물론 현재 남아있는 것을 기준으로 제시한 것이지만 석당간이 미륵

【표-5】 幢竿의 材料와 現 狀態[39]

명칭	시대	높이(m)	재료	현 상 태
彌勒寺址 石造 幢竿片	통일신라	?	돌	기단부 남쪽 지하에서 팔각 석당간편 2석 출토 이미 수습된 일부 석당간편이 국립전주박물관에 소장 이들을 연결하면 당간 높이는 약 11m 상회
豊基出土 金銅幢竿龍頭	통일신라	?	금동	1977년 풍기시내 하수도 공사 중 출토 양 입가에 鐵棒이 있고 龍頭 머리 속으로 도르래 연결 목은 당간에 꽂도록 고안됨
甲寺 鐵幢竿	통일신라	15.43	철	현재는 철통 24단이 연결되어 있는데, 1893년까지 28단이 연결되어 있었다고 함 철통 표면에 숫자가 양각됨 현재 17단까지 시멘트가 채워져 있음 철통은 가운데 철주를 중심으로 환봉으로 연결됨
龍頭寺址 鐵幢竿	고려 (962년)	12.7	철	현재는 철통 20단이 연결되어 있음 철통 내부에 시멘트가 채워져 있는 것으로 확인
龍頭 寶幢	고려	0.73	금동	8단으로 연결됨 당간 꼭대기는 비늘무늬가 있는 용두 장식
陰刻塔幢銅版	고려	?	?	당간 8단으로 구성되었으며, 각 단은 철띠로 연결 꼭대기는 용두로 장식 용두 입에는 쇠사슬이 길게 땅바닥까지 늘어져 있음 (당을 걸 때 쇠사슬 사용)
扶安 西外里 石幢竿	고려	7.23	돌	부등변 팔각형 석당간 4매 연결 석당간 표면에 거북이와 용의 형상이 조각됨 석당간 연접부분에 간과 철띠를 돌려 연결
法住寺 鐵幢竿	고려 (1006년)	22	철	여러 번 중수를 거침. 1866년 당백전을 만드는데 사용됨 현재의 모습은 1972년 복원된 것으로 철통 30단이 연결되어 있음
潭陽 邑內里 石幢竿	고려	15	돌 +철	1839년 보수됨 평면 팔각의 석당간 3매와 철통 6단 연결 상단부는 보륜형과 삼지창, 방울 등이 장식됨
七長寺 鐵幢竿	고려	11.5	철	원래는 30단이었으나 현재 철통 15단 연결 1981년 보수
羅州 東門外 石幢竿	고려	11	돌	부등변 팔각형 석당간 5매 연결 꼭대기는 보개석과 보주 장식 석당간 연접부분에 간과 철띠를 돌려 연결
靈光 丹朱里 石幢竿	고려	5.02	돌	부등변 팔각형 석당간 1매만 남음 상단부에 추가적인 연결 흔적이 있음

사지를 시작으로 옛 백제 지역에서만 나타나는 것은 주목되는 사실이다. 이것은 옛 백제 지역을 중심으로 건립되는 당간들이 미륵사지 석당간을 모방하였음을

---

38) 경주 구황동 당간지주는 간대석 상면으로 보아 적어도 하단부는 석당간이 결구되었을 가능성이 높다.
39) 표에서 돌은 화강암을 의미한다.

미륵사지 출토 석당간 1

미륵사지 출토 석당간 2-1

미륵사지 출토 석당간 2-2

미륵사지 출토 석당간 3

미륵사지 출토 석당간 4

방증한다. 그리고 철당간도 조성되었지만 호남 지역을 중심으로 석당간이 많이 건립되었다는 것은 다른 지역에 비하여 석당간을 건립하는 기술이 상당히 발전되어 있었음을 알려 준다.

통일신라시대의 철당간으로는 여러 번 중수되었지만 원래의 모습을 유지하고

갑사 철당간의 당간   갑사 철당간의 당간 상단부

있을 것으로 보이는 갑사 철당간이 있다. 철당간은 원형의 철통을 여러 개 만들어 위에서 아래로 끼우는 방식으로 연결하였으며, 철통 가운데에는 중심 기둥 역할을 하는 철주(鐵柱)를 길게 세웠다. 그리고 철주를 중심으로 고리를 철통에 연결하여 견고하게 고정하는 방식으로 철당간을 올렸던 것으로 확인되었다.[40] 철주는 목탑의 심주(心柱)와 같은 역할을 하였다. 그리고 마디를 견고하게 하기 위하여 철띠로 연결하였으며, 하단부에서 상단부로 갈수록 가늘어지게 하였다.

　석당간이나 철당간의 꼭대기에는 보륜(寶輪)이나 보주(寶珠) 등으로 장식하기도 하였으며, 일반적으로 용두(龍頭)를 올려 마무리하였던 것으로 추정된다. 석당간의 경우도 꼭대기는 금동이나 철로 제작된 용두와 같은 장식물이 올려졌을 가능성이 높다. 그래야만 번이나 낭을 효과적으로 올리고 내릴 수 있는 복잡한 구조의 시설물을 적용하기가 용이하였을 것이기 때문이다. 현재 당간 꼭대기에

---

40) 포항산업과학연구원, 『철당간 보존방안 수립 연구』, 2001, p. 60.

올려졌던 통일신라시대의 풍기 출토 금동용두가 남아 있는데, 그 형상뿐만 아니라 내부 구조가 상당히 복잡하다. 양 입가에 가로지른 철봉(鐵棒)이 있고, 그 철봉에 용두의 머리 속으로 도르래가 연결되도록 장치되었다. 턱 밑은 고리를 달았던 흔적이 있으며, 긴 목 안은 비어 있어서 당간 상단부에 꽂도록 되어 있다.[41] 이와 같이 당간 꼭대기는 번이나 당을 오르내릴 수 있는 시설뿐만이 아니라 장엄적인 성격이 강한 상징물을 올려 마무리하였다.

고려시대의 것으로 당간이 현존하는 예는 용두사지 철당간, 칠장사 철당간, 나주 동문외 석당간, 담양 읍내리 철·석당간, 영광 단주리 석당간, 부안 서외리 석당간 등이 있다. 그리고 법주사 철당간은 후대에 조성되었지만 최초 건립시의 기본적인 형태는 유지하고 있는 것으로 보인다. 이외에 용두보당과 음각탑당동판에 새겨진 당간 등이 유존하고 있어 고려시대 당간의 형상과 그 특징을 추정할 수 있다. 이와 같이 고려시대 당간은 통일신라시대에 비하여 당간의 꼭대기를 구체적으로 알 수 있는 일부 유물도 있고, 관련 기록도[42] 있어 비교적 당간의 원형을 추정하기가 용이한 편이다.

고려시대에도 통일신라시대와 마찬가지로 대부분의 당간이 철로 제작되었을 것이지만 다른 용도로 전이가 용이하고 자연적인 재해로 파손되기 쉬워 용두사지·칠장사·법주사 철당간 3기를 제외하고는 모두 소실된 상태이다. 이중에서 법주사 철당간이 몇 차례의 중수를 거치면서 현재에 이르고 있다. 용두사지나 칠장사도 철당간을 조성한 수법이나 철통을 연결한 방법 등은 갑산 철당간과 큰 차이가 없는 것으로 밝혀졌다.[43] 그런데 갑사나 칠장사 철당간은 철통이 연결되는 부위에 철띠를 돌려 견고함을 유지하도록 하였는데, 용두사지 철당간은 철띠를 돌리지 않아 철통 연결 수법에서 다소 차이를 보이고 있다. 그리고 갑사나[44] 용

---

41) 姜友邦, 「統一新羅 法幢의 復元的 考察」, 『圓融과 調和』, 悅和堂, 1990, p. 306.
42) 대표적으로 앞에서 소개한 「龍頭寺 鐵幢記」와 徐兢의 『宣和奉使高麗圖經』(第17卷, 興國寺)을 들 수 있다.
43) 청주대학교 도시지역개발연구소, 『용두사지철당간 안전진단 및 보존처리 학술연구용역 보고서』, 1999.
　京畿道, 『경기도지정문화재 실측조사보고서(상)』, 1996.
44) 갑사 철당간은 다수의 철통에서 陽刻된 수를 확인할 수 있다. 그런데 양각된 수와 단이 맞지 않고 있다.

풍기 출토 금동 용두

두사지 철당간은[45] 철통 표면에 양각된 숫자가 확인되고 있어 각 단에 따라 철통을 주성한 후 순서대로 연결하였음을 알 수 있다. 담양 읍내리 당간은 1839년 보수되기는 하였지만 철과 돌을 혼용하고 있다. 나머지는 당간은 돌만을 활용하여 당간을 세웠다.[46] 당간의 재료로 돌을 활용한 것은 통일신라시대 미륵사지 당간지주에서 확인되고 있다. 따라서 고려시대에도 철, 돌, 나무 등을 활용하여 당간을 세웠던 것으로 보인다. 이중에서 당간의 내구성이나 상징성, 조성 시 공력(功力) 등을 고려할 때 철당간이 가장 많이 조성되었을 것이다. 또한 당간지주에 남아있는 간구와 간공의 시공 수법, 간대식의 치석수법 등으로 보아도 철당간이 압

---

45) 밑에서 열 번째 단에서 양각된 수 '第十'이 확인되고 있으며, 단의 층도 정확히 일치하고 있다.
46) 金禧庚, 「高麗 石造 建築의 硏究 -幢竿支柱・石燈・石碑-」, 『考古美術』 175・176호, 한국미술사학회, 1987, p. 55.

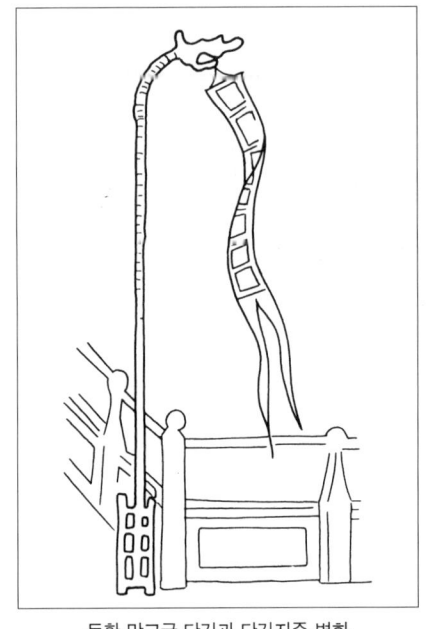 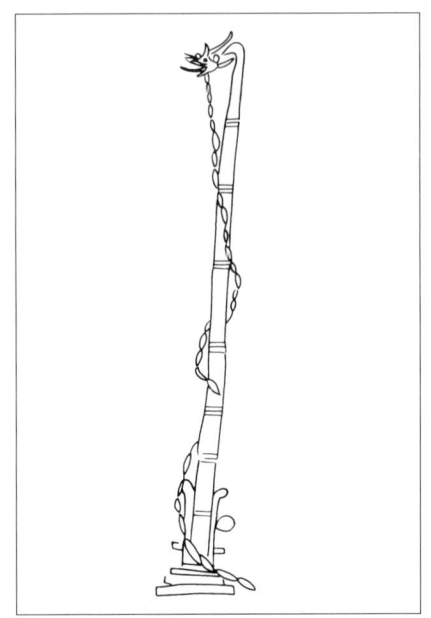

돈황 막고굴 당간과 당간지주 벽화   음각탑당동판의 당간과 당간지주

도적이었을 것으로 추정된다.

　그런데 구조상 철당간과 석당간은 약간 다른 결구 수법을 보인다. 철당간은 1단의 철통(鐵筒)이 비슷한 높이를 유지하면서 상단부로 갈수록 조금씩 가늘어지는 양상을 보인다. 반면 석당간은 하단부는 굵고 긴 당간이 마련되고, 상단부로 갈수록 짧고 얇은 당간이 결구되는 특징을 보이고 있다. 또한 석당간은 두 지주와 결구되는 부위는 그 평면이 사각형을 유지하고, 지주부 위로는 팔각형을 유지히도록 치석하였다. 이와 같이 치석한 것은 하단부의 석당간을 견고하게 고정하기 위한 수법이었을 것이다. 그리고 상단부는 평면을 팔각형으로 함으로써 석당간의 전체적인 외관을 장식적으로 보이게 함과 동시에 석등의 간주석(竿柱石)과 같이 긴 형태의 구조물일 경우 평면을 팔각형으로 하는 수법과도 상통하고 있다.

　특히 고려시대 조성된 용두보당과 음각당탑동판에서 주목되는 것은 통일신라시대에 이어서 당간의 꼭대기가 용의 모습을 형상화하고 있다는 점이다.[47] 즉, 당간은 하늘로 솟아오르는 비천용(飛天龍)의 모습을 형상화한 것이며, 상단부는

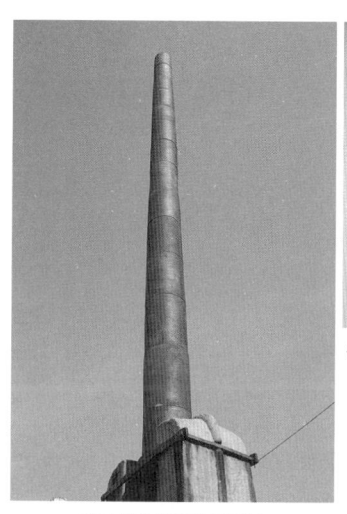

용두사지 철당간 당간부   용두사지 철당간 당간부 연결   용두사지 철당간 당간

부안 서외리 석당간 당간부   부안 서외리 석당간 당간부 연결

---

47) 辛鍾遠,「幢竿造營의 文化史的 背景」,『江原史學』3집, 강원대 사학회, 1987, p. 15.

담양 읍내리 석당간 당간부

담양 읍내리 석당간 당간부 연결

담양 읍내리 석당간 철당간부

칠장사 철당간 당간부

칠장사 철당간 하단부 철통

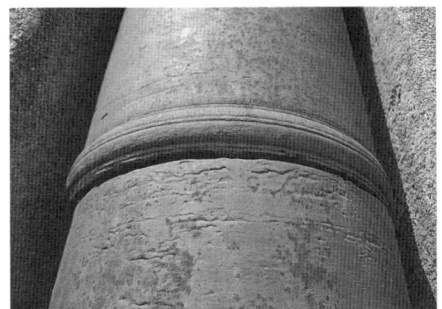

칠장사 철당간 철통 연결부

칠장사 철당간 간 이음부

나주 동문외 석당간 당간부

나주 동문외 석당간 당간 연결부

나주 동문외 석당간 간 연결부

영광 단주리 석당간 당간부

영광 단주리 석당간 간 연결부

용두를 장식하여 용이 번이나 당을 물고 있는 모습이다. 번이나 당은 비단 등과 같은 천 조각으로 화려하게 제작하여 바람에 휘날리도록 함으로써 가람을 장엄한다. 따라서 당간은 단순히 번이나 당을 걸기 위한 시설물로서의 기능을 넘어

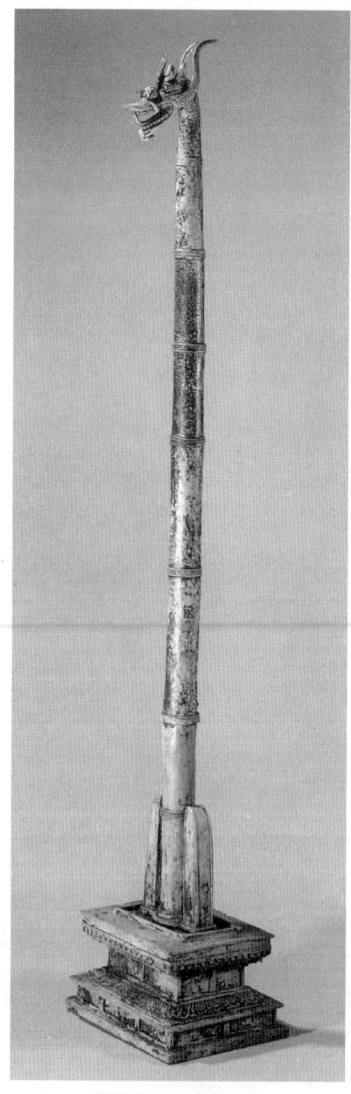
용두보당(호암미술관)

복원된 철당간(청주 예술의 전당)

하늘로 비천하는 용의 모습이 형상화되었다고 할 수 있다. 그래서 번이나 당은 용이 내뿜는 서기(瑞氣)와 같은 것이며, 당간은 용신(龍身)에 해당되며, 당간지주는 이를 받치는 부분이라 할 수 있다.

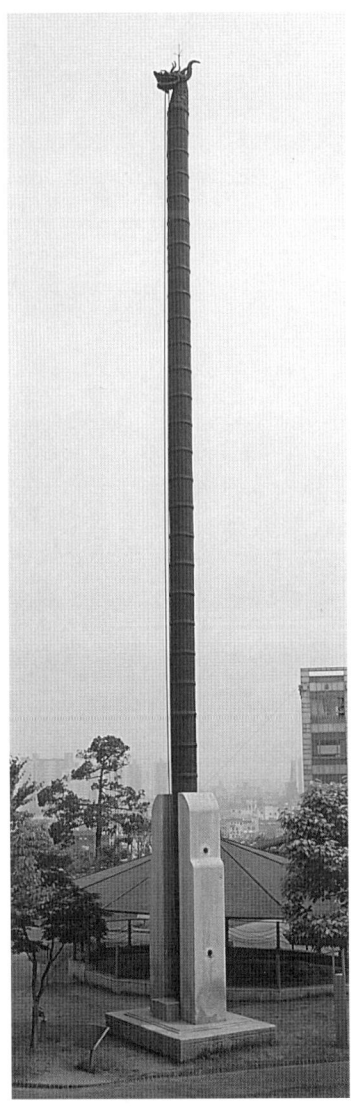

복원된 철당간(경기도 박물관)

복원된 철당간(국립대구박물관)

[표-6] 幢竿과 幢竿支柱 樣式表*

명칭	基壇部		支柱部					幢竿
	基壇	竿臺	높이(cm)	간격(cm)	相對방향	杆孔과 杆溝	治石 手法	정상부	
四天王寺址 幢竿支柱	?	?	231	53	東西	杆孔 3 (상하:사각형, 중:원형)	평면 사각 石柱形으로 외면 외곽 모서리를 깎고, 지주 하부 일정 높이까지 1단 높게 치석	유려한 弧線 형성	無
望德寺址 幢竿支柱	?	?	251	63	東西	杆溝 다면	평면 사각 石柱形으로 외면 외곽 모서리만 깎음	평행하다가 부드러운 弧線 형성	無
皇龍寺址 幢竿支柱	?	?	44	61	東西	관통된 杆孔 흔적 있음	평면 사각 石柱形으로 각 면을 고르게 다듬고, 외곽 모서리 작은 부분 축조 있음	?	無
皇福寺址 幢竿支柱	?	?	43	?	?	杆孔 (사각형)	각 면을 고르게 다듬은 평면 사각 石柱形으로 외곽 모서리 깎음	?	無
慶州 九黃洞 幢竿支柱	?	귀부형 간대석을 마련하고 상면에 사각형 座臺 마련	324	71	南北	杆孔 3 (원형 관통)	평면 사각 石柱形으로 상부로 올라가면서 좁아지고 외면 외곽 모서리 깎음	유려한 弧線을 형성하며 외면으로 이어짐	無 (하단부 당간[?] 평면이 사각형으로 추측되며 石幢일 가능성이 높음)
三郎寺址 幢竿支柱	?	?	309	104	東西	杆孔 1 (사각형) 杆溝 다면	전후면과 외면 외곽에 輪廓帶를 두르고 가운데에 낮은 세로면 장식, 외면 중간부를 1단 낮게 깎음	유려한 弧線 형성	無
佛國寺 幢竿支柱	?	사각형 臺石 위에 圓座와 圓孔 시공	355	62 61	東西	杆孔 (사각형), 동서:도 1, 서 2, 斜孔:1 杆溝 다면	전후면과 외면 외곽에 輪廓帶를 두르고 외면 중간부를 1단 낮게 깎음	유려한 弧線 형성	無
慶州 傳醴泉址 幢竿支柱	?	?	273	?	?	杆溝 다면	외면 외곽에 輪廓帶를 두르고 장식, 외면 중간을 1단 낮게 깎음	약하게 弧線을 형성하고 그 중간에 2단 屈曲	無
慶州 東川洞 幢竿支柱	?	?	245	?	?	杆孔 1 (사각형) 杆溝 1	전후면과 외면에 輪廓帶 장식으로, 부분을 1단 낮게 깎았으며, 각 단 기운데에는 세로로 돋을대 장식	?	無
斷俗寺址 幢竿支柱	?	?	371	48	東西	杆孔 3상하: 사각형 관통, 중:원형 관통	전후면 외곽에 輪廓帶를 두르고 외면 중앙에 음각으로 세로띠 장식	유려한 弧線을 그리도록 치석하고 1단 屈曲	無

* 표의 순서가 건립 시기의 선후를 의미하지는 않음/높이와 간격은 필자 조사 시 확인된 노출된 높이와 현재 간격/상대방향은 동서축과 남북축 중에서 가까운 쪽으로 정하여 기록한 것임.

명 칭	基 壇 部		높이(cm)	간격(cm)	相對방향	杆孔과 杆溝	支 柱 部			幢 竿
	基 壇	竿 臺					治 石 手 法	頂 上 部		
高靈 池山洞 幢竿支柱	?	?	314	72	南北	杆孔 1 (사각형) 杆溝 마련	전후면과 외곽에 輪廓帶 돌림 외면은 상부를 1단 높게 치석함	유려한 弧線을 형성하며 외면으로 이어지고 가운데 3단의 屈曲		無
浮石寺 幢竿支柱	?	사각형 臺石으로 圓座와 圓孔 마련	374	97	東西	杆溝 마련	전후면 외곽에 輪廓帶 돌리고 가운데 세로띠 장식	평평하다가 외면과 만나는 부분에서 弧線 형성		無
毘盧寺 幢竿支柱	?	?	395	73	南北	杆孔-(사각형) 杆溝 마련	전후면 외곽에 輪廓帶 돌리고 가운데 세로띠 장식, 외면 중간 부분 1단 낮게 깎음	유려한 弧線을 그리며, 가운데에 1단 屈曲		無
南澗寺址 幢竿支柱	?	?	315	77	東西	杆孔 2(원통, 판통) 杆溝 마련(十자형)	평면 사각 石柱形으로 외면 모서리 깎음	평평하다가 외면에서 부드러운 弧線 형성		無
公州 班竹洞 幢竿支柱	지대석과 사각형 臺石을 접구 (면석부 안상)	?	331	51	東西	杆孔 1 (사각형) 杆溝 마련	전후면 외곽에 輪廓帶 돌리고 외면 중앙에 3조의 세로띠 장식	평평하다가 유려한 弧線을 그리고 지주 중간까지 이어짐		無
九龍寺址 幢竿支柱	판석형 석재 접구	사각형 臺石으로 圓座와 원형이 돋을새김	380	62	東西	杆溝 마련	각 면을 고르게 다듬었으며, 전후면과 외면 외곽에 輪廓帶 장식	유려한 弧線을 형성하며 외면 중간까지 이어짐		無
慶州 普門寺 幢竿支柱	?	?	383	67	南北	남杆孔 3 (사각형, 판통) 북杆孔 1(사각형)	하부를 1단 높게 하였으며, 외곽 모서리 깎음	평평하다가 외면으로 이어지는 부분에서 弧線 형성		無
彌勒寺址 幢竿支柱	단층형 기단으로 구성(眼象) 조식, 돋을되어 있으며, 甲石으로 하고 3단이 반심하에 상부의 지주구멍 圓座와 圓孔 마련	?	395	50	東西	杆孔 2 (사각형) 杆溝 마련	각 면을 고르게 치석하였으며, 전후면과 외면에 輪廓帶 돌리고 외면 중앙에 세로 돋을띠 장식	내면과 외면으로 나가면서 弧線을 그리고 중간에 1단 屈曲		평면 팔각 石幢竿
慶州 普門洞 通華紋 幢竿支柱	?	?	144	72	東西	杆溝 마련	각 면을 고르게 다듬고 각 면 모서리를 둥글게 호형으로 깎고 외면 상부에 연화문 장식	사각형으로 구획하여 마지 사각형 대석처럼 함		無
臺巌寺址 幢竿支柱	?	?	256	?	?	杆溝 마련	평면 사각 石柱形으로 상부로 올라가면서 중아지고 각 면 외곽 모서리 약하게 깎음	평평하다가 외면 모서리 弧線 형성		無

4장 당간과 당간지주의 양식 분석 225

명 칭	基壇部		支柱部				幢竿
	基壇	竿臺	높이(cm)	간격(cm)	相對방향	杆孔구조	治石手法	頂上部	
莊義寺址幢竿支柱	?	?	263	81	東西	杆孔 1둥-일행관동, 지운형	평면 사각 石柱形으로 외면 모서리를 깎음	평평하다가 외면과 만나는 부분에서 弧線을 형성	無
法水寺址幢竿支柱	?	서각형 臺石으로 상면에 이중의 圓座와 圓孔 시공	358	69	東西	杆溝 마련	평면 사각 石柱形으로 외면 모서리 깎고 상부로 올라가면서 2단의 단을 두어 낮게 깎음	평평하다가 외면과 이어지는 부위에서 弧線 형성	無
法廣寺址幢竿支柱	?	?	157	85	南北	杆溝 마련	전주면과 외면 외곽 輪郭帶를 장식하고 외면 가운데에 낮은 세로띠, 지주 중간부 1단 낮게 지석	부드러운 弧線을 그리고 가운데에 1단 屈曲	無
長淵寺址幢竿支柱	?	?	199	65	東西	杆溝 마련	하단부에 花形무늬를 양각하고 외곽 모서리 깎음	유연한 弧線을 그리도록 치석하고 1단 屈曲	無
海印寺幢竿支柱	지대석 위에 叫의 셔셔 접구 기단 마련 (안상 조식)	서각형 臺石으로 '工'자형으로 홈을 파 지주에 끼우고 상면에 圓座 마련	367	74	東西	杆孔 마련 (깁다란 홈을 별도 마련)	지주 4면 외곽에 輪郭帶 장식하고 외면 중간 부분에 좌우마당으로 1단 낮게 깎음	부드러운 弧線을 그리고 가운데에 1단 屈曲	無
安東 雲興洞幢竿支柱	?	圓座에 가깝게 거칠게 치석한 두 양 속면에 '工'자형 홈을 파서 지주 기면 끼움. 상면 圓座와 圓孔 마련	258	88	南北	杆孔 2 (남·연형, 북·일반 관동) 杆溝 마련	평면 사각 石柱形으로 상부로 가면서 다듬고 외면 모서리 깎음	평면하다가 外面으로 가면서 弧線을 형성	無
中初寺址幢竿支柱	대소동의 지면 석을 깔고-걸고 서각형 臺石을 놓고 하게 다듬	방원동 위에 '工'자형 서각형 竿石으로 상면에 圓座와 圓孔 마련	364	86	東西	杆孔 2 (원형, 관동) 杆溝 마련	평면 사각 石柱形으로 각 면을 거칠게 다듬고 외면 모서리를 1단 낮게 지석	평평하다가 약하게 弧線 형성	無
長樂寺址幢竿支柱	?	?	?	?	?	杆孔 2 (원형 관동)	평면 사각 石柱形으로 외면 외곽 모서리를 깎고, 일정한 높이에서 1단 낮게 지석	약하게 弧線 그림	無
松林寺幢竿支柱	?	?	73	?	?	杆溝 2	평면 사각 石柱形으로 외면 모서리 깎음	弧形 그림	無
竹杖寺址幢竿支柱	?	?	187	95	東西	杆孔 2 (서각형 杆溝 흔적 있음)	외면 모서리 깎음 외면 중앙에 세로로 1條의 반입형 突起帶 장식	?	無 (「永嘉誌」의 기록에 따라 鐵幢竿으로 추정)

226 한국의 당간과 당간지주

명칭	基壇部		支柱部					幢竿
	基壇	竿臺	높이(cm)	간격(cm)	柱樹방향	杆孔과 杆溝	治石 手法	정상부	幢竿
桐華寺 幢竿支柱	?	?	313	65	南北	杆孔 1(담–원형, 북–원형 관통) 杆溝 마련	평면 지사각 石柱形으로 각 면을 정교하게 치석 지주 중간부 외면과 전후면을 1단 낮게 장식 외면 중앙에 낮은 돋을대 마련	전후면으로 내려가면서 弧形을 그리도록 함	無
符仁寺址 幢竿支柱	?	사각형 臺石으로 상면에 圓座와 圓孔 시공	95	64	東西	?	평면 지사각 石柱形으로 상면 전후면을 1단 낮게 가로로 隙 陰刻線 장식 하부 외면에 세로 돋을대 마련	?	無
皇龍寺址 西便 幢竿支柱		?	257	?	東西	杆溝 마련	평면 시각 石柱形으로 상부로 올라가면서 좁아지고 각 면 외곽 모서리 치석함	평평하다가 약하게 弧線 형성	無
江陵 大昌里 幢竿支柱		?	510	97	南北	杆溝 마련	평면 시각 石柱形으로 상부로 올라가면서 좁아짐, 외면 상부 모서리만 작음	평평하다가 약하게 弧線 형성	無
華嚴寺 幢竿支柱	4매의 판석을 석재 접구(眼象 조식)	사각형 臺石으로 이중의 접구 하고 깊은 圓孔 마련	244	73	東西	杆孔 2(동–원형, 시:원형, 관통), 杆溝 마련	평면 시각 石柱形으로 상부로 올라가면서 좁아짐 외면은 상부 모서리만 작음	평평하다가 외면과 만나는 부위에 弧線 형성	無
宿水寺址 幢竿支柱		?	390	58	南北	杆溝 마련	전후면 외곽에 輪郭帶 돌리고 가운데 세로띠 장식, 외면 상부에 1단 가운데 좁음	유려한 弧線 형성	無
英陽縣一洞 幢竿支柱		사각형 臺石으로 이중의 접구 사이에 깊은 圓孔 마련	241	64	東西	杆溝 마련	외면 외곽 모서리를 깎았으며, 외면 가운데에 세로띠 장식	유려한 弧線 형성	無
金山寺 幢竿支柱	단중형 기단 구성 상부는 조식, 상부에 두 지주 사이에 접구도있으며, 甲石形으로 하고 지주괴와 圓孔 마련	사각형 臺石으로 상면과 외면 외곽에 輪郭帶를 장식하고 외면 중앙에 세로로 2조의 돋을대 양각	318	53	東西	杆溝 마련	평면 시각 石柱形으로 전후면과 외면 외곽에 輪郭帶를 장식하고 외면 중앙에 세로로 2조의 돋을대 양각	내면에서 외면으로 나가면서 弧線을 그리고 중간에 1단 屈曲	無
尙州 伏龍洞 幢竿支柱		지주 규모의 긴 사각형 石材를 마련하여 圓孔 시공	334	68	東西	杆溝 마련	평면 시각 石柱形으로 상부로 올라가면서 좁아지고, 외곽 모서리 작음	평평하다가 외면과 만나는 부분에서 弧線 형성	無
甲寺 鐵幢竿		사각형 臺石으로 圓座 마련	305	60	東西	杆溝 마련	평면 시각 石柱形으로 각 면을 고르게 치석	평평하다가 약하게 弧線 형성	현재 24단의 철통을 연결하여 세움
江陵 水門里 幢竿支柱	지대석과 2매의 석재 접구 (면석부 안상)	사각형 臺石으로 圓座 마련	344	98	南北	杆溝 마련	외면 외곽 모서리 작음, 각 면에 정치주가 많이 남음	완만한 弧線 형성	無

명칭	基壇部		높이(cm)	간격(cm)	相對방향	杆孔과 杆溝	支柱部		幢竿
	基壇	竿臺					治石手法	정상부	
堀山寺址 幢竿支柱	?	?	540	97	東西	杆孔 (원형 관통)	지주부 지석 수법이 조잡하고 정지구이 그대로 남음. 상부로 올라가면서 좁아지는 형태	완만한 경사로 올라가다가 꼭대기에서 수평을 이룸	無
廣法寺 幢竿支柱	?	길다란 臺石으로 원형의 돋을대 마련하고 그 주위에 연화문 장식	479	?	東西	杆孔 (사각통) 杆溝 - 마련	평면 사각 石柱形으로 각 면을 고르게 다듬고 외면 외과 모서리 장식	평평하다가 孤線이 형성	無
佛日寺址 幢竿支柱	높은 지대석을 놓고 2매의 판석형 석계를 둠	사각형 臺石으로 상면에 2개의 사각형 구멍 시공	442	74	?	杆孔 (사각통) 杆溝 - 마련	평면 사각 石柱形을 줍아지는 형태이며, 각 면을 고르게 다듬고 외면 외과 모서리 장식	평평하다가 孤線이 형성	無
崇善寺址 幢竿支柱	?	사각형 臺石으로 상면에 2개의 사각형 구멍 시공	370	66	東西	杆孔 (사각통) 杆溝 - 마련	각 면을 고르게 다듬은 평면 사각 石柱形	평평하다가 외면과 만나는 부분에서 孤線을 형성	無
法泉寺址 幢竿支柱	?	판각형 臺石 위에 돋을대 마련	389	75	東西	杆溝 마련	평면 사각 石柱形으로 외면 외과 외側 중앙에 세로로 1條의 낮은 돋을대 장식	평평하다가 孤線 형성	無
萬德寺址 幢竿支柱	?	평면 사각형 圓孔과 圓孔 마련	297	?	東西	杆孔 三서쪽 지주는 없음 杆溝 마련	전후면과 외면에 輪廓帶 장식하고 중앙에 돋을대 추가 장식	孤形으로 깎고 가운데 1단 屈曲	無
龍頭寺址 鐵幢竿	판석형 석재 노출	넓부으로 긴 사각형 臺石을 마련하고 가운데에 圓孔 마련	420	52	東西	杆溝 마련	평면 사각 石柱形으로 외면 외 모서리 깎음	부드러운 孤線을 그림	원형의 철통 20단을 연결, 상부 철통을 하부 철통에 까운 방식
歸法寺址 幢竿支柱	?	평면 사각형 臺石 마련, 상부에 연꽃잎을 돌리고 圓壇 마련, 원좌 위에 원형의 돋을돋을대 마련	450	?	?	杆溝 마련	전주면과 외면에 輪廓帶 돌리고 외면 중앙에 돋을대 장식	부드러운 孤線을 그림	無
普願寺址 幢竿支柱	?	사각형 臺石으로 圓壇과 圓孔 시공	376	74	東西	杆溝 마련	전주면과 외면 외과에 輪廓帶을 돋을대 외면에 2조의 돋을대 장식	유연한 孤線을 형성하며 그 중간에 1단 屈曲	無
奉業寺址 幢竿支柱	?	?	342	76	東西	杆溝 마련	평면 사각 石柱形으로 정지구이 남아있으며 외면 모서리 깎음	평평하다가 외면과 만나는 부분에서 孤線 형성	無

명 칭	基壇部		支柱部						幢竿
	基壇	竿臺	높이(cm)	간격(cm)	相對방향	杆孔과 杆溝	治石手法	정상부	
扶餘 西外里 石幢竿	?(석재들과 시멘트로 접구)	평면 사각 臺石	172	57	東西	杆溝 마련	전주면, 외각 외곽에 輪廓帶 돌림 외곽 중앙에 세로 2조의 突起帶 장식	평평하다가 외면에 만나는 부분에서 弧線을 형성하며 중간에 1단 屈曲	四角과 八角의 石柱 4매를 연결 石幢 표면에 동물상 양각
無量寺 幢竿支柱	2매의 석재를 접구하여 마련 (면석부 안상)	사각형 臺石으로 (圓座와 圓孔 시공	279	46	東西	杆孔 1 (사각형) 杆溝 마련	전주면과 외곽 외각에 輪廓帶 돌리고 외각 중앙에 2조의 세로띠 장식	유려한 弧線을 형성하며 외각으로 이어짐	無
牙山 邑內里 幢竿支柱	?	사각형 臺石으로 상면에 연향의 받침대 마련	365	81	東西	杆溝 마련	각 면을 고르게 다듬은 평면 사각 石柱形으로 외곽 모서리 깎음	평평하다가 弧線을 형성하며 외각으로 이어짐	無
靈通寺 幢竿支柱	2매의 판석형 석재 접구	사각형 臺石으로 圓座와 圓孔 접구	447	?	東西	杆孔 2(사각형) 관통, 杆溝 마련	평면 사각 石柱形으로 각 면을 고르게 다듬고 외각 모서리 깎음	평평하다가 弧線을 형성	無
慈悲寺 幢竿支柱	?	사각형 臺石으로 圓座와 圓孔 시공	322	?	?	杆溝 마련	평면 사각 石柱形으로 각 면을 고르게 다듬고 외각 모서리 깎음	평평하다가 弧線을 약하게 弧線 형성	無
春川 槿花洞 幢竿支柱	?	眼象이 장식된 사각형 받침석 위에 16엽의 仰蓮紋이 장식된 받침석으로 圓座와 圓孔 마련	385	85	東西	杆溝 마련	평면 사각 石柱形으로 상부로 가면서 좁아지고 외곽 모서리 깎음	평평하다가 弧線을 형성	無
洪川 希望里 幢竿支柱	?	?	327	64	東西	杆溝 마련	평면 사각 石柱形으로 상부로 올라가면서 좁아지는 형태	유려한 弧線을 형성	無
槐山 外沙里 幢竿支柱	?	사각형 臺石으로 이중의 圓座 마련	326	54	東西	杆溝 마련	평면 사각 石柱形으로 상부로 올라가면서 좁아지는 형태	부드러운 弧線과 가운데 1단 屈曲	無
玄化寺 幢竿支柱	판석형 석재를 여러 단으로 접구함	사각형 臺石으로 상면에 연화문 장식과 사각형 구멍 시공	(48)	?	?	杆溝 마련	평면 사각 石柱形으로 상부로 올라가면서 좁아지고 각 면의 모서리를 둥글게 깎음	평평하다가 弧線을 외곽으로 형성	無
高敞 興德 幢竿支柱	?	?	337	69	東西	杆溝 마련	전주면, 외각 외곽에 輪廓帶 돌림 외각 3곳에 연화문 양각	부드러운 弧線을 형성하며 가운데 弧線 형성	無
彌勒里 寺址 幢竿支柱	?	긴 사각형 臺石으로 상면에 이중의 圓座	?	?	?	杆溝 마련	평면 사각 石柱形으로 외각 모서리를 깎았으며, 외각에 1엽의 연화문 장식	평평하다가 弧線을 형성하고 있으며 가운데 돋을대 장식	無

4장 당간과 당간지주의 양식 분석 229

명 칭	基壇部		支 柱 部					幢 竿
	基壇	竿臺	높이(cm)	간격(cm)	相對방향	杆孔과 杆溝	治石手法	정상부	
潭陽 邑內里 石幢竿	판석형 석제 접구	사각형 촉석 마련	268	62	南北	杆孔 1:북: 사각홀 관통) 杆溝 마련	전주면과 외면에 輪廓帶를 돌리고 외면 중앙에 3조의 등기대 장식	뾰족하게 치석	평면 팔각의 石幢竿 3매와 6단의 철통 연접 꼭대기에 이중의 보륜형 청미 마련
法住寺 鐵幢竿	지대석을 얹고 4매의 석제 접구 기단 마련	사각형 촉석으로 상면에 圓座 시공	410	86	東西	杆溝 마련	평면 사각 石柱形으로 상부로 올라가면서 좁아지며 외면 외곽 모서리 죽임, 외면 중앙에 반원형 등을대 세로로 장식	평평하다가 외면으로 가면서 弧線을 형성	30대의 철통 연접 1972년 12월 복원
天興寺址 幢竿支柱	사각형으로 마면 (면석부 연상 조식)	사각형 촉석으로 圓座의 圓孔 시공	372	72	東西	杆溝 마련	외면 중앙에 3조의 세로로 장식하고 지주 상부 1단 낮게 마련, 외곽 모서리 일정한 너비로 죽임	유려한 弧線을 형성	無
洪城 東門洞 幢竿支柱	?	남북으로 긴 등을 놓아 상면에 圓座의 圓孔 시공	444	75	東西	杆溝 마련	전후면 외곽에 輪廓帶를 돌리고, 외면 반원형의 2조 세로띠 마련	평평하다가 외곽에 만나는 부위에서 약하게 弧線을 형성	無
長城 四街里 幢竿支柱	?	?	292	70	南北	남:순계 간공 1 (원형 관통) 북:2공 2 (상:둥형 관통, 하:울영 미관통)	평면 사각형 石柱形으로 외면을 고르게 다듬고, 외곽 모서리를 2조로 죽임	약하게 弧形 그림	無
井邑 長明洞 幢竿支柱	?	?	249	165	南北	杆孔 1 (사각형) 杆溝 마련	전후면 외곽에 輪廓帶 돌림 외면 중앙에 세로로 반원의 突起帶 장식	弧形으로 깎고 가운데 1단 屈曲	無
七長寺 鐵幢竿	3매의 판석형 석제 접구	가운데 지대석이 간대식 검함	288	56	東西	杆溝 마련	평면 사각 石柱形으로 각 면이 고르게 치석됨	평평하다가 외면이 外面으로 가면서 弧線을 형성	청통 15단의 철미를 활용하여 연접(연대는 30)
梵魚寺 幢竿支柱	?	?	402	80	東西	杆溝 마련	평면 사각 石柱形으로 각 표면을 가지런히 깎음	평평하다가 외면으로 外面으로 가면서 弧線을 형성	無 (梵魚寺創建事蹟에 鐵幢 33層을 조성하여 건립했다고 함)
板州 坂州里 幢竿支柱	?	?	225	?	東西	간공 2 (원형 미관통)	평면 사각 石柱形으로 외면 외곽 모서리 깎음	약하게 弧形 그림	無
晋州 省山里 幢竿支柱	?	?	215	63	南北	북:2공 마련	평면 사각 石柱形	평평하게 깎음	無
居頓寺址 幢竿支柱	?	?	390	?	?	?	평면 사각 石柱形으로 각 면을 가지런히 다듬음	수평으로 조잡하게 치석	無

230 한국의 당간과 당간지주

명 칭	基壇部		支柱部					幢竿
	基壇	竿臺	높이(cm)	간격(cm)	相對방향	杆孔과 杆溝	治石 手法	정상부	
萬福寺址 幢竿支柱	?	?	270	74	東西	杆孔 2 (동·열형, 상·원형 관통) 杆溝 미련	평면 사각 石柱形으로 각 면이 고르지 못하고 정자구이 그대로 남아있음	완만한 弧線형 형성	無
原州 鳳山洞 幢竿支柱	?	간대석을 둥글게 마련하고 圓座와 圓孔 시공	334	74	東西	杆孔 1 (타원형)	지주부에 정자구이 그대로 남아있면 외곽 모서리 깎음	전주면으로 둥그렇게 弧形을 이룸	無
楊平 玉泉里 幢竿支柱	?	?	307	?	東西	杆孔 1 (원형 관통) 杆溝 미련	평면 사각 石柱形으로 세장하면서 단아하게 깎음. 외곽 모서리 깎음	평평하다가 외면과 만나는 부분에서 弧線을 형성	無
瑞山 東門洞 幢竿支柱	?	?	397	65	東西	杆溝 마련	평면 사각 石柱形으로 각 면을 거칠게 다듬었으며 외곽 모서리 깎음	평평하다가 외면과 만나는 지점에서 약하게 弧線 형성	無
羅州 東門外 石幢竿	하부에 장식 없고 판석형 석재 답수	?	182	69	南北	杆溝 마련	평면 사각 石柱形으로 외곽 모서리 깎음	평평하게 치석	부등변 팔각형 石幢竿 5매를 연접하여 세움
靈光 丹朱里 石幢竿	사각형 臺石 마련	사각형	262	65	南北	杆孔 1 (원형 관통)	평면 사각 石柱形으로 치석 수법이 단순하고 표면을 거칠게 치석함	평평하게 치석	부등변 팔각형 石幢竿 1매만 남음 상단부 촛적으로 보아 더 연접되었음
昌寧 直橋里 幢竿支柱	?	평면 사각형	247	57	南北	杆孔 2 (원형)	평면 사각 石柱形으로 표면을 거칠게 깎음	평평하다가 외면으로 가면서 약하게 경사	無
金山 雙峯里 幢竿支柱	?	?	272	?	?	간공 2 (원형 미관통)	평면 사각 石柱形	평평하다가 외면과 아래로 弧形 그림	無
蔚珍 九山里 幢竿支柱	?	?	182	73	南北	杆溝 마련	평면 사각 石柱形으로 단순 소박하게 치석함	약하게 弧線을 형성	無
檜嚴寺址 幢竿支柱	?	?	329	45	南北	無	평면 사각 石柱形으로 상부로 올라가면서 좁아지고 외곽 모서리 깎음	수평을 유지하다가 외면과 만나는 지점의 모서리를 깎음	無
通度寺 石幢竿	?	?	185	62	南北	杆孔 2 (사각형, 관통)	평면 사각 石柱形으로 각 면을 고르게 치석	수평을 유지하다가 외면과 만나는 지점에서 弧線을 형성	同一石으로 石幢竿을 세웠음 (상단부 절단)

5장

당간지주의 특성

1. 가람에서 당간지주의 배치

    현재 남아있는 대부분의 당간과 당간지주는 일부를 제외하고는 원위치에 남아 있다. 따라서 가람 상에서 당간지주의 배치를 알아내는 데에는 특별한 문제가 없다. 다만 당간지주가 건립되었던 사찰이 폐사(廢寺)되지 않고 법등을 이으면서 많은 불사로 사역(寺域)이 확장되었을 경우에는 신중을 기해야 한다. 즉, 당간지주가 최초 건립 시 전체 가람 상에서의 위치가 어디였는가를 파악해야 한다. 그래야만 당간지주의 배치와 그 의의에 대하여 정확한 이해에 도달할 수 있기 때문이다. 또한 당간지주만 남아있는 폐사지의 경우는 당간지주의 배치와 상대방향(相對方向), 지형 등을 고려하여 전체적인 가람의 축선과 건축물들의 대략적인 위치를 파악할 수 있는 중요한 단서를 얻을 수도 있다.

    먼저 가람 상에서 당간지주의 배치를 전하고 있는 일부 기록들을 살펴보도록 하겠다. 872년에 건립된 「대안사 적인선사 조륜청정탑비문」에 문성왕(839~857)이 대안사에 머물고 있는 적인선사 혜철에게 자주 서신을 보내 위문하였으며, 절의 사방 외곽에 살생을 금하는 당을 세우도록 허락하였다고 한다.[1] 여기에 기록된 당을 걸기 위한 시설물이 오늘날 일반적으로 볼 수 있는 당간과 당간지주 양

---

1) 「大安寺寂忍禪師照輪淸淨塔碑文」(李智冠, 『校勘譯註 歷代高僧碑文』 -新羅篇-, 가산문고, 1994, pp. 74~93).
  '文聖大王聞之謂現多身於象末頻賜書慰問兼所住寺四外許立禁殺之幢'

식인지는 불분명하지만 경내가 아닌 외곽에 배치하였음은 분명히 알 수 있다. 아마 진입공간에 배치하여 사찰 경내로 들어오는 불도들에게 잘 보일 수 있는 장소였을 것이다.

그리고 김원(金遠)이 찬하여 962년 건립된 「용두사 철당기(龍頭寺 鐵幢記)」에 '일찍이 듣건 데, 당간은 불문(佛門)을 장식하는 옥표(玉標)요, 번개는 보전(寶殿)을 꾸미는 신령한 깃발에서 유래하였다.'라고[2] 하였다. 이 기록은 가람 상에서 당간과 당간지주의 위치가 사찰의 입구임을 분명히 밝히고 있다. 불문은 경내로 들어가는 입구를 의미하는 것으로 보이며, 중문(中門)이나 남문(南門)의 앞쪽에 해당되는 것으로 보인다. 지금은 용두사가 있었던 일대가 완전히 시가지로 변하여 전체 가람의 규모와 배치는 알 수 없지만 불문은 경내로 들어가는 중문일 가능성이 높은 것으로 보인다. 그리고 두 지주는 동서로 마주 서있다. 따라서 용두사는 당간지주가 서있는 곳에서 북쪽 편으로 가람들이 배치된 남향 사찰이었을 것이다.

김정언(金廷彦)이 찬하여 978년 건립된 「보원사 법인국사 보승탑비문(普願寺法印國師寶乘塔碑文)」에도 가람 상에서 당간과 당간지주의 배치와 관련하여 주목되는 기록이 있다. 비문 내용 중에서 '법당(法幢)을 중정(中庭)에 세우고 범패(梵旆)를 그 위에 걸어두니 바람에 흔들리고 태양에 빛나며 휘날렸다.'는[3] 기록이다. 법당으로 기록된 당간과 당간지주를 중정에 세웠다고 한다. 여기에 기록된 당간지주가 보원사지에 현존하고 있다. 그런데 아직까지 보원사지에 대한 구체적인 조사가 이루어지지 않아 전체 사역에서 당간지주의 정확한 배치는 알 수 없지만 경내로 들어가는 입구 쪽임은 분명하다. 중정은 경내로 들어가는 문이 있는 앞쪽에 마련된 넓은 공간을 의미하는 것으로 보인다. 즉, 중문 앞쪽으로 형성된 진입공간에 당간과 당간지주가 세워져 있었음을 알 수 있다. 그리고 두 지주가 동서로 마주 서있고, 석탑과 부도가 작은 개울을 건너 북쪽 편으로 남아있다. 따라서

---

2) 「龍頭寺鐵幢記」.
   '早聆幢竿所制飾佛門之工標幡盖由來 粧寶殿之神旆其狀也鶴翔碧落龍躍'
3) 「瑞山普願寺法印國師寶乘塔碑」.
   '父亦申夢法幢堅于中庭梵旆掛其上隨風搖曳映日翻麟衆人集其下觀者如堵'

지형적인 여건으로 축선이 다소 틀어지긴 했으나 기본적으로 남향 사찰이었음을 알 수 있다. 보원사는 당간지주가 있는 중정 공간을 지나 작은 개울을 건너야만 석탑과 중심 건물이 있는 경내로 들어갈 수 있도록 조영되었던 것이다.

한편 서긍은 『고려도경(高麗圖經)』에서 흥국사에 서있던 당간과 당간지주의 위치와 관련하여 '대문은 동쪽을 면하고 있는데 흥국지사라는 방(榜)이 있다. 뒤에 당전(堂殿)이 있는데 매우 웅장하다. 그리고 뜰 가운데(庭中) 동으로 만든 번간(幡竿)이 세워져 있다.'고[4] 하였다. 현재 흥국사는 북한 지역으로 당간과 당간지주의 유무는 확인할 수 없지만 가람 상에서 그 위치를 정중이라고 기록한 것으로 보아 보원사지 당간지주와 같이 경내로 들어가는 입구 넓은 공간에 배치되었던 것으로 보인다.

이와 같이 일부나마 남아있는 기록들이 가람 상에서 당간과 당간지주의 위치를 구체적으로 전하지는 못하지만 경내로 들어가기 전에 배치되었음을 알 수 있다. 사역(寺域)을 크게 진입공간,[5] 중심공간,[6] 주변공간으로 분류하여 본다면 당간과 당간지주는 중심공간으로 들어가는 진입공간에 위치하고 있다. 지금은 대웅전이 있는 중심공간으로 들어가기 위해서는 진입공간에 건립된 여러 개의 문을 통과하도록 되어 있다. 이러한 건물들은 일반적으로 조선후기에 세워졌다. 이와 같이 현재까지 법등이 이어지는 사찰들에서 당간과 당간지주는 진입공간에서도 뒤쪽으로 배치되어 있는데, 이러한 것은 창건 이후 수치례 중건을 거듭하면서 건물들이 추가적으로 사찰 입구 쪽으로 추진되어 세워지면서 연유한 것이다. 따라서 당간과 당간지주는 거의 모든 사찰이 원래는 중심공간으로 들어가는 입구 직전의 좌우측에 설치되었음을 알 수 있다. 그리고 폐사지에는 경내와 연접하여

---

4) 徐兢, 『宣和奉使高麗圖經』 第17卷, 祠宇, 興國寺條.
'興國寺在廣化門之東南道旁前直一溪爲梁橫跨大門東面榜曰興國之寺後有堂殿亦甚雄壯庭中立'
5) 安瑛培, 『韓國建築의 外部空間』, 寶晉齋, 1992, pp. 38~44.
건축공간을 5가지 유형으로 분류하는데 이중 進入空間은 禮佛空間인 사찰 내에 이르기까지의 前衛이고 過程的인 역할을 하며, 視點의 이동과 體驗의 記憶을 축적시켜 공간의 심연성을 느끼게 하는 공간을 말하는데, 예를 들면 一柱門, 金剛門, 天王門과 같은 건축물이다. 또한 사찰 건축의 진입공간은 주요공간으로 향하게 하는 방향성과 기대감을 부여하며, 전체공간에 대한 심연성을 느끼게 한다.
6) 석탑, 석등을 비롯하여 대웅전이 있는 공간으로 사찰에서 가장 신성시되고 예불이나 행사시에 중심이 되는 공간이다.

세워져 있는 경우도 있다. 즉, 사찰 경내인 중심공간으로 들어가는 입구 바로 앞에 세워져 있다. 이와 같이 당간과 당간지주는 사찰의 지세(地勢)나 입구의 지형을 고려하여 배치되어 있는데, 통일신라시대에서 고려시대까지 일관성있게 입구에 세워졌다.

미륵사지(彌勒寺址)는 1980년대에 들어와 본격적으로 발굴 조사되기 시작하면서 가람배치가 밝혀지기 시작하였다. 즉, 남북 자오선 축에서 서쪽으로 약 22도 기운 남향 가람이며, 백제의 1탑식 가람을 확장시켜 동 서원과 중원으로 크게 구분되는 삼원병렬식(三院並列式)인데, 동 서원에는 석탑을 하나씩 두고 중원에는 목탑을 둔 것으로 확인되었다.[7] 이와 같이 전체적인 가람의 규모와 배치가 알려지면서 당간지주의 위치도 밝혀지게 되었다. 당간지주는 2기가 마련되었으며, 중정(中庭)이라 할 수 있는 사찰 입구에 넓은 평지를 마련하고 동서로 마주보도록 하였다. 그리고 남북 자오선 축을 중심으로 하여 동서로 각각 1기씩 89m 간격을 두고 건립되었다. 서편지주는 석탑에서 남쪽으로 약 65m 떨어져 약간 동쪽으로 치우친 곳에 배치되어 있다. 미륵사지 가람은 전체적으로 동서대칭을 이루고 있는데, 당간지주는 경내로 들어가는 중문 바로 앞 좌우측 평지에 중심축을 중심으로 대칭을 이루고 있다.[8] 보원사나 흥국사에 배치된 당간지주와 같이 중정 공간으로 볼 수 있는 지점이다. 특히 미륵사지는 2기의 당간지주가 배치된 보기 드문 예이다. 이것은 당시 미륵사기 대찰이었으며, 국가적으로 위상이 높았던 사찰이었음을 시사한다.

황룡사지(皇龍寺址)는 발굴 조사 결과 여러 차례 가람의 변화가 있었던 것으로 밝혀졌다. 초기 가람은 1탑식 가람으로 동서에 금당을 각 1동씩 나란히 건립하여 3금당 1탑식을 이루고, 외곽 동 서 북에는 긴 승방지(僧房址)로 구획되었으며, 이후 종루와 경루 등이 신축되기도 하지만 기본적인 평면 계획은 원상태를 유지한

---

7) 張慶浩, 『百濟寺刹建築』, 예경산업사, 1991, p. 425.
8) 彌勒寺址幢竿支柱 配置에서 주목되는 것은 사찰 앞에 연못이 인위적으로 만들어져 있었다는 것이 발굴을 통하여 밝혀졌는데, 이러한 것은 龍과 물이 깊은 관련이 있는 점과도 관계가 있는 것으로 보인다. 龍은 못이나 강, 바다와 같은 물 속에 살며, 비나 바람을 일으키거나 몰고 다닌다고 여겨져 왔다. 龍은 물과 불가분의 관계를 지닌다. 龍을 위한 제사 장소가 모두 물가라는 점도 龍의 水神 성격을 보여 준다 (「龍」, 『한국문화상징사전』, (주)동아출판사, 1994, p. 485).

것으로 확인되었다. 당간지주는 목탑지로부터 동남쪽 약 100m 지점에 위치하고 있다. 황룡사는 당간지주가 남북축을 중심으로 남향한 가람 상에서 경내로 들어서는 입구 우측 편에 배치되었음을 알 수 있다. 한편 반대편에서는 당간지주가 확인되지 않았다. 그런데 현재 남아있는 당간지주가 한쪽 편으로 치우쳐 있고, 황룡사가 좌우대칭을 이루는 가람이었으며, 미륵사와 같이 대찰이었을 경우 2기의 당간지주가 건립되었음을 고려할 때 황룡사에도 원래는 2기의 당간과 당간지주가 배치되었을 가능성이 높다. 한편 불국사에도 2기의 당간과 당간지주가 건립되었던 것으로 보이는데 원위치는 알 수 없는 실정이다. 불국사도 미륵사와 같이 2기의 당간지주가 동서편에 배치되었을 가능성이 높다.

이외에도 통일신라시대 건립된 단속사지·부석사·비로사·경주 보문리·법수사지·법광사지·장연사지·해인사·죽장사지·동화사·화엄사·숙수사지·금산사·갑사 당간지주 등 모두 경내로 들어가는 진입공간에 당간지주가 배치되었다. 이외에도 정확한 사역을 파악할 수 없는 당간지주의 경우도 경내로 들어가는 입구에 배치되었을 것이다. 그리고 부석사·화엄사·해인사·동화사·금산사·갑사 등은 진입공간에 다수의 건물들이 새롭게 들어서면서 당간지주가 사역의 안쪽으로 배치되었지만 원래는 경내로 들어가는 입구 쪽이었을 것이다.

고려시대 건립된 숭선사지·법천사지·만덕사지·보원사지·무량사·아산 읍내리·법주사·천흥사지·칠장사·범어사·만복사지·서산 동문동 당간지주 등이 가람 상에서 비교적 정확하게 그 위치를 파악할 수 있는 예이다. 그런데 이중에서 무량사·법주사·만복사지

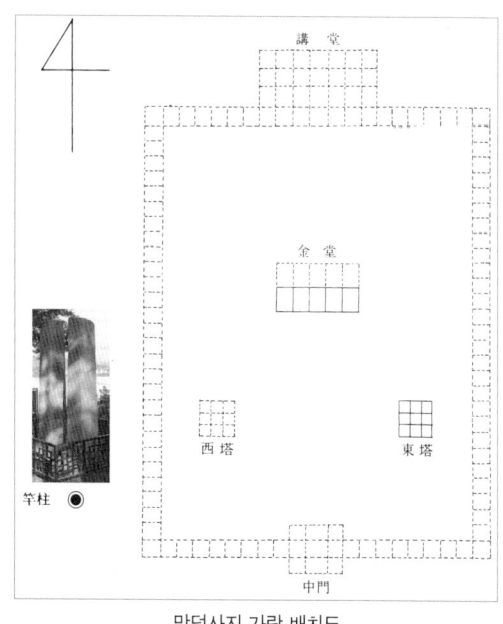

망덕사지 가람 배치도

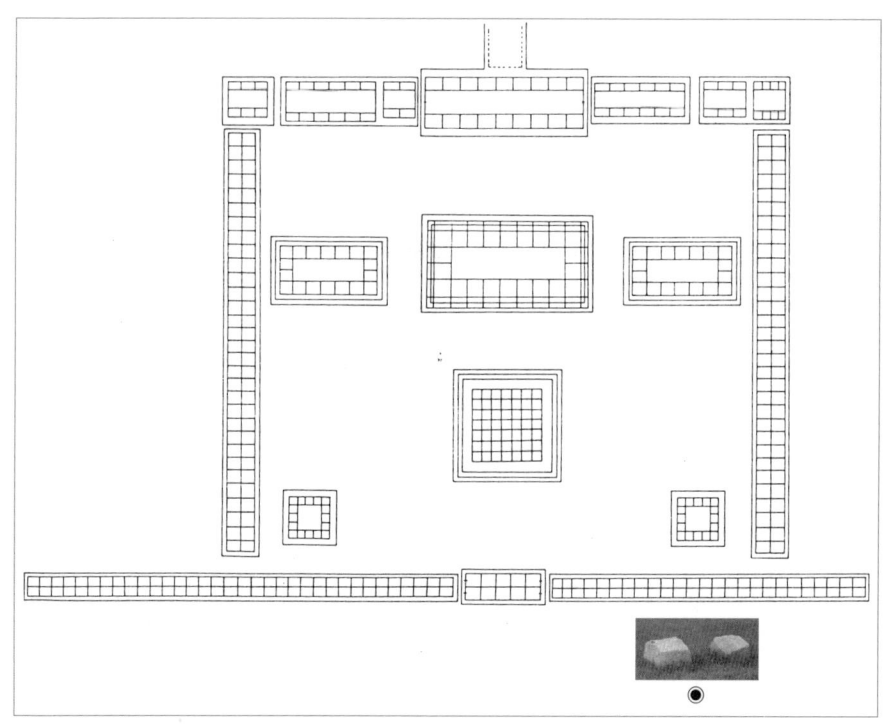

황룡사지 가람 배치도

미륵사지 가람 배치도

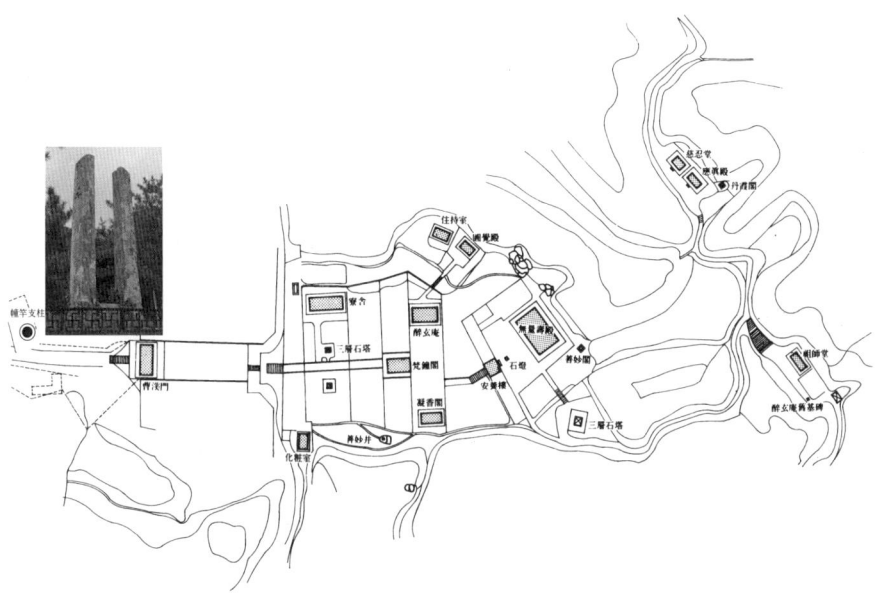

부석사 가람 배치도

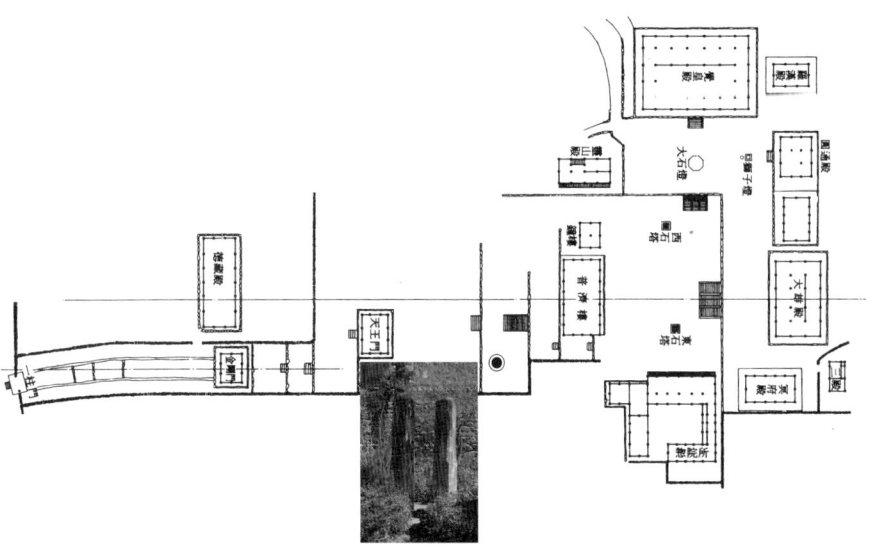

화엄사 가람 배치도

5장 당간지주의 특성 241

금산사 가람 배치도

칠장사 가람 배치도

당간지주 등이 경내와 연접하여 있다. 그러나 최초 건립 시에는 경내로 들어가는 입구였을 것이다. 그리고 나머지 당간지주들도 경내로 들어가는 진입공간으로 추정되는 자리에 세워져 있다. 이와 같이 통일신라시대에 이어 고려시대에도 당간과 당간지주는 경내로 들어가는 진입공간에 배치되었음을 알 수 있다.

당간과 당간지주의 배치 및 상대 방향은 원래는 사찰의 입지와 가람 배치에 따라 결정되었음을 알 수 있다. 즉, 당간지주는 가람 상에서 진입공간에 배치되었으며, 상대 방향은 일정한 원칙이 있었던 것은 아니고 사찰의 축선 방향과 입지 조건에 따라 다양함을 알 수 있다.

통일신라시대에서도 비교적 이른 시기에 건립된 당간지주들은 경내로 들어가는 중문을 중심으로 좌우측에 배치된 경우가 많았다. 특히 평지 사찰의 경우 그러한 양상이 확연하게 드러난다. 그러다가 많은 사찰들이 산지에 세워지고, 가람들도 지형에 따라 배치가 이루어지면서 당간지주도 경내로 들어가는 입구에서 적당한 위치를 택하여 세우게 된다. 이러한 배치법은 고려시대까지 꾸준하게 계승된다. 현재까지 법등이 이어지는 사찰들은 일주문 등 다른 건물들에 비하여 뒤쪽으로 배치된 경우가 있다. 이러한 것은 창건 이후 수차례 불사를 진행하면서 진입공간에 새로운 건물들이 앞으로 추진되어 건립되면서 나타난 현상이다. 최초에는 경내로 들어가는 바로 입구에 세워졌을 것이다.

그런데 중국은 입구에 배치된 경우도 있지만 대부분이 경내나 주요 법당(法堂) 앞에 1기 또는 2기가 세워져 있다. 조선 후기에 일반화되는 괘불지주와 같은 배치법을 보이고 있다. 이와 같이 중국과 다르게 한국의 당간과 당간지주는 일률적으로 경내가 아닌 경내로 들어가는 입구인 진입공간에 배치되었다. 이것은 당과 당간의 상징성이 중국보다 높게 인식되었음을 간접적으로 시사하는 측면이다.

진입공간은 사찰에서 중심공간으로 들어가는 통로로서 중심공간으로 향하는 불도들에게 신앙심을 불러일으켜 불심을 유도하는 곳이기도 하다. 또한 사바세계와 불세계를 구분하는 곳이기도 하고, 사바에서 불세계로 들어가는 입구이기도 하다. 이러한 이유로 진입공간에는 조선시대에 들어와 불세계에 대한 인식과 신성성을 유도하고 강조하기 위하여 새로운 건물들이 들어서게 되었다. 이러한 공간에 당간과 당간지주를 배치하였다는 것은 당과 당간의 의의와 관련되어 있

돈황석굴 61호굴 오대산 전경의 좌면(서쪽 남단)

돈황석굴 61호굴 벽화(大建安寺)

돈황석굴 61굴 서벽 남측 대청량사(大淸凉寺) 전경

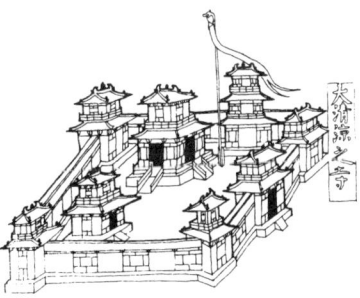

5장 당간지주의 특성 245

돈황석굴 61굴 서벽 남측 대금□사(大金□寺) 전경

돈황석굴 61굴 서벽 남측 벽화(大王子寺)

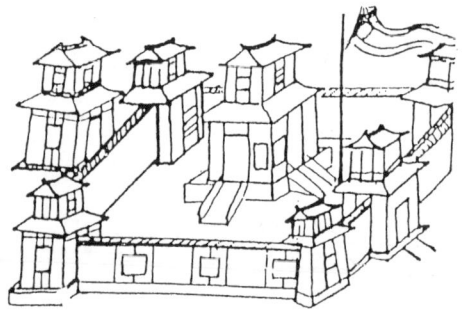

오대산 대왕자사(大王子寺) 벽화

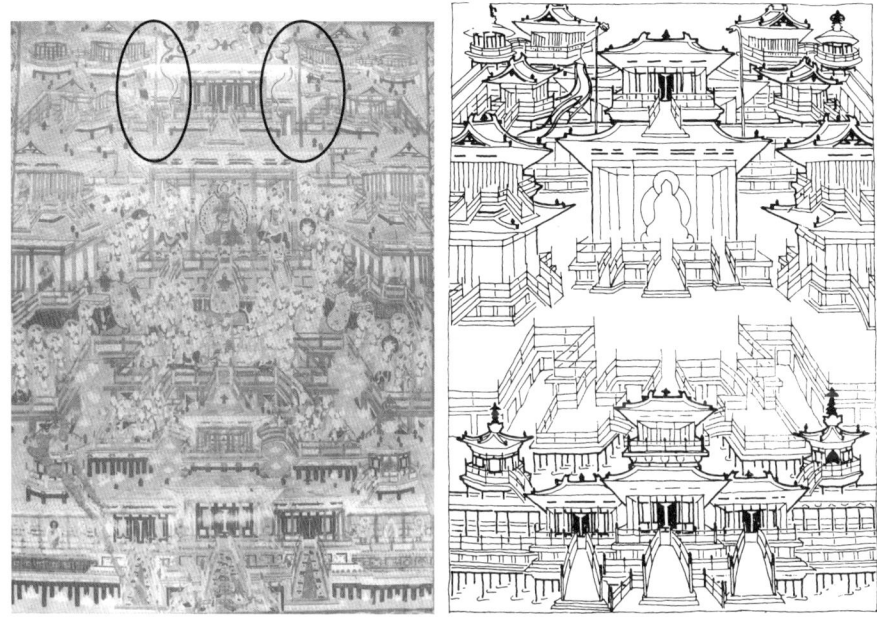

돈황 막고굴 146호굴 북벽 사원 벽화

돈황석굴 61굴 북벽 벽화

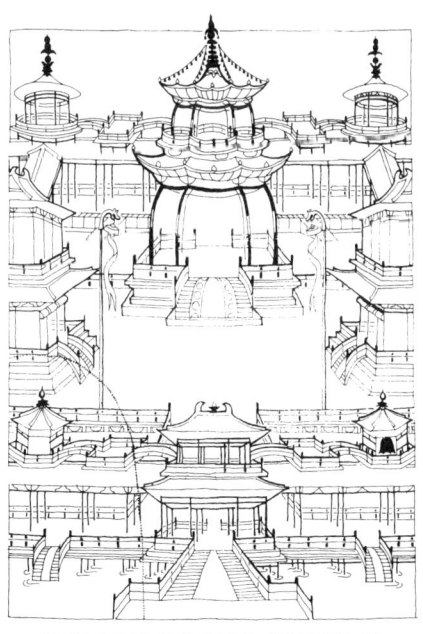

돈황 막고굴 361호굴 북벽 사원 벽화(中唐)

5장 당간지주의 특성　247

서순성전의 수녕사(西巡盛典 卷 15의 壽寧寺, 淸 嘉慶 연간, 총 4폭 중 3)

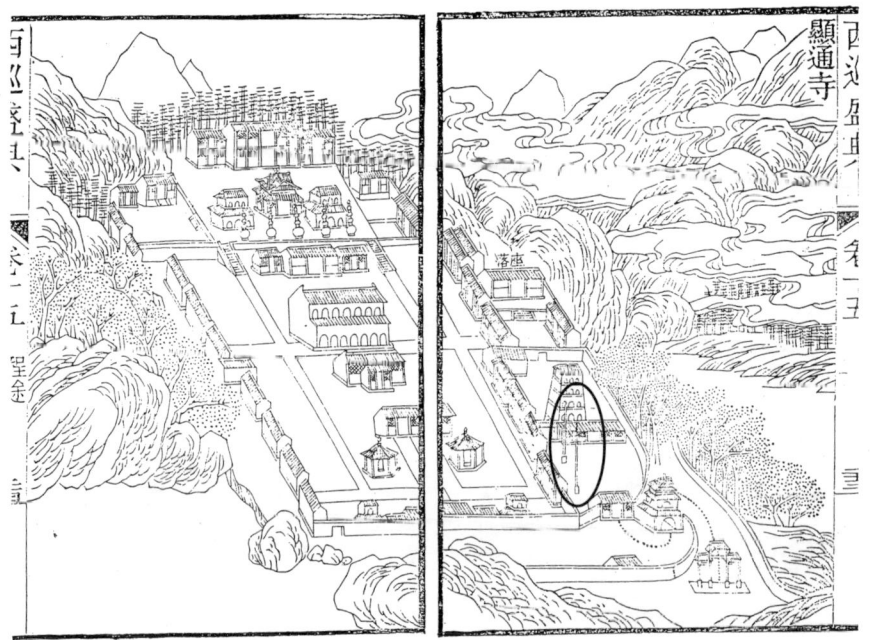

서순성전의 현통사(西巡盛典 卷 15의 顯通寺, 淸 嘉慶 연간, 총 4폭 중 4)

는 것으로 보인다. 당과 당간이 사찰로 들어서는 불도들의 시야를 고려하여 배치함으로써 불가의 세계로 들어선다는 인식을 유도하며, 신성한 중심공간에 대한 암시를 주고, 세속적인 세계와의 경계를 상징하여 불심을 갖도록 유도하는 1차적인 역할을 한 조형물이었음을 알 수 있게 한다.[9]

이와 같이 당간과 당간지주는 사찰의 전체적인 건축 공간과 그것이 갖고 있는 상징적인 의미를 고려하여 적합한 위치에 배치되었음을 알 수 있다. 또한 당간과 당간지주는 통일신라시대에서 고려시대까지 가람의 주요 조형물로서 전체적인 가람의 조영에서 그것이 내포하고 있는 의의가 중요하게 고려되어 그 위치가 결정되었던 것으로 보인다. 특히 폐사지의 경우 당간지주의 상대방향은 가람들의 배치를 추정하는 중요 기준이 될 수 있다는 점에서 중요하다고 할 수 있다.

2. 당간지주의 분포와 특징

당간과 당간지주는 중국 당나라의 영향을 받아 수도였던 경주를 중심으로 건립되기 시작한 조형물이었다. 물론 그 이전에도 불전(佛殿)에 번이나 당을 장엄하는 전통은 있었지만 정형화(定型化)된 당간과 당간지주가 본격적으로 건립되기 시작한 것은 통일신라 초기인 것으로 추정된다.

그래서 통일신라시대 당간지주는 경주를 중심으로 하여 전국적으로 분포하고 있다. 특히 경주 지역을 중심으로 다양한 양식의 당간지주가 집중적으로 분포하고 있는데, 이러한 것은 당시 불교가 신라 수도를 중심으로 성행하였으며, 사찰의 조영과 경영이 경주를 중심으로 이루어졌음을 알 수 있게 한다. 일연은 『삼국유사』에서 신라의 경주에는 일찍이 불교가 불꽃같이 퍼져 '절들이 별처럼 퍼져 있고, 탑이 기러기처럼 늘어서 있다.'고[10] 기록하였다. 당시 경주에는 기록이나

---

9) 嚴基杓, 「統一新羅時代의 幢竿과 幢竿支柱 研究」, 『文化史學』 6·7호, 韓國文化史學會, 1997, p. 82.
10) 『三國遺事』 第3卷, 興法 第3, 原宗興法·厭髑滅身.

현재 남아있는 절터만 해도 수십 개 이상이 확인되듯이 도성 안팎에 수많은 사찰들이 세워졌다. 사찰이 도시 경관에서 차지하는 비중이 상당하였으며, 그 중에서도 높게 설치된 탑과 함께 당과 당간이 중요한 경관 요소로 작용하였을 것이다.

고려시대에도 국초부터 수도인 개경을 중심으로 사찰의 창건이 이루어지면서 많은 당간과 당간지주가 개경 일대를 중심으로 건립된다. 이것은 불교의 중심지가 경주에서 개경으로 이동하였음을 방증해 준다. 그리고 고려시대에는 당간과 당간지주가 개경을 중심으로 하여 경기와 충청권에 많이 건립되는 양상을 보인다. 이것은 사찰의 창건과 같은 불사(佛事)가 이 지역을 중심으로 성행하였음을 간접적으로 알려준다.

그리고 통일신라시대에는 경주를 중심으로 다양한 양식의 당간지주가 건립되면서 지방으로 확산되는 양상을 보인다. 즉, 당간과 당간지주의 건립이 수도였던 경주에서 시원하여 전국 각지로 전파되었다. 사찰들은 도시에서 일정한 공간을 차지하며, 많은 불도들이 드나드는 당시로서는 활성화된 공간이었다. 이러한 사찰들의 입구에는 당간과 당간지주가 건립되어 있었다. 현재 경주 일대에서 사찰명을 알 수 있는 대부분의 사찰에 당간이 건립되어 있었음이 당간지주로 확인되고 있다. 경주에 소재하였던 사찰로『삼국사기』나『삼국유사』등에 기록된 황룡사, 망덕사, 사천왕사, 보문사, 불국사, 삼랑사, 남간사 등 국가적으로 중요한 사찰에 당간과 당간지주가 건립되어 있었다. 이외에도 경주 일대에는 사찰명은 알 수 없지만 다량의 당간지주가 확인되고 있어 7세기 중후반경에서 8세기까지 크게 성행한 조형물이었음을 알 수 있다.

그리고 당간지주의 양식은 몇 가지 계열이 주류를 형성하면서 건립되었는데, 경주 일대를 중심으로 집중 분포하는 양상을 보이고 있다. 이것은 경주 일대에 소재한 사찰들이 당간과 당간지주를 건립하려는 발원(發願)이나 불사에 적극적인 관심을 가지고 있었음을 반영한다고 볼 수 있다. 이러한 양상은 곧바로 지방에 소재한 사원으로도 급속히 확산되었다. 이에 따라 통일신라시대 새로 창건되는 사찰을 비롯하여 기존에 있었던 사찰 중에서 비교적 규모가 큰 사찰을 중심으로 당간과 당간지주를 세우게 된다. 화엄종을 중심으로 하는 교종 계열의 사찰에서 이러한 경향이 두드러지게 나타난다. 교종계열 사찰 중 각 지방에서 불교 신앙의

【지도-1】 통일신라시대 당간지주 분포도

중심에 있었던 사찰들은 당간이 건립되었음을 오늘날까지 남아있는 당간지주로 알 수 있다. 지방에 소재한 대표적인 사찰 중에서 부석사, 화엄사, 해인사, 단속사, 동화사, 숙수사, 미륵사, 갑사, 법수사, 중초사, 금산사 등 이외에도 사찰 명을 알 수 없는 수많은 사찰에서 당간과 당간지주를 건립하였다.

한편 고려시대에는 통일신라시대의 당간지주로부터 영향을 받아 전국적으로 많은 양이 건립되는데, 당간지주의 건립이 수도였던 개경에 집중되는 양상을 보이기도 하지만 지방에 소재한 사찰들도 창건이나 중건 시 당간지주가 건립된다. 즉, 수도에서 지방으로 확산되는 것이 아니라 동시에 건립되는 양상을 보인다. 이것은 통일신라시대 사찰 가람의 영향으로 고려시대 들어와 전국 사찰에서 당간지주의 건립이 보편화되었음을 시사한다.

고려시대에는 통일신라시대 당간지주처럼 정교하고 세련된 치석 수법보다는 단순하면서도 웅장한 당간지주가 많이 건립된다. 통일신라 초기에 건립된 것으로 추정되는 사천왕사지·망덕사지·경주 구황동 당간지주 등은 간결하고 소박한 치석 수법을 보인다. 즉, 당간지주의 치석 수법이 당을 걸기 위한 당간을 견고하게 고정하려는 기능적인 측면에 치중되었다. 그러다가 점차 기능뿐만 아니라 화려한 장식 수법이 가미된 당간지주가 건립되기 시작한다. 이러한 양상은 당간지주를 치석하는 기술이 발전되었음을 알 수 있다. 이러한 당간지주로는 8세기 중후반경 경주 지역에 건립된 심광사지·불국사·경주 동천동 당간지주 등이 대표적이다. 이후 지방에 소재한 사찰들도 경주 지역에 건립된 화려한 당간지주의 영향을 받아 9세기 말경까지 양식적으로 친연성을 보이는 당간지주가 전국 각지에 건립된다. 예를 들어 단속사지·부석사·비로사·고령 지산동 당간지주 등이다. 이러한 양상은 당시 장식적 경향을 보이는 석조미술의 양식적 흐름과 일맥상통하고 있다. 이것은 당간과 당간지주가 가람의 필수적인 조형물로 발전되면서 장식적인 경향과 상징성이 강화되어 갔음을 보여주는 것이라 하겠다. 따라서 당간지주도 불교문화의 발전과 맥을 같이 하고 있으며, 불교문화가 중앙에서 지방으로 전파되었음을 알려준다.

그리고 통일신라시대에는 불사가 왕이나 왕실의 발원(發願)으로 이루어지는 경우가 많았기 때문에 당간과 당간지주의 건립도 이들과 연관된 경우가 많다. 이에 따라 경주 지역에 건립된 당간지주로부터 강하게 영향을 받은 당간지주들이 가까운 지방에 소재한 경우가 많다. 즉, 지방에 소재한 당간지주도 경주에 있는 당간지주와 치석과 장식 수법이 강한 친연성을 보이며, 간공과 간구의 시공 수법도 동일한 양상을 보인다. 이러한 당간지주로는 통일신라 말기까지 지방을 중심으로 꾸준하게 건립된 삼랑사지나 미륵사지 당간지주 계열을 들 수 있다. 물론 부분적으로 치석과 장식 수법이 차이를 보이기는 하지만 전체 양식은 일맥상통하고 있다. 이것은 중앙에서 파견된 장인들에 의하여 치석되거나 건립되었을 가능성을 높게 시사한다. 또한 지방과 중앙이 일정한 연대 속에 불교문화의 발전이 이루어졌음을 알려준다. 이러한 사실은 827년 중초사지 당간지주 건립 시 황룡사(皇龍寺)의 절주통 항창화상(節州統 恒昌和尙)이 깊게 관련되어 있었다는[11] 사실에서 유추해 볼 수 있다. 또한 대안사(大安寺)에 살생을 금하는 당을 세울 것을 국왕이 허락하였다는 사실에서도 당간을 세워 당을 거는 것이 왕이나 왕실 등 중앙과 밀접하게 관련되어 있었음을 간접적으로 시사한다.

그런데 고려시대에는 당간지주의 양식이 전체적으로 친연성을 보이기는 하지만 지방에 소재한 당간지주의 경우 다른 형식이 많다. 또한 당간이나 당간지주를 치석하거나 당간을 고정하는 방법도 다른 경우가 많다. 이것은 기록이 남아있지 않아 구체적인 양상을 알기는 어렵지만 당간과 당간지주가 그 지방 세력의 후원으로 건립된 경우가 많았고, 이에 따라 중앙에서 파견된 장인이 아니라 지방에 소재한 장인에 의하여 건립되었을 가능성이 높음을 간접적으로 시사한다. 이러한 사실은 962년 건립된 용두사 철당간이 김예종(金芮宗)과 김희일(金希一) 등 청주 지역 호족의 후원으로 건립되었다는 것에서 알 수 있다. 그리고 고려시대에 접어들어 각 지방의 불사는 중앙정부의 지원도 있지만 해당 지역의 세력가나 지방민들의 참여와 후원으로 이루어지는 경우가 많았다. 대표적으로 각 지방을 중심으로 활동한 향도(香徒)가 참여하여 불사가 진행된 개심사지 오층석탑과 이천 장암리 태평흥국명 마애보살반가상[12] 등이 있다. 이에 따라 전대(前代)에 비하여

---

11) 「中初寺 幢竿石柱記」(韓國古代社會硏究所 編, 『譯註 韓國古代金石文』 III, 駕洛國史蹟開發硏究院, 1992).
12) 嚴基杓, 「利川 太平興國銘磨崖菩薩坐像에 대한 考察」, 『文化史學』 20호, 한국문화사학회, 2003.

【지도-2】 고려시대 당간지주 분포도

다양한 형식과 양식의 석조미술품들이 조성되는데, 당간지주도 이러한 변화가 반영되면서 지역별로 특징적인 양식을 보이는 경우가 많다. 예를 들면 부안 서외리 석당간, 무량사 당간지주, 미륵리사지 당간지주, 고창 흥덕 당간지주, 만복사지 당간지주, 원주 봉산동 당간지주 등이 당시 개경에 건립된 당간지주들과는 구별되는 양식을 보이고 있다. 그러나 중앙 정부와 밀착되었던 사찰들은 당간지주의 양식이 개경에 건립된 당간지주들과 친연성을 보이고 있다. 예를 들어 숭선사지 당간지주는 불일사지 당간지주, 보원사지 당간지주는 영통사 당간지주, 춘천 근화동 당간지주는 광법사 당간지주와 강한 친연성을 보이고 있다.

이와 같이 당간지주는 통일신라시대에 경주를 중심으로 다양한 양식이 건립되면서 각 지방으로 전파되었고, 고려시대에는 개경이나 각 지방에서 치석 수법이 다른 당간지주가 건립되었다. 그런데 형식이나 양식에서 친연성을 보이는 당간지주들은 다른 석조 조형물들과 마찬가지로 비교적 가까운 거리에 위치하고 있다.[13] 특히 지방에 소재한 당간지주들 중 건립 시기가 비슷하고 가깝게 위치하고 있을 경우 그 양식이 강한 친연성을 보인다.

통일신라시대 건립된 부석사·비로사·숙수사지 당간지주 등은 소백산 일대를 중심으로 분포된 당간지주로 치석과 장식 수법이 경주 지역으로부터 영향을 받았지만 서로 강한 친연성을 보이고 있다. 또한 송림사·죽장사지·동화사·부인사지 당간지주 등은 팔공산 일대를 중심으로 분포된 당간지주이다. 이들 당간지주들은 경주 지역에 건립된 당간지주들과 세부 수법에서 차이가 있지만 전체적인 양식은 기본적으로 경주 지역에 건립된 망덕사지·사천왕사지·삼랑사지 당간지수 등으로부터 영향을 받아 새로운 수법이 적용되어 혼합된 양상을 보이고 있다. 그런데 이와 같이 동일한 양식의 당간지주가 일정한 지역을 중심으로 분포하고 있다는 것은 비슷한 시기에 동일 장인 집단에[14] 의하여 건립되었을 가

---

13) 엄기표, 『신라와 고려시대 석조부도』, 학연문화사, 2003, p. 563.
14) 동일 장인 집단이란 치석 수법 등과 같이 조성이나 제작 수법 등을 공유하거나 모든 동일한 장인들을 통칭하여 이르는 개념으로 사용하였다. 장인들의 기술은 전수되는 경향이 짙다. 따라서 장인들의 기술로 표출되는 미술품은 전수해주고 전수받는 과정에서 조금씩 변화를 거치게 되고 새로운 형식이나 양식이 창출되기도 한다. 이와 같이 전수해주고 전수받는 장인 집단을 모두 아우르는 의미로 사용하였다.

능성이 있는 것으로도 추정된다. 이외에도 경주로부터 상당히 떨어져 있는 미륵사지·금산사·공주 반죽동·구룡사지 당간지주 등이 양식적으로 강한 친연성을 보인다. 이것은 이들 당간지주가 경주 지역에 건립된 당간지주로부터 영향을 받아 건립되었지만 이 지역을 중심으로 성행한 당간지주로 동일 장인 집단에 의하여 건립되었을 가능성을 시사한다.

이러한 양상은 고려시대 건립된 당간지주에서도 확인할 수 있다. 먼저 남한강을 끼고 있는 사찰들에 건립된 숭선사지·법천사지·봉업사지 당간지주 등이 양식적으로 강한 친연성을 보인다. 그리고 법주사와 괴산 외사리 당간지주가 친연성을 보이며, 춘천 근화동과 홍천 희망리 당간지주가 비슷한 치석 수법을 보이고 있다. 또한 용두사지·천흥사지·홍성 동문동 당간지주 등이 기단은 차이를 보이지만 지주부는 치석과 장식 수법에서 강한 친연성을 보인다. 이와 같이 가까운 지역에 분포한 당간지주들은 그리 멀지 않은 시기에 이전에 건립된 당간지주를 모방하여 건립하였거나 동일 장인 집단이 이동하면서 건립하였을 가능성을 시사한다. 이러한 사실로 보아 당간과 당간지주를 건립하는 기술은 다른 석조 미술품들과 마찬가지로 장인들에 의하여 그 기술이 전수되면서 발전하거나 새로운 형식이나 양식이 창출되기도 하였던 것으로 추정된다.

한편 당간과 당간지주의 건립과 성행, 사찰에서의 유무 등을 당시 불교계의 변화와 연계하여 시론적으로 제시해보고자 한다.

통일신라시대에 들어와 사찰에서 당간과 당간지주를 건립하는 것은 가람 상에서 한 요소로 자리 잡았다. 적어도 8세기 중후반에서 9세기 전반기에는 당간과 당간지주가 사찰에서는 반드시 필요한 조형물이었다. 그런데 당간과 당간지주는 일반적으로 화엄종(華嚴宗)을 표방한 사찰들을 중심으로 처음에는 경주 지역을 중심하여 건립되다가 지방으로 확산되는 경향을 보인다. 이후 통일신라 중기를 거치면서 말기까지 교종계열(敎宗系列)의 사찰들을 중심으로 대대적으로 성행하게 된다. 당간과 당간지주가 건립되어 있는 사찰들을 교종과 선종으로 명확하게 구분할 수는 없지만 구산선문(九山禪門) 등 통일신라 말기에서 고려 초기까지 선종을 표방한 사찰에서 당간지주가 드물게 선립된 것만은 사실이다. 선종 사찰들은 일부를 제외하고 당간지주가 건립되지 않았던 것으로 보인다. 또는 원래 건립되어 있었는데, 남아있지 않는 것으로도 보이지만 기록이나 실물이 남아있지 않은 것으로 보아 선종 사찰들은 원래부터 당간지주를 많이 세우지 않았던 것으로 보인다.

이와 같이 당간과 당간지주가 모든 사찰에 수용된 것은 아니며, 특히 선종계열의 사찰들은 이를 적극적으로 받아들이지 않았다. 이것은 당시 불교계의 변화와 아울러 이해되어야 할 것이다. 즉, 불교계의 새로운 변화가 가람 상에 어느 정도 반영되고 있었음을 짐작하게 한다. 선종은 8세기 중후반 경부터 서서히 유입되기 시작하여 9세기인 통일신라 말기 각 지방을 중심으로 크게 성행한다. 특히 선종이 통일신라 말기 지방 호족들의 이념과 어울리면서 지방에 소재한 사찰에서 성행하기 시작하자 교종계열의 사찰들은 이전과는 달리 적지 않게 위축되었을 것이다. 물론 교종 사찰들의 전면적인 위축은 아니었지만 이전에 비하여 상대적으로 입지가 약화된 것은 사실이었을 것이다. 선종은 점차 지방의 호족들과 연계되어 그들의 경제적 지원을 받으면서 소위 구산선문을 중심으로 세력을 넓혀갔고,[15] 상대적으로 교종은 위축될 수밖에 없었을 것이다. 이에 따라 교종 계열의 사찰들이 불교계에서의 위상을 만회하기 위한 노력의 일환으로 당간과 당간지주를 대대적으로 건립한 것으로도 추정된다. 그리고 선종이 성행하면서 상대적으로 교종이 위축되고 이전보다 약화되는 경향을 보이자 교종 사찰의 권위와 위엄을 높이고 상징성을 나타내기 위한 방편으로 당간과 당간지주를 기존에 사찰뿐만 아니라 새롭게 창건되는 사찰들에서 필수적으로 건립하는 조형물이 되었던 것으로 짐작된다. 그래서 신라말기와 고려 초기에 많은 양의 당간이 전국 교종계열의 사찰들을 중심으로 건립된 것이 아닌가 한다. 어쩌면 당간과 당간지주의 대대적인 건립은 선종의 유입과 성행에 대한 반대급부적인 측면을 가지고 있었다고도 할 수 있다.

이와 같이 당간과 당간지주는 통일신라 중기부터 화엄종 계열의 사찰에서 대대적으로 성행한다. 당시 화엄종 사찰을 대표하는 화엄십찰 중에서 현재까지 확인이 되지 않고 있는 2~3개의 사찰들을 제외하고는 모두 당간지주를 건립하였다. 또한 황룡사, 불국사, 법수사, 장의사 등과 같이 대표적인 화엄종 계열의 많

---

15) 鄭性本,「新羅禪宗의 諸問題」,『新羅禪宗의 硏究』, 민족사, 1995, p. 246.

은 사찰에서 당간지주를 건립하였다.16) 물론 시기가 흐르면서 선종계열의 사찰들도 당간과 당간지주를 세우기는 한다. 그러나 각 산문을 대표하는 고승들이 머무르면서 선종의 중심적인 역할을 하였던 사찰들은 당간과 당간지주를 세우지 않았다. 이와 같이 화엄종 계열의 사찰에서는 당간지주를 대대적으로 건립하였지만 선종 계열의 사찰에서는 세우지 않거나 꺼렸다는 점이 주목된다.17)

구산선문 중에 하나였던 실상사(實相寺)에도 당간지주가 건립되지 않았던 것으로 보인다. 실상사에 머문 증각대사 홍척(證覺大師 洪陟)과 수철화상(秀澈和尙)이 신라 왕실과 밀착 관계에 있었다. 당간과 당간지주가 통일신라시대에 들어서면서 건립되기 시작하여 고려 전기까지 전국 대부분의 사찰에서 성행한 조형물이었고, 실상사는 증각대사 홍척이 개창한 이래 통일신라시대부터 지리산 일대와 호남지역의 중심적인 사찰이었다. 따라서 대부분의 사찰들이 당간지주를 세워 사찰의 위상을 높이려 했던 당대의 정황으로 보아 당연히 당간지주가 건립되어야 순리이다. 그러나 실상사에는 당간지주가 남아있지 않으며, 선종을 표방한 사찰이었기 때문에 당간과 당간지주가 건립되지 않았던 것으로 추정된다.18) 그리고 18세에 황해도 귀신사(鬼神寺)로 가서 화엄경의 교법을 듣기도 하였지만 교종에 비판적인 견해를 피력한 철감선사 도윤(澈鑒禪師 道允 : 798~868)이 세운 쌍봉사와 무량수사(無量壽寺)에서 화엄을 읽고 외우다가 교종이 진실이 아님을 알고 중국 유학길에 올랐다가 들어온 대경대사 여엄(大鏡大師 麗嚴 : 862~930)이 머문 보리사(菩提寺)에도 당간지주는 건립되지 않았던 것으로 확인되고 있다. 따라서 당간을 세우는 것이 화엄종의 종파적 특성이고 교종 계열의 사찰을 중심으로 이루어졌기 때문에 선종을 강력하게 표방한 승려나 사찰들은 당간을 세우기를 꺼렸거나 배제하였던 것으로 추정된다.

그러나 대부분의 선사들이 교종에 대하여 부정하거나 비판적인 자세를 견지하

---

16) 화엄종 계열의 사찰들은 金相鉉 교수와 金福順 교수가 제시한 사찰들을 위주로 검토하였다.
　　金相鉉, 『新羅華嚴思想史硏究』, 民族社, 1991.
　　金福順, 『新羅華嚴宗硏究』, 民族社, 1990.
17) 선종계열의 사찰들은 구산선문과 신라말에서 고려 초기까지 선종의 중심적인 역할을 하였던 20여개의 사찰들을 대상으로 하였다.
18) 嚴基杓, 「全北地域 幢竿과 幢竿支柱」, 『順天大博物館誌』 2호, 순천대학교 박물관, 2000, p. 68.

지는 않았다. 오히려 화엄사찰에서 구족계를 받고 화엄학을 수학하면서 화엄종에 대한 친밀감과 이해를 높였던 것은 사실이며, 최근에 연구에 의하면 당시 교종과 선종이 대립적인 관계가 아니라 상호 보완적인 관계를 유지하면서 발전한 것으로 이해되고 있다. 그래서 선종 사찰에서도 점차 당간과 당간지주가 건립되는 양상을 보이거나 교종 사찰들의 가람 조영법을 수용하기도 하였던 것으로 추정된다. 선종 사찰을 대표하는 구산선문 중에서 성주사(聖住寺)와[19] 굴산사(崛山寺)[20] 등이 당간지주가 건립되어 현존하고 있다. 성주사는 낭혜화상 무염이 머물면서 대대적인 중창과 아울러 왕실과 밀접한 관련을 가지고 있었다. 따라서 성주사는 경주 지역에 있는 사찰들과 많은 교류가 있었을 것으로 사료된다. 이에 따라 선종사찰이었지만 경주 지역 사찰의 영향을 받아 당간지주가 건립된 것으로 추정된다. 그리고 굴산사는 경주 지역에서 상당히 떨어진 사찰로서 명주 지역 호족들과 밀착되어 있었으며, 통일신라 말기에 선찰로서 대대적으로 중창되었다. 그런데 굴산사는 대대적으로 중창되면서 사찰의 위상을 표상할 필요성이 있었을 것이며, 이미 당간지주가 교종 사찰을 중심으로 성행하여 그 사찰의 위상이나 경계를 나타내고, 사찰의 위치를 표시해주는 표식적 기능 등을 하였다. 이에 따라 대부분의 사찰이 당간지주를 건립하는 시대적 배경에 의하여 굴산사에도 당간지주가 건립되었을 가능성이 높은 것으로 추정된다.

한편 고려 전기에는 당간과 당간지주가 교종과 선종 등 종파를 초월하여 선립되는 조형물이 된다. 이러한 배경에는 여러 가지가 있었을 것으로 보인다. 먼저 선종이 들어오기 전 신라의 불교는 교종 중심이었다. 특히 초기의 선종 승려들은 대부분이 교종 사찰에 의탁하거나 출가를 하였다. 그리고 선승들은 처음에는 화엄 승려들을 스승으로 받들며 수학하기도 하였다. 구산선문을 개창한 선사들 대

---

19) 聖住寺址에는 당간지주가 남아있다고 보고 되어(文明大,「聖住寺址 實測調査」,『佛敎美術』2, 동국대 박물관, 1974, p. 13)있으나 아직까지 필자는 확인하지 못하였다. 당시의 간략한 보고 내용을 보면 별다른 장식이 없는 소박한 양식이라고 하였다, 1998년 충남대 박물관에서 간행한 발굴 보고서에도 당간지주는 보고 되지 않았다(충남대 박물관,『聖住寺』, 1998).

20) 崛山寺址에 남아있는 당간지주는 한국에서 제일 규모가 크다. 필자도 처음에는 선학들의 의견을 따라 통일신라 초기로 편년하였으나 최근에 굴산사의 연혁, 굴산사가 강원도 관동지방에서 선종사찰의 중심적인 역할을 수행했었다는 점, 당간지주의 양식으로 보아 고려 전기에 건립된 것으로 추정된다. 추후 발굴이 이루어진다면 구체적인 건립 시기를 알 수 있을 것으로 기대된다.

부분이 화엄종 사찰에서 출가하거나 강의를 들은 경우가 많았다. 이에 따라 선승들도 화엄종에 대한 이해와 조예가 깊었던 것으로 보인다. 동리산문(桐裏山門)을 개창한 적인선사 혜철(785~861)도 15세에 부석사(浮石寺)에 머물며 화엄경 강의를 듣고 구족계를 받았으며, 사자산문의 개조(開祖)라 할 수 있는 철감선사 도윤도 처음에는 화엄학을 공부하였다. 홍각선사 이관(弘覺禪師 利觀 : ?~880)도 대표적인 교종 사찰이었던 해인사에 가서 수행을 하였다. 실상산문의 수철화상도 구족계를 받은 뒤에 화엄학을 공부하였다고 한다. 이것은 선종 출신의 승려지만 화엄학에도 많은 관심을 가지고 있었으며, 그 인식 정도가 상당하였음을 간접적으로 시사한다. 희양산문을 개창한 지증대사 도헌(智證大師 道憲 : 824~882)은 부석사로 가서 불교를 배웠으며, 화엄학에 조예가 깊었던 것으로 나타나고 있다.[21] 성주산문을 개창한 낭혜화상 무염(朗慧和尙 無染 : 800~888)도 중국으로 유학하여 화엄을 접하고 수학하였으며, 선각국사 도선(先覺國師 道詵 : 827~898)도 지리산 화엄사에 들어가 화엄경을 수학하였다. 사자산문의 실질적인 개창자라 할 수 있는 징효대사 절중(澄曉大師 折中 : 826~900)도 15세에 부석사로 들어가 화엄경을 수학하였다. 낭공대사 행적(朗空大師 行寂 : 832~916)은 해인사에서 수학하며 화엄경을 통달하였다고 하며, 낭원대사 개청(朗圓大師 開淸 : 834~930)도 출가한 후 화엄경을 수학한 후 구족계를 받았다.

 이와 같이 당대 불교계의 중심적인 위치에 있었던 대부분의 선사들이 처음에는 화엄학을 수학하였다. 따라서 선사들도 화엄종에 대한 인식과 이해를 바탕으로 화엄종 계열의 사찰 가람에 대한 지식을 가지고 있었다. 이것은 선사들도 교종 사찰의 주요 특징인 당간과 당간지주의 상징성과 그 배치법에 대한 인식이 있었음을 알 수 있게 한다.

 9세기 전반기에 대표적인 화엄사찰이었던 해인사, 부석사, 화엄사 등도 선종이 들어와 교선일치의 성향에 입각하여 선종의 수행법을 일정부분 수용하는 자세를 보인다. 한편 무량사와 부인사도 대표적인 화엄종 사찰이었다. 그러나 이들 사찰들도 9세기 중반이후부터 선종의 수행법을 조금씩 수용하면서 선종으로 기

---

21) 曹庚時, 「新羅下代 華嚴宗의 構造와 傾向」, 『釜大史學』 13집, 부산대 사학회, 1989, p. 58

울어가는 경향을 보인다. 또한 화엄종 사찰에서도 서서히 선사들을 포용하는 양상이 나타나고 있다. 즉, 대표적인 교종 사찰이었던 해인사의 창건주 순응(順應)이 우두선(牛頭禪)을 행하고 있어 교선일치적(敎禪一致的) 경향을 서서히 보이고 있다. 또한 2대 주지였던 이정(利貞)도 당시 대표적인 화엄종 승려였는데, 일찍이 해인사에서 여러 선승들과 교류하였던 것으로 나타나고 있다.[22]

이와 같이 전형적인 선승(禪僧)이거나 선종 사찰이라 하더라도 화엄종을 수학하였거나 화엄학에 대한 높은 식견을 가진 선승들이 많았다. 또한 대부분의 선승들이 출가하기 전에는 유교 경전을 읽었고, 불문(佛門)에 들어와서는 화엄학을 익히고, 다시 수행을 거듭하면서 선종으로 전향하는 것이 일반적이었다. 그리고 구족계를 받은 이후 선승으로 전향하기까지 대부분 교종 사원을 중심으로 활동하는 것이 일반적인 현상이었다.[23] 또한 선종 승려라 하더라도 교종에 대하여 반감이나 대립보다는 원융이나 상호 보완적인 입장을 견지하였다.

따라서 선종 계열의 사찰 가람도 교종 계열의 사찰 가람 조영 방식으로부터 영향을 받거나 수용하였을 것이다. 또한 처음에는 선종을 표방하고 창건되었으나 시대가 흐르면서 사찰의 책임을 맡은 주지가 화엄종 경향을 지닌 승려가 부임하

성주사지 전경　　　　　　　　　　　굴산사지 당간지주

---

22) 추만호, 「나말려초 선사들의 선교양종 인식과 세계관」, 『國史館論叢』 52집, 國史編纂委員會, 1994, pp. 204~205.
23) 許興植, 「靈巖寺 寂然國師碑」, 『高麗佛敎史硏究』, 一潮閣, 1986, p. 619.

면 교종 사찰의 가람 조영 방식을 수용하기도 하였을 것이다. 그리고 점차 시간이 흐르면서 가람 상에서 당간과 당간지주를 건립하는 것은 불상이나 석탑을 조성하는 것과 같이 일반화되어 갔을 것이다. 따라서 교종 사찰뿐만 아니라 선종 사찰에서도 당간과 당간지주를 세우게 된 것으로 추정된다. 그러나 당간과 당간지주가 선종계 사찰보다는 교종계 사찰에서 많이 건립되었음은 주목되는 사실이라 할 수 있다.

3. 당간지주의 건립

당간은 통일신라 초기부터 사찰의 입구에 본격적으로 등장하는 조형물이었다. 통일신라 초기에 건립되어 있었던 규모가 비교적 큰 사찰뿐만 아니라 초창되는 사찰에서 새롭게 등장하여 가람의 한 구성 요소로 자리 잡게 된다. 당간과 당간지주는 그 이후부터 고려시대까지 꾸준하게 가람에 세워지는 조형물이 되었다. 통일신라 말기에 선종이 유입되어 성행하면서 선종 본찰(本刹)이나 일부 선종계열 사찰을 제외하고 대부분의 사찰에서 건립되었던 것으로 추정된다. 이러한 당간과 당간지주는 중국 불교의 영향으로 건립되기 시작하였지만 고대 한국 불교만이 가지는 독특한 성격으로 동양의 다른 불교국보다 월등하게 성행하였다.

당간과 당간지주는 그 구조물들이 간단하지만 다른 불교 조형물에 비하여 당간을 높게 세웠기 때문에 건축기술적인 측면에서도 고도의 기술을 필요로 하였을 것이다. 당간지주는 석주형의 길다란 하나의 돌로 만들어졌으며, 특히 석당간의 하단부는 동일석(同一石)으로 치석되는 경우가 많았기 때문에 원석(原石)을 채취하는 데에도 많은 정성과 노력이 요구되었을 것이다.

현재 당간과 당간지주를 세우는 기간이나 제작 과정을 알려주는 기록은 없다. 다만 중초사지 당간지주의 명문이 돌의 채석이나 제작 기간, 시주자와 관련된 약간의 사실을 전하고 있을 따름이다. 이중에서 당간지주의 건립 기간과 관련된 내용만을 보면 826년 8월 6일 중초사 동쪽에서 쪼개진 2개의 돌을 채석하였다고 한다. 아마도 당간과 당간지주를 세우기로 발원한 후 두 지주석을 마련하기 위하여 미리부터 천공작업(穿孔作業) 후 쐐기목을[24] 박아놓았던 것으로 보인다. 그리고 8월 28일 쪼개진 2개의 돌을 완벽하게 분리하기 위한 작업이 시작되어 원석을 채취한 후, 9월 1일 당간지주가 세워질 지점에 옮겨진 것으로 보인다. 즉, 두 지주는 평면 사각 석주형(石柱形)으로 길게 마련되므로 원석도 긴 형태로 채취한 후 세워질 지점으로 옮긴 다음 본격적으로 치석하기 시작하였을 것이다. 그래서 중초사지 당간지주는 다음해인 827년 2월 30일 완성되었다고 한다. 당간과 당간지주가 완공되었음을 의미하는 날짜일 것이다. 즉, 원석을 채취한 후 6개월 정도의 작업 기간이 소요되었음을 알 수 있다. 다만 작업 과정에서 몇 명이 인원이 투입되었는지는 알 수 없다. 여기서 당간을 세우는 것이 고도의 기술을 필요로 하여 많은 기간이 요구되지만 당간지주는 다른 석조 조형물에 비하여 구조적으로 간단하기 때문에 그리 오랜 공사 기간이 필요치 않았을 것이다. 필자는 당간과 당간지주를 건립하는 과정을 대략적으로 다음과 같이 추정하고 있다.

먼저 당간을 세우기 위해서는 사찰 가람에서의 위치를 정하여 시주자들을 모집하고, 공사에 참여할 장인들을 선정하여 세부적인 계획을 세운 다음 설계도를 작성하였을 것이다. 그런 다음 당간과 당간지주를 세우는데 소용될 원석과 철을 구하고, 책임자의 건립 계획에 따라 돌을 치석하고 철통을 만들기 위한 주조 계획을 세웠을 것이다. 기단과 간대, 지주부의 치석이 끝나면 당간지주를 세울 지점을 깊게 파서 두 지주를 세우고 큰 돌이나 잡석으로 견고히게 고정한 다음 흙을 메운다. 그리고 두 지주 하단부에 기단과 간대석을 결구한다. 두 지주를 견고하게 세운 이후에는 주변에 흙을 쌓고, 비계목을 올린다. 그리고 당간지주 주변에 석당간이나 철통을 올릴 준비를 한다.

목당간(木幢竿)일 경우에는 당간부를 치목하여 결구한 후 곧바로 세워 간구나 간공에 간을 연결하여 고정한다. 석당간(石幢竿)일 경우에는 하단부 당간을 간대석과 당간지주에 고정시킨 후 비계목을 올리고 상부 당간을 하나씩 올려 결구해

---

24) 石工들 사이에 전하는 바에 의하면 돌을 쪼개기 위하여 천공에 박았던 쐐기목으로는 대추나무가 많이 활용되었다고 한다(권오달, 『익산지역의 석조미술과 돌 다루기』, 익산문화원, 2001, p. 144).

나간다. 철당간(鐵幢竿)일 경우에는 철심(鐵心)을 세우고 하단부 철통을 간대석에 단단하게 고정한 후 비계목을 세우고 하단부터 철통의 순서에 따라 결구해 올린다. 철당간은 각각의 철통을 철심에 연결하는 별도의 작업을 하며, 간공과 간구 높이에서는 간을 연결하여 견고하게 고정하는 작업도 병행한다. 당간부는 나무, 돌, 철통을 끼워 맞춰 올라가면서 당간을 높이 세웠을 것이다. 당간과 당간지주의 건립 과정에서 당간을 세우는 과정이 가장 힘든 작업이고 오랜 기간이 걸렸을 것이다.

통일신라시대와 고려시대의 당간지주를 보면 간구와 간공을 마련하는 수법이 다양하다. 간공과 간구의 시공 수법에 따라 당간부를 세우는 방법이 조금씩 달랐을 것이며, 당간부의 재료도 차이가 있었을 것으로 추정된다.

첫 번째로 간구만 마련한 지주는 두 지주를 세운 다음 당간을 세워 간구에 간(杆)을 끼워 고정하였을 것이다. 당간부는 간대석과 간구, 즉 상하 2곳에서만 고정된다. 이러한 당간부 고정 방법은 고려 초기에 건립된 당간지주에서 많이 나타나고 있다. 당간부 고정 방법으로 보아 목당간이나 철당간일 경우에 많이 활용된 수법으로 보인다. 두 번째로 관통된 간공과 간구를 마련한 지주는 두 지주를 세우고, 당간을 세우면서 한쪽 방향에서 관통된 간공으로 간을 끼워 고정하였을 것이다. 따라서 목당간이 세워졌을 가능성이 높은 것으로 추정된다. 세 번째로 관통되지 않은 간공과 간구를 마련한 지주이다. 이러한 지주는 통일신라와 고려 초기에 건립된 지주들에서 많이 확인되는데, 당간과 당간지주를 건립하는데 가장 고도의 기술이 요구되었을 것이다. 이들의 당간부는 두 지주를 세워놓고 당간을 결구하여 올리면서 간을 간공이나 간구에 끼워 고정하였을 것이다. 그리고 간공 상단부가 경사지게 깎인 경우가 있는 것으로 보아 당간을 세운 후 간을 위에서 아래로 끼워 고정하였음도 알 수 있다. 즉, 두 지주를 세워놓고 당간을 올리면서 간을 지주부에 끼운 다음 당간이 견고하게 지탱될 수 있도록 고정 시설을 마무리하였을 것으로 짐작된다. 이러한 시공 수법은 특히 석당간이나 철당간을 세울 경우 많이 사용되었을 것으로 추정된다.

당간을 모두 올리고 나서는 꼭대기에 장엄적인 성격이 강한 장식을 올린다. 그리고 당간과 당간지주 주변에 설치된 비계목이나 흙을 제거한 후 도르래에 걸친 줄을 활용하여 번이나 당을 꼭대기에 달아 휘날리도록 걸었다. 이때 번이나 당을 거는 것을 기념하여 법회를 열었을 것이며, 많은 사람들은 예불을 올리면서 공덕을 쌓았을 것이다.

중초사지 당간지주 조사 전경

영양 현일동 당간지주 문화재 안내판

4. 당간지주의 쇠퇴와 괘불지주

통일신라시대에서 고려시대까지 전국 각지에 건립된 당간과 당간지주는 고려 말기부터 서서히 쇠퇴하기 시작하여 조선시대에 들어와서는 거의 건립되지 않는다.[25] 이러한 양상은 불교계의 변화 등 여러 가지 요인들이 복합적으로 작용한 결과이다.

먼저 불교계의 위축을 가장 먼저 들 수 있을 것이다. 조선은 건국되면서부터 유교를 적극적으로 표방하였다. 조선중기까지 불교적인 전통이 연면히 계승되기는 하였지만[26] 불교계는 조선시대에 들어서면서 신라나 고려시대에 비하여 상당히 위축된다. 또한 사찰뿐만이 아니라 승려들의 신분도 상당히 하락하며, 왕실이나 귀족세력들과 밀착되어 있었던 사원들은 서서히 관계가 약화되어 간다. 조선 전기 세조대에 적극적인 불교 정책이 펼쳐지기도 하였지만 전반적으로 불교계는 전대에 비하여 중앙 정부에 의한 지원이 줄어들었다. 또한 사찰의 규모나 승려들의 수를 줄이기 위한 정책이 펼쳐지는 등 쇠퇴의 일로에 있었다.

그러나 조선 전기에도 불교는 종교로서 많은 사람들로부터 신앙되고 있었다. 조선 정부가 승려들의 수를 제한하고자 한 것은 승려들의 질을 향상시키고 중앙 정부의 통제 하에 두기 위한 것이기도 하였다. 도첩제(度牒制)는 공식적으로 승려로서 인정해주고 그들의 질을 향상시키고자 하는 의도가 강하였다. 이와 같은 조선 정부의 정책으로 인하여 불교계가 전대에 비하여 위축되거나 성행하지 못한 것은 분명한 사실이지만 사찰이 완전히 폐쇄되거나 명맥을 유지하지 못한 것은 아니었다. 불사가 전대에 비하여 성행하지 못했을 뿐이지 간헐적인 불사는 이루어졌다. 그러한 측면을 반영이라도 하듯 조선 전기에도 석탑, 불상, 석조부도

---

[25] 당간지주의 쇠퇴를 일주문과 연결시켜 이해하는 경우도 있다. 일주문과 당간지주가 가람상에서 그 위치와 기능이 어느 정도 상통하는 점이 있기 때문에 당간지주의 역할을 일주문이 대체해 나갔다는 의견이다. 그러나 당간지주와 일주문이 사찰의 진입 공간에 배치된다는 점은 유사하지만 그 의미나 상징, 기능 등 여러 가지 점에서 다른 측면이 있어 면밀한 검토가 요구된다(홍병화, 「朝鮮時代 山門體系를 通해 본 一柱門 硏究」, 명지대학교 문화재학과 석사학위논문, 2002, pp. 25~26).

[26] 황인규, 『고려후기 조선초 불교사 연구』, 혜안, 2003, p. 19.

등 불교미술품이 조성되었다. 그런데 대부분의 불사가 왕이나 왕실의 발원으로 이루어졌으며, 왕과 밀접한 관계를 가졌던 승려들을 중심으로 석조부도가 건립되었다. 또한 불사가 전국에 걸쳐 동시 다발적인 양상을 보이지는 않는다.

이와 같이 조선시대에는 일시적으로 불사가 성행하기도 하지만 전반적으로 중앙정부가 직접 나서서 억불숭유(抑佛崇儒)와 억승정책(抑僧政策) 등을 지속적으로 표방하였다. 이에 따라 불사는 왕이나 왕실의 발원 등 극히 제한적으로 이루어졌다. 또한 조선 전기에는 승려들의 수를 줄이기 위하여 출가하려는 자에게 경제적 부담을 지우기도 하고, 함부로 출가하지 못하도록 통제하기 위하여 제도적 장치를 마련하기도 하였다.[27] 그리고 전국 사찰 교단의 규모를 정리하고 줄여 나가는 정책 등이 시행되면서 승려들의 수는 줄을 수밖에 없었다. 따라서 불교계가 위축되면서 사찰의 위상은 격하되었을 것이다. 이에 따라 사찰의 신도가 감소하고, 사세(寺勢)가 축소되었으며, 사찰 소유의 땅이나 재산이 축소되었을 것이다. 따라서 불사가 진행될 수 있는 사찰의 경제적 기반은 급격하게 약화되었을 것이다. 특히 가람 상에서 신앙의 대상으로 석탑이나 불상 등에 비하여 상대적으로 떨어지는 당간과 당간지주의 건립은 퇴색되어 갈 수밖에 없었을 것이다.

그리고 불교계의 위축에 따른 종파와 사상의 변화를 들 수 있을 것이다. 이러한 변화가 가람 상에서 당간과 당간지주와 같은 조형물을 세우지 않게 만드는 배경이 되기도 하였을 것이다. 신라와 고려시대에는 불교가 발전하면서 크게 교종과 선종이 주류를 이루었지만 교리나 사상, 법맥(法脈) 등에 의하여 다양한 종파가 있었다. 이러한 종파들은 중앙정부의 특별한 통제나 개입이 없이 시대의 성행에 따라 새로운 종파가 성행하거나 형성되었다. 그런데 불교계는 조선시대에 들어와 위축됨과 아울러 중앙 정부의 직접적인 개입에 의하여 수개의 종파로 흡수 통합내지는 정리되는 양상을 보인다. 나아가 각 종파에 따라 사찰을 제한하여 지정하기도 하였다. 이러한 일련의 정책도 불교계를 축소시키고 중앙정부의 통치 체제하에 두려는 목적이 있었다.

조선 초기에는 불교 종단이 조계종·화엄종·천태소자종·천태법사종·자은

---

[27] 金煐泰,「朝鮮前期의 度僧 및 赴役僧 문제」,『佛敎學報』32집, 동국대 불교문화연구원, 1995, pp. 5~15.

종·남산종·시흥종·중도종·신인종·총지종·중도종 등 크게 11개의 종파로 나뉘어져 있었다. 이후 태종대가 되면서 11개의 종파는 조계종·천태종·화엄종·자은종·중신종·총남종·시흥종 등[28] 7개의 종파로 축소되고 각 종파에 따라 사찰을 지정한다. 이에 따라 나머지 사찰들은 철폐되거나 자연적으로 폐사되는 경우가 많았다. 그러다가 1424년 세종대에는 조계종·천태종·총남종을 합하여 선종으로 하고, 화엄종·자은종·중신종·시흥종을 합하여 교종으로 만들었다. 그리고 불교 교단의 규모가 양종 36사(寺)로 줄어들면서, 전국 승려의 총수가 3,770명으로 제한되기도 하였다. 이러한 변화는 불교계가 얼마나 위축되었는지를 단적으로 보여준다. 이에 따라 새로운 사찰의 창건은 거의 이루어지지 않았을 것으로 보이며 기존 사찰이 법등을 이어나가는 것도 어려웠을 것이다. 따라서 당간과 당간지주의 건립은 극히 어려운 상황이었을 것이다.

다음으로 예배나 법회와 같은 신앙 활동 시 예불의 주요 대상이 변화되었다는 측면을 들 수 있을 것이다. 신앙 활동에 있어서 주요 대상의 변화는 가람의 변화와 아울러 불사에도 많은 영향을 미치는 요소라 할 수 있다. 조선 전기에는 불교계가 위축되면서 새로운 사찰이 창건된 경우가 거의 없었기 때문에 당간과 당간지주의 건립도 찾을 수 없다.

그런데 조선 후기인 17세기에 접어들면서 불교계는 새로운 움직임을 보이기 시작한다. 임진왜란과 병자호란 등을 겪으면서 당시 승려들을 중심으로 불교계가 보여준 호국불교로서의 대응은 불교의 위상과 승려들의 사위를 격상시키는 역할을 하였다.[29] 이에 따라 전란 이후 폐허화된 사찰뿐만 아니라 전국에 소재한 많은 사찰들이 불사를 진행하는 등 불교계는 재도약하는 계기가 마련된다. 또한 불교계가 새롭게 정비되어 고승들이 사회 전면에 등장하면서 왕이나 왕실을 비롯한 권력층들과 일정한 유대관계를 형성하며, 지도적인 역할을 하기도 한다. 그래서 불교계는 17세기 중반기를 지나면서 고려시대 못지않게 비약적으로 발전한다. 이에 따라 그러한 변화를 반영하듯 많은 불상들이 조성되고, 법당이 창건되

---

28) 『太宗實錄』卷14, 7年 丁亥 12月, 辛巳.
  曹溪宗 24寺, 天台宗 17寺, 華嚴宗 11寺, 慈恩宗 17寺, 中神宗 8寺, 摠南宗 8寺, 始興宗 3寺로 정리된다.
29) 吳京厚, 「17世紀 佛國寺古今創記와 湖南의 寺刹事蹟記」, 『新羅文化』 19집, 2001, p. 121.

거나 중수되며, 각종 불서(佛書)들이 찬술되었다. 이와 같이 전국에 소재한 사찰들을 중심으로 각종 저술 작업과 편찬 사업이 성행하고, 사적기가 찬술된 것으로 보아 불교계가 크게 중흥하기 시작하였음을 알려준다. 또한 승려들의 묘탑(墓塔)인 석조부도가 대대적으로 세워지고, 불화가 크게 성행한다. 특히 신앙의 대상이 불상과 불화로 집중되면서 많은 불상과 불화가 조성된다.

이와 같이 불교는 국가 재난을 겪은 이후 조선 전기의 기복적(祈福的)인 신앙뿐만 아니라 나라의 안녕이나 재난을 타개하고 기원하는 사회적인 사상으로 변화된다.[30] 이에 따라 많은 사람들이 사찰로 운집하게 되었고, 대규모 법회 시에 사용될 신앙의 대상물이 요구되었다. 즉, 법회 시 번이나 당을 걸어 사찰의 위상을 나타내기 보다는 나라의 안녕이나 재난을 타개하는 대규모 법회가 많아지고, 이에 많은 신도들이 운집함에 따라 구심점 역할을 할 수 있는 새로운 신앙의 대상이 요구되었을 것이다. 이에 따라 대형의 불화인 괘불(掛佛)이 등장하게 되었던 것으로 추정된다. 물론 고려시대에도 대형의 불화가 조성되기는 하였지만 그 목적은 달랐다. 괘불은 야회 법회 시 걸기 위한 목적으로 조성되었다. 불화 제작 기술의 발전은 야외 의식에 사용할 괘불을 조성할 수 있는 배경이 되었을 것이다.

괘불은 국가에 천재지변이 생겼을 때나 기우제(祈雨祭), 수륙재(水陸齋), 예수재(預修齋), 영산재(靈山齋) 등 신도들이 야외에서 큰 법회나 의식 시에 모시는 신앙의 대상물이 되었다.[31] 야외 법회나 의식 시에 사용되는 순수한 의미의 괘불이 제작되기 시작한 시기는 정확하게 알 수 없지만 현재 남아있는 유물들로 보아 17세기에 들어와 크게 성행하기 시작하였다. 조선 후기 대규모 법회의 증가에 따라 괘불의 조성은 대규모 사찰뿐만 아니라 전국에 산재한 작은 사찰까지 대대적으로 성행한다. 이러한 변화는 조선 후기에 와서 성행하는 괘불지주(掛佛支柱)의 대대적인 건립을 가져오는 직접적인 원인이 되었다.

이와 같이 17세기 이후 대규모 법회의 증가와 괘불의 조성은 이를 걸어 의식을 거행할 수 있도록 하는 괘불지주의 건립을 수반하게 되었다.[32] 이와 같이 괘불지

---

30) 李英淑, 「朝鮮後期 掛佛幀 硏究」, 동국대학교 대학원 미술사학과 박사논문, 2003, p. 69.
31) 윤열수, 『괘불』, 대원사, 1990, p. 10.
32) 사찰의 입구에 세워지는 당간지주가 조선후기 대웅전 앞이나 사찰의 중심공간에 배치되어 세워지는

주는 괘불의 조성과 함께 나타나기 시작하였고, 괘불의 성행과 함께 성행하게 되었다. 통일신라시대에서 고려시대까지 건립된 당간과 당간지주의 기능적인 측면은 조선 후기 주요 법당 앞이나 중심공간에 세워지는 괘불지주로 이행되었다고 할 수 있다.

괘불지주는 당간이나 당간지주와 그 형식은 유사하지만 건립 목적이나 그 의의는 전혀 다르다고 할 수 있다. 괘불지주는 당·당간·당간지주가 하나의 일치체(一致體)로서 갖는 상징성이나 의의는 거의 없고, 법회 시 주요하게 활용되는 괘불을 걸기 위한 시설물이었다. 즉, 당간과 당간지주가 가지고 있는 상징성은 상쇄되거나 퇴색하고, 당간을 고정하기 위한 당간지주의 역할이 많이 강조된 것이 괘불지주이다. 그리고 종교적인 측면에서도 당간은 꼭대기에 불법(佛法)을 수호하는 용의 모습을 형상화하여 당간지주가 그것을 받치는 역할을 하지만, 괘불지주는 괘불을 걸기 위한 기능성이 중시되었고

부석사 괘불(1745년)

괘불지주와 그 형식은 유사하지만 신앙적인 측면과 나아가 기능이나 역할에 있어서 분명하게 차이가 나기 때문에 용어와 명칭이 구분되어야 할 것이다. 필자는 掛佛支柱가 幢竿支柱와는 달리 그것을 세우는 위치나 목적 등이 확연히 다르기 때문에 정확하게 구분해서 불러야 한다고 생각한다. 幢竿支柱는 幢을 걸기 위한 것이고, 掛佛支柱는 掛佛을 걸기 위한 시설물이기 때문이다.

신앙의 대상성도 괘불에 만 있었다. 따라서 괘불지주와 간주(竿柱) 자체는 예배의 대상이 못된다.

이와 같이 괘불지주는 당간과 당간지주처럼 정형화되거나 장엄적인 성격이 내포되어 있는 것이 아니라 괘불을 걸기 위한 기능적인 측면이 중시되고 있다. 즉, 두 지주를 일정한 간격으로 땅에 묻고, 그 사이에 나무로 된 대형의 간(竿)을 세운 다음 고정하기 위하여 간공에 간(杆)을 연결시킨다. 지주부의 치석 수법도 거칠고 조잡하여 장식적인 측면은 거의 없다.[33] 그리고 당간과 당간지주는 사찰의 입구에 세워 그 꼭대기에 번이나 당을 달아 그 성격이나 의의가 분명하다. 그런데 괘불지주는 법회가 이루어지는 중심공간의 주요 법당 앞에 세워지며, 평상시에는 사용되지 않다가 괘불을 걸 때만 사용된다. 이와 같이 괘불지주가 당간과 당간지주를 모방하여 건립되었지만 당간지주와 괘불지주는 그 기능이나 성격이 분명하게 다르다고 할 수 있다.[34]

화성 용주사 괘불지주

범어사 대웅전 앞 괘불지주 1

---

33) 여수 興國寺 掛佛支柱와 같이 표면에 龍을 새겨 守護의 의미를 담고 있는 경우도 있다.
34) 그런데 회암사지나 봉선사 괘불지주, 범어사 대웅전 앞에 건립된 괘불지주는 괘불을 걸기 위한 시설보다는 당이나 번을 달기 위한 용도로 세워진 것으로 추정된다. 괘불은 대형이기 때문에 간주가 2군데에

범어사 대웅전 앞 괘불지주 2

나주 불회사 괘불지주

여수 흥국사 괘불지주(1677년)

함평 용천사 괘불지주(1688년)

설치되는데 이들은 1개의 간주만 설치하여 세우도록 하였다. 따라서 조선 전기까지 당이나 번을 중국 사원들처럼 사찰 내에 걸었던 것으로 보인다. 따라서 이들에 대한 면밀한 검토가 요구되기는 하지만 괘불지주보다는 당간지주의 성격이 짙은 것으로 추정된다.

적천사 괘불지주 명문(1702년)

강진 정수사 괘불지주(1708년)

완주 송광사 괘불지주

미황사 괘불지주

대흥사 천불전 앞 괘불지주

대흥사 대웅전 앞 괘불지주

성농사 괘불지주

제천 신륵사 괘불지주

순창 강천사 괘불지주

합천 해인사 괘불지주

화순 쌍봉사 괘불지주

나주 암정리 괘불지주

진주 청곡사 괘불지주(18C)

예산 간량사지 괘불지주

예산 간량사지 괘불지주 간공

6장

시대별 당간과 당간지주

1. 통일신라시대

(1) 사천왕사지 당간지주(四天王寺址 幢竿支柱)

사천왕사지는 경주 낭산(狼山)의 남쪽 낮은 구릉에 위치하고 있다. 이 사찰은 신라가 당나라군을 불력(佛力)으로 물리치기 위하여 창건한 사찰로 전해진다. 당시 문무왕(661~681)은 명랑법사(明朗法師)로 하여금 절을 짓게 하고, 비법(秘法)을 행하여 당나라군이 타고 오는 배를 바다에 침몰케 하였다.[1] 사천왕사가 자리 잡은 신유림(神遊林)은 미추왕(味鄒王) 이래 전불시대(前佛時代) 7대 가람터의 하나로 전해졌다. 특히 선덕여왕 때에는 이 곳이 바로 도리천이라 하여 신성시되었고, 유명한 신라의 조각가 양지(良志)가 예술적 기량을 발휘한 곳이기도 하다. 신라 멸망 직전에는 사천왕사 오방신(五方神)이 쥔 궁현(弓弦)이 끊어져 멸망의 징후가 나타났다고 한다. 이러한 사실은 사천왕사가 신라의 호국 사찰로서 중요한 위치에 있었음을 짐작케 한다. 현재 대략적으로 확인된 사천왕사지의 규모는 동서 약 110m, 남북 약 120m이다, 사지 한가운데로 철로가 지나가고 있으며,[2] 지금도 사지 일대에 건물지, 초석, 목이 잘린 2기의 귀부[3] 등이

사천왕사지 전경

---

1) 『三國遺事』 卷 2, 紀異 2, 文虎王法敏.
2) 일제 강점기에 호국 사찰이었던 사천왕사와 낭산의 지맥을 갈라놓기 위하여 금당지와 강당지를 가로지르는 철로가 개설되었다고 한다(동국대 경주캠퍼스 편, 『慶州狼山遺蹟調査』 古蹟調査報告 第 1 册, 1985, p. 49).
3) 현재 사천왕사지 입구에는 목이 잘린 2基의 龜趺가 동서로 배치되어 있다. 귀부 중 서귀부가 원위치에서 다소 이동된 것으로 추정되기도 하였다(朝鮮總督府, 『大正十一年度 古蹟調査報告』 第一册, 1924, p. 16). 그리고 사천왕사지에서 귀부의 위치로 보아 당간지주는 현재 개설되어 있는 도로나 그 앞쪽에 있었을 가능성이 높다. 또한 2기의 귀부는 사천왕사의 성격으로 보아 사천왕사의 사적비 또는 당나라를 물리친 공적비 등을 세울 때 활용되었던 것으로 추정된다.

남아있다.

　당간지주는 사지로 들어가는 입구에 동서로 세워져 있는데, 1928년 사천왕사지 부근 민가 옆에 있었던 것을 옮겨 세운 것이라고 한다.[4] 서쪽지주는 간공 부위가 절단되어 결구한 흔적이 있다. 기단과 간대석은 남아있지 않다. 두 지주의 하부는 내면을 제외하고 지면에서 일정한 높이(현 62cm)까지 상부보다 1단 높게 치석하였다. 이것은 지주 하부를 굵게 하여 지주의 안정감과 견고성을 주기 위한 치석 수법으로 보인다. 지주의 각 면은 고르게 다듬었으며 별다른 장식은 없다. 다만 지주 외면 외곽 모서리(너비 4cm)를 좁게 깎았으며, 정상부는 내면에서 외면으로 나가면서 부드러운 호선(弧線)을 그리도록 하였다.

　당간을 고정시키는 간공은 상·중·하 3곳에 마련하였으며, 지주 내면 꼭대기에 마련되는 간구는 시공되지 않았다. 간공은 59cm 간격을 두고 모두 관통되어 시공되었다. 하부 간공은 사각형(14×10cm), 중간 간공은 원형(지름 11cm), 상부 간공은 사각형(12×9cm)으로 간공의 평면 형태에 변화를 주었다.

사천왕사지 당간지주(1929년)[5]

사천왕사지 동 귀부

사천왕사지 서 귀부

4) 藤島亥治郞, 「慶州を中心とせる新羅時代幢竿支柱論」, 『史蹟名勝天然記念物』 제8집 제11호 별쇄, 1933, p. 3.
5) 藤島亥治郞, 『朝鮮建築史論』, 景仁文化社, 1982. p. 49

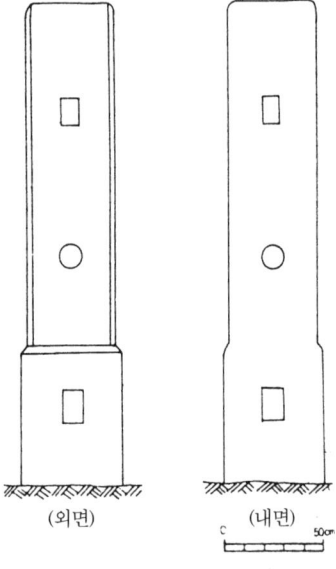

사천왕사지 당간지주   사천왕사지 당간지주 도면

    당간지주의 하단부가 어느 정도 묻혔는지 확인할 수 없어 전체적인 규모는 알 수 없지만 지주의 너비와 폭이 그리 크지 않은 것으로 보아 소규모 지주였던 것으로 보인다. 또한 사천왕사가 불력(佛力)으로 당나라군을 물리치기 위하여 갑자기 세워진 사찰이었으므로 장식이 많고 치석 수법이 뛰어난 대규모 당간지주를 세울 충분한 여유가 없었을 가능성도 있다. 어쨌든 사천왕사는 기록에 의하면 679년(문무왕 19)에 완공된 사찰이었다.[6] 당간지주도 사천왕사가 창건되기 시작하여 가람의 면모를 갖추어 나갈 때 배치되었을 가능성이 높기 때문에 7세기 후반경에 건립된 것으로 추정된다. 당간지주의 치석과 간공 시공 수법 등이 초기적인 형식과 양식을 보이고 있어 주목되는 자료이다.

---

6) 『三國史記』卷 7, 新羅本紀 7, 文武王 19年.

(2) 망덕사지 당간지주(望德寺址 幢竿支柱)

당나라는 유인궤를 계림도총관으로 하여 신라를 공격하였으나 패하고 만다. 이에 화가 난 당나라 고종은 김인문(金仁問)을 옥에 가두고 신라를 침략하게 한다. 이 소식을 들은 신라는 명랑법사로 하여금 사천왕사(四天王寺)를 짓게 하고 문두루비법(文豆婁秘法)을 행하자 신라를 침략하던 당나라 배들이 바다에서 모두 침몰하고 만다. 이런 소문을 들은 당나라는 사실 여부를 확인하려고 신라에 사신을 보낸다. 신라는 사신에게 사천왕사를 보이지 않고 속이기 위하여 685년 그 옆에 급히 새로운 절을 짓게 되는데 바로 망덕사이다.[7] 이후 692년(효소왕 1) 절을 정식으로 짓기 시작하여 697년에 완공하였다.[8] 755에는 망덕사의 탑이 흔들렸는데, 이것은 당나라에서 안록산(安祿山)의 난이 일어났다고 전하는 신호였다고 한다.

망덕사지는 일제 강점기에 조사가 이루어졌으며,[9] 이후 1969년과 1970년 2차에 걸쳐 발굴되었다. 그 결과 전형적인 쌍탑 가람배치로 확인되었다. 현재 절터에는 동서 목탑지와 금당지, 강당지, 중문지, 회랑지 등이 남아 있다. 또한 발굴 결과 당간지주 위치가 서탑지에서 서남쪽 30m 지점인 것으로 조사되어 원위치가 아닌 것으로 추정되기도 한다.[10]

두 지주는 현재 논 가운데에 있는 높은 축대 위에 동서로 마주 서있다. 현재 기단과 간대석은 결실되었으며, 서쪽지주 정상부가 약간 파손되어 있는 상태다. 지주부는 전체적으로 별다른 장식이 없는 단순 소박한 양식이다. 외면 외곽 모서리는 상단부에서 154cm 되는 부분까지만 깎았으며, 정상부는 내면에서 외면으로 나가면서 부드러운 호선(弧線)을 형성하도록 치석하였다. 당간을 고정하는 간

---

7) 『三國遺事』 卷 2, 紀異 2, 文虎王法敏.
8) 창건 연대는 『三國史記』와 『三國遺事』의 기록에 차이가 있다. 『三國史記』 卷 8, 新羅本紀 卷 8, 神文王 5年條에는 685년(신문왕 5)에 창건되었다고 하며, 『三國遺事』 5卷, 感通 7, 感通眞身受供條에는 692년(효소왕 1)에 짓기 시작하여 697년에 완공하였다고 한다.
9) 藤島亥治郞, 「朝鮮建築史論」, 景仁文化社, 1982, pp. 65~75.
  米田美代治, 「慶州·望德寺の硏究」, 『朝鮮と建築』 19卷 4號, 朝鮮建築會, 昭和 15年 4月(1940년).
10) 朴洪國, 「慶州地方 幢竿支柱의 硏究」, 『慶州史學』 4, 동국대 경주캠퍼스 국사학회, 1985, p. 9.
  당간지주는 일제 강점기 조사 때에는 추정 중문지 남쪽 앞에 세워진 것으로 보았다(藤島亥治郞, 『朝鮮建築史論』, 景仁文化社, 1982, p. 70).

(杆)은 지주 내면 꼭대기에 U형의 간구(杆溝 : 10×8cm, 깊이 11cm)를 마련하여 끼우도록 하였다.

이와 같이 망덕사지 당간지주는 각 면을 고르게 다듬었으며, 전체적으로 소박한 인상을 주고 있다. 당간지주는 망덕사의 연혁과 치석 수법으로 보아 사찰이 초창되어 면모를 갖추어나간 7세기 말경(692~697년)에 건립된 것으로 추정된다. 또한 경주 지역에서 본격적으로 당간지주가 성행하기 전의 석주형(石柱形) 양식을 보이고 있는 점에서 주목된다.

망덕사지 당간지주(1922년)[11]

망덕사지 당간지주(1928년)[12]

망덕사지 당간지주

---

11) 朝鮮總督府, 『大正十一年度古蹟調査報告』第一册, 1924.
12) 藤島亥治郎, 『朝鮮建築史論』, 景仁文化社, 1982. p. 70.

(3) 황룡사지 당간지주(皇龍寺址 幢竿支柱)

황룡사지 남문 앞쪽으로 넓은 공간이 있는데, 그곳 동편에 당간지주 1기가 위치하고 있다.[13] 이곳은 황룡사 중심 사역으로 들어가기 위해 통과해야 하는 진입 공간이다. 현재 1기가 동편에 치우쳐 있는 것으로 보아 원래는 미륵사지와 같이 황룡사가 대찰이었던 것으로 보아 동서에 2기가 배치되었을 가능성도 있다. 두 지주는 하단부 간공 부위에서 절단되어 결실되었기 때문에 거의 원형을 알 수 없는 형편이다. 다만 지주 하부에는 관통된 원형의 간공을 시공하였으며, 외면 외곽 모서리는 너비 4cm 정도로 각을 깎았음을 알 수 있다. 그리고 지주 각 면을 고르게 치석하였으며, 간공은 현재 남아있는 정 자국으로 보아 내면과 외면에서 각각 뚫기 시작하여 가운데에서 서로 만나게 하여 관통시켰음을 알 수 있다.

황룡사지 목탑지

황룡사는 삼국시대에 창건되어 신라가 멸망할 때까지 호국 사찰로서 창건 이후에도 여러 번 대규모의 중수와 중

황룡사지 당간지주

---

13) 문화재관리국 문화재연구소, 『皇龍寺 遺蹟發掘調査報告書 Ⅰ』, 1984.

건을 거쳐 법등을 이었다. 특히 황룡사는 신라 왕실이나 정부와 밀착되어 있었으며, 중앙 정부에서 차지하는 비중도 상당히었다. 또한 교종 숭심이었던 신라 불교계에서 지도격인 사찰이었다. 이에 따라 경주 지역 사찰 중에서 중심적인 역할을 하였다. 이러한 것으로 보아 황룡사에는 신라에 당간과 당간지주라는 조형물이 세워지기 시작한 초기에 건립되었을 가능성이 높다. 특히 당간지주가 통일신라 말기에서 고려 초기까지 성행하였지만 구산선문을 비롯하여 선종을 지속적으로 표방한 사찰에서는 드물게 세워졌다.[14] 이러한 점을 감안할 때 신라에서 교종계 사찰의 중심적인 역할을 하였던 황룡사에는 당간지주가 통일신라 초기에 건립되었을 것으로 보인다.

(4) 황복사지 당간지주(皇福寺址 幢竿支柱)

황복사는 652년 의상(義湘)이 출가한 사찰이며, 경문왕의 시신도 여기에서 화장하였다고 한다. 그리고 삼층석탑에서 발견된 사리함 명문에 의하면 석탑은 692년 죽은 신문왕의 명복을 빌기 위하여 세웠다고 한다. 그런데 신문왕비인 신목태후(神睦太后)와 효소왕이 죽자 706년 다시 사리와 불상, 다라니경 1권 등을 석탑에 봉안하였다고 한다.[15] 이러한 것으로 보아 황복사가 왕실과 밀착되어 있었으며, 700년을 전후한 시기에 대규모의 불사가 있었음을 알 수 있다. 현재 사지는 경작지와 민가로 변하였으며 석탑, 귀부 2기, 십이지상이 부조된 석조물 등 다수의 초석들이 흩어져 있다.

당간지주는 밭둑에 부러진 상단부만 살짝 노출되어 있다. 더구나 1주 만 남아 있는 상태이며, 지주는 상부가 심하게 절단되어 일부만 남았다. 현재 노출되어 있는 높이는 43cm로 밭둑과 지형으로 보아 깊게 묻혔을 것으로 보인다. 노출된 부위의 지주 규모가 60×46cm인 것으로 보아 전체적인 지주 규모가 작지 않았음을

---

14) 嚴基杓, 「全北地域 幢竿과 幢竿支柱」, 『順天大博物館誌』 2號, 順天大學校 博物館, 2000, p. 68.
15) 黃壽永 編, 『韓國金石遺文』, 一志社, 1994, pp. 146~147.
  韓國古代社會硏究所 編, 『譯註 韓國古代金石文』 III, 駕洛國史蹟開發硏究院, 1992, pp. 346~350.

황복사지 삼층석탑과 전경

황복사지 귀부

황복사지 당간지주

알 수 있다. 그리고 지주 내면에 사각형의 작은 간공(5×6cm, 깊이 5cm)이 시공되었다. 지주 외곽 모서리를 깎은 흔적도 남아있다.

이와 같이 황복사지 당간지주는 일부만 남아 있지만 각 면을 정교하게 다듬은 정연한 치석 수법을 보이고 있다. 그리고 황복사의 연혁으로 보아 삼층석탑과 같은 시기에 건립되었거나 그 직후에 세워진 것으로 보인다.

(5) 경주 구황동 당간지주(慶州 九黃洞 幢竿支柱)

이 당간지주는 일제 강점기에 조사 소개되기도 하였다.[16] 당간지주가 서있는 남쪽으로는 황룡사지가 있으며 북쪽으로는 분황사(芬皇寺)가 자리하고 있다. 그

---

16) 關野貞, 『朝鮮の建築と藝術』, 東京 岩波書店刊行, 1941, p. 586.

래서 당간지주의 위치가 황룡사에서는 뒤편에 해당하고, 분황사에서는 앞쪽으로 볼 수 있다. 그리고 이 당간지주의 소속 사찰은 황룡사 진입 공간에는 황룡사의 것으로 확실시되는 당간지주가 남아 있기 때문에 분황사로 추정된다. 두 지주는 분황사에서 남쪽으로 약 50m 지점에 남북으로 마주 서있다.

두 지주는 동일한 치석 수법으로 지주 하단부가 매몰되어 기단은 확인할 수 없으나, 간대석과 지주 하단부 치석 수법으로 보아 별도의 기단이 시설되지 않았던 것으로 보인다. 간대석은 다른 당간지주에서 볼 수 없는 독특한 수법을 보인다. 즉, 간대석은 정교하지는 않지만 귀신(龜身)·귀갑(龜甲)·귀두(龜頭) 등이 남아 있어, 귀부(龜趺)를 모방하여 치석하였음을 알 수 있다. 귀부의 상부에는 동서쪽 면에 연화문이 장식된 사각형의 좌대(座臺)를 높게 마련하여 당간을 받치도록 하였다. 그런데 당간을 끼우는 원공은 시공되지 않았다. 그리고 좌대 서쪽 편으로는 사각형 낙수홈을 만들었는데, 당간이 놓인 부분에서 물이 고인 다음 낙수홈을 따라 빠지도록 하였다. 이와 같이 간대석 상면 좌대의 치석 수법으로 보아 당간의 제일 하단부는 평면이 사각형이었으며, 철당간(鐵幢竿)보다는 석당간(石幢竿)이었을 가능성이 높은 것으로 추정된다. 또한 원좌나 원공을 시공하지 않은 것은 당간이 지주부에 간공을 3개 마련하여 단단하게 고정될 수 있었기 때문이었던 것으로 보인다.

두 지주는 귀부형 간대석 동서쪽에 'ㄷ'자형 홈을 파서 그 사이에 끼워 세웠다. 지주부는 각 면을 고르게 다듬었으며, 평면 사각 석주형(石柱形)으로 상부로 올라가면서 좁아지도록 하였다. 그리고 외면 외곽 모서리를(너비 4cm) 좁게 깎았으며, 외면은 하단부를 1단 높게(지면에서 148cm까지) 치석하였다. 정상부는 내면에서 외면으로 나가면서 유려한 호형(弧形)을 그리도록 하였다. 이와 같이 지주부는 전체적으로 정연한 치석 수법을 보이면서 단아한 인상을 주고 있다. 간공은 지주부 상중하 3곳에(지름 15cm) 시공하였는데, 원형으로 관통되었다. 당간을 고정시키는 간을 간공에 만 끼워 고정하였으며 간구는 마련되지 않았다.

분황사는 황룡사와 인접하고 있었으며, 신라시대 수도의 중심지에 자리 잡고 있었던 사찰이었다. 또한 모전석탑이 남아 있으며, 원효의 소조상이 봉안되는 등 중요한 사찰이었다. 그리고 지주부 하부를 1단 높게 히고 관통된 간공을 마련한 수

경주 구황동 당간지주(일제강점기)[17]

경주 구황동 당간지주(일제강점기)

경주 구황동 당간지주

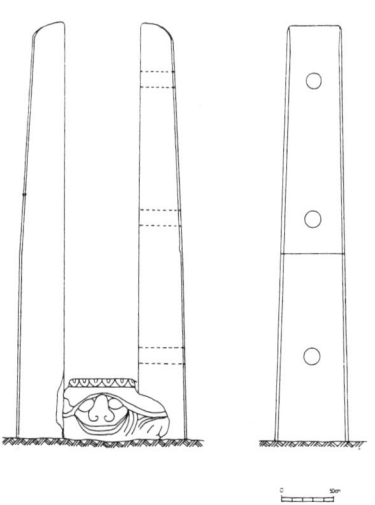
경주 구황동 당간지주 도면

경주 구황동 당간지주(2006년)

---

17) 關野貞, 『朝鮮の建築と藝術』, 東京 岩波書店刊行, 1941, p. 586.

법, 지주부의 정연한 치석 수법 등은 사천왕사지·경주 보문리·남간사지 당간지주 등 경주 일원에서 건립된 당간지주들과 친연성을 보이고 있다. 그리고 경주 지역에 위치한 당간지주들과 비교했을 때 통일신라에서도 이른 시기에 건립되었을 것으로 추정된다. 특히 독특한 간대석이 채택되고 있어 귀중한 자료라 할 수 있다.

(6) 삼랑사지 당간지주(三郞寺址 幢竿支柱)

삼랑사는 597년(진평왕 19)에 준공되었으며,[18] 신문왕(681~692) 때의 승려 경흥(憬興)이 머물면서 사찰이 번성하여 왕들의 행차가 잦았던 곳이라고 한다.[19] 경흥은 문무왕이 임종 무렵 아들이었던 신문왕에게 차후 국사로 대접하라고 당부하여 신문왕이 즉위하자 국사로 삼아 삼랑사에 머무르게 했던 고승이었다. 헌강왕은 883년 삼랑사에 행차하여 문신에게 시를 짓게 하였다고 한다. 『동경잡기(東京雜記)』에는 삼랑사에 박거물(朴居勿)이 찬하고, 요극일(姚克一)이 쓴 사적비가 있었다고 한다.[20]

원래 두 지주는 5m의 거리를 두고 외면을 마주보고 서 있었던 것을 1977년에 현 위치로 옮겨 세운 것이다.[21] 따라서 원위치와 상대 간격은 정확하게 알 수 없는 실정이다. 기단과 간대석은 확인할 수 없지만 지주 하단부의 치석 수법으로 보아 정연한 기단이 결구되었던 것으로 보인다.[22] 지주부는 전체적으로 화려하면서

---

18) 『三國史記』 卷 4, 新羅本紀 4, 眞平王 19年.
　　'十九年 三郞寺成'
19) 『三國遺事』 卷 5, 感通 7, 憬興遇聖.
　　'…… 神文卽位 曲爲國老 住三郞寺 ……'
20) 三郞寺址에서 碑片이 일부 발견되기도 하였으며(黃壽永, 『韓國金石遺文』, 一志社, 1994, p. 83), 1919년까지 거북 모양의 머리가 남아 있었는데 없어졌다고 전하는 것으로 보아 龜趺와 碑身이 건립되어 있었음은 분명하다.
　　『東京通誌』 卷 7.
　　'三郞寺址 在府西二里西川岸上 寺成於眞智王丁巳 古遺碑 朴居勿撰姚克一書 好古者可考而錄也'
21) 藤島亥治郎, 『朝鮮建築史論』, 景仁文化社, 1982. p. 122.
　　文化財管理局, 「慶州 三郞寺址 幢竿支柱」, 『文化遺蹟 補修淨化誌 -石造文化財篇-』, 1981, p. 196.
　　韓國佛敎硏究院 著, 『新羅의 廢寺』 Ⅰ, 韓國의 寺刹 3, 一志社, 1987, p. 103(사진 참조).

삼랑사지 당간지주(일제강점기)[23]   삼랑사지 당간지주(1931년)[24]   삼랑사지 출토 비편

삼랑사지 당간지주   삼랑사지 당간지주 외면

---

22) 지주 하단부가 내면을 제외하고 5~6cm 정도 1단 낮게 깎은 것으로 보아 기단부를 구성하고, 그 상면에 사각형 구멍을 시공한 후 그곳에 두 지주를 끼워 세웠음을 알 수 있다.
23) 藤島亥治郞, 『朝鮮建築史論』, 景仁文化社, 1982. p. 122.
24) 1931년경 藤島亥治郞이 촬영한 것으로 『史蹟名勝天然記念物』 8-1에 게재된 사진이다(齋藤忠, 『幢竿支柱の硏究』, 第一書房, 2003, p. 265(재인용)).

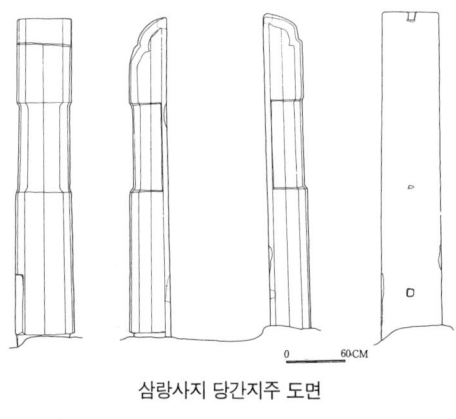
삼랑사지 당간지주 도면

도 정교한 치석과 장식 수법을 보이고 있다. 내면은 아무런 장식이 없으나 각 면 외곽에 윤곽대(輪廓帶 : 너비 6~8cm)를 낮게 돌리고, 중앙에는 낮은 세로띠(너비 2cm)를 장식하였다. 윤곽대의 선은 지주 각 면 외곽선을 따라 일정한 간격으로 음각하여 더욱 화려하게 보이도록 하였다. 그리고 지주 중간부는 1단 낮게 깎아 장식하였다. 전후면은 2cm로 낮게 깎았고, 외면은 4cm로 낮게 깎아 단을 형성하도록 하였다. 그리고 외면은 외곽 모서리를 깎았으며, 정상부는 유려한 호선을 그리고 외면과 이어지도록 치석하였다. 또한 그 가운데에 1단의 굴곡을 두어 장식성을 가미하였다.

그런데 두 지주의 전체적인 양식은 동일하지만 각 부의 치석과 장식 수법에서 차이가 있다. 먼저 지주부 외곽에 윤곽대를 장식하였는데, 윤곽대를 장식하기 위한 음각선이 다름을 알 수 있다. 또한 지주 정상부가 내면에서 외면으로 이어지면서 형성되는 호선과 그 가운데에 1단 굴곡을 둔 수법이 다름을 쉽게 알 수 있다. 따라서 어느 한쪽 지주가 시간이 흘러 파손되거나 결실되자 새롭게 보강되었을 가능성도 있다.

당간을 고정하는 간은 간구와 간공을 시공하여 끼우도록 하였다. 간구(12×7cm, 깊이 9cm)는 지주 내면 꼭대기에 작게 만들었으며, 간공(7×7cm, 깊이 6cm)도 사각형으로 작게 시공하였다. 특히 서쪽지주 간공은 윗부분을 경사지게 치석하였는데, 이것은 당간을 세운 이후 간을 위에서 아래로 내려 고정하기 위한 홈으로 생각된다.

삼랑사지 당간지주는 각 면을 고르게 다듬었을 뿐만 아니라 장식과 치석 수법에서 화려한 인상을 주고 있다. 또한 조화와 비례도 잘 어울리고 있어 세련된 이미지를 풍긴다. 이와 같은 치석 수법을 보이는 당간지주로는 불국사와 경주 동천동 당간지주 등 주로 경주 지역을 중심으로 나타나고 있다. 당간지주 양식사에서는 가장 화려한 수법으로 치석되고 있어 불교미술 성행기에 건립되었던 것으로 추정된다. 또한 삼랑사의 연혁으로 보아 8세기 대에 건립된 것으로 추정된다.

(7) 불국사 당간지주(佛國寺 幢竿支柱)

불국사 입구 서편 연화·칠보교 앞에 2기의 당간지주가 동서로 마주 서있다. 2기의 당간지주가 원위치인지는 불분명하다.[25] 미륵사지와 같이 대규모의 사찰에서 2기의 당간지주가 세워질 경우 좌우대칭을 이루며 나란히 배치되었던 것으로 보아 불국사 당간지주도 원래는 동서에 위치하였던 것으로 추정된다.

현재 기단은 결실되었지만 지주 하단부의 치석 수법으로 보아 정연한 기단부가 마련되었던 것으로 보인다. 삼랑사지 당간지주와 같이 기단을 결구하였던 흔적이 남아있다. 간대석은 서편 당간지주만 남아 있는데, 사각형 대석(臺石)으로 상부에 높은 원좌(圓座 : 지름 61cm)와 원공(圓孔 : 지름 45cm, 깊이 5cm)을 시공하였다. 동편 당간지주도 원래는 동일한 간대석을 마련하였을 것으로 보이며, 원좌와 원공 시공 수법으로 보아 철당간이나 목당간을 세웠을 것으로 보인다.

지주부는 3주(柱)가 동일한 수법으로 치석되었는데, 동편 당간지주는 간공 부위가 절단되어 시멘트로 보수한 흔적이 있다.[26] 지주 선후면과 외면 외곽에 일정한 너비(8~9cm)로 윤곽대를 돌려 장식하였으며, 외면 중앙에는 1조의 세로띠를 추가 장식하였다. 그리고 외면은 지주 중간 부분을 1단 낮게 깎았다. 이러한 장식 수법은 화려한 외관을 보이는 당간지주에서 많이 채용되었다. 정상부는 내면에서 외면으로 나가면서 유려한 호선을 형성하도록 치석하고, 그 중간에 1단의

---

25) 일제 강점기 이후에는 옮겨지지 않았던 것으로 보인다(藤島亥治郞, 『朝鮮建築史論』, 景仁文化社, 1982, p. 168). 대규모 사찰의 경우 당간지주가 좌우에 배치되기도 하였던 것으로 보아 불국사 당간지주도 원래는 좌우에 배치되었는데 어떤 이유로 한쪽 당간지주가 옮겨진 것으로도 추정된다. 특히 동편 당간지주가 옮겨졌을 가능성이 높다. 또한 조선 후기에 掛佛을 걸기 위한 용도로 활용하기 위하여 옮겼을 가능성도 있다.

26) 동편의 동쪽 지주는 지주 하단부 간공 부위가 절단되었으며, 서쪽 지주는 간공이 2개 시공되었는데, 하단부 간공과 상단부 간공 부위 2군데가 절단되어 결합하였다.

불국사 당간지주(일제강점기)[27]

불국사 당간지주 전경

불국사 동편 당간지주

불국사 서편 당간지주

굴곡을 두었다. 그런데 서편 당간지주의 서쪽 지주는 각 면을 거칠게 다듬었으며, 특별한 장식 수법이 없고, 다른 지주와 치석 수법이 다르다.

    당간을 고정하는 간은 간구와 간공을 시공하여 끼우도록 하였다. 동편 당간지주의 동쪽 지주는 간구(9×7cm, 깊이 9cm)를 내면 꼭대기에 시공하고, 지주 중간부분

---

27) 藤島亥治郎, 『朝鮮建築史論』, 景仁文化社, 1982, p. 168.

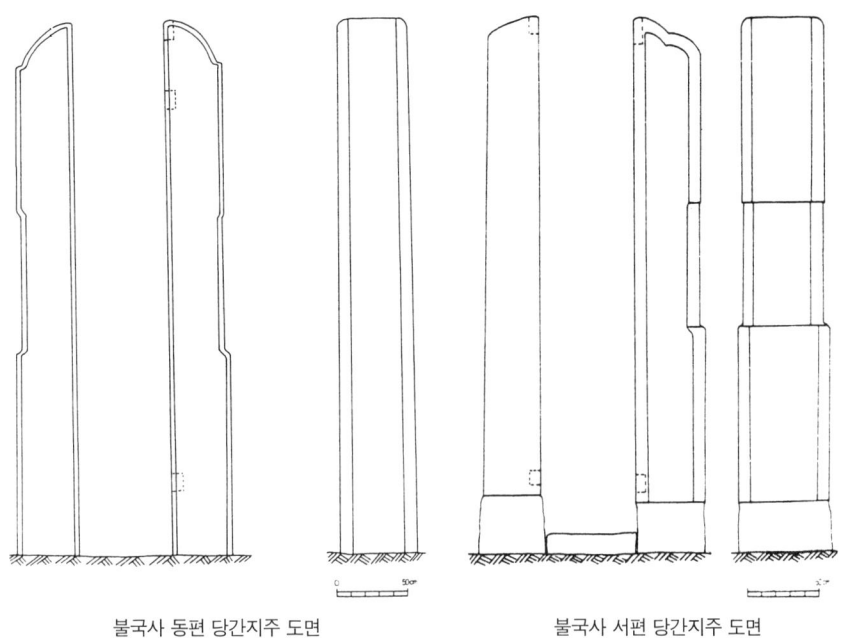

불국사 동편 당간지주 도면   불국사 서편 당간지주 도면

에 사각형의 간공(13×9cm, 깊이 9cm)을 마련하였다. 동편 당간지주의 서쪽 지주는 내면 꼭대기에 간구와 함께 2개의 사각형 간공(15×9cm, 깊이 9cm)을 시공하였다. 그리고 서편 당간지주는 내면 꼭대기에 간구를 마련하고, 지주 중간부에 간공을 1개씩 시공하였다. 그런데 서편 당간지주들은 지주부의 치석 수법이 상이함과 아울러 간공의 높이도 다르다. 서편 당간지주의 서쪽 지주는 평면 사각 석주형으로 표면에 특별한 장식이 없다. 이와 같이 지주부의 치석 수법뿐만 아니라 간공과 간구의 시공 수법이 다른 것으로 보아 후대에 보강되었음을 알 수 있게 한다.

  불국사 낭산시주는 경주 지역에 있는 당간지주들 중에서도 우수한 치석과 장식 수법을 보이고 있다. 특히 지주부에 윤곽대를 돌리고, 외면을 1단 낮게 깎은 치석 수법은 삼랑사지·경주 동천동·경주 전 주전지 당간지주 등과 강한 친연성을 보이고 있다. 또한 경주 지역에서 비교적 가까운 거리에 세워진 고령 지산동·법광사지 당간지주 등과도 양식이 상통하고 있다. 한편 불국사는 경덕왕(742~765) 때의 재상 김대성(金大城)이 751년 창건하기 시작했고, 774년 김대성이 세상을 떠나자 나라에서 이를 맡아 완공하였다고 한다. 현재 남아있는 다보탑이나 석가탑들도 이때 건립된 것으로 추정되고 있다. 따라서 3주의 당간지주는 치석 수법과 불국사의 연혁으로 보아 8세기 중후반경에 건립된 것으로 보인다.[28] 그리고 서편 당간지주 서쪽지주는 후대에 보강된 것으로 추정되며, 그 시기는 고려 전기인 것으로 보인다.

(8) 경주 전 주전지 당간지주(慶州 傳 鑄錢址 幢竿支柱)

지주는 파손된 상태로 주전지로[29] 추정되는 곳에 다른 석재들과 함께 혼합되어 터널모양 상부의 덮개돌(蓋石)로 활용되고 있다.[30] 현재 1주(柱)만 남아있는데 각 면을 고르게 다듬었으며, 장식 수법이 화려한 것으로 보아 중요 사찰의 당간지주였던 것으로 보인다. 지주부의 내면은 아무린 장식이 없이 고르게 치석하였다. 그리고 외면 외곽에 윤곽대를 돌리고, 가운데에 넓은 세로띠를 장

경주 전 주전지 당간지주

---

28) 불국사 당간지주와 관련된 기록이 『불국사사적』에는 法幢으로 『불국사고금창기』에는 刹竿이 있었다고 간략하게 전하고 있다. 이중에서 『불국사사적』에 의하면 天喜 6년 乙酉에 진나라 사신 劉思와 승려 明觀이 內經을 가지고 와서 법당을 세우고 범종을 달았다고 하였다. 그러나 이 기록은 연호와 간지가 어울리지 않는 문제점이 있다. 또한 불국사의 구체적인 연혁이 나와 있는 『삼국유사』를 더 신뢰할만 하기 때문에 그대로 믿기 어렵다. 어쨌든 天喜를 天禧의 오기로 본다면 天禧는 송나라 연호이며, 1017~1021년까지 사용하였다. 따라서 불국사 서편 서쪽 당간지주가 고려시대의 치석 수법을 보이고 있는 것으로 보아 이 기록과 관련되어 있을 가능성이 있다.
29) 한편 가까운 곳에 있는 集慶殿址와 관련된 보관고일 가능성도 있다고 한다(문화재연구소·경주고적 발굴조사단, 『추정 주전지 시굴조사』, 1986, p. 43).
30) 영남매장문화재연구원, 『경주시 문화유적 지표조사 보고서』, 1996, pp. 33~34.

식하였다. 지주 외면 중간 부분은 비교적 좁게 낮은(너비 48cm) 1단으로 깎아 장식성을 추가하였다. 1단 낮은 부위에도 윤곽대와 세로띠를 장식하는 세련됨을 보이고 있다. 정상부는 비교적 경사가 낮게 외면으로 이어지면서 그 중간에 2단의 굴곡을 두었다. 이러한 것으로 보아 이 당간지주의 양식은 경주 지역에서도 우수한 치석과 장식 수법을 보이는 삼랑사지나 불국사 당간지주 등과 강한 친연성을 보이고 있음을 알 수 있다.

그리고 지주 내면과 외면 꼭대기에는 사각형의 간구를 마련하였다. 일반적으로 간구는 내면에만 시공되는데 이 지주는 외면에도 작은 간구가 시공되었다. 아마 후대에 다른 용도로 사용하기 위해서 시공되었거나, 원래부터 간(杆)을 지주 내면 간구에 끼우고 추가적으로 당간을 견고하게 고정하려고 지주부 외곽으로도 길다란 간을 걸치기 위한 것으로 추정된다.

아직까지 이 당간지주와 동일한 치석 수법을 가지고 있는 또다른 1주는 확인되지 않고 있다. 따라서 지금까지 경주 지역에 알려진 당간지주들과는 소속이 다른 사찰의 것임을 알 수 있다. 그리고 지주부의 치석 수법이 상당히 우수하며, 삼랑사지나 불국사 당간지주와 강한 친연성을 보이고 있는 것으로 보아 8세기 중후반경에 건립된 것으로 보인다.

(9) 경주 동천동 당간지주(慶州 東川洞 幢竿支柱)

당간지주는 원위치에서 옮겨져 경주시 동친동 표임재(瓢嚴齋)에[31] 남아있다. 현재 1주 만 남아 있는데, 다른 석조물과 함께 석축의 일부 부재로 활용되었다가 최근에(2003년) 노출되었다. 당간지주가 다른 용도로의 전용이 쉬워 인근에 있었던 것을 옮겨와 석축을 쌓는데 활용한 것으로 추정된다.[32]

---

31) 표암은 "박바위", "밝은 바위"를 뜻한다. 이곳은 신라 6촌 가운데 근본이 되는 밑돌부라는 부명이 붙여진 알전양산촌의 시조 이알평 공이 하늘에서 내려온 곳이다. 기원전 69년에 6촌장이 여기에 모여 화백회의를 열고 신라 건국을 의결했으며, 그 후 기원전 57년에 신라가 건국되었다. 이러한 역사를 가졌기 때문에 1806년(순조 6년)에 유허비가 세워졌다. 1925년 표암재가 건립된 뒤 전사청, 내외삼문, 경모대비, 천강지 등이 건립되어 그 뜻을 기리고 있다.

지주부는 가운데가 절단된 상태이다. 그리고 지주는 하부가 깊게 묻히는 점으로 보아 현재보다 길 다란 형태였을 것이다. 즉, 지주의 치석 수법으로 보아 정연한 기단이 마련되었을 것으로 보이는데, 기단부와 결구된 부위가 부러진 것으로 보인다. 지주는 각 면이 고르고 화려하게 치석되어 주목된다. 지주는 전체면 외곽에 일정한 너비로 윤곽대(輪廓帶 : 너비 8cm)를 두어 장식하였으며, 가운데에는 돋을대를 두었다. 그리고 외면은 중간 부분에 일정한 너비로 1단 낮게 단을 두어 치석하였다. 이러한 치석 수법은 불교문화가 완숙한 시기에 제작된 삼랑사지나 불국사 당간지주 등에서 볼 수 있다. 특히 지부 내면은 일반적으로 면을 고르게 다듬어 마무리 하는데, 이 지주는 내면 외곽에도 일정한 너비로 윤곽대를 장식하여 다른 당간지주에서는 보기 드문 수법이다. 그리고 지주 내면에는 사각형의 간공과 간구를 마련하여 당간을 고정하였다.

이 당간지주는 전하는 바에 의하면 헌덕왕릉 주변 동천사(東川(泉)寺)에서 옮겨 왔다고 한다. 헌덕왕릉 주변에는 동천사와 임천사(林泉寺)가 있었던 것으로 전하고 있다. 동천사의 창건 시기는 구체적으로 전하는 것이 없다. 다만 진평왕이 오백성중의 봉안과 함께 5층탑을 세웠으며, 전답(田畓)을 헌납하였고 동해의 용왕(龍王)이 절에 자주 와서 법문을 들었다고 한다. 신라에는 세 마리의 호국용이 살고 있는 우물이 있는데, 동천시의 청지(淸池)와 동지(東池), 분황사의 우물이었다

경주 동천동 당간지주(2001.06)

경주 동천동 당간지주(2004.01)

32) 영남매장문화재연구원, 『경주시 문화유적 지표조사 보고서』, 1996, p. 48.

고 한다. 이러한 것으로 보아 동천사의 창건 시기는 상당히 올라갈 것으로 보이며, 국가적으로 중요한 사찰이었음을 알 수 있다. 그리고 헌덕왕릉 바로 옆에 있었던 것으로 전하는 임천사는 왕이 기우제를 지낸 사찰로 전하고 있다. 이러한 것으로 보아 양 사찰이 모두 대규모 사원이었으며, 호국 사찰로 전형적인 가람을 유지하였을 것으로 보인다.

만약 이 당간지주가 전하는 바와 같이 동천사나 임천사에서 옮겨 왔다면 두 사찰의 연혁이나 그 위상을 고찰하는데 중요한 유물이라 할 수 있다. 특히 다른 당간지주에 비하여 지주부의 치석 수법이 뛰어 나고 화려한 양상을 보이고 있다. 이러한 점은 통일신라시대 불교가 성행하면서 각 사찰에서 화려하고 완숙한 양식의 당간지주를 건립하는 8세기대에 제작되었음을 짐작케 한다.

(10) 단속사지 당간지주(斷俗寺址 幢竿支柱)

단속사는 『삼국유사』에 의하면 신충(信忠)이 763년 벼슬을 버리고 승려가 되어 왕을 위하여 창건하였다는 내용과 이준(李俊(純))이 748년에 조연소사(槽淵小寺)를 고쳐 큰 절을 만들고 단속사라 하였다는 두 가지 내용이 전하고 있다.[33] 『삼국사기』에는 이순(李純)이 경덕왕을 위하여 763년에 단속사를 창건하였다고 기록되어 있다.[34] 이러한 것으로 보아 단속사가 경덕왕대에 창건되었음은 분명한 것으로 보인다. 그리고 단속사는 신행선사(神行禪師 : 704~779)가 머물면서 크게 확장되며, 왕을 비롯한 중앙정부와 긴밀한 관계가 된다. 또한 최치원이 머물기도 하였으며, 희강왕의 아버지로 시중을 역임하기도 한 김헌정(金憲貞)이 찬한 신행선사비가 세워지기도 했다. 현재 사역에는 삼층석탑 2기를 비롯하여 사찰이 있었던 사실을 알려주는 유적이나 유물들이 남아있다.

당간지주는 중심 사역으로 들어가는 진입 공간에 동서로 배치되어 있다.[35] 두

---

33) 『三國遺事』 卷 5, 避隱 8, 信忠掛冠.
34) 『三國史記』 卷 9, 新羅本紀 9, 景德王.
35) 幢竿支柱는 杆孔 부위가 절단되어 있었는데 1984년 5월 일부가 복원되었으며, 이후 또 다른 부재가 나

단속사지 삼층석탑 전경

단속사지 동 삼층석탑

단속사지 당간지주(1995년)

단속사지 당간지주(2003년)

오자 완전하게 복원되었다.

지주는 절단된 흔적이 여기 저기 남아 있지만 치석 수법은 동일하다. 기단이나 간대석은 확인할 수 없으며, 다만 두 지주는 그 주변과 하단부의 치석 수법으로 보아 잡석을 놓아 단단하게 다졌음을 알 수 있다. 두 지주는 간공 부위가 절단되어 다시 결구한 상태이다. 지주부는 전후면 외곽에 윤곽대를 돌리고, 외면 가운데에는 음각(陰刻)으로 1조(條)의 세로띠를 장식하였다. 그리고 외면 외곽 모서리를 일정한 너비로 깎아 각을 없앴다. 정상부는 부드러운 호선을 형성하도록 치석하였으며, 그 가운데에 1단의 굴곡(屈曲)을 두어 장식하였다. 간공은 상중하 3곳에 시공하였는데, 모두 관통되었으며 상하는 사각형으로 가운데에는 원형(지름 13cm)으로 뚫었다.

　지주부는 전체적으로 각 면을 고르게 다듬었으며, 세련된 인상을 주고 있다. 또한 치석과 장식 수법 등이 우수하고 화려한 양상을 보인다. 지주부의 치석 수법은 삼랑사지나 불국사 당간지주와 같이 외곽에 윤곽대와 정상부에 1단 굴곡을 두어 장식을 하였고, 간공은 경주에 건립된 사천왕사지나 경주 구황동 당간지주와 같이 여러 개를 관통하여 시공하였다. 이것은 단속사지 당간지주가 이들보다 늦게 건립되면서 경주 지역에 건립된 지주부의 치석 수법을 채용한 결과로 보인다. 특히 단속사는 경덕왕대에 창건되었으며, 신행선사가 머물면서 경덕왕과 혜공왕 등 왕실로부터 적극적인 후원을 받았다.[36] 따라서 당간지주는 초창 이후 단속사가 가람의 면모를 갖추면서 건립된 것으로 보이는 삼층석탑과 비슷한 시기에 세워졌을 것으로 추정된다.

　이러한 것으로 보아 단속사지 당간지주는 8세기 중후반경에 경주 지역의 당간지주로부터 영향을 받아 건립되었으며, 국가에 소속되었거나 경주 지역에 건립된 당간지주 양식에 대하여 잘 알았던 장인들이 건립하였을 가능성이 높은 것으로 보인다.

---

36) 呂聖九, 「神行의 生涯와 思想」, 『水邨朴永錫敎授華甲紀念 韓國史學論叢(上)』, 탐구당, 1992.

(11) 고령 지산동 당간지주(高靈 池山洞 幢竿支柱)

고령은 대가야(大伽倻)의 도읍지로 알려져 있다. 그래서 가야와 관련된 많은 유적과 유물들이 남아있다. 현재 당간지주는 시내 한복판에 세워져 있는데, 개발로 인하여 사찰과 관련된 직접적인 흔적은 발견되지 않고 있다. 다만 이 일대에서 수습된 석불·석등·석탑 등이 있는데, 통일신라시대 것으로 알려져 있다.[37] 그리고 절이름은 물산사(勿山寺)로 추정되고 이다. 특히 성당부지 조성 시에 건물의 기단부 갑석으로 보이는 석재가 발견되어 당간지주부터 대가야 궁성지(宮城址)에 이르는 일대에 대규모의 사찰이 있었던 것으로 추정되고 있다.[38] 아직까지 당간지주의 소속 사찰은 알 수 없는데, 다만 당간지주가 남북으로 마주 서있고 주변 지형으로 보아 서쪽 편에 가람이 있었을 것으로 보인다.

두 지주는 하부가 매몰되어 있는 상태이며, 지주 하단부의 치석 수법으로 보아

고령 지산동 당간지주(2003년)

고령 지산동 당간지주(1995년)

고령 지산동 당간지주 하부

---

37) 朝鮮總督府, 『大正六年度 古蹟調査報告』, 1920, pp. 455~461.
38) 具滋奉, 「高靈 池山洞 幢竿支柱의 發掘調査」, 『佛敎考古學』 창간호, 위덕대학교 박물관, 2001, p. 146.

고령 지산동 당간지주 (대가야박물관)

정연한 기단은 마련되지 않았던 것으로 보인다. 그리고 두 지주 하부를 발굴한 결과 간대석은 결실되었지만 간대석을 괴던 받침돌이 확인되었고, 잡석과 흙을 혼합하여 다짐한 것으로 확인되었다.³⁹⁾ 지주부는 전후면과 외면 외곽에 일정한 너비(8cm)로 윤곽대를 돌려 장식하였다. 외면은 가운데에 1조의 세로띠를 추가로 조식하였는데, 다른 당간지주에 비하여 너비(17cm)가 상당히 넓다. 그리고 외면은 지주 상부를 1단 높게 치석하였다. 정상부는 내면에서 외면으로 유려한 호선을 그리도록 하였으며, 그 중간에 3단의 굴곡을 두었다. 그래서 두 지주의 내면을 맞대면 첨형(尖形)이 3개인 하나의 안상(眼象) 문양이 되도록 장식하였다. 당간을 고정시키는 간은 지주 내면 꼭대기에 凵형의 간구(18×7cm, 깊이 8cm)를 만들고, 지면에서 47cm되는 높이에 사각형의 간공(8×7cm, 깊이 13cm)을 시공하여 끼워 고정시키도록 하였다. 그런데 간구와 간공은 지주 규모에 비하여 작게 시공되었다.

이와 같이 고령 지산동 당간지주는 전체적으로 치석 수법이 정연하고, 각 면을 고르게 다듬었다. 또한 전후면과 외면에 장식적인 의장을 화려하게 하였으며, 외면의 상부를 1단 높게 한 것이나 정상부의 3단 굴곡 처리가 돋보이는 작이다. 이러한 수법들은 경주 지역에 건립된 삼랑사지나 불국사 당간지주들과 강한 친연성을 보인다. 한편 고령 지역은 경주와 비교적 가까운 거리에 위치하고 있어 경주 지역의 불교문화를 비교적 빠르게 접할 수 있었을 것이다. 따라서 고령 지산동 당간지주는 경주 지역에 건립된 당간지주의 영향을 받아 통일신라 중후반경에 건립된 것으로 보인다.

(12) 부석사 당간지주(浮石寺 幢竿支柱)

부석사는 영주 봉황산(鳳凰山) 자락에 위치하고 있으며, 화엄종의 근본도량으로 삼국통일 직후인 676년(문무왕 16) 의상대사가 창건하였다.⁴⁰⁾ 부석사는 화엄종 사

---

39) 具滋奉, 「高靈 池山洞 幢竿支柱의 發掘調査」, 『佛教考古學』 창간호, 위덕대학교 박물관, 2001, p. 147.

부석사 당간지주
(『조선고적도보』 4)

부석사 석등

부석사 삼층석탑

찰이었지만 신라 말기와 고려 초기에 많은 선승(禪僧)들이 머물며 수행한 곳이기도 하였다.[41] 이후에도 부석사는 대찰의 면모를 유지하면서 수많은 고승들이 머물면서 사세(寺勢)가 확장되었다.[42] 특히 고려시대 국사(國師)를 역임한 원융국사 결응(圓融國師 決凝·964~1053)이 머물면서 많은 불사를 하였다. 현재까지 경내에는 무량수전, 조사당, 석탑, 석등, 석불 등 다수의 유물이 남아 있다.

당간지주는 일주문을 통과하여 경내로 들어가는 진입공간에 동서로 마주 서있다. 지주 하단부의 치석 수법으로 보아 전형적인 기단부는 마련되지 않았던 것으로 보인다.

부석사 당간지주

---

40) 『三國遺事』卷 4, 義解 5, 義相傳敎.
41) 禪僧이었던 寂忍禪師 慧哲, 朗慧和尙 無染, 澄曉大師 折中 등이 머물렀다.
42) 한국불교문화연구원, 『浮石寺』, 한국의 사찰 9, 일지사, 1976, pp. 51~56.

두 지주 사이에는 간대석이 마련되었는데, 일부가 파손되었지만 비교적 원형을 잘 유지하고 있다. 간대석은 상면에 원좌와 원공을 마련하였는데, 원좌는 2단으로 단판(單瓣)의 연화문을 돌려 장식하였으며, 원좌 안쪽으로 원공(지름 32cm, 깊이 8cm)을 시공하였다. 원좌와 원공의 마련 수법으로 보아 철당간이나 목당간(木幢竿)을 세웠을 것으로 보이며, 원좌의 규모로 보아 하단부 당간의 지름은 57~60cm 정도였을 것이다.

두 지주는 기단과 결구된 하부의 치석 수법은 거칠지만 지주부는 전체적으로 각 면을 고르게 다듬어 정연하다. 지주는 전후면 외곽에 윤곽대(너비 6~7cm)를 돌렸으며, 그 가운데에는 낮은 1조의 세로띠를 장식하였다. 정상부는 내면에서 외면으로 나가면서 부드러운 호선을 그리도록 치석하였다. 그리고 외면 외곽 모서리는 둥글게 깎아 부드럽게 처리하였다. 간공은 시공하지 않았으며, 내면 꼭대기에 간구를 시공하여 당간을 고정하도록 하였다.

전체적으로 지주부는 평면 사각 석주형으로 상부로 올라가면서 좁아지도록 하여 안정되고 단아한 인상을 준다. 그리고 지주부의 전후면 외곽에 윤곽대 등을 장식한 점 등은 발전된 치석 수법을 보인다. 간구는 지주 규모에 비하여 작게 시공하였다. 이러한 측면들은 경주 지역에 건립된 당간지주들과 친연성을 보이고 있다. 이와 같이 부석사 당간지주는 정교한 치석 수법과 깔끔한 이미지 등이 경내에 있는 무량수전 앞 석등이나 석탑 등과 양식적인 친연성을 보이고 있다. 따라서 당간지주는 이들과 비슷한 시기인 9세기를 전후하여 건립되었을 가능성이 높은 것으로 보인다.

(13) 비로사 당간지주(毗盧寺 幢竿支柱)

비로사는 의상(625~702)이 683년(신문왕 3)에 개창(開創)하여, 그의 제자였던 진정(眞定)이 대가람의 면모를 갖춘 화엄종 사찰이었다. 통일신라 말기에는 소백산사(小白山寺)라고 불리었으며, 수차례 소실과 중창을 거듭하였다. 현재 비로사를 중심한 일대에서 초석과 기와 편들이 넓게 산재되어 있는 것으로 보아 원래는

대찰로서의 면모를 갖추었던 것으로 추정되고 있다.[43]

현재 당간지주는[44] 비로사 경내로 들어가는 진입 공간 좌측 경작지에 남북으로 세워져 있다. 지주의 기단과 간대석은 결실되었는데, 두 지주 하단부의 치석 수법으로 보아 원래는 정연한 기단이 마련되었던 것으로 보인다.[45] 전후면 외곽에는 높은 돋을새김으로 윤곽대(12~13cm)를 돌리고, 그 중심에 좁은 세로띠를 장식하였다. 외면은 중앙에만 세로띠를 장식하고, 지주의 중간부분을 1단 낮게 깎고(너비 101cm), 그 가운데에 다시 가로로 1조(條)의 돋을대를 새겼다. 그래서 돋을대가 십자형 문양을 이루도록 하였다. 정상부는 내면에서 외면으로 나가면서 유려한 호선을 그리도록 치석하였고, 그 가운데에 1단의 굴곡을 두었다. 두 지주를 내면에서 접하면 마치 안상형 문양을 이루도록 지주부 외곽과 정상부를 치석하고 장식하였음을 알 수 있다. 지주부는 전체적으로 화려한 양상을 보이고 있다. 그리고 간구(11×20cm, 깊이 15cm)는 지주 내면 꼭대기에 시공하였고, 간공(10×12cm, 깊이 11cm)은 관통되지 않은 사각형으로 마련하였다.

이와 같이 당간지주는 화려하면서도 정교한 치석 수법을 보이고 있다. 이러한 당간지주는 비로사에서 비교적 가까운 거리에 위치하고 있는 숙수사지나 부석사 당간지주들과 친연성을 보인다. 그런데 비로사 당간지주는 이들에 비하여 지주

비로사 석조 유물

---

43) 秦弘燮, 「新羅北岳太白山遺蹟調査報告 3」, 『韓國文化硏究院 論叢』 36집, 이화여자대학교, 1980.
44) 공식 지정 명칭은 榮州 三街洞 幢竿支柱이다. 그런데 당간지주의 소속 사찰이 비로사가 확실하므로 毗盧寺 幢竿支柱라 하였다.
45) 지주 하단부가 지면에서 위로 100cm되는 부분까지 치석수법이 고르지 못한 것으로 보아 기단부와 결구된 흔적으로 보인다.

비로사 당간지주(『조선고적도보』 4)

비로사 당간지주

비로사 석조비로사나불상

비로사 석조아미타불상

부의 너비와 폭이 전체 높이와 잘 어울리고 있어, 숙수사지나 부석사 당간지주가 주는 세장한 인상보다는 안정감이 있다. 또한 숙수사지나 부석사 당간지주와는 달리 지주 내면에 간공과 간구를 시공하여 당간을 고정하도록 하였다. 이러한 것으로 보아 비로사 당간지주는 통일신라시대에 비로사가 중건되면서 건립된 것으로 보이는데, 그 시기는 8세기 중후반경으로 보인다. 또한 경주 지역에 건립된 당간지주들로부터 강한 영향을 받았음을 알 수 있다.

(14) 남간사지 당간지주(南澗寺址 幢竿支柱)

남간사지는 경주 남산의 서쪽 기슭 남간마을 일대에 남아있는 절터이다.[46] 남간사는 원화(元和) 연간(806~820년)에 이 절의 승려였던 일념(一念)이 이차돈의 순교 내력을 실은 촉향분예불결사문(觸香墳禮佛結社文)을 지었으며, 7세기 말경 승려 혜통(惠通)의 집이 있었다는 은천동(銀川洞) 옆에 있었던 사찰이었다.[47] 남간사지로 추정되는 지역에는 석정(石井)·초석·팔각대석·긴사각형 석재들이 흩어져 있다. 당간지주 뒤편으로 저수지가 있는데, 석탑재가 잠겨 있다고 한다. 따라서 중심 사역은 저수지 일대를 중심한 지역임을 알 수 있다.

두 지주는 동일한 양식으로 논 가운데 동서로 마주 서있는데,[49] 지주 간 면에 총탄 자국이 많이 남아있어 역사의 상흔을 느끼게 한다. 현재 지주 하단부는 지면에서 50cm 정도가 치석되지 않은 것으로 보아 원래는 땅속에 묻혀 있었던 것으로 보이며, 간대석은 결실된 상태이다. 지주부의 각 면은 고르게 다듬었으며,

---

46) 神元寺址에 있는 당간지주로 소개되기도 하였다(藤島亥治郎, 『朝鮮建築史論』, 景仁文化社, 1982, p. 124).
47) 『三國遺事』 卷 3, 興法 3, 原宗興法 厭髑滅身.
  '元和中 南澗寺沙門一念 撰觸香墳禮佛結社文'
  『三國遺事』 卷 5, 神呪 6, 惠通降龍.
  '釋惠通氏族未詳白衣之時家出南山西麓銀川洞之口(今南澗寺東里)'
48) 藤島亥治郎, 『朝鮮建築史論』, 景仁文化社, 1982, p. 124.
49) 남간사지 당간지주는 일제 강점기에 조사된 바 있다(朝鮮總督府, 『慶州南山の佛蹟』, 도판 4(民族文化, 1986)).

남간사지 당간지주(1929년)[48]

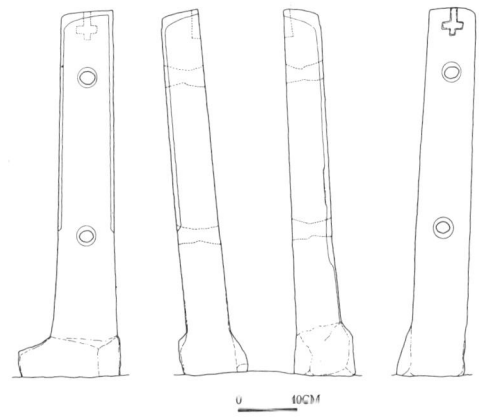

남간사지 당간지주 도면

남간사지 당간지주

정연한 치석 수법을 보이지만 별다른 장식은 없다. 외면의 외곽 모서리는 지주 꼭대기에서 아래로 217cm 정도까지만 각을 깎아 부드럽게 하였다. 정상부는 내면에서 외면으로 나가면서 평평하다가 호선을 그리도록 치석하였다. 당간을 고정하는 간은 간구와 간공을 시공하여 끼우도록 하였다. 간구는 지주 내면 꼭대기에 '┼'자형(깊이 7cm)으로 특이하게 시공하였다. 이것은 당간에 연결되는 간을 안정되고 견고하게 고정하기 위한 수법으로 보인다. 간공은 상하에 2개를 시공하였는데, 원형(지름 20cm)으로 관통되었다. 관통된 간공 가운데에 거친 부분이 있는 것으로 보아 지주 양쪽에서 뚫어 들어가 가운데에서 만나게 하여 시공하였음을 알 수 있다.

이와 같이 당간지주는 장식은 없지만 전체적으로 단아한 인상을 주고 있다. 또한 각 면의 치석 수법, 간구와 간공의 시공 수법 등이 사천왕사지나 경주 보문리 당간지주와 친연성을 보이고 있다. 한편 남간사는 늦어도 애장왕(800~809)이나 헌덕왕(809~826) 이전에 창건되어 가람의 면모를 갖추었던 사찰임을 알 수 있다.[50] 그리고 사지에서 출토된 화려한 기와들은[51] 남간사가 8세기에서 9세기에 걸쳐 번창하였던 사찰임을 알려주고 있다. 이러한 사실들로 보아 남간사지 당간지주는 사천왕사지 당간지주로부터 영향을 받아 8세기경에 건립된 것으로 추정된다.

(15) 공주 반죽동 당간지주(公州 班竹洞 幢竿支柱)

당간지주는 백제 성왕 때 양나라의 무제(武帝)를 위하여 창건되었다는 대통사지(大通寺址)로 추정되는 곳에 서있다.[52] 대통사는 527년 내지 529년에 창건된 사찰로[53] 웅진시기 백제 불교사를 이해하는데 중요한 사찰로 인식되고 있으나 아직까지 그 정확한 위치나 구체적인 사역 등은 밝혀지지 않았다.[54] 이 일대에서는 강당지로 보이는 기단 유구와 그 남쪽에 금당지와 탑지, 그 앞쪽으로 당간지주가 있어 백제 가람으로 추정되고 있다.[55] 또한 '대통(大通)' 명문기와가 출토되었고, 석조(石槽) 2기가 남아 있다.[56]

---

50) 朝鮮總督府, 『慶州南山の佛蹟』, 民族文化, 1986.
51) 國立慶州文化財研究所, 『慶州 南山』-本文·解說篇-, 2002.
52) 1942년 1월 발간된 『朝鮮と建築』 21卷 12號에 朝鮮古建築圖抄-幢竿 及 幢竿支柱(一)에 公州 旭町 幢竿支柱로 소개되었다.
53) 『三國遺事』, 卷 3, 興法 3, 原宗興法 厭髑滅身.
 '…又於大通元年丁未 爲梁帝創寺於熊川州 名大通寺. 熊川卽公州也 時屬新羅故也 然恐非丁未也 乃中大通元年己酉歲所創也 始創興輪之丁未 未暇及於他郡立寺也'라고 하여 대통사가 공주에 있었음을 알 수는 있으나 정확한 위치는 알 수 없다. 다만 당간지주가 있는 일대에서 사찰에 사용된 다수의 초석과 명문기와, 石槽가 발견되어 이곳을 大通寺로 추정하고 있다.
54) 대통사는 일제시대에 輕部慈恩에 의하여(輕部慈恩, 『百濟美術』, 寶雲舍, 1944) 당간지주, 출토 기와, 건축부재 등을 통하여 위치나 사역, 가람배치 등에 부분적인 고찰이 이루어지기도 하였다.
55) 張慶浩, 『百濟寺刹建築』, 예경산업사, 1991, p 21.
56) 銘文瓦片과 石槽 2基는 국립공주박물관에 소장되어 있다. 석조는 강당지로 추정되는 지점의 남쪽에서 발견되었다. 또한 다리를 만들 때 사용된 4매의 초석이 남에서 북으로 흘러 금강에 유입되는 제민천에 남아 있다. 이것은 大通寺 창건 시에 제민천을 건너 大通寺 경내로 연결하기 위해 세워진 것으로 보인

현재 두 지주는 기단부가 파손이 심한 상태이며, 동서로 마주 서있다.[57] 기단부와 지주 하단부는 한국전쟁 당시 폭격으로 파손되었다고 한다.[58] 지대석은 매몰되어 확인할 수 없는 상태이며, 지주를 받는 기단은 파괴되었지만 각 면을 구획하여 전후면 4구, 양 측면 2구씩의 안상을 음조(陰彫)하였던 흔적을 찾을 수 있다. 기단 면석부에 음조된 안상은 부드러운 인상을 주고 있다.[59] 그리고 간대석은 파손이 심하여 원형을 알기는 어렵지만 원래는 사각형 대석을 두 지주 사이에 끼우고, 원좌와 원공을 마련하였을 것으로 추정된다.

두 지주는 기단 상면에 사각형 홈을 마련하여 끼워 세우도록 하였다. 지주는 마주보고 있는 내면에는 아무런 조식이 없고 거칠게 다듬었으나 다른 면은 장식성이 뛰어나다. 전후면과 외면은 외곽에 일정한 너비로 도드라지게 하여 윤곽대(너비 12cm)를 돌렸다. 전후면은 윤곽대가 장식된 다른 지주에서는 보기 드물게 밑부분도 윤곽대를 돌려 지주부를 분명하게 구분하였다. 그리고 외면은 가운데에 반원형의 세로띠를 높게 양각하여 장식적인 의장을 더하였는데, 좌우측에 연하여 낮게 돌기된 세로띠를 추가하였다. 정상부는 내면에서 외면으로 나가면서 반 정도 평평하다가 유려한 호선을 그리며 외면으로 이어시고 있다. 당간은 간구와 간공을 시공하여 고정토록 하였는데, 간구는 지주 내면 꼭대기에 사각형으로 시공하였고, 간공(깊이 12cm)은 중간부분에 사각형으로 시공하였다.

공주 반죽동 당간지주(일제강점기)[60]

다. 현재 礎石은 제민천교 아래와 당간지주 주변에 흩어져 있다.
57) 당간지주는 塔과 重門 사이에 해당되는 지점에 세워져 있는 것으로 추정되고 있다.
58) 현재의 상태는 1973년 주변 민가 3동을 매입하여 철거하고 정화한 것이다.
59) 朴容塡,「公州時代의 文化에 關한 硏究」,『百濟文化』 2집, 공주사범대학 백제문화연구소, 1969.
기타 문헌에서는 眼象 技法으로 보아 전체적인 치석 수법을 통일신라시대에 제작된 것으로 보고 있다.
60) 輕部慈恩,『百濟遺蹟の硏究』, 吉川弘文館, 1941.

그런데 이 당간지주는 최근 발굴 조사에 의하여 여러 가지 의문점이 파생되었다. 먼저 당간지주는 그 양식으로 보아 통일신라시대에 치석된 것은 분명한 것으로 보인다. 지주부의 윤곽대와 외면 중앙부의 호형 장식, 상단부의 부드러운 곡선 처리, 기단부의 마련 수법과 안상 표현 수법 등이 통일신라시대 건립된 당간지주들과 양식적으로 강한 친연성을 보이고 있다. 그런데 지대석 하부에 대한 시굴갱 조사 시 그리 오래지 않은 우물이 발견되었다. 우물은 안쪽에 아궁이에 사용되었던 검게 그을린 석재를 가득 채웠을 뿐만 아니라 우물의 1/3정도가 당간지주의 기단과 겹쳐 있는 것으로 확인되었다. 이것은 그리 오래되지 않은 시기에 당간지주를 세우기 위하여 우물을 의도적으로 폐쇄하였음을 알 수 있게 한다. 또한 당간지주 아래에서 백자편이 출토되었다. 이것은 이 당간지주가 조선시대 이후 원위치에 다시

공주 반죽동 당간지주(2003년)

공주 반죽동 당간지주(1995년)

공주 반죽동 석조

공주 반죽동 출토 대통명 기와

세워졌거나 옮겨졌음을 알 수 있게 한다. 즉, 지금까지 대통사지의 위치를 추정하는데, 지표 역할을 하였던 당간지주가 원위치가 아님을 알려주는 증거이다.[61] 당간지주는 당간이 철이나 나무로 제작될 경우 그 수명이 오래가지 못하므로 보수나 중건을 하는 경우가 많았으며, 사찰의 확장이나 중창 시 옮겨야 될 필요성이 대두될 가능성도 많았다. 따라서 건립 이후 보수나 중수하는 과정에서 원위치가 옮겨졌을 가능성도 있다.

어쨌든 지주부는 화려하면서도 정교한 치석 수법을 보이며, 외곽면을 부드럽게 다듬어 강인하고 웅장한 인상보다는 곡선적인 아름다움과 친근감이 느껴지도록 하였다. 이러한 양식의 당간지주는 경주를 중심하여 통일신라 중기에서 말기까지 성행하였다. 그리고 건립 시기와 관련하여 기단 면석(面石)에 음조된 안상 조식 수법도 통일신라시대의 수법을 보인다. 따라서 공주 반죽동 당간지주는 대통사가 창건된 이후 당간지주가 전국적으로 성행하자 건립된 것으로 보이며, 그 시기는 통일신라 중기인 것으로 보인다.[62]

(16) 구룡사지 당간지주(九龍寺址 幢竿支柱)

이 일대는 발굴 조사로 대략적인 사지의 규모가 드러났는데, '구룡사(九龍寺)'라는 명문기와가 출토되어 구룡사임을 알게 되었다.[63] 현재 사역은 마을로 변하였는데, 당간지주가 서있는 곳에서 법당골까지가 원래의 절터로 추정되고 있다. 특히 법당골을 중심한 지역의 면적이 상당히 넓어 대규모 사찰이었음을 짐작케 한다. 이외에 구룡사지 주변에는 정골사지, 바탕골 사지가 있어 구룡사와 관련된

---

61) 李南奭, 「百濟 大通寺址와 그 出土遺物」, 『湖西考古學』 6·7합집, 호서고고학회, 2002, p. 282.
62) 국립공주박물관에는 대통사지에서 옮긴 석탑재, 석불좌상, 석조사자상 등이 남아 있는데 통일신라시대에 조성된 것이다.
63) 공주 상신리에 위치한 이 사지는 1964년 이후 조사되었으며, 1976년 조사 시 '九龍寺' 라는 명문기와가 출토되었다고 한다. 그리고 1990년대 조사에서는 '水石寺' 라는 명문 기와가 출토되었다. 구룡사나 수석사 모두 입전되지 않는 寺名이다. 한편 사역에서 출토되는 유적이나 유물로 보아 창건 연대는 통일신라 말기로 추정되며 廢寺는 조선 초기로 추정되고 있다(공주대학교 박물관, 『九龍寺址』, 1995).

구룡사지 전경

구룡사지 당간지주(2006년)

구룡사지 당간지주 간대석

암자로 추정되고 있다.[64] 구룡사지에는 초석, 기단부 부재, 판석형(板石形) 석재 등 많은 석조물들이 흩어져 있다.

두 지주는[65] 전체적으로 파손이 심하지만 구룡사지의 가람 배치와 축선의 방향을 추정하는데 도움이 되는 유물이다. 현재 서쪽지주는 밑에서 90cm 정도만 남고, 상부가 절단된 상태이다. 바로 옆에는 지주의 상단부로 보이는 부재가 넘어져 있다. 또한 동쪽지주도 내면 중간 부분의 파손이 심하다. 두 지주는 파손이 심하지만 원위치로 보이는 곳에 동서로 마주 서 있다. 지대석은 4매의 판석형 석재를 결구하였는데, 판석형 석재에 홈을 마련하여 두 지주와 간대석을 마련하였다. 간대석은 사각형 대석(臺石)으로 상면에 일정한 높이의 원좌(지름 55cm)를 돌리고 다시 그 위에 원형 돌기(지름 28cm, 높이 6cm)를 시공하여 당간을 끼워 고정하도록 하였다. 동쪽지주는 전후면과 외면 외곽에 윤곽대(너비 14cm)를 돌렸으며, 정상부는 내면에서 외면으로 나가면서 유려한 호선을 그리도록 치석하였다. 간구(15×22cm, 깊이 8cm)는 지주 내면 꼭대기에 'ㅛ'형으로 시공하여 간을 끼우도록 하였다. 두 지주의 파손이 심하여 간공의 시공 여부는 확인할 수 없다.

구룡사지 출토 석등 부재

구룡사지 당간지주(1997년)

---

64) 百濟文化開發硏究院, 『鷄龍山 地域의 遺蹟과 遺物』, 1995, p. 20.
65) 공식 지정 명칭은 공주 상신리 당간지주이다. 당간지주의 소속 사찰이 구룡사로 추성되고 있기 때문에 구룡사지 당간지주라고 명명하였다.

이와 같이 두 지주는 비교적 가까운 거리에 위치한 공주 반죽동 당간지주와 각 면의 치석과 장식 수법, 간구의 마련 수법 등에서 많이 닮아 있다. 따라서 구룡사지 당간지주의 기단도 공주 반죽동 당간지주와 유사하였을 것으로 보인다. 그리고 지주부 외면을 직선형이 아니라 부드럽게 곡선을 그리도록 다듬었다. 이러한 점은 구룡사지가 경주 지역으로부터 상당한 거리에 있었지만 당시 높은 수준의 장인에 의하여 당간지주가 치석되었음을 알 수 있게 한다. 구룡사지 당간지주는 전체적으로 공주 반죽동 당간지주와 강한 친연성을 보이고 있다. 따라서 두 당간지주는 비슷한 시기에 건립되었을 것으로 보이며, 구룡사지 당간지주의 건립 시기는 통일신라 중기로 추정된다.

(17) 경주 보문리 당간지주(慶州 普門里 幢竿支柱)

경주 낭산 동쪽으로 명활산(明活山) 가까이에 진평왕릉(眞平王陵)이 있고, 여기서 남쪽으로 넓게 트인 뜰이 신문왕릉까지 이어져 있다. 이 넓은 뜰은 보문뜰로 불리는데, 특히 금당평(金堂坪) 일대가 보문사지(普門寺址)로 전해진다. 실제 이곳에서는 1916년 11월 '보문(普門)'이라는 명문 기와가 출토되어 절 이름을 알게 되었다.[66] 그리고 보문사는 황룡사구층탑찰주본기(皇龍寺九層塔刹柱本記)에[67] 의해서 872년(경문왕 12) 이전에 창건되었음이 확인되었다. 현재 사지가 있는 논 가운데에는 건물지, 석조 등 많은 유적과 유물들이 남아있다.

당간지주는 보문사지의 서남쪽에 남북으로 마주 서 있으며, 간대석은 결실된 상태이다. 현재 두 지주 사이에 사각형 대석(臺石)이 끼워져 있는데, 원좌나 원공이 시공되지 않았으며 외곽 모서리를 깎은 것으로 보아 원래부터 마련된 간대석은 아닌 것으로 보인다. 석재가 묻혀있어 하부를 확인할 수 없어 구체적인 것은 알 수 없지만 부러진 북쪽지주 상단부 부재일 가능성이 높다.

---

[66] 藤島亥治郞, 『朝鮮建築史論』, 景仁文化社, 1982, p. 78.
[67] 「皇龍寺九層塔刹柱本記」(黃壽永 編, 『韓國金石遺文』, 一志社, 1994, pp. 164~170).
　'寶門寺上座僧隱田 當寺上座僧允如'

지주부는 지면에서 92cm 정도의 높이까지 내면을 제외하고 1단 굵게 하였고, 상단부로 갈수록 가늘어지게 치석하였다. 외면 외곽 모서리는 각을 깎았으며, 정상부는 둔중하게 하여 전체적으로 단순하면서도 웅장한 인상을 주고 있으며, 치석 수법이 사천왕사지나 남간사지 당간지주와 닮아있다. 그런데 남쪽지주의 너비와 폭은 북쪽지주에 비하여 5~6cm 정도가 작다. 그리고 두 지주는 하단부 치석 수법이 다르고, 북쪽지주는 하부에 간공이 마련되지 않았으며 외면 외곽 모서리를 깎은 수법 등에서 차이를 보인다. 이러한 것으로 보아 두 지주가 같은 시기

경주 보문리 당간지주(1928년)(68)

경주 보문리 석조

경주 보문리 당간지주 파손 부재

경주 보문리 당간지주

(68) 藤島亥治郎, 『朝鮮建築史論』, 景仁文化社, 1982, p. 83

에 건립된 것은 아닌 것으로 추정된다. 즉, 어느 한쪽 지주가 부러지거나 파손되자 후대에 보강된 것으로 보인다.

당간을 고정하는 간공은 두 지주가 다르게 시공되었다. 남쪽지주는 상중하 3개의 간공(상 : 14×17cm, 중 : 14×15cm, 하 : 14×14cm)을 시공하였는데, 모두 사각형으로 관통되었다. 그런데 북쪽지주 간공은 하부에는 없으며, 남쪽지주 중간에 있는 간공과 같

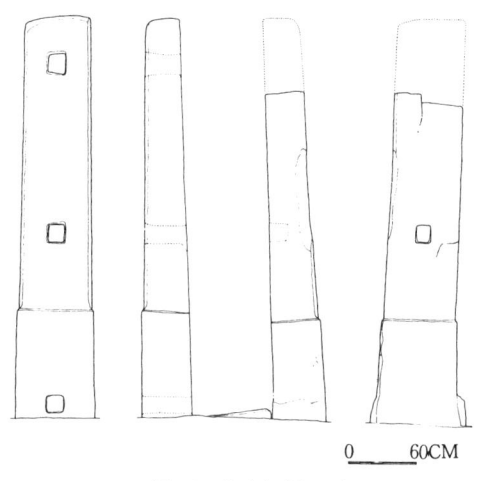

경주 보문리 당간지주 도면

은 높이에 관통되지 않은 사각형 간공(14×16cm, 깊이 15cm)을 시공하였다. 그리고 상부는 절단되어 확인할 수 없는 상태이다. 이러한 것으로 보아 당간은 지주의 남쪽에서 북쪽으로 간을 끼워 고정하였음을 알 수 있다.

현재 보문사지가 위치한 보문 뜰에는 연화문 당간지주가 있는 사찰과 황복사지 등이 있었던 것으로 확인되고 있으며, 이들 사찰에도 당간지주가 세워져 있었다. 그런데 보문사지 당간지주는 각 면을 고르게 다듬었으며, 간공 시공 수법과 지주 하단부 치석 등이 경주 지역에서 비교적 이른 시기에 건립된 당간지주들과 친연성을 보인다. 따라서 보문사지 당간지주는 사지에 남아있는 유물들과 가람배치 등으로 보아 8세기 전반경에 건립된 것으로 추정된다.

(18) 미륵사지 낭간지주(彌勒寺址 幢竿支柱)

미륵사지 뒤편으로는 용화산(龍華山) 줄기가 병풍처럼 둘러있으며, 남쪽은 넓은 들이 있다.[69] 미륵사지는 1910년 일본인에 의해 탑과 가람에 대한 조사와 연구가 시작되었다. 이후 1980년대에 들어와 본격적인 발굴 조사가 이루어졌으며,

지금도 미륵사지 석탑 해체 공사가 진행 중이다.[70] 발굴 전 미륵사지 지상에 노출되어 있던 석탑과 당간지주가 미륵사의 연혁을 전하고 있었다. 미륵사는 백제 무왕대(600~641)에 창건된 사찰이었다.[71] 수년간에 걸친 발굴 조사 결과 가장 빠른 유구와 유물들이 백제 후기인 사비시기에 해당되는 것으로 확인되었다. 또한 미륵사 가람의 형성은 통일신라시대까지 지속적으로 이루어졌으며, 고려말기까지 존속하였던 것으로 밝혀졌다.[72]

당간지주는 남회랑지 남쪽 편에 2기가 89m 간격을 두고 동서로 대칭을 이루며 서 있는데, 두 당간지주가 동일한 수법으로 치석되었다. 특히 대부분의 사찰이 1기(基)의 당간지주만을 세우는데 비하여 2기의 당간지주를 동서로 배치함으로써 미륵사가 대찰이었음을 짐작하게 한다.

이중에서 서편 당간지주를 중심으로 형식과 양식을 살펴보고자 한다.[73] 서편

---

69) 미륵사지는 전북 익산군 금마면 기양리 미륵산 남쪽 넓은 대지위에 위치하고 있다. 미륵사지가 있는 金馬는 馬韓의 古都로 전해지고 있으며, 이 지역이 학계의 관심을 끌기 시작한 것은 8.15해방 이후의 일이다. 익산 지역은 고대사회의 문화 유적이 넓게 집중 분포되어 있으며, 근래에는 청동기문화의 흔적이 발굴되면서 주목을 받고 있다.

70) 국립문화재연구소 주관으로 백제 불교문화를 고찰하고, 미륵사지 가람에 대한 실체를 밝히고 유적지에 대한 보호 정비를 위한 계획이 세워지면서 미륵사지에 대한 조사가 본격적으로 이루어졌다. 당시 사지 전역이 발굴되면서 동탑지 주변 지하에서 많은 탑재들이 출토되었다. 이중에서 특히 주목되는 것은 석탑의 상륜부에 올려졌던 露盤石과 탑신부의 부재인 屋蓋石이었다. 이에 따라 동탑지에서 출토된 모든 석탑 부재들을 실측한 결과 석탑이 9층으로 확인되었으므로, 이리한 조사 성과를 바탕으로 1989년도에 미륵사지동탑 복원안이 최종 확정되어 복원되었다(장경호,『백제사찰건축』, 예경산업사, 1991, p. 353). 한편 1995년도부터 지금까지 출토된 유물들을 국가로 귀속시키는 작업을 시작하여 1997년에 마치고, 미륵사지발굴조사단을 해체하고 철수함으로써 1980년부터 1997년까지 18년간 미륵사에 대한 발굴조사를 마무리하였다.

71) 백제시대 미륵사지 일대는 이 지역의 정치적 문화적 중심지였으며, 오래전부터 사비에 이은 백제의 수도였거나 무왕이 경영한 중요한 지역으로 보고되어 있다. 그래서 김정호는 『大東地志』에서 무왕대의 百濟別都說을 남긴 바 있으며, 일본 『觀世音應驗記』에는 미륵사지와 왕궁리를 중심으로 하는 지역이 백제말기 일시 수도였음을 전하고 있다. 최근 익산 왕궁리 일대에 대한 전면적인 조사가 진행중에 있다. 앞으로 지속적인 발굴과 조사가 이루어진다면 구체적인 사실들이 밝혀질 것으로 판단된다.

72) 미륵사는 목탑과 강당, 그리고 동금당이 가장 먼저 붕괴되었고, 중원의 금당과 동서회랑, 서원의 금당 등이 고려말기까지 존속하였던 것으로 조사되었다. 따라서 미륵사 가람에서 동원은 빨리 폐허가 되었고, 중원과 서원이 비교적 오랫동안 법등을 유지하고 있었다.

73) 전창기 선생이 미륵사지당간지주의 형식과 양식 등에 대하여 자세한 고찰을 하였다(전창기,『미륵사지 당간지주』, 현대옵셋인쇄사, 1999).

지주는 탑으로부터 64m 남쪽에 위치하고 있다. 지대석은 판석형(板石形) 석재를 바닥에 깔고 그 위에 기단을 마련하였는데, 지대석과 기단이 부분적으로 파손되어 있지만 정연한 수법을 보이고 있다. 기단은 2매의 긴 사각형 돌을 결구하였는데, 면석부가 있고 상부는 갑석형(甲石形)으로 마련되었다. 면석부에는 앞뒤 각 3구씩, 양 측면은 각 2구씩 안상을 음조(陰彫)로 조식(彫飾)하였다. 안상은 상단부의 첨형 무늬가 가운데 꼭지점을 중심으로 좌우대칭을 이루고 있으며, 부드럽게 굴곡을 이루는 통일신라시대의 전형적인 안상 조식 수법을 보이고 있다. 기단 상면에는 각호각형(角弧角形)의 괴임을 마련하여 두 지주와 간대석을 받치도록 하였다. 이러한 기단 조성 수법은 통일신라시대 석탑의 하층기단과 동일한 양식을 보여주고 있어 주목된다.

간대석은(46.5×68cm, 높이 21.8cm)은 사각형 대석을 기단 상면에 돌출되도록 마련하였다. 간대석 하부는 간대받침을 마련하였는데, 상부 석재는 돌출시키고 하부 석재는 홈을 시공하여 두 부재가 견고하게 고정되도록 하였다. 전후면은 3단으로 구분하고 연꽃잎을 표현하려는 듯 세로로 5번 굴곡을 주어 장식적인 의장을 보이고 있다. 간대석 상면에는 원좌는 없지만 원공(지름 18cm)을 시공하여 당간을 받치도록 하였다. 특히 간대석 상면에 당간을 세웠던 흔적이 약하게 남아 있는데, 그 평면이 부등변 팔각형임을 알 수 있다. 이것은 원래 당간의 평면이 부등변 팔각형인 석당간이 세워졌음을 확인시켜 주고 있다. 그러나 출토된 석당간의 평면은 정팔각형으로 일치되지 않고 있다.[74] 따라서 파손된 채로 남아있는 석당간이 후대에 보강되었거나 하단부 석당간은 평면이 부등변 팔각형으로 마련되었을 가능성을 시사하고 있다.

두 지주는 동서로 마주 서있는데, 기단부 상면에 사각형 홈을 마련하여 끼우도록 하였다. 지주 내면에는 아무런 조식이 없으나, 전후면과 외면 외곽에는 윤곽대(너비 12cm)를 돌렸으며, 각 모서리는 둥글게 깎아 부드러운 인상을 주도록 하였다. 또한 외면 중앙에는 반원형(半圓形) 세로띠를 높게 양각하였는데, 상단부까지 연결되고 있다. 지주 정상부는 내면에서 외면으로 나가면서 호선을 그리도록

---

74) 전창기, 『미륵사지 당간지주』, 현대옵셋인쇄사, 1999, p. 74.

하였으며, 그 가운데에 1단의 굴곡을 깊게 주어 장식적인 의장을 보이고 있다. 이와 같이 지주부는 전체적으로 안정되고 세련된 인상을 주고 있으며, 지주 굵기도 전체 높이에 비하여 상대적으로 얇아 경쾌한 인상이다.

당간을 고정시키기 위한 간(杆)은 지주 내면에 2개의 간공을 시공하였으며, 꼭대기에 ∪'형으로 간구를 마련하여 끼우도록 하였다. 아래에 있는 간공 중 서쪽편의 간공은 사각형으로 시공하면서 상부를 경사지게 깎아 간을 원활하게 끼울 수 있도록 고안하였다. 이러한 간공의 예는 통일신라와 고려시대에 세워지는 당간지주에서 흔히 접할 수 있는 치석 수법으로 당간을 원활하게 세우기 위한 건축술이다. 이것은 당간과 당간지주의 건립 공정과 관련하여 중요한 사실을 알려준다. 그러나 미륵사지 동편 당간지주는 이러한 흔적이 보이지 않고 사각형의 간공을 상하에 시공하였다.[75]

그리고 미륵사지 당간지주는 당간을 세웠던 일부 석조 부재편들이 남아있어 당간의 재질과 원형을 추정할 수 있다. 현재 당간에 활용되었던 7편의 석재가 남아있다.[76] 발굴 초기에 6편이 출토되었고, 이후 발굴을 진행하면서 1편이 동편 당간지주 기단 옆에서 발견되었다. 석당간은 평면이 정팔각형으로 당간 하부의 것은 굵고 상부로 올라갈수록 좁아지도록 하여 여러 매의 부재를 연결하여 올렸음을 알 수 있다. 이들을 복원하여 연결하면 당간의 높이는 적어도 11m 이상이라고 한다. 미륵사지 석당간은 담양 읍내리·나주 동문외·부안 서외리 석당간처럼 여러 매의 당간석을 연결하여 세웠는데, 1매의 당간 길이가 다른 석당간들에 비하여 상당히 짧았음을 알 수 있다. 석당간의 연결은 석당간의 상하부를 각

---

75) 이것은 서편 당간지주의 당간이 후대에 보강되었음을 방증하고 있다. 즉 동편 당간지주의 간공 마련 수법은 건축적으로 최초에는 당간지주를 세우면서 지주부와 같은 높이까지는 당간을 동시에 결구하여 올렸으며, 그런 다음 지주부 위로 당간을 결구하여 완성한 것으로 추정된다. 따라서 서편 당간이 후대에 어떤 이유로 파괴됨에 따라 당간만을 보수하면서 생긴 간공의 흔적으로 짐작된다. 이러한 지주부의 장식과 간공의 시공 수법 등은 기단 하부의 발굴 결과를 차치하더라도 미륵사지 당간지주의 건립 연대를 추정하는 결정적인 단서를 제공해 주고 있다.
76) 장경호 선생은 미륵사지 동편 당간지주 하부 발굴시 2편이 추가적으로 출토되어 총 8편이라 하였으며(장경호,『백제사찰건축』, 예경산업사, 1991, p. 379), 전창기 선생은 발굴시 1편이 추가적으로 출토되어 총 7편이라고 하였다(전창기,『미륵사지 당간지주』, 현대옵셋인쇄사, 1999, p. 85). 현재까지 몇 편이 출토되었는지 정확히 확인하지는 못하였다. 다만 국립진주박물관에 3편이 옮겨져 있는 것을 확인하였고, 현재 미륵사지 동편 당간지주 옆에 세워져 있는 1편을 확인하였다.

각 반절로 절단하여 상하부 연접부분에 구멍을 관통시켜 철로 된 간을 끼우고, 철띠로 묶어 견고하게 고정하였던 것으로 짐작된다. 특히 동편 당간지주 기단부 옆에서 출토된 당간석은 위로 갈수록 좁아지면서 팔각의 형태가 사라지고 원형에 가깝게 변하고 있어 정상부의 것으로 추정되고 있다. 이것은 석당간의 상부에 당을 걸고 오르내릴 수 있는 장식물을 달아 마무리하기 위한 평면으로 보인다. 이와 같이 미륵사지 석당간은 통일신라시대에도 당간을 나무나 철 이외에 내구성이 강한 돌을 활용하여 당간을 건립하였다는 사실을 알려준다는 것에서 주목된다.

현재 미륵사지에 남아있는 2기의 당간지주는 동일한 형식과 양식을 보이고 있어 동시기에 건립된 것이다. 동편 당간지주에 대한 발굴 조사가 이루어졌는데, 석당간의 상단부로 보이는 팔각형석이 출토되었다. 그리고 동서편 당간지주의 하부 토층을 발굴한 결과 당간지주는 창건 시에 건립된 것이 아닌 것으로 확인되었다. 동편 당간지주의 하부에서는 층위가 형성되어 있었는데 당간지주를 세우기 위하여 되파기한 흔적이 확인되었다. 그리고 서편 당간지주의 하부에서는 40~60cm까지 부식토층을 이루면서 통일신라와 고려시대의 와편이 포함되어 있었으며, 이 층위 아래로는 모래층이 일정한 층을 이루면서 아래로 계속되고 있는 것으로 밝혀졌다. 또한 사찰 창건 당시 매몰토 위에서 백제시대 기와편이 포함되어 있어 당간지주는 부토(浮土)위에 세워진 것으로 조사되었다. 따라서 두 당간지주는 통일신라시내에 건립된 것임을 알 수 있게 되었다. 특히 서편 당간지주 하부 층위에서 통일신라 초기로 추정되는 기와가 7편 출토됨에 따라 통일신라 중기 이후에 건립된 것으로 확인되었다.[77]

그리고 미륵사지 당간지주는

미륵사지 동편 당간지주 석당간 출토

---

77) 문화재연구소, 『彌勒寺遺蹟發掘調査報告書 I』, 1989.
　　국립부여문화재연구소, 『彌勒寺遺蹟發掘調査報告書 II』, 1996.

미륵사지 당간지주　　　미륵사지 동편 당간지주(1917년)[78]　　　미륵사지 서편 당간지주(1917년)
(『조선고적도보』 4)

기단을 정연하게 마련하였다. 즉, 통일신라시대 석탑의 기단부 수법을 모방하여 마련하였음을 알 수 있다. 당간지주에서 이러한 기단은 주로 통일신라 중기 이후에 나타나기 시작하여 고려 전기까지 활용되었다. 면석부에는 안상을 장식하였는데, 안상이 좌우대칭을 이루고 있으며 그 외곽선이 부드러운 인상을 주고 있다. 또한 지주부는 내면을 제외하고 외곽에 일정한 너비로 윤곽대를 돌린 점, 외면 중앙에 세로띠를 추가적으로 장식한 점, 지주부 정상부가 내면에서 외면 쪽으로 나가면서 호선을 형성하고, 그 중간에 1단 굴곡을 둔 점 등은 통일신라 중기와 말기에 건립된 당간지주들의 전형적인 치석 수법이다. 이러한 예는 부석사·구룡사지·고령 지산동·숙수사지 당간지주 등에서 볼 수 있다. 그리고 지주 내면에 간구와 간공의 시공 수법도 통일신라시대 수법을 보이고 있다. 즉, 간구를 마련하고 그 아래에 간공을 1~2개 정도로 시공하는 수법은 통일신라시대에 일반적으로 활용된 수법이다.[79] 이러한 것으로 보아 미륵사지 당간지주는 9세기대에 건립된 것으로 추정된다.

　　전창기,『미륵사지 당간지주』, 현대옵셋인쇄사, 1999, p. 69~70.
78) 朝鮮總督府,『大正六年度 古蹟調査報告』, 1920, p. 654.
79) 嚴基杓,「統一新羅時代의 幢竿과 幢竿支柱 硏究」,『文化史學』 6·7호, 한국문화사학회, 1997, p. 339.

미륵사지 동편 당간지주

미륵사지 서편 당간지주

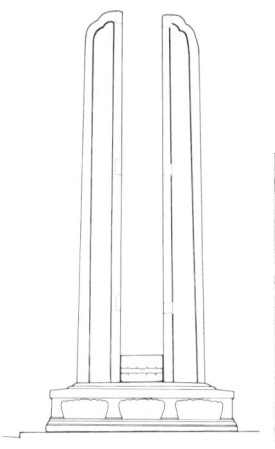
미륵사지 동편 당간지주 도면

미륵사지 서편 당간지주
간대석과 간대받침석

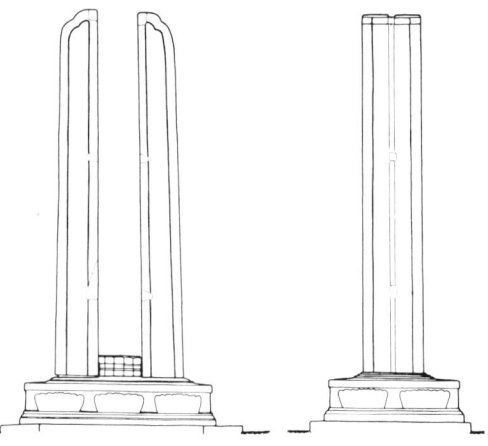
미륵사지 서편 당간지주 도면

(19) 경주 보문동 연화문 당간지주(慶州 普門洞 蓮華紋 幢竿支柱)

이 일대는 통일신라시대 창건된 보문사(普門寺)라는 절이 있었다고 전하는 사지에서 가까운 지점이다. 지금도 보문사지에는 금당지를 중심하여 동서에 탑지가 남아있고, 경루지도 있다. 그리고 여기저기에 석등 대석과 원좌가 마련된 초석, 석조(石槽) 등 많은 석조물들이 흩어져 있다.[80] 그런데 연화문 당간지주는 보문사지가 있는 곳에서 북쪽으로 900m 정도 떨어져 있다. 따라서 이 당간지주를 보문사지 소속으로 보기에는 무리가 있다. 더구나 보문사지에는 다른 당간지주가 남아 있는 것으로 보아 보문사의 것은 아닌 것으로 보인다. 다만 진평왕릉(眞平王陵)이 가까이 있는 것으로 보아 연화문 당간지주 소속 사찰의 초창(初創)이 진평왕과 관련되었을 가능성은 있지만 관련 기록이 없다. 또한 사지가 땅속에 깊게 묻혀 있어 가람의 규모나 중심축선 등을 확인할 수 없는 아쉬움이 있다.

두 지주는 논 가운데에 동서로 마주 서 있는데, 깊게 매몰되어 있어 현재의 위치가 원위치로 확실시된다. 따라서 연화문 당간지주가 소속된 사찰의 가람은 북쪽으로 배치되었을 가능성이 높다. 두 지주 하부가 깊게 매몰되어 있는 것으로 보아[81] 원래의 사찰 유구도 상당한 깊이까지 매몰되었을 것으로 보인다. 그래서 기단과 간대석은 확인할 수 없으며, 다만 두 지주 상단부 치석과 장식 수법 등을 알 수 있다. 두 지주는 동일한 치석 수법을 보이고 있는데, 각 면을 정교하고 화려하게 깎아 우수한 치석 수법을 보이고 있다. 먼저 내면은 지면에서 일정한 높이까지 외곽을 경사지게 깎아 장식하였는데, 다른 지주에서는 볼 수 없는 수법이다. 외면은 외곽 모서리에서 3cm 정도 안쪽으로 낮게 깎아 사각형으로 구획하였다. 그리고 정상부에서 52cm되는 부분까지는 1단 낮게 한 다음 원형 받침(지름 46cm)을 낮게 마련하고, 그 위에 연화문(지름 42cm)을 양각하였다. 당간지주에서 연화문이 장식된 예는[82] 보기 드물다. 연화문은 복판(複瓣) 8엽을 배치하였는데,

---

80) 藤島亥治郞, 『朝鮮建築史論』, 景仁文化社, 1982, p. 83.
81) 현재의 상태는 1981년 정화 공사로 노출되었다. 당간지주 규모와 하부의 치석으로 보아 연이어 장식이 있을 것으로 보이며, 적어도 2~3m 가까이는 땅속에 묻혀있는 것으로 추정된다.
82) 지주에 연화문을 장식한 예는 미륵사지 당간지주, 고청 흥덕 당간지주와 함께 총 3기가 확인되었다.

가운데에는 둥글고 큰 자방을 양각하였다. 연화문은 통일신라시대 제작된 연화문 수막새나 각종 연화문 대석에 새겨진 것들과 강한 친연성을 보이고 있다. 지주 정상부는 평평하게 하고, 각 면 외곽에서 3cm 정도를 안으로 낮게 깎아 마치 양각된 사각형이 올려져 있는 것처럼 구획하였다. 지주 내면 꼭대기에는 간구를 시공하였는데, 하부를 둥글게 반원형으로 깎아 다른 지주에서는 볼 수 없는 장식성을 보이고 있다.[83]

이와 같이 지주 각 면을 정교하게 다듬고, 표면을 화려하게 장식한 점 등은 당간지주의 치석 수법뿐만 아니라 불교미술이 상당히 발달한 시기에 건립되었음을 시사한다. 그런데 치석 수법과 장식화의 경향이 강하게 나타나는 것으로 보아 가까운 곳에 있는 보문사지나 황복사지 당간지주들 보다는 나중에 세워진 것으로 보인다. 또한 보문사지나 황복사지 당간지주는 화려하지 않지만 지주부의 치석 수법이 단아하여 초기에 건립된 당간지주들과 상통하고 있다. 반면 연화문 당간지주는 당간지주의 건립이 성행하면서 완숙한 경지에 이르렀을 때 치석된 것으로 보이기 때문이다. 당간지주는 경주 지역에서 8세기 중반경부터 뛰어난 치석 수법의 당간지주가 건립되기 시작한다. 따라서 보문동 연화문 당간지주는 8

경주 보문동 연화문 당간지주(1928년)[84]

경주 보문동 연화문 당간지주

---

83) 杆孔의 시공 여부는 확인할 수 없지만 경주 지역에 건립된 당간지주들이 대부분 간공을 시공하였던 것으로 보아 시공되었을 가능성이 높다.
84) 藤島亥治郞, 『朝鮮建築史論』, 景仁文化社, 1982. p. 83.

경주 보문동 연화문 당간지주　　　　경주 보문동 연화문 당간지주 도면
　　　　연화문

세기 중반경에 건립된 당간지주들의 영향을 받아 8세기 후반에서 9세기 전반경에 건립된 것으로 추정된다.

(20) 담엄사지 당간지주(曇嚴寺址 幢竿支柱)

담엄사지는 경주 오릉 인근에 위치하고 있다. 기록에 따르면 담엄사(曇嚴寺)는[85] 오릉의 북쪽에 있다고 하였다. 따라서 현재의 사지가 담엄사였음을 알 수 있다. 이 사찰은 칠처가람기(七處伽藍記) 중의 하나로 당시에는 상당한 규모의 중요 사찰이었음을 알 수 있다. 이후 고려시대까지 법등을 잇다가 조선 전기에 폐사된 것으로 추정되고 있다.[86]

당간지주는 현재 숭덕전 서편 경작지에 묻혀 있는 상태다. 일제 강점기에는 건물 앞에 있는 도로의 좌우에 동서로 세워져 홍살문 역할을 하였다고 한다.[87]

두 지주 중 한쪽 지주의 중간부가 절단되어 파괴된 상태이다. 기단이나 간대석은 남아있지 않으며, 지주 하단부를 굵고 거칠게 치석하여 지하에 깊게 묻었음을

---

85) 『三國史記』에는 曇嚴寺, 『三國遺事』에는 曇嚴寺로 기록되어 있다. 『三國遺事』의 기록에 따랐다.
86) 國立慶州文化財研究所, 『慶州 南山』-本文·解說篇-, 2002, p. 90.
87) 藤島亥治郎, 『朝鮮建築史論』, 景仁文化社, 1982, p. 124.
　　이후 차량에 의하여 한쪽 지주가 절단되었다고 한다.

알 수 있다. 지주는 평면 사각 석주형으로 상부로 올라가면서 좁아지도록 하였다. 그리고 각 면을 정교하게 다듬지는 않았으며 외곽 모서리는 지주 꼭대기에서 아래로 일정한 부분까지만 깎았다. 정상부는 평평하다가 외면과 만나는 부분에서 약하게 호형(弧形)을 그리고 있으며, 간구가 시공되었다. 이와 같이 담엄사지 당간지주는 경주 지역에 건립되었음에도 불구하고 각 면을 정교하게 다듬지 않았으며, 전체적으로 단순 소박한 인상을 준다.

담엄사는 7처가람 중에서는 가장 늦게 창건된 것으로 추정되고 있다. 그리고 신라의 많은 왕릉들이 사찰과 관련되어 있고, 그 위치를 기록함에 있어서 사찰을 기준으로 삼은 경우가 많았다. 담엄사도 일찍이 혁거세릉이나 사릉(蛇陵)과 관련되어 기록되었다.[88] 따라서 창건 시기가 통일신라 말기로는 떨어지지 않을 것이다. 특히 담엄사지에서 팔부중상이 부조된 석탑재가 출토되었다고 한다.[89] 이러한 사실은 담엄사 당간지주의 건립 시기와 관련하여 결정적인 사실을 제공한다. 이와 같이 담엄사와 관련된 연혁이나 사지에서 출토된 유물, 당간지주의 양식으로 보아 8세기 후

담엄사지 당간지주

담엄사지 당간지주(2006년)

---

88) 『三國遺事』 卷 1, 紀異 1, 新羅始祖 赫居世王.
　　『新增東國輿地勝覽』, 慶州府, 古蹟.
　　『東京雜記』 卷 2, 古蹟.
89) 대한불교조계종 총무원, 『佛敎寺院址』, 1997, p. 211.

반에서 9세기 전반경 사이에 건립된 것으로 추정된다.

(21) 장의사지 당간지주(莊義寺址 幢竿支柱)

장의사는 백제와의 싸움에서 전사한 장수 장춘랑(長春郎)과 파랑(罷郎)의 명복을 빌기 위하여 659년(무열왕 6) 한산주(漢山州)에 창건된 사찰이었다.[90] 고려시대에도 장의사의 중요성이 부각되어 예종, 인종, 의종 등이 다녀갔다. 그리고 고려 초기 광종(949~975)으로부터 극진한 예우를 받았던 원종대사 찬유(元宗大師 璨幽 : 869~958)가 장의사에서 구족계를 받기도 하였다. 조선시대에는 왕실과 관계되는 불제(佛齊), 기우 등의 행사가 있었다. 태조의 비였던 신의황후의 기농제(忌農祭)가 있고나서 왕실의 특별한 비호를 받았다. 1464년(연산군 10)에는 삼각산 장의사에서 사리가 분신하므로 백관이 서한을 올려 경하하였으며, 이날 오색구름이 나타났다고 한다. 이후 1506년(연산군 12) 2월에 장의사를 철거하고 그곳에 꽃밭을 만들어 폐사되었다고 한다.[91]

두 지주는 초등학교 운동장 옆에 동서로 세워져 있다.[92] 지주 하부가 깊게 매몰되어 기단이나 간대석은 확인할 수 없다. 두 지주는 평면 사각 석주형으로 각 면이 거칠게 치식되있으며, 별다른 조식은 없는 상태이다. 지주부 외면의 외곽 모서리는 모를 깎아(6~7cm) 각을 부드럽게 돌리고 있으며, 정상부는 내면에서 외면으로 나가면서 평평하다가 외면과 이어지는 부분에서 약하게 호형(弧形)을 이루고 있다. 지주 내면에는 간구는 마련되지 않고, 간공만을 시공하여 당간을 고정하도록 하였다. 동쪽지주의 간공은 원형(지름 12cm)으로 관통되었으나, 서쪽 지주는 관통되지 않았고 깊이는 23cm이다.

---

90) 『三國史記』 卷5, 新羅本紀 5, 太宗武烈王 6年.
　　『三國遺事』 卷1, 紀異 1, 長春郎罷郎.
91) 權相老, 『韓國寺刹全書』 下, 東國大出版部, 1979, p. 989.
92) 현재 莊義寺址에는 세검정 초등학교가 위치하고 있다. 한편 1916년 조사 당시에는 장의사지가 僧伽寺로 올라가는 도로가에 위치하고 있었으며, 당간지주는 작은 천과 연하여 세워저 있었다고 한다(朝鮮總督府, 『大正五年度 古蹟調査報告』, 1917, p. 38).

이와 같이 장의사지 당간지주는 지주 높이에 비하여 너비와 폭이 커서 전체적인 외관이 둔중한 인상을 주고 있다. 특히 지주 정상부는 부드러운 호선을 형성하도록 치석하는 것이 일반적인데, 장의사지 당간지주는 호선이 아닌 사선으로 경사지게 외면으로 이어지고 있어 딱딱한 이미지를 준다. 간구는 마련하지 않고 간공만 시공한 수법 등은 경주 지역에서 성행한 당간지주들과 상통하고 있으나 지주부의 전체적인 외관은 그렇지 못하다.

한편 당간지주의 건립 시기를 구체적으로 추정할 만한 방증 자료나 유물은 거의 없다. 다만 장의사가 신라 왕실과 밀접한 관련은 있었으나 지리적으로 상당히 떨어져 있는 점 등이 고려되어야 할 것이다. 그리고 지주부의 치석 수법이 정교하지 못하고 둔중한 이미지를 주고 있어, 사찰의 창건 시 건립된 것이기 보다는 당간지주의 건립이 일반화되면서 전국적으로 확산된 통일신라 중기에서 말기 사이에 건립되었을 것으로 보인다.[93]

장의사 터(『경성부사』 제1권, 1934년)

장의사지 당간지주(1916년)[94]

장의사지 당간지주

---

93) 사찰의 창건 연대를 고려하여 통일신라 초기로 보는 의견도 있다(서울시, 『서울문화재대관』, 1987).
94) 朝鮮總督府, 『大正五年度 古蹟調査報告』, 1917, p. 38.

(22) 법수사지 당간지주(法水寺址 幢竿支柱)

　법수사는 802년(애장왕 3)에 창건하여 원래는 금당사(金塘寺)라 하였으며, 신라가 망하자 경순왕의 막내아들 범공(梵空)이 이곳에 머물렀다고 한다.[95] 이후 고려시대에 퇴락한 절을 중건하여 법수사라 하였으며, 임진왜란 때 폐사된 것으로 추정되고 있다.[96] 현재 법수사지 인근에는 암자 터가 많으며 사역이 넓은 것으로 보아 번창 시에는 대찰의 면모를 갖추었던 사찰이었음을 알 수 있다. 사지에서는 9세기 전반기의 양식을 보이는 비로사나 삼존불과 석불좌상 등이 나오기도 하였다.[97]

　법수사지는 현재 마을이 들어섰고, 경작지로 변하여 구체적인 사역의 규모는 확인할 수 없다. 다만 건물지와 석축이 남아있어 대규모 사찰이었으며, 지금과는 달리 당간지주가 서있는 지점에서 경내로 진입하였음을 알 수 있다. 이러한 법수사는 전체적으로 가람이 경사진 구릉에 위치한 사찰이었다. 금당지는 높게 석축을 쌓아 평평하게 한 후 삼층석탑 등을 건립하였음을 알 수 있는데, 현재 불상과 석등의 대좌, 초석 등이 흩어져 있다.[98]

　두 지주는 마을 앞 논 가운데 있는 큰 나무 아래에 동서로 마주 서있다. 기단은 확인할 수 없는 상태이며, 간대석이 두 지주 사이에 마련되었다. 간대석은 사각형 대석으로 상면에 이

법수사지 삼층석탑

---

95) 『三國遺事』 卷 2, 紀異 2, 金傅大王.
　　'季子祝髮 隸華嚴 爲浮圖 名梵空 後住法水海印寺云'
96) 尹容鎭, 「法水寺址와 遺物」, 『古文化』 1집, 한국대학박물관협회, 1962.
　　文明大, 「法水寺의 摩訶毘盧舍那三尊佛」, 『古文化』 5·6합집, 한국대학박물관협회, 1969.
97) 毘盧舍那佛像은 1897년 梵雲이 海印寺 大寂光殿으로 옮겨 主尊佛로 봉안하고 있으며, 石佛 坐像은 1967년 경북대학교로 옮겼고, 목 없는 石佛 坐像은 백운초등학교로 옮겼다고 한다.
98) 당간지주가 서있는 남쪽 바로 밑에는 사각형 臺石 1石이 놓여있는데, 拜禮石으로 보이며 윗면에는 연화문이 조식되어 있다.

중의 원좌를 마련하고, 그 가운데에 깊게 원공(지름 20cm, 깊이 8cm)을 시공하였다. 원좌 1단 둘레에는 연화문을 조식하였다. 이러한 원좌와 원공 시공 수법은 당간을 견고하게 고정하기 위한 것으로 보이며, 철당간이나 목당간을 세웠을 가능성이 높은 것으로 추정된다.

지주부는 각 면을 정교하게 다듬었다. 지주 외면의 외곽 모서리는 각을 깎았으며, 내면을 제외하고 나머지 면은 하단부에서 일정한 높이까지 1단 높게 치석하고 다시 상단부로 올라가 1단 낮게 하였다. 1단 높게 깎은 부위에는 세로로 1조의 음각선을 두어 구

법수사지 당간지주

분하였다. 이와 같이 지주부는 상부로 올라가면서 좁아지는 형태를 취하도록 하였으며, 2곳에 단을 두어 단조로움을 피하였다. 정상부는 평평하다가 외면과 만나는 부위에서 호형으로 곡선을 이루고 있다. 당간을 고정시키는 간은 내면 꼭대기에 큰 간구를 마련하여 끼우도록 하였다.

법수사 당간지주는 전체적인 치석 수법이 정연한 인상을 주고 있다. 또한 지주부는 2번의 단을 두어 장식성을 가하고 있으며, 각 면을 고르게 다듬었다. 이러한 치석 수법은 비교적 이른 시기에 건립된 경주 지역의 사천왕사지나 남간사지 당간지주 등과 친연성을 보인다. 특히 법수사지에 남아있는 삼층석탑과 석불 등은 법수사가 대찰로서의 면모를 갖추면서 당간지주 등과 함께 건립된 것으로 보인다. 따라서 당간지주는 그 치석 수법과 사찰의 연혁으로 보아 9세기 전반경에 건립되었을 가능성이 높다.

(23) 법광사지 당간지주(法廣寺址 幢竿支柱)

법광사지는 현재 사지 일대가 밭으로 경작되고 있으며, 사지 서쪽 편으로 법광사가 중건되어 있다. 사지 일대에는 건물지, 초석, 삼층석탑, 불상 대좌, 쌍신두귀부 등을 비롯한 많은 석조물이 남아있다. 당간지주는 사역으로 들어가는 입구로 추정되는 곳에 위치하고 있으며, 두 지주 하부가 깊게 매몰되어 있다.

노출된 지주부는 정교하면서도 화려한 치석 수법을 보인다. 지주부 전후면과 외면 외곽에 일정한 너비(7cm)로 윤곽대를 돌렸으며, 외면 중앙에는 낮은 세로띠를 장식하였다. 그리고 외면 중간부분은 1단 낮게 깎았으며, 정상부는 내면에서 외면으로 나가면서 부드러운 호선을 그리도록 하고 가운데에 1단의 굴곡을 두었다. 이러한 치석과 장식 수법은 삼랑사지·불국사·숭수사지 당간지주 등 경주를 중심으로 통일신라 중기에 건립된 화려한 당간지주에서 많이 볼 수 있다. 간구(10×7cm, 깊이 8cm)는 내면 꼭대기에 사각형으로 작게 시공하였다. 이러한 것으로 보아 당간지주의 전체적인 외관은 세장하면서도 단아한 수법으로 치석된 화려한 양식을 보였을 것으로 보인다. 특히 법광사지 당간지주는 숭수사지 당간지주와 강한 친연성을 보이고 있는 점이 주목된다.

법광사지 당간지주의 건립 시기와 관련하여 주목되는 것은 사지 내에 건립되어 있는 삼층석탑과[99]「법광사석탑기(法光寺石塔記)」[100]이다. 석탑은 가람 상에서 중심적인 조형물로 사찰의 창건이나 중건 시에 건립되는 것이 일반적이었다. 따라서 석탑의 건립 시기를 파악하는 것은 사찰의 창건이나 중건 시기를 추정하고 가람 배치를 알 수 있는 관건이 되기도 한다.[101] 법광사는 진평왕대(579~632)에

---

99) 법광사지 삼층석탑의 건립 시기와 관련하여 중요한 양식적 특징들은 다음과 같다. 地臺를 2단으로 구성한 2층기단이다. 하대갑석과 상대갑석은 옥개석과 같이 평박하고 상면을 경사지게 치석하였다. 기단부 면석부에 우주는 2주, 탱주는 1주씩 세웠다. 1층 탑신괴임은 별석 괴임형으로 마련되었으며, 옥개석 상면에는 각 층에 2단의 탑신괴임이 있다. 탑신석의 우주는 2주로 모각되었으며, 각 층 옥개받침은 5단이다. 옥개석은 전체적으로 평박하면서도 전각부에 반전이 있고, 처마선이 수평이며 낙수면이 약한 경사를 이루도록 하였다. 이러한 양식적 특징들은 통일신라 말기에 건립된 석탑들과 상통하고 있다.

100) 黃壽永,「新羅 法光寺 石塔記」,『白山學報』8輯, 白山學會, 1970.
  國立慶州博物館,『文字로 보는 新羅』, 2002, p. 162.

원효에 의하여 창건되었다고[102] 하나 이를 그대로 신뢰하기에는 무리가 따른다. 한편 법광사의 창건 시기나 연혁과 관련하여 「법광사석탑기」에 주목할만한 기록이 남아있다. 석탑기에 의하면 법광사에는 828년 7월 향조사(香照師)와 원적니(圓寂尼)가 재산을 희사하여 석가모니불 사리탑을 세우고 사리 22과(顆)를 봉안하였다고 한다. 법광사 가람의 중심에 삼층석

법광사지 쌍신두 귀부

법광사지 삼층석탑

법광사지 당간지주 전경

법광사지 당간지주 지주부

---

101) 엄기표, 「新羅 雙身頭 龜趺에 대한 考察」, 『文化史學』 19號, 韓國文化史學會, 2003, p. 110.
102) 權相老 編, 『韓國寺刹全書』 上, 東國大學校 出版部, 1979, p. 449.

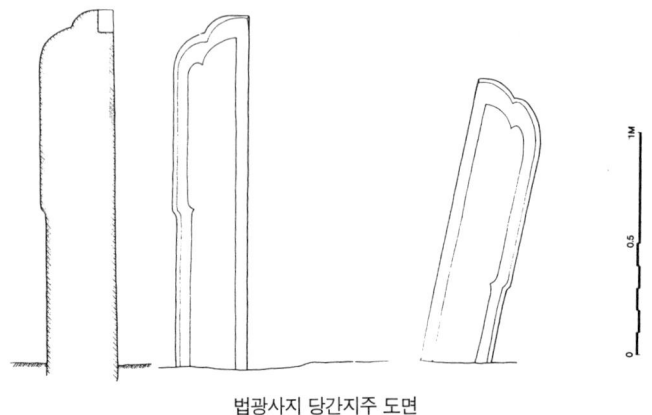

법광사지 당간지주 도면

탑을 건립하였던 것이다.[103] 그런데 어떤 이유인지는 모르지만 846년에 탑을 移建하여 다시 세웠다고 한다.[104] 이것은 20여 년이 흐른 후 법광사에 대한 대대적인 중건이나 중수가 이루어졌음을 암시하는 내용이다. 이외에도 석탑기는 법광사의 주요 단월이 김균정(金均貞 : ?~836)임을 밝히고 있으며, 그의 자손인 신무왕, 문성왕(839~857) 등이 법광사를 후원한 사실도 기록하였다. 김균정은 822년 김헌창의 반란을 성공적으로 진압하면서 신라 조정 내에서 실권을 장악하기 시작하여 835년에 상대등이 되었으나 다음해 왕위쟁탈전에서 패배하여 살해되고 만다.

이러한 것으로 보아 법광사의 창건이나 대대적인 중건은 828년에서 846년 사이에 이루어졌으며, 당시 김균정이 후원하여 삼층석탑 등을 비롯한 다수의 가람이 조영되었음을 알 수 있다. 따라서 당간지주도 법광사가 사찰로서의 면모를 갖출 수 있도록 후원한 김균정이 실권을 장악한 시기에 세워졌을 가능성이 높다. 법광사지 당간지주는 828년 직후에서 늦어도 석탑이 이건된 846년 사이에는 건립되었을 것으로 추정되며, 양식도 이 시기를 전후하여 건립된 당간지주들과 상통하고 있다.

---

103) 아직까지 원위치가 밝혀지지 않고 있다(黃壽永·文明大,「法光寺址實測調査」,『佛敎美術』1, 동국대 박물관, 1973).
104) 黃壽永,『韓國金石遺文』, 一志社, 1994, pp. 151~153.

(24) 장연사지 당간지주(長淵寺址 幢竿支柱)

장연사의 연혁은 구체적으로 알 수 없으며, 다만 사지에 남아있는 유적과 유물들을 통하여 늦어도 통일신라 말기에는 창건된 것으로 알려져 있다. 사지에는 2기의 석탑이 건립되어 있는데, 서탑은 무너져 있던 것을 1979년 복원하였으며,[105] 동탑은 1984년 해체 보수 시에 사리구가 발견되었다. 사리구(舍利具)는 석탑이 세워진 통일신라 말기에 제작된 것으로 밝혀졌다.[106]

장연사지는 작은 개울을 사이에 두고 위치하였다. 즉, 당간지주가 있는 지역을 지나 개울을 건너면 석탑이 있는 경내로 들어갈 수 있도록 가람을 배치하였다.[107] 당간지주는 밭 가운데 동서로 서있는데, 이미 지주부는 절단되어 다른 용도로 활용되고 하부만 남아 있다. 특히 서쪽지주가 파

장연사지 당간지주(1918년)

장연사지 동 삼층석탑

장연사지 서 삼층석탑

장연사지 동 삼층석탑 출토 사리구

---

105) 서탑은 무너져 있던 것을 반출하려다가 그러지 못하고 개울에 흩어져 있었는데 1979년 12월 원위치에 복원하였다고 한다. 동서 삼층석탑의 양식은 동일하다.
106) 國立中央博物館, 『佛舍利莊嚴』, 1991, p. 116.
107) 일제 강점기에 장연사지 석탑과 당간지주에 대한 조사가 이루어지기도 하였다(朝鮮總督府, 『大正七年度 古蹟調査報告』第一冊, 1922).

손이 심한 편이다. 지주 하단부는 거칠게 치석된 것으로 보아 묻혔던 부분으로 보이며, 그 위로는 각 면을 고르게 다듬었다. 동쪽지주는 하부의 전후면과 외면에 가운데를 중심으로 하여 좌우대칭을 이루도록 화형무늬를 양각하였다. 그리고 전후면과 외면의 화형무늬 상단부에 작은 원공을 시공하였다. 원공의 정확한 용도는 알 수 없지만 화형무늬를 더욱 화려하게 보이도록 특별한 장식을 하기 위한 시설로 보인다. 외면은 가운데에 2조의 세로띠를 장식하였으며, 외곽 모서리는 일정한 너비로 깎았다.

두 지주 모두 지주 상단부가 절단되었는데, 이중에서 지주의 일부가 마을 입구에 있는 사당으로 옮겨져 있다.[108] 지주부는 정연한 치석 수법을 보이고 있다. 정상부는 내면에서 외면으로 나가면서 유려한 호선을 형성하도록 하였으며, 외면과 만나는 부위에 1단의 굴곡을 두었다. 외면 가운데에는 세로띠를 추가 장식하

장연사지 당간지주

장연사지 당간지주 지주부

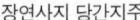

108) 마을 사람들에 의하면 사당을 건립하면서 다른 용도로 활용하기 위하여 폐사된 장연사지의 당간지주 상부를 절단하였다고 한다.

였다. 간구는 사각형으로 작게 시공되었다.

　장연사지 당간지주는 지주부가 마치 꽃 속에서 피어나는 것처럼 하단부를 장식하였다는 점이 주목된다. 이러한 치석 수법의 당간지주는 아직 확인되지 않고 있다. 그리고 당간지주는 장연사가 가람의 면모를 갖추면서 건립되었을 것으로 보인다. 특히 같은 사지에 남아있는 삼층석탑과 거의 동시기에 건립되었을 것이다. 따라서 석탑과 비슷한 시기인 9세기 경에 건립되었을 것으로 추정된다.

(25) 해인사 당간지주(海印寺 幢竿支柱)

　당간지주는 해인사 경내로 들어가는 진입 공간에 있는 일주문 바로 앞에 서있다. 기단부와 지주부에 약간의 파손이 있지만 거의 완전하게 남아 있어 정연한 양식을 보이고 있다. 그런데 두 지주의 양식은 동일하지만 어떤 이유로 서쪽지주가 새롭게 치석된 것임을 한눈에 알아볼 수 있다.

　기단부는 긴 사각형 돌을 여러 매 결구하여 지대석(234×152cm)으로 삼았다. 기단은 지주를 중심으로 좌우에서 2매의 사각형 돌을 결구하였는데, 면석부에는 전후면 3구, 양측면에 2구씩 안상을 음조하였다. 기단 상부 가운데는 긴사각형으로 홈을 파서 두 지주와 간대석을 고정하였고, 호형 3단의 괴임을 두어 지주를 받치도록 하였다. 간대석은 기단 상년에 돌출되어 마련되었는데, 지주 쪽을 'ㄷ'자형으로 파서 지주가 견고하게 고정되도록 하였다. 간대석 상면에는 원공이 없는 원좌(지름 53cm)를 마련하여 당간을 받치도록 하였다.

　두 지주는 동서로 마주 서있는데 다른 당간지주에서는 볼 수 없는 특징적인 치석과 당간 결구 수법을 보인다. 지주부는 전후면과 외면 외곽에 일정한 너비로 윤곽대를 장식하고, 외면 가운데에는 중앙이 넓은 3조(條)의 세로띠를 추가하였다. 그리고 다른 당간지주와는 다르게 내면 외곽에도 윤곽대를 돌렸다. 또한 지주 외면 중간부분은 세로띠에서 좌우대칭을 이루도록 반타원형으로 1단 낮게 깎았다. 정상부는 내면에서 외면으로 나가면서 부드러운 호선을 그리고 있으며, 그 가운데에 1단의 굴곡을 두었다. 그래서 두 지주의 내면을 맞대면 마치 하나의 안

해인사 당간지주

상형 문양이 되도록 정상부를 장식하였다. 지주 내면 꼭대기에는 간을 끼우기 위한 ⊔형의 간구를 마련하여 당간을 고정시키도록 하였다. 또한 지주 내면에는 간대석과 같은 높이에 너비 9cm 정도의 좁은 홈이 길게 마련되어 주목되는데, 당간을 고정하기 위한 보조홈이나 간을 끼우기 위한 시설로 보인다. 간대석 상면에 원공이 마련되지 않아 당간을 견고하게 고정하기 위한 시설임을 알 수 있다.

이와 같이 해인사 당간지주는 각 면을 고르게 다듬었으며, 다른 당간지주에 비하여 화려한 치석 수법을 보이고 있다. 기단은 정연한 결구 수법을 보이고 있으며, 지주부는 정교하면서도 단아한 인상을 주고 있다. 특히 지주부의 치석과 장식 수법은 통일신라 중기에 경주 지역을 중심으로 건립된 화려한 당간지주들과 친연성을 보인다.

한편 해인사는 화엄 10찰 중 하나이며, 팔만대장경을 봉안한 법보사찰로 널리 알려져 있다. 해인사는 신림(神林)의 제자 순응(順應)이 766년(혜공왕 2) 중국으로 구도의 길을 떠났다가 수년 뒤 귀국하여, 802년(애장왕 3) 이정(利貞)과 함께 창건에 착수하였다고 한다. 당시 이 소식을 들은 성목태후(聖穆太后)가 불사를 돕기 위하여 전지(田地) 2500결을 하사하였다. 이정은 갑자기 순응이 죽자 뒤를 이어 절을 완성하였다고 한다.[109] 이러한 것으로 보아 해인사가 신라 왕실의 후원을 받아 창건된 사찰임을 알 수 있다. 그리고 895년 전란으로 사망한 원혼들의 명복을 빌기 위하여 묘길상탑(妙吉祥塔)을 세우고 그 안에 탑기(塔記)를 넣었다. 이후

---

109) 한국불교연구원, 『海印寺』, 한국의 사찰 7, 일지사, 1984.

1490년 학조화상(學祖和尙)이 인수대비의 명을 받들어 비로전 등이 중창되었다. 이러한 것으로 보아 현재 남아있는 해인사의 가람 구성은 9세기 초반경에 기본적인 토대가 이루어졌음을 알 수 있다. 해인사 당간지주는 지주부의 양식과 연혁 등을 고려할 때 통일신라 말기에 건립되었을 것으로 추정된다.

(26) 안동 운흥동 당간지주(安東 雲興洞 幢竿支柱)

당간지주는 안동역 서쪽 편 공원 내에 안동 동부동 오층전탑과 같이 서있는데, 한국전쟁 당시 지주부의 상부가 심하게 파손되었다고 한다.[110] 당간지주와 전탑은 동일 사찰의 유물로 보이는데, 아직까지 사명(寺名)은 알 수 없다. 다만 안동 관련 각종 기록에 등장하는 법림사(法林寺)로 추정되고 있다.[111]

기단은 남아있지 않으며, 두 지주 사이에 거칠게 다듬은 원형의 간대석을 마련하였다. 간대석의 양 측면은 'ㄷ'자형으로 홈을 마련하여 지주를 끼워 고정하도록 하였다. 이러한 것으로 보아 간대석이 지대석 역할을 겸했던 것으로도 보인다. 간대석 상면에는 원형의 원좌(지름 83cm, 높이 7cm)와 원공(지름 45cm, 깊이 12cm)을 마련하였는데, 비교적 규모가 큰 편이다. 이러한 것으로 보아 하부의 지름이 상당히 큰 당간이 올려졌음을 알 수 있다. 원좌 외곽으로는 일정한 너비로 낙수홈을 돌렸는데, 낙수홈에 모인 물이 빠지도록 좁은 홈을 두 곳에 시공하는 치밀한 치석 수법을 보이고 있다.

두 지주는 현재 남북으로 마주 서있는데, 원래의 상대방향인지는 알 수 없다. 지주부는 상부가 파손된 것 외에는 원형을 잘 유지하고 있다. 두 지주는 간대석에 홈을 마련하여 견고하게 고정하도록 하였다. 지주는 평면 사각형으로 상부로 올라가면서 약간씩 좁아지도록 하고 각 면을 고르게 다듬었다. 지주의 외면 외곽 모서리를 좁게 깎았으며, 상부는 꼭대기에서 1m 정도 아래로 1단 낮게 치석하였다. 이러한 수법은 통일신라시대 건립된 당간지주에서 자주 활용된 장식 기법이

---

110) 경상북도, 『지방문화재대관』, 1980.
111) 권오식, 「安東의 塼塔 法林寺와 良志 法師」, 『安東文化』 11집, 안동문화원, 2003.

다. 당간은 간공과 간구를 마련하여 고정하도록 하였다. 간구는 내면 꼭대기에 세로로 길게 ⌐자형으로 시공하였다. 그리고 간공은 두 지주가 다르게 마련하였는데, 남쪽지주는 113cm 간격을 두고 관통되지 않은 2개의 간공(지름 15cm, 깊이 16cm)을 시공하였으며, 북쪽지주는 112cm 간격을 두고 관통된 2개의 간공(지름 13cm)을 시공하였다. 따라서 간은 북쪽지주에서 끼웠음을 알 수 있다. 이와 같이 관통된 원형의 간공을 시공하여 당간을 고정하는 기술은 통일신라시대에 많이 채용되었다.

지주는 평면 사각형으로 규모가 그리 높지도 않고, 장식적인 치석 수법을 채용하지 않아 소박한 인상을 주고 있다. 특히 안동 운흥동 당간지주는 간대석 외에는 827년 건립된 중초사지 당간지주와 양식적으로 강한 친연성을 보인다. 그런데 두 당간지주는 세부적으로 각 면을 다듬은 치석 수법이나 전체적인 양식에 있어서 안동 운흥동 당간지주가 중초사지 당간지주보다는 약간 앞설 것으로 추정된다. 또한 당간지주는 사찰에서의 위상이나 그 중요성으로 보아 옆에 있는 동부동 오층전탑과 비슷한 시기이거나 약간 늦은 시기에 세워졌을 것이다. 이러한 점으로 보아 안동 운흥동 당간지주는 9세기 초반경에 건립되었을 것으로 보인다. 한편『영가지(永嘉誌)』에[112] 등장하는 남문 밖 철주가 현재 두 시주만 남아있는 안동 운흥동 당간

안동 운흥동 당간지주
(『조선고적도보』 4)

안동 동부동 오층전탑

안동 운흥동 당간지주

지주의 당간을 지칭하는 것으로 보고 철당간이 세워졌던 것으로 보기도 한다. 확신할 수는 없지만 여러 정황으로 보아 가능성이 높은 것으로 추정된다.

(27) 중초사지 당간지주(中初寺址 幢竿支柱)

중초사지는 안양사(安養寺)로 들어가는 도로를 따라 가다가 왼편 개울 건너에 삼층석탑과 함께 세워져 있다.[113] 현재 사지 일대에 건물이 들어서 있어 정확한 사역의 규모는 알 수 없지만 개울을 건너 경내로 진입하게 되어 있었으며, 당간지주가 그 입구에 배치되었음을 알 수 있다.[114] 당간지주 북편으로 초석을 비롯한 석재들이 일부 노출되어 있으며, 경작지에는 많은 기와 조각들이 흩어져 있다.

당간지주는 원위치에 동서로 마주 서있다. 두 지주 중 동쪽지주가[115] 심하게 기울어져 2000년에 보수 공사가 실시되어 현재는 완연한 모습을 보인다. 두 지주는 지면보다 약간 높게 단을 만들고 그 중심부에 세웠다. 보수 당시 하부를 조사한 결과 대소형의 잡석과 흙을 혼합하여 견고하고 단단하게 기초를 다진 것으로

---

112) 『永嘉誌』는 조선시대 학자인 權紀가 1602년에 편찬을 시작하여 1608년에 완성한 안동지역의 정치, 행정, 경제, 사회, 문화, 교통 등 역사적 변천 상황과 문화를 기술한 私撰 邑誌이다. 『永嘉誌』 卷 6, 古跡條에 안동에 있었던 당간과 관련된 기록이 있다. '남문 밖에 쇠기둥이 부성의 남문에 있는데 길이가 30여척이고, 그 굵기는 한아름 정도이다. 수철을 새료로 사용하였으며 형태는 대나무와 같은데 마디가 17개이다. 놋쇠로 표면을 처리하였다. 꼭대기는 황금을 사용하여 모란형을 만들었다. 안동 사람들에게 전하여 오기를 부의 기틀이 배가 가는 모양을 하였기 때문에 배의 돛대를 만들어 세운 것이라 한다. 홍치 임자년(1492)에 위외 3미디가 바람으로 인해 부러졌는데 본부이 香ᅟᅵᆮᆯᅵ 새로 고쳤나.' (' 南門外鐵杜住府城南門外長三十餘尺大一圍餘以水鐵鑄而爲質形如竹其節凡十七鑄鑰塗之其上以黃金爲牧丹形府人傳稱府基乃行舟形故像舟之建檣云弘治壬子上頭三節爲風所破折本府香徒改造……) 이 내용이 정확하게 무엇을 설명하고 있는지는 구체적이지 않지만 안동에 있었던 철당간을 설명한 것으로 보인다(林在海 外, 『安東文化의 再照明』, 안동문화연구회, 1986).
113) 삼층석탑은 移建한 것으로 원래는 1960년 건립된 유유산업 노동조합사무실 위치에 있었다고 한다. 1960년 현재의 위치로 옮겨졌다고 한다(朴慶植, 「安養 中初寺址에 대한 考察」, 『實學思想硏究』 14집, 모악실학회, 2000, p. 87).
114) 당간지주 수리 조사 시 두 지주 바로 옆에 우물지가 있었던 것으로 확인되었다(안양시청, 『中初寺址 幢竿支柱 修理 報告書』, 2000).
115) 동쪽지주 내면 윗부분에는 끌구멍이 3군데 남아 있는데, 이것은 해방 이후 인근의 석공들이 반출하려고 했던 흔적이라고 구전되고 있다(경기도 편, 『京畿文化財大觀』-國家指定篇-, 1989, p. 62).

밝혀졌다. 그리고 지주부 하부가 상당한 깊이까지 매몰된 것으로 확인되었다.[116) 이러한 조사 결과는 다른 당간지주의 시공 수법을 아는데 유용한 자료를 제공하였다. 즉, 당간지주를 세움에 있어서 모든 당간지주가 정연한 기단부를 마련한 것은 아니며 경우에 따라 지주 하부를 깊게 매몰하고, 견고하게 세우기 위하여 돌과 흙을 활용하여 기초를 다진 것으로 보아야 한다는 점이다.[117) 특히 지주 하단부의 치석 수법에 따라 기단부를 어떤 식으로 마련하였는지 대략적으로 추정할 수 있는 근거를 제공해 주었다.

중초사지 당간지주는 두 지주를 견고하게 고정하기 위하여 간대석과 같은 높이로 지주 주변에 판석형(板石形) 석재를 여러 장 결구하였다. 간대석은 긴 사각형 돌을 남북으로 놓았는데, 상면에 길다란 정자국이 나있고, 그 가운데에 원좌와 원공(지름 34cm, 깊이 15cm)을 시공하였다. 지주의 각 면은 전체적으로 거칠게 다듬었으며, 높이에 비하여 너비와 폭이 작아 세장한 인상을 주고 있다. 정상부는 완만한 경사로 치석되었다. 그리고 외면 상부를 1단 낮게 깎아

중초사지 삼층석탑

중초사지 당간지주 하부

중초사지 당간지주 하부

---

116) 안양시청, 『中初寺址 幢竿支柱 修理 報告書』, 2000.
117) 중초사지 당간지주와 유사한 기초다짐 수법이 고령 지산동과 홍성 동문동 당간지주 등에서도 확인되었다.

중초사지 당간지주(1995년)   중초사지 당간지주(2004년)

당시 지주부의 장식 수법이 경주 지역에 건립된 당간지주로부터 영향을 받았음을 알 수 있게 한다. 특히 서쪽지주 외면의 1단 낮은 바로 아래쪽에는 명문(銘文)을 음각하였다.

명문은 6행 총 123자로 해서체이며 글자 크기는 6~7cm이다. 명문에 의하면 이곳이 중초사임과 동시에 당간지수가 826년(흥덕왕 1) 8월 6일 채석하여 827년 2월 30일에 완공되었음을 알 수 있다. 그리고 건립 책임자로 절주통 황룡사 항창화상(節州統 皇龍寺 恒昌和尙)을 비롯하여 10명의 승려가 후원하였음을 일 수 있다. 이와 같이 중초사가 9세기 초반경에 널리 알려진 사찰이었으며, 중앙에 있는 사찰과도 교류가 있었음을 알 수 있다. 특히 명문은 당간지주의 절대연대와 두 지주를 건립하는데 소요된 기간이 어느 정도인지를 추산할 수 있게 한다.

당간을 고정시켰던 간은 지주의 내면 꼭대기에 긴 사각형 간구를 마련하고, 간공(지름 14cm)은 상하에 2개 시공하여 끼우도록 하였다. 간공은 원형으로 관통되었다.

지주부는 전체적으로 정자국이 여기저기 남아있어 정교하게 다듬지는 않았다. 그리고 지주의 외관이 세장(細長)한 인상을 주고 있다. 그런데 간구와 간공을 마련한 수법, 외면 상부를 1단 낮게 한 점 등은 통일신라시대 경주 지역을 중심으로 건립된 많은 당간지주에서 볼 수 있다. 이것은 8세기에서 9세기까지 건립된 당간지주들의 일반적인 상식 수법이었다. 특히 중초사지 당간지주는 치석과 장식 수법 등에서 안동 운흥동 당간지주와 강한 친연성을 보이고 있다.

한편 당간지주는 하부 조사 결과 동쪽과 서쪽지주의 토층 일부가 서로 다른 양상을 보이고 있고, 기울어진 동쪽지주의 토층에서만 백자편이 출토되어 조선시대에 보수된 것으로 확인되었다.[118]

(28) 장락사지 당간지주(長樂寺址 幢竿支柱)

장락사지는 제천시를 가로질러 흐르는 남한강변에 자리 잡고 있는 사찰로 오래전부터 수로교통로와 밀접한 관련이 있었던 것으로 알려져 있다. 통일신라와 고려시대 다수의 사찰들이 강변에 창건되었는데, 이들 사찰들은 종교적인 신앙 활동의 공간 기능뿐만 아니라 여행자들에게 편의를 제공하기도 했다. 남한강을 따라서 다수의 사찰들이 분포하고 있는데, 장락사도 그러한 사찰들 중에 하나로 추정되고 있다. 현재 사지에는 7층모전석탑이 남아있는데 1967년 해체시 금동불상을 비롯한 사리구가 발견되기도 했다.

한편 전탑들은 경상북도 북부지역을 중심으로 많이 남아있으며, 제천은 고대 교통로 상에서 중요한 지점이었다. 이러한 것으로 보아 장락사7층모전석탑도 통일신라시대 세워진 전탑들과 일정한 관련성을 가지면서 건립된 것으로 추정된다. 따라서 강변에 위치하고 있는 장락사7층모전석탑은 불교 신앙의 대상으로서 뿐만 아니라 표식적 기능도 했을 것으로 보인다.

장락사지는 2002년부터 발굴조사가 실시되었는데, 발굴 결과 삼국시대 창건된 것으로 추정되었다. 장락사는 삼국시대 창건되어 통일신라와 고려시대에 여러 번의 중건과 중수를 거듭하면서 법등을 잇다가 조선전기에 폐사된 것으로 확인

---

118) 안양시청, 『中初寺址 幢竿支柱 修理 報告書』, 2000, p. 40.

되었다. 또한 창건 이후 여러 번의 중건과 중수를 거치면서 대단히 큰 규모의 사찰로 밝혀졌다. 이러한 것으로 보아 장락사는 고대 교통로의 주요 거점에 위치하면서 인적, 물적 교류뿐만 아니라 문화 전파의 가교역할을 했던 사찰로 보인다.

당간지주는 2003년도 발굴 조사시 발견되었다. 처음에는 일부분만 발견되어 그 용도를 알 수 없었으나 2004년도 발굴시 당간지주로 확인되었다. 당간지주는 1주만 발견되었고 하단부가 절단된 상태로 원위치는 확인되지 않았다. 다만 당간지주가 통일신라와 고려시대 사찰의 입구에 세워졌던 것으로 보아 장락사지 당간지주도 멀리서 잘 보이는 지점으로 사찰의 진입 공간 초입에 배치되었을 것이다. 한편 당간지주는 통일신라와 고려시대 꾸준하게 세워지다가 조선시대에 들어와 불교계가 쇠퇴하면서 서서히 사라지는 경향을 보인다. 그리고 전국의 많은 사찰들이 폐사되면서 당간지주는 조형 특성상 어떤 조형물보다 다른 용도로 전용이 용이하여 파손되는 경우가 많았다. 장락사지 당간지주도 건물지에서 발견된 것으로 보아 건립 이후 어느 시기에 사찰의 폐사와 함께 훼손되자 다른 용도로 사용되었던 것으로 보인다. 즉 건물지의 기단부 결구 부재나 받침석 등으로 활용되었던 것으로 보인다.

지주부는 하부 간공 부위에서 파손된 것을 제외하고는 비교적 원형을 잘 유지하고 있다. 지주부 표면을 거칠게 다듬기는 했지만 정연한 치석 수법을 보이고 있다. 지주는 평면 사각형으로 안쪽면과 바깥면의 너비를 넓게 하고, 전후면은 너비를 좁게 하여 세장한 인상을 주도록 치석했다. 지주의 상부로 올라가면서 너비가 약간씩 좁아지도록 하여 안정감을 갖도록 다듬었으며, 바깥면 모서리는 일

장락사지 당간지주 발견 모습

장락사지 당간지주 간공

장락사지 당간지주

장락사지 발굴조사 전경

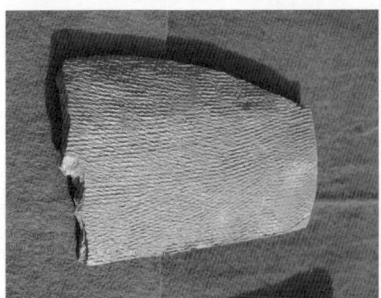

장락사지 출토 기와

정한 간격으로 각을 깎아 부드러운 인상을 주고 있다. 그리고 간공은 지주부 하단부와 상단부에 원형으로 관통시켜 시공하였다. 상단부와 하단부에 시공된 간공의 간격이 다른 당간지주들에 비하여 심한 편이다. 간공은 안쪽면과 바깥면에서 각각 시공하기 시작하여 맞닿을 때까지 치석하였음을 알 수 있다. 이러한 간공 시공 수법은 통일신라시대와 고려시대 건립된 관통된 간공에서 일반적으로 활용되었다. 발견된 당간지주의 간공이 모두 관통된 것으로 보아 최초 건립 시 상대하여 세워졌던 반대 방향의 당간지

장락사지 7층모전석탑

주의 간공은 관통되지 않았을 가능성이 높은 것으로 추정된다. 왜냐하면 간공은 간을 끼워 당간을 견고하게 고정시키기 위한 시설인데, 한쪽 당간지주의 간공이 관통되었을 경우 다른 쪽 당간지주의 간공은 관통시키지 않는 것이 일반적이었기 때문이다. 또한 당간을 고정하기 위한 간을 한쪽 지주에서 끼울 수 있다면 다른 쪽 당간지주는 관통시키지 않는 것이 당간지주의 견고성과 내구성을 더 강하게 유지할 수 있기 때문이기도 하니.

이 지주에서 주목되는 치석 수법은 바깥면을 일정한 높이에서 1단 낮게 상단부까지 디듬어 장식적인 효과를 내고 있다는 점이다. 이러한 치석 수법은 비로사 당간지주, 숙수사지 당간지주, 안동운흥동 당간지주, 중초사지 당간지주 등 통일신라 말기에 건립된 당간지주에서 일반적으로 나타난다. 또한 지주부 상단부는 안쪽면에서 바깥면으로 나가면서 부드럽게 호선을 그리도록 치석했다. 중간에 굴곡을 두지는 않았지만 전체적인 외관을 고려한 치석 수법임을 알 수 있다.

장락사지 당간지주는 평면 사각형으로 전체적인 규모가 크지도 않고, 전체 높이에 비하여 지주부의 너비와 폭이 좁은 편이어서 세장한 인상을 주고 있다. 그

리고 지주부에 윤곽대나 돌기된 세로띠를 두지 않아 소박한 인상을 주고 있다. 지주부 모서리와 바깥면을 일정한 높이에서 1단 낮게 깎아 장식적인 기교를 가하기는 했지만 전체적으로 간략한 치석 수법을 보이고 있다. 또한 원형의 관통된 간공을 상하에 각각 1개씩 마련하여 당간을 고정했다. 이러한 지주부의 치석수법과 당간 고정 방법은 통일신라 말기에 건립된 안동운흥동 당간지주나 827년 완공된 중초사지 당간지주와 강한 친연성을 보여주고 있다. 장락사지 당간지주는 지주부의 치석 수법과 양식, 발굴 조사 결과 등으로 보아 7층모전석탑과 비슷한 시기인 통일신라 말기에 건립된 것으로 추정된다.

(29) 송림사 당간지주(松林寺 幢竿支柱)

송림사는 동화사의 말사로 544년(진흥왕 5년) 진나라에서 귀국한 명관(明觀)이 중국에서 가져온 불사리를 봉안하기 위해 창건한 사찰로 전한다. 이후 1092년 대각국사 의천(大覺國師 義天 : 1055~1101)이 중창하였고, 1235년 몽고에 의하여 폐허가 되었다가 중창되었으나 1597년 왜병들의 방화로 다시 소실되었다. 한편 1322년에는 보감국사 혼구(寶鑑國師 混丘 : 1251~1322)가 입적한 사찰이기도 하다. 그러다가 송림사는 1858년 영추(永樞)가 중창하여 오늘에 이르고 있다.[119] 현재 이곳에는 오층전탑이 있는데 1959년 탑의 해체·수리 시에 나온 사리구의 불사리 4과 등이 발견되어 국립중앙박물관에 소장되어 있다.[120]

당간지주는 대웅전에서 서쪽으로 100m 정도 떨어진 밭 가운데에 서있는데, 1주만 남아 있으며 지주 상부가 절단되어 결실된 상태이다.[121] 당간지주의 위치로

---

119) 옛날 松林寺가 번창하였을 때에는 절에서 공양을 하기 위하여 씻은 쌀뜨물이 희야산 개천까지 희게 흘러 내렸다고 하여 산이름이 희야산이라고 한다.
120) 강우방, 『한국불교의 사리장엄』, 열화당, 1993.
崔元禎, 「漆谷 松林寺 舍利莊嚴具 樣式 硏究」, 『문화사학』 14호, 한국문화사학회, 2000.
1959년 전탑을 해체 수리할 때 2층 탑신과 5층 옥개석 상면에서 사리장엄구가 발견되었다. 송림사 오층전탑에서 출토된 사리장엄구의 조성 시기에 대해서는 7세기에서 9세기까지 여러 의견이 있다.
121) 한국전쟁 당시 넘어진 것을 전쟁이 끝난 직후 마을 사람들이 세워놓았다고 한다. 당시에도 지주가 절단된 상태였으며 1주만 남아 있었다고 한다.

송림사 5층전탑   송림사 당간지주

보아 송림사의 원래 사역이 방대하였으며, 경내로 들어가기 위해서는 당간지주가 있는 곳에서 진입하였음을 알 수 있다. 최근 경지 정리를 하면서 지주 하단부가 노출되었는데, 기단부와 간대부는 확인되지 않았다. 지주가 심하게 파손되어 간공이나 간구의 흔적은 찾을 수 없지만 지주의 너비와 폭이 비교적 큰 편이다. 그리고 각 면의 치석수법이 고르고, 외면 외곽의 모서리를 깎아 각을 없앴다. 이러한 것으로 보아 송림사 당간지주는 원래 대규모로 정교한 치석 수법을 보였음을 추정케 한다.

송림사에는 통일신라시대에 건립된 오층전탑과 석등 등 많은 석조물이 남아있다. 따라서 송림사 당간지주도 이들과 비슷한 시기에 세워졌을 것으로 보인다. 그런데 송림사 당간지주는 치석 수법이 인근 사찰에 있는 동화사나 부인사지 당간지주와 강한 친연성을 보이고 있다. 고대에는 비슷한 시기에 만들어진 석조물들이 비교적 가까운 지점에 위치하고 있는 경향이 많았다. 따라서 송림사 당간지주는 800년대를 전후한 시기에 건립되었을 가능성이 높은 것으로 추정된다.

(30) 죽장사지 당간지주(竹杖寺址 幢竿支柱)

당간지주는 죽장마을 뒤편 죽장사지(竹杖寺址)로 들어가는 좁은 길옆에 세워져 있다. 지주 상부는 절단되어 없어진 상태이며, 땅속에 묻혔던 밑부분이 높게 나와 있다.[122] 1주 만 세워져 있었는데, 최근에 새롭게 1주가 발견되어 나란히 세워져 있다.

당간지주는 죽장사지 가람과 지형으로 보아 원위치인 것으로 추정된다.[123] 현재의 위치가 제자리라면 동서로 마주보고 서있었을 것이다. 지주부에는 간공의 흔적이 있는데, 간공은 사각형이었던 것으로 보인다. 지주는 간공부에서 절단되었는데, 아마도 죽장사가 폐사된 후 다른 용도로 사용하기 위하여 절단된 것으로 보인다. 지주 하단부는 당간지주를 견고하게 고정하기 위하여 땅속에 깊게 묻히는 부분이기 때문에 거칠게 치석되었다. 모서리에 돌을 쪼갠 흔적과 정자국이 여기저기 남아있다. 지주 사이는 간대석으로 추정되는 석재가 놓여있으나 파손이 심하여 형태를 알기는 어렵다. 지주는 외면 외곽모서리를 깎은 흔적이 남았으며, 가운데에 세로로 반원형의 돌을대를 장식하였다. 가 면은 고르게 다듬어졌으며, 평면이 사각형인 것으로 보아 당간지주는 길다란 석주형이었을 것이다.

선산 죽장동 5층석탑

죽장사는 구체적인 연혁이 밝혀지지 않았지만 사지에 남아있는 각종 초석들과 5층석탑으로 보아 늦어도 통일신

---

122) 1917년 竹杖寺址 조사 시에도 마을에 상부가 절단된 상태로 1柱만 노출되어 있었다고 한다(朝鮮總督府, 『大正六年度 古蹟調査報告』, 1920, p. 152).
123) 강충식, 「선산 죽장사 모전석탑의 복원 문제」, 『東岳美術史學』 3號, 東岳美術史學會, 2002, p. 19.

죽장사지 당간지주(1996년)   죽장사지 당간지주(2004년)

라시대에는 창건된 것으로 알려져 있다.[124] 특히 당간지주 소속 사찰의 것으로 확실시되는 선산 죽장동 5층석탑은 규모가 대형으로 옥개석 상하부에 받침을 둔 전탑계열의 석탑으로 주목되고 있다. 또한 선산 낙산동 3층석탑은 기단부와 탑신부를 구성함에 있어서 대형의 석재를 여러 매 결구하였으며, 옥개석 상하부에 받침을 둔 대형의 진단계열 석탑이다. 그런데 기단부 괴임과 탑신괴임 등에서 약식화의 경향이 보이고 있어 통일신라 말기에 건립된 것으로 추정되고 있다. 그리고 죽장사지 인근에는 죽림사지 석탑, 도리사(桃李寺), 주륵사지(朱勒寺址)[125] 등 다수의 사찰과 불적(佛蹟)들이 전하고 있다. 또한 죽장사지 당간지주는 파손이 심하여 원래의 모습을 알기는 힘들지만 현 상태로 보아 치석 수법이 송림사나 동화사 당간지주와 유사하였던 것으로 보인다. 이들 사찰들은 비교적 가까운 거리에 있었던 사찰들로 통일신라시대 대찰(大刹)의 면모를 유지하고 있었다. 이러한 것으로 보아 죽장사지 당간지주는 선산 죽장동 5층석탑뿐만 아니라 이들 당간지

---

124) 한국교원대학교 박물관, 『新羅佛敎初傳地域 學術調査報告書』, 1997, pp. 137~142.
125) 朝鮮總督府, 『大正六年度 古蹟調査報告』, 1920, pp. 146~148.

주들과도 비슷한 시기에 건립되었을 것으로 보여, 9세기 전반경에 세웠을 것으로 추정된다.

(31) 동화사 당간지주(桐華寺 幢竿支柱)

동화사가 위치한 팔공산은 신라 오악 중 중악(中岳)으로 일찍부터 영산(靈山)으로 알려져 왔다. 동화사는 493년(소지왕 15년) 극달화상(極達和尙)이 창건하여 유가사(瑜迦寺)라 부르다가, 832년(흥덕왕 7년) 심지왕사(心地王師)가 중창하여 동화사(桐華寺)라 하였다고 한다. 이후 고려시대에는 1190년에 보조국사(普照國師)와 1298년 홍진국사(弘眞國師)가 중건하였으며, 조선시대에는 1606년 사명당(四溟堂)이 중창하기도 하였다. 또한 조선 후기에는 많은 고승들이 머물며 법등을 이어 이 지역의 중심 사찰 역할을 하였다.

당간지주는 동화사 경내로 들어가는 진입로 우측 편 축대 위에 우뚝 서있다. 동화사 당간지주는 진입공간에 배치하여 불도들에게 잘 보이게 하고, 불법을 수호하는 예배의 대상물이었음을 인지시키고 있다. 현재 위치가 원위치로 추정된다. 북쪽지주 하단부 간공 부위에는 절단된 흔적이 남아있으며, 지주 하단부의 치석 수법으로 보아 정연한 기단은 마련되지 않았던 것으로 보인다.

두 지주는 동일한 형식과 양식으로 건립되었으며, 전체적으로 보존상태가 양호한 편이다. 지주부는 각 면을 정교하게 다듬었으며, 중간 부분에 내면을 제외하고 3면을 1단 낮게 치석하였

동화사 금당암 서 삼층석탑

동화사 비로암 삼층석탑

동화사 당간지주(『조선고적도보』 4)

동화사 당간지주

다. 이러한 치석 수법은 통일신라 초·중기 경주 지역에 건립된 당간지주에서 많이 볼 수 있다. 내면은 아무런 장식이 없는데 중간 부분에 음각하였던 흔적을 볼 수 있지만 알아볼 수는 없는 형편이다. 외면은 외곽모서리를 2~3cm 정도로 좁게 각을 깎았으며, 중앙부에는 부드럽게 돌기된 낮은 세로띠를 조식하였다. 지주 정상부는 부드럽게 호형을 이루도록 깎았는데, 당간지주에서는 보기 드문 수법이다. 지주부는 정교한 치석 수법으로 각 면을 고르게 다듬어 깔끔한 인상을 주고 있다.

당간을 고정시키는 간은 지주 밑부분에 간공과 지주 내면 꼭대기에 간구를 시설하여 끼우도록 하였다. 간공은 지면에서 20cm 위에 시공하였는데 북쪽지주의 간공(지름 17cm)은 원형으로 관통되었고, 남쪽지주 간공(지름 17cm, 깊이 16cm)은 원형이지만 관통되지 않았다. 특히 북쪽지주의 간공이 있는 바로 옆 내면과 외면 좌우에는 간을 견고하게 고정시켰던 사각형의 홈을 시공하였다. 이것은 당간을 세우고 북쪽에서 남쪽으로 간을 끼운 후 고정홈을 이용하여 견고하게 하였음을 알 수 있게 한다. 특히 간공 좌우에 나비장과 같이 간을 고정하는 사각형 홈을 시공한 점은 주목된다. 간구(19×11cm, 깊이 17cm)는 내면 꼭대기에 시공하였다.

동화사 당간지주는 전체적으로 비례가 잘 어울리고 치석 수법이 정교하다. 또한 지주가 상부로 올라가면서 좁아지고 있으며, 각 면을 고르게 다듬었다. 그리고 지주부 가운데를 1단 낮게 깎고 외면에 세로띠를 장식한 점 등은 경주를 중심한 지역에서 건립된 당간지주들로부터 영향을 받았음을 알 수 있다. 그런데 각 부 치석과 장식에서 돋을새김이 약한 점 등은 약식화의 경향을 엿볼 수 있게 한다. 한편 동화사는 『동화사사적기』에 832년 심지왕사에 의하여 중창되었다고 기록되어 있다. 또한 동화사 비로암 삼층석탑 사리석호의 명문에 의하면 삼층석탑이 863년 민애왕의 원당(願堂)에 건립되었다는 사실을 알려준다. 이러한 것으로 보아 동화사는 9세기 전반기에 대대적인 중창이 있었을 것으로 추정된다. 따라서 동화사 당간지주도 그 양식으로 보아 9세기 전반경에 동화사가 중창되면서 경주 지역에 있는 당간지주의 형식과 양식을 일부 채용하여 건립된 것으로 보인다.

(32) 부인사지 당간지주(符仁寺址 幢竿支柱)

부인사지는 대구 팔공산 자락 남쪽 능선 상에 위치하고 있다. 부인사는 선덕여왕 때 창건된 것으로 전해지고 있으나[126] 자세한 내용은 알 수 없다. 다만 부인사지에 남아있는 석축·석탑·석등·당간지주 등을 비롯한 유적과 유물들로 보아 통일신라시대에 창건되었으며, 당시 대규모의 사찰이었던 것으로 보인다. 부인사는 고려 전기에 대장경판(大藏經板)을 보관하여 외침을 극복하려 했던 호국 사찰로서 국가적으로 중요한 위치를 차지하고 있었다. 또한 당시 유일하게 승시장(僧市場)이 개설될 정도로 번창했던 사찰이었다. 부인사에 봉안된 대장경은 1238년 몽고의 2차 침입 시 부사(副師) 철가(鐵哥)가 인솔한 원군(元軍)이 불태워 소실되었다.[127] 이러한 부인사는 처음 상당기간 부인사(符仁寺)로 불리어졌다가, 조선

---

[126] 『大邱府邑誌』, 佛宇條에는 公山에 소재한 夫仁寺가 新羅 善德王 때 창건되었으며, 한때 큰 사찰이었으나, 지금은 암자리고 하였다.

시대에 들어와 부인사(夫人寺)로 개명되었으며, 그 이후에 다시 부인사(夫仁寺)로 불리어지게 된다.[128]

현재 당간지주는 부인사지로 들어가는 입구 포도밭에 남아 있으며, 원위치인 것만은 분명한 것으로 보인다. 당간지주는 경내에 남아있는 부인사지 삼층석탑이 있는 곳에서 남쪽으로 200m 정도 떨어진 지점이다. 지주부는 상부가 부러져 없어졌고, 간대석 또한 파손이 심한 상태이다.[129] 지주 하단부의 치석 수법으로 보아 정연한 기단은 마련되지 않았던 것으로 보인다. 간대석은 두 지주 사이에 끼워 결구하였다. 간대석은 평면 사각형으로 하부에 별석으로 받침석을 놓은 다음 높은 대석을 올려 마련하였다. 간대석 상면에는 원좌(지름 52cm)와 원공(지름 21cm)을 시공하여 당간을 끼우도록 하였다. 지주는 상부가 절단 결실되어 구체적인 치석 수법을 파악하기는 어렵다. 지주부는 각 면을 고르게 다듬었고 전체적으로 정교하게 치석하였다. 지주 외면은 가로로 1조의 직선형 음각선을 새겼다.

이와 같이 부인사지 당간지주는 지주부가 심하게 파손되어 원형을 구체적으로 알기는 어렵지만 간대석과 지주부의 각 면을 정교하게 다듬어 우수한 치석 수법이 적용되었음을 알 수 있다. 또한 현재 지주 하부의 폭과 너비로 보아 큰 규모의 당간지주였을 것이다.

그리고 부인사지는 동화사나 송림사와 가까운 지점에 위치하고 있는데, 부인사지 당간지주는 이들 사찰에 남아있는 당간지주들과 비슷한 치석 수법을 보이고 있다. 또한 당간지주는 부인사가 창건 또는 중창되면서 건립된

부인사지 서 삼층석탑

부인사지 석등

---

127) 李奎報, 『東國李相國集』 25卷, 記勝文雜著, 大藏經刻板君臣祈告文.
128) 大邱大學校 博物館, 『符仁寺址 2次 發掘調査報告書』, 1991, p. 3.
129) 秦弘燮, 「八公山 符仁寺址의 調査」, 『考古美術』 통권 53호, 考古美術同人會, 1964.

부인사지 당간지주

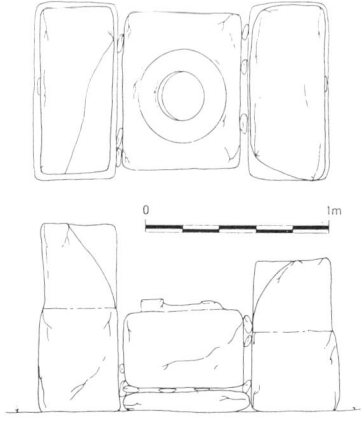
부인사지 당간지주 도면

석탑이나 석등 등과 함께 세워졌을 가능성이 높은 것으로 추정된다. 이러한 것으로 보아 부인사지 당간지주는 통일신라 말기인 9세기 초반경에 건립되었을 것으로 보인다.

(33) 황룡사지 서편 당간지주(皇龍寺址 西便 幢竿支柱)

황룡사지 서쪽 편에는 사명(寺名)과 구체적인 창건 연대가 밝혀지지 않은 사지가 있다.[130] 황룡사지와 연접하고 있어 황룡사의 보좌나 부속 역할을 했던 사찰로도 추정된다. 또는 건물지와 석탑 등이 있는 것으로 보아 다른 이름을 가진 별도의 사찰이었을 것으로도 보인다. 현재 사지에는 초석과 사천왕상이 조각된 탑신석 등이 남아있다.

당간지주는 사지의 동편에 위치하고 있는데, 원위치인지는 불분명하다. 두 지

---

130) 일제 강점기에는 구황리사지라고 하였다(藤島亥治郎, 『朝鮮建築史論』, 景仁文化社, 1982, p. 123).

주 중에서 동쪽지주는 심하게 파손된 상태이며, 서쪽지주만 비교적 원형을 잘 유지하고 있다. 두 지주는 현재 120cm 정도의 간격으로 너무 넓어 어느 쪽 지주가 옮겨진 것으로 보이며, 기단과 간대석 등은 결실된 상태이다. 지주부는 각 면이 고르지 못하고 정자국이 많이 남았다. 지주는 평면 사각 석주형을 높게 세워 놓은 듯하며, 두께가 얇아 넙적한 석주(石柱) 같은 인상을 준다. 지주는 상부로 올라가면서 가늘어지고 각 면 외곽 모서리를 정상부에서 아래로 180cm 되는 부분까지만 깎았다. 당간을 고정하는 간은 지주 내면 꼭대기에 간구(11×8cm, 깊이 15cm)를 시공하여 끼우도록 하였는데, 간구와 연하여 아래로 작은 홈이 있어 간을 견고하게 고정하기 위한 시설로 보인다.

  이와 같이 당간지주는 간결하면서도 각 면이 거친 치석 수법을 보이고 있다. 지주는 전체적으로 규모가 작고, 간구를 작게 시공하였으며, 외곽 모서리를 깎은 점 등은 통일신라 말기의 특징을 보이고 있다. 그리고 아직까지 절 이름이나 구체적인 연혁은 알 수 없지만 동일 사역에 있는 석탑 등과 같은 시기에 건립된 것으로 보인다. 석탑은 1층 탑신석 각 면에 1구씩 고부조(高浮彫)의 사천왕상을 배치하였으며, 옥개석은 두툼하고 옥개받침은 4단으로 치석하였다. 이와 같이 석탑의 전체

황룡사지 서편 사지 석탑재

황룡사지 서편 당간지주

적인 치석 수법은 통일신라 말기 양식을 보이고 있다. 따라서 당간지주도 석탑과 비슷한 시기인 9세기대에 건립된 것으로 보인다.

(34) 강릉 대창리 당간지주(江陵 大昌里 幢竿支柱)

당간지주는 강릉 시외버스정류장 옆에 있는 동부시장에서 동쪽으로 난 길을 따라 약 80m 정도 가면 좁은 잔디밭 위에 서 있다. 당간지주가 서있는 위치에서 가까운 지점에 기와 조각과 석조여래입상, 석탑재 등이 출토된 바 있어 이들과 관련된 절터였음은 분명하다. 그러나 절 이름을 비롯하여 구체적인 연혁은 알 수 없는 상태이다.

두 지주는 원위치로 보이는 곳에 남북으로 마주 서있으며, 규모가 상당히 큰 편이다. 기단은 결실된 것으로 보이는데, 지주 하부의 치석 수법으로 보아 원래부터 지대석과 면석을 갖춘 전형적인 기단이 마련되지는 않았을 것으로 보인다.[131] 지주 하단부는 치석하지 않고 거칠게 하였고, 간대석 또한 확인할 수 없는 상태이다. 지주부는 치석 시 생긴 정자국이 약하게 남아 있어 각 면이 고르지 못하지만, 지주의 너비와 폭이 커서 안정된 느낌을 준다. 지주는 아무런 조식이 없으며, 다만 외면 외곽 모서리를 깎았으며 정상부는 내면에서 외면으로 나가면서 평평하다가 호선을 형성하도록 둥글게 마무리 하였다. 당간을 고정하는 간을 끼우는 홈도 간공은 시공하지 않고 내면 꼭대기에 작은 간구만을 마련하였다.

이와 같이 당간지주는 전체적으로 규모가 커서 웅장하고 정연한 인상을 주지만 각 면을 대강 다듬어 정교하지 못한 측면을 보이고 있다. 이러한 치석 수법의 당간지주는 강릉 일대에 건립된 굴산사지나 강릉 수문리 당간지주 등에서도 볼 수 있다. 그리고 지주부는 상부로 올라가면서 약간씩 좁아지고, 정상부는 부드러운 호형을 그리고 있다. 이러한 측면들은 통일신라 말기에 건립된 당간지주와 친연성을 보이고 있다.

---

131) 주변에 長大石이 많은 것으로 보아 長方形의 地臺石을 작게 마련하였던 것으로 추측하고 있다(李浩官, 「統一新羅時代 幢竿支柱와 石橋」, 『考古美術』 158·159합집, 한국미술사학회, 1983).

당간지주가 서있는 강릉시 옥천동 일대에는 통일신라시대 창건된 무진사(無盡寺), 용지사(龍池寺),[132] 아슬라사(阿瑟羅寺) 등 절 이름이 확실치는 않지만 사찰이 있었다고 한다.[133] 이 일대에서는 석불과 석탑재[134] 등이 출토되기도 하였는데, 이중에서 당간지주의 건립 시기와 관련하여 석탑재가 주목된다. 석탑재는 기단 면석과 탑신석, 옥개석[135] 등으로 현재 대창리 당간지주가 서있는 지점을 중심으로 100미터 이내에서 발견되었다고 한다. 기단 면석은 석탑 상층기단의 한 면으로 우주와 탱주를 세우고 그 사이에 1구씩 입상의 사천왕상을 새겼다. 1층 탑신석도 한 면으로 설법인(說法印)을 취하고 있는 여래좌상을 조각하였다. 1층 탑신석의 한 면이 별석으로 마련된 것으로 보아 대형의 석탑이었던 것으로 보인다. 이와 같이 기단부와 1층 탑신석에 장엄상을 조각하는 것은 통일신라 말기 석탑

강릉 대창리 당간지주(일제강점기)[136]

강릉 옥천동 사지 석탑재(강릉시립박물관)

---

132) 文化公報部 文化財管理局, 『文化遺蹟總覽』 上, 1977, p. 352.
133) 無盡寺는 현재 靑松寺와 松蘿寺가 위치한 일대의 寺名으로도 전하고 있다(대한불교조계종 총무원, 『佛教寺院址』 上, 1997, p. 104).
134) 당시 無盡寺址로 전해지는 곳에서 출토되어 1992년 강릉시 오죽헌 시립박물관으로 옮겼다고 한다. 현재 강릉시립박물관에 소장되어 있다.
135) 1997년 옥천동에 여관을 짓기 위하여 기초 공사를 하던 도중 발견되었다고 한다. 현재 국립춘천박물관에 소장되어 있다. 옥개석이 남아 있는데, 2층과 3층 옥개석으로 보인다. 옥개석의 치석 수법은 통일신라시대의 전형 양식을 보이고 있다.
136) 文化財管理局 文化財研究所, 『小川敬吉調査文化財資料』, 1994.

강릉 대창리 당간지주

에서 성행하였다. 특히 사천왕상과 여래좌상이 부조상으로 돋을새김이 강하고, 사천왕상의 갑옷과 투구의 표현 등으로 보아 9세기 전반경에 건립된 것으로 보인다.[137] 한편 강릉 대창리 당간지주에서 비교적 가까운 곳에 선림원지, 서림사지, 향성사지, 진전사지, 보현사, 삼화사 등이 통일신라시대에 창건되어 있었다. 특히 785년 김주원이 왕위쟁탈전에서 밀려나 강릉으로 내려온 이후 강력한 호족세력이 통일신라 말기에서 고려 초기까지 명주와 강릉 지역을 중심으로 성장해 나갔다. 이에 따라 호족들과 밀착된 다수의 사찰이 창건되었을 가능성이 높다. 따라서 강릉 대창리 당간지주가 소속한 사찰도 이 지역에서 성장한 호족들의 후원으로 창건되었을 가능성이 높다. 또한 지리적으로 그 중심에 있어 이 지역의 중심사찰 역할을 하였을 가능성이 높다. 이러한 시대적 상황과 강릉 대창리 당간지주의 양식적 특징으로 보아 이 당간지주는 9세기 전반경에 건립되었을 것으로 추정된다.

(35) 화엄사 당간지주(華嚴寺 幢竿支柱)

당간지주는 진입 공간을 지나 보제루 앞 정원에 동서로 마주 서있다. 화엄사는 당간지주의 배치로 보아 사역이 창건 시에는 지금보다 상당히 좁았던 것으로 추

---

[137] 박경희, 「江陵市의 佛教遺蹟」, 『江陵의 歷史와 文化遺蹟』, 강릉대학교 박물관, 1995, pp. 288~291.

정되어, 동서 오층석탑과 석등이 있는 곳이 중심 사역이었을 것으로 보인다.

당간지주는 기단부가 매몰되어 있어 구체적인 결구 수법은 알 수 없지만 상부를 갑석형(甲石形)으로 치석한 정연한 기단이 마련되었던 것으로 보인다. 기단은 4매의 판석형 석재를 결구하였는데 상면에 사각형 홈을 마련하여 지주를 끼워 고정하였으며, 면석부에는 안상을 새겼다. 안상은 전후면에 5구, 양 측면에 각 3구씩 장식하였다. 간대석은 두 지주 사이에 사각형 대석을 기단과 같은 높이로 결구하여 마련하였다. 그리고 상부에는 높게 원좌(지름 31cm, 높이 16cm)를 시공하여 당간을 끼우도록 하였다.

두 지주는 동일한 양식으로 각 면을 고르게 다듬어 정교한 치석 수법을 보이고 있다. 지주부는 평면 사각 석주형으로 상부로 올라가면서 좁아지는 모습이다. 그리고 지주 중간부분부터(지면에서 154cm) 외면 외곽 모서리를 깎아 각을 없앴다. 지주 정상부는 전후로 호선(弧線)을 그리도록 둥글게 다듬었는데, 이러한 마무리는 동화사 당간지주 등에서도 확인된다. 지주 내면에는 당간을 고정하기 위한 간을 끼우는 간공과 간구를 시공하였다. 동쪽 지주는 간공(지름 15cm)을 상하에 2곳 마련하였는데, 원형으로 관통되지 않았다. 반면 서쪽 지주는 원형으로 관통되었다(간공 간격 188cm). 따라서 당간을 세운 후 서쪽 지주에서 동쪽 지주 방향으로 간을 끼워 당간을 상하에서 고정하였음을 알 수 있다. 간구는 두 지주가 내면 꼭대기에 사각형으로 시공하였다.

이와 같이 당간지주는 소박하면서도 단아한 양식을 보이고 있다. 간공의 시공 수법과 지주 상부 외면 모서리를 깎은 수법은 통일신라시대의 당간지주들과 닮아 있다. 특히 지주부와 간대석의 치석 수법이 법수사지 당간지주와 강한 친연성을 보인다.

한편 화엄사는 늦어도 경덕왕대(742~765)에 창건되었거나[138] 중창되어 통일신라 말기부터 고려 초기까지 대찰의 면모를 유지하였다. 특히 경내에 있는 화엄사 사사자 삼층석탑, 석등, 감로탑, 동·서오층석탑 등은 통일신라 중기에서 말기에 걸쳐 건립된 것으로 추정되고 있다.[139]

---

138) 金相鉉,「華嚴寺의 創建 時期와 그 背景」,『東國史學』37집, 東國史學會, 2002, p. 101.

화엄사 동 오층석탑　　　　화엄사 서 오층석탑　　　　화엄사 석등

화엄사 당간지주(『조선고적도보』 4)　　　　화엄사 당간지주

---

139) 鄭永鎬,「華嚴寺의 石造遺物」,『화엄사 화엄석경의 종합적 고찰』, 화엄사, 2001.

그리고 『대화엄사사적(大華嚴寺事蹟)』에는 화엄사 가람을 설명하면서 통일신라로부터 고려에 이르기까지 화엄사는 광대한 규모의 사찰이었음을 기록하고 있다. 여기에 '~石幢子一座 大石槽一座 蓮池二所~'라고[140] 하여 화엄사 경내로 들어가는 입구에 배치된 석조물들을 나열하고 있다. 그런데 당간지주가 앞쪽에 기록되어 있어 화엄사 입구에 위치하고 있었음을 전하고 있다. 이 기록으로 보아 오래전부터 사찰의 입구에 당간지주가 서있었음을 알 수 있다. 이와 같이 화엄사 당간지주는 지주의 양식과 화엄사의 연혁 등으로 보아 석등이나 동·서 오층석탑 등과 비슷한 시기인 통일신라 말기 9세기대에 건립되었을 것으로 추정된다.[141]

(36) 숙수사지 당간지주(宿水寺址 幢竿支柱)

숙수사는 1953년에 금동불상 25구(軀)가 출토되어,[142] 삼국시대나 늦어도 통일신라 초기에는 창건된 사찰로 추정되고 있다.[143] 창건 이후 숙수사의 연혁에 대하여 구체적으로 알 수 있는 자료는 없다. 다만 안향(安珦)이 이곳에서 수학하여 18세에 과거에 급제하였고, 그의 아들과 손자까지도 숙수사에서 수학했다고 한 것으로 보아 고려후기까지 법등이 이어졌음을 알 수 있다. 그러다가 1542년(중종 37) 훼철(毁撤)되고 그 자리에 소수서원(紹修書院)이 건립되면서 폐사가 되었다. 현재 소수서원 내에는 사찰에서 쓰인 초석, 연화문석 등이 남아있다.

당간지주는 서원으로 들어가는 입구 소나무 숲 속에 남북으로 마주 서있다. 기

---

140) 불교문화연구소, 「海東 湖南道 智異山 大華嚴寺事蹟」, 『佛敎學報』 6집, 동국대 불교문화연구소, 1969.
141) 당간지주는 화엄사 사사자 삼층석탑보다는 늦은 그리고 석등이나 동·서오층석탑들과 비슷한 시기에 건립되었을 것으로 보인다. 즉, 화엄사가 통일신라 말기에 대대적으로 중창되면서 많은 석조물들이 만들어져 사찰의 면모를 일신하였으며, 화엄종을 선양한 사찰이었던 것으로 보아 9세기 중엽경에는 건립되었을 것으로 추정된다.
142) 1953년 12월 1일 당시 신설되는 소수중학교 운동장 공사 중에 발견되었다고 한다. 발견 지점은 당간지주가 서있는 곳에서 서쪽으로 150여미터 되는 곳으로 금동불상 25구가 출토되었다고 한다(文化公報部 文化財管理局, 『文化遺蹟總覽』中, 1977, p. 401).
143) 金載元, 「宿水寺址 出土 佛像에 대하여」, 『震檀學報』 19집, 진단학회, 1958.
　　秦弘燮, 「宿水寺址 出土 銅佛」, 『考古美術』 통권 17호, 고고미술동인회, 1961.

단과 간대석은 결실되어 확인할 수 없다. 다만 지주 주변에 지대석에 활용되었던 부재로 보이는 긴 사각형 돌이 노출되어 있다. 따라서 금산사나 미륵사지 당간지주와 같이 지대석 위에 정연한 기단과 간대식 등이 마련되었을 가능성이 높다.

지주는 내면에 정자국이 남아있기는 하지만 각 면을 고르게 다듬었다. 지주부는 전후면 외곽에 윤곽대(너비 8cm)를 돌리고, 그 가운데에 낮게 세로로 돋을띠를 장식하였다. 외면은 외곽에 윤곽대는 돌리지 않고 가운데에 낮게 돋을띠를 세로로 장식하고, 중간부를 1단 낮게 깎아(너비 116cm) 장식적인 의장을 가하고 있어, 경주지역을 중심으로 8세기에서 9세기까지 건립된 당간지주들과 친연성을 보이고 있다. 정상부는 내면에서 외면으로 나가면서 부드러운 호선을 형성하도록 다듬고, 그 중간에 1단의 굴곡을 두었다. 간구는 지주 내면 꼭대기에 ∪형으로 시공하여 간을 끼우도록 하였으며(11×13cm, 깊이 12cm), 지주 중간부에 간공은 마련하지 않았다.

지금까지 숙수사의 연혁에 대하여 구체적으로 알려진 것은 없지만 늦어도 통일신라 초기에는 사찰이 창건되었던 것으로 알려져 있다. 당간지주의 치석 수법은 각 면을 정교하게 다듬었다. 그리고 지주부 외곽에 윤곽대를 돌리고 1단 낮게 깎아 화려하며, 지주의 너비와 폭이 전체높이에 비하여 상대적으로 작아 세장한 인상을 주고 있다. 이러한 양식의 당간지주는 경주를 중심한 지역에서 많이 나타나고 있다. 그런데 경주와 비교적 떨어져 있지만 이들 당간지주와 친연성을 보이고 있는 당간지주가 숙수사, 부석사, 비로사 등에서도 나타나고 있다. 이러한 것은 당시 이들 사찰이 경주와 떨어져 있었지만 중앙정부와 연결되어 상당히 중요

숙수시지 석조광배편(소수서원)

숙수사지 연화문석(소수서원)

숙수사지 당간지주(『조선고적도보』 4)   숙수사지 당간지주

한 역할을 하였으며, 이 지역이 불교문화가 빠르게 전파되는 지역이었던 것으로 이해된다. 특히 당간지주는 소수서원에 남아 있는 석조물들과 비슷한 시기에 건립되었을 것으로 보인다. 따라서 당간지주는 8세기 후반경에서 9세기 사이에 건립되었던 것으로 추정된다.

(37) 영양 현일동 당간지주(英陽 縣一洞 幢竿支柱)

이 일대에는 사찰의 흔적으로 보이는 많은 석조물들이 산재되어 있지만 구체적인 절 이름이나 연혁은 알 수 없다. 현재 삼층석탑(보물 601호)과 초석 등이 있고, 논에서는 많은 기와 조각이 출토되고 있다. 당간지주 소속 사찰은 입지 조건이 평지이며, 주요 교통로 상에 위치하고 있어 주목된다.

당간지주는 논 가운데 축대 위에 세워져 있는데, 현재는 동쪽 1주만 남아 있으며 삼층석탑과는 50m 정도 떨어져 있다. 따라서 당간지주가 서있는 부분이 사찰 경내로 들어가는 입구이고, 삼층석탑이 서있는 지역이 중심공간이었음을 알 수 있다. 가람의 중심 축선이 동서로 이어지고, 그 좌우에 다수의 건물들이 배치되었던 것으로 보인다.

기단은 매몰되어 알 수 없으며, 간대석은 상부가 노출되어 있다. 간대석은 사각형 대석으로 좌우에 'ㄷ'자형의 홈을 파고 지주를 끼워 세웠으며, 상면에 이중의 원좌(지름 80cm, 61cm)와 그 가운데에 원공(지름 37cm, 깊이 24cm)을 시공하였다. 간대석의 시공 수법으로 보아 당간은 목당간이나 철당간이었던 것으로 보인다. 지주는 외면만 외곽 모서리(너비 5~6cm)를 모나지 않게 깎아 다듬고, 가운데에 일정한 높이의 낮은 세로띠를 장식하였다. 지주 외면은 마치 'T'자형 문양이 장식된 것처럼 일정한 너비의 돋을대를 장식하였다. 정상부는 내면에서 외면으로 나가면서 유려한 호선을 형성하고 있으며, 외면과 만나는 부분에서 1단 낮게 굴곡을 두어 치석하였다. 지주 내면 꼭대기에는 당간을 고정하는 간구(19×8cm, 깊이 11cm)를 상하로 길쭉하게 시공하여 간을 끼우도록 하였다.

이와 같이 간대석과 지주는 각 면을 고르게 다듬어 정교한 치석 수법을 보이고 있다. 그런데 지주부의 너비와 폭이 지주 전체 높이에 비하여 상대적으로 작아서 전체적인 외관은 둔중하다. 당간

영양 현일동 삼층석탑

영양 현일동 당간지주

지주는 같은 사찰의 것으로 보이는 삼층석탑과 동일한 시기에 건립된 것으로 보인다. 그리고 인근에는 통일신라 말기에 조성된 화천동 삼층석탑, 연당동 석조약사불(889년) 등 다수의 불교미술품이 남아있다. 이러한 것으로 보아 이 일대는 통일신라시대에 많은 사찰들이 창건되어 있었던 것으로 보인다. 따라서 영양 현일동 당간지주와 삼층석탑도 통일신라 말기인 9세기 중후반경에 건립되었을 것으로 추정된다.

(38) 금산사 당간지주(金山寺 幢竿支柱)

금산사의 창건에 대한 역사는 정확하게 밝혀지지 않았지만 적어도 진표율사(眞表律師)가 출가하기 이전인 경덕왕대(742~765)에는 창건된 것으로 알려져 있다. 금산사가 대찰의 면모를 갖추게 된 시기는 진표가 중창을 주도한 혜공왕대(765~779) 이후로 보고 있다.[144] 이후 1079년에 이르러 혜덕왕사(慧德王師)가 주지로 부임하여 가람의 면모를 일신하는 대규모 중창을 하여 창건 이후 가장 규모가 큰 미륵신앙의 대도량이 되었다. 경내에 현존하는 석조 유물들이 대부분 고려 문종대(1046~1083)에 건립된 것으로 추정되고 있다.[145] 금산사는 임진왜란이 일어나면서 완전히 소실되었다가 1601년 수문대사(守文大師)가 폐허가 된 금산사를 다시 일으키는 대역사에 착수하여 1635년에 낙성하였다. 오늘날 전하는 미륵전, 대장전 등이 모두 이때에 중창된 것이다.

금산사 당간지주는 당간을 제외하고 지대식·기난부·간대석·지주부를 정연하게 갖추고 있다. 따라서 금산사 당간지주는 미륵사지 당간지주와 함께 한국의 당간지주 형식과 양식사 연구에 귀중한 자료로 일찍부터 주목되어 왔다.

현재 두 지주는 경내로 들어가는 입구의 개울 건너에 배치되어 있다. 당간지주는 사찰의 남북 중심축을 중심으로 동편에 자리하고 있으며, 동서로 마주보고 있다. 기단부는 먼저 자연석을 사각형으로 깔고, 그 위에 긴 사각형 돌로 지대를 마

---

144) 韓國佛教研究院, 『金山寺』, 韓國의 寺刹 11, 一志社, 1985, p. 19.
145) 洪潤植, 「金山寺伽藍과 彌勒信仰」, 『韓國佛教史의 研究』, 교문사, 1988, p. 389.

련하여 단층의 기단을 올렸다. 기단은 2매의 장방형 부재를 남북으로 결구하였다(211×138cm, 높이 36cm). 기단 면석부에는 좌우와 중앙부에 우주와 탱주를 모각하여 직사각 형태로 구획한 다음, 그 안에 각각 2구씩의 안상을 앞뒤와 측면에 음조하였다. 안상은 기단의 면석을 구획하여 중앙 상부를 중심으로 좌우로 호형(弧形)이 연속되어 대칭을 이루고 있는 첨두형(尖頭形)이다.[146] 안상은 호형의 끝 연결점이 가운데로 모이는 듯한 인상을 주도록 양끝에서 넓고 부드럽게 첨형이 가운데를 향하고 있다. 이와 같이 안상은 날카로운 첨형이 좌우대칭을 이루고 있어 금산사 경내의 석련대 하대석의 안상 음조 수법과 일치하고 있다. 기단 상면은 2단의 괴임을 마련하여 두 지주를 받치도록 하였다. 이러한 당간지주의 기단 수법은 석탑의 하층기단을 모방하여 정연한 기단이 건립되었음을 알 수 있게 한다. 간대석은 두 지주 사이에 마련되었으며, 상면에 원좌(지름 44cm)와 원공(지름 19cm)을 시공하였다.

두 지주는 동일한 치석 수법이다. 지주부는 전후면과 외면 외곽에 윤곽대(너비 9~11cm)를 돌렸으며, 특히 외면 중앙에는 세로로 돌기대(너비 5cm)를 조각하여 장식적인 의장을 더하고 있다. 지주 정상부는 내면에서 외면으로 나가면서 유려한 호선을 그리고 있으며, 그 중간에 1단의 굴곡을 주었다. 특히 두 지주 내면 북쪽 편은 간대부에서 63cm 높이까지 약 2cm 정도의 두께로 깎았고 중앙부는 반원형의 홈을 마련하였는데, 이것은 당간을 끼워 견고하게 고정하기 위한 흔적으로 보인다.

당간을 고정하기 위한 간은 지주 내면 꼭대기에 'ㄴ'형의 작은 간구와 2개의 간공을 시공하여 끼우도록 하였다. 하단부 간공(7×9cm, 깊이 7cm)은 원형으로 간대부에서 52cm 높이에, 상단부 간공은 사각형으로 하단부 간공에서 116cm 되는 높이에 시공하였다.

금산사 당간지주는 지금까지 발굴이나 자세한 조사가 이루어지지 않았다. 따라서 당간지주의 형식과 양식으로 건립 시기를 추정하여야 하는데, 경내에 남아 있는 방등계단 · 오층석탑 · 육각다층석탑 · 석련대 · 노주 등 대부분의 석조 유물

---

146) 秦弘燮, 「韓國의 眼象文樣」, 『東洋學』 4집, 단국대학교 동양학연구소, 1974(안상 문양은 尖頭形, 平頂形, 連弧形, 蟹月形, 混合形 등으로 분류되고 있다).

금산사 석련대좌   금산사 당간지주   금산사 당간지주
(『조선고적도보』 4)

들이 고려 초기에 건립되었다고 하여 당간지주도 경내의 석조 유물들과 동시대로 보려는 시각이 있다.[147] 그러나 이러한 편년은 다소 무리가 있는 것으로 생각된다. 왜냐하면 당간지주의 형식과 양식이 통일신라시대의 특성을 다분히 내포하고 있으며, 다른 석조물들이 고려 초기에 건립된 것이라 하여 모두 고려 초기로 편년하는 것은 견강부회적 논리가 될 수도 있기 때문이다.

  금산사 당간지주는 전체적인 외관이 통일신라시대 당간지주에서처럼 정연하고 안정되며 세련된 인상을 준다. 이점은 미륵사지 당간지주와도 일맥상통하고 있다. 그러나 고려시대 당간지주들은 기단부가 약화되면서 지주 높이는 낮아지고 상대적으로 지주가 굵어지면서 외형이 둔중한 인상을 준다. 한편 금산사 당간지주는 지대석과 기단부의 마련 수법이 정연하다. 미륵사지 당간지주와 같이 통일신라시대 석탑의 하층기단을 모방하여 기단부를 마련하였고, 면석부에는 우주와 탱주로 구획한 다음 각 면에 2구씩 안상을 조식하였다. 특히 면석부에 우주와 탱

---

147) 韓國佛敎硏究院,『金山寺』, 韓國의 寺刹 11, 一志社, 1985, p. 85.

금산사 당간지주 도면

주를 깊게 모각하고, 안상은 첨형으로 좌우대칭을 이루고 있으며, 여러 번 굴곡을 주면서도 꼭지점에서 일정하게 곡선을 형성하여 부드럽게 이어지는 선이 통일신라시대의 전형적인 안상 수법을 보여주고 있다. 또한 기단부 상면에 호각형으로 지주괴임을 두고 간대석에 원좌와 원공을 마련한 시공 수법도 주목된다. 지주부는 상단부로 갈수록 폭과 넓이를 줄여 경쾌한 인상을 주고 있으며, 내면을 제외한 나머지면 외곽에 일정한 폭으로 윤곽대를 돌리고, 외면 중앙에는 2조의 세로띠인 돌기대를 장식하였다. 이러한 지주부의 치석 수법이 고려시대 건립된 보원사지나 무량사 당간지주 등에서도 보이지만 이들은 간략화 된 경향을 보이고 있다. 그러나 금산사 당간지주는 약화된 경향보다는 깊게 치석함으로써 장식성을 분명히 하고 있다. 이러한 것으로 보아 금산사 당간지주는 경내에 있는 다른 석조 유물보다 빠른 9세기말이나 10세기 초경에 건립된 것으로 추정된다. 그리고 전체적인 치석 수법이 지리적으로 가까운 미륵사지 당간지주와 통하고 있어 미륵사지 당간지주를 계승하였거나 모방한 작으로 짐작된다.

(39) 상주 복룡동 당간지주(尙州 伏龍洞 幢竿支柱)

당간지주는 마을 사람들이 '돌방아 샘'이라고 부르는 논 가운데 축대 위에 동서로 세워져 있다. 현재 절터로서의 면모는 찾을 수 없지만 주변 경작지에서 기와와 청자편이 출토되고 있어 절터였음을 알 수 있다.[148]

　기단은 잡석들이 쌓여있어 확인할 수 없는 상태이며, 간대석이 두 지주 사이에 마련되어 있다. 두 지주의 상대 간격은 최초 건립 시 보다 많이 벌어져 있는 상태인데, 간대석의 규모로 보아 원래는 69~70cm 정도였을 것으로 추정된다. 간대석은 지주형으로 규모가 큰 긴 사각형의 돌을 남북으로 마련하였는데, 크기가 334cm로 지주의 높이와 거의 같다. 그런데 간대석이 북쪽 부분은 지주의 하단부와 같이 치석수법이 고르지 못하고 넓은 것으로 보아 땅속에 묻기 위한 치석으로 보이며, 남쪽으로 갈수록 가늘어지고 있어 최초 치석 시에는 지주용이었으나 어떤 이유로 간대석으로 변용한 것으로도 보인다. 간대석 상면 중앙에는 원공(지름 36cm, 깊이 12cm)을 시공하여 당간을 끼우도록 하였고, 원좌의 흔적이 남아 있다.

　지주부는 내면 하단부가 심하게 파손되었다. 또한 절단되어 새롭게 보수한 흔적도 있다. 지주는 평면 사각 석주형으로 상부로 올라가면서 좁아지는 형태이며, 외면 외곽 모서리는 12~13cm 정도로 넓게 각을 깎았다. 정상부는 내면에서 외면으로 나가면서 평평하다가 유려한 호선을 그리고 있다. 당간을 고정시키는 간은 지주 내면 꼭대기에 사각형의 홈을 파서 간구를 마련하였으며, 간공은 시공하지 않았다.

　두 지주는 전체적으로 너비와 폭이 전체 높이에 비해 커서 둔중한 인상을 주고 있다. 그런데 각 면을 고르게 다듬었으며, 지주는 상부로 올라가면서 좁아지고 있다. 또한 외면 외곽과 정상부의 수법에서 석공의 치석 기술이 상당하였음을 보여준

상주 복룡동 당간지주

---

148) 鄭永鎬, 『尙州地區古蹟調査報告書』(檀國大博物館 古蹟調査報告書 第3冊), 檀國大 出版部, 1969, pp. 124~125.

다. 이와 같이 화려하지는 않지만 소박한 인상을 주고, 각 면을 정교하게 치석한 당간지주는 통일신라시대에 주로 건립되었다. 또한 지주 규모에 가깝게 길다란 간대석을 마련한 수법 등은 중초사지나 용두사지 당간지주 등과 상통하고 있다. 이러한 것으로 보아 상주 복룡동 당간지주는 통일신라 말기에 건립된 것으로 추정된다.[149]

(40) 갑사 철당간(甲寺 鐵幢竿)

갑사는 백제 때 창건된 것으로 알려져 있다.[150] 이후 통일신라시대에 들어와 중창이 이루어지면서 가람의 면모를 갖춘 것으로 보인다. 아마도 초창된 갑사의 가람은 현재 철당간이 서있는 지점으로 진입하도록 설계되었으며, 대적전(大寂殿)이 있는 일대를 중심하여 배치되었던 것으로 보인다.[151] 철당간은 골짜기를 따라 흐르는 작은 개울을 건너 조성된 넓은 공간 입구에 세워져 있다. 즉, 원래의 갑사는 경내를 이곳으로 진입하도록 되어 있었을 것이다. 갑사 철당간은 기단과 간대석, 두 지주, 철당간까지 비교적 완연하게 잘 남아있다.[152]

기단은 지대석과 면석 등을 활용하여 정연하게 결구하였다. 지대석은 사각형이며, 기단은 2매이 서재를 앞뒤에서 결구하고, 이를 견고하게 고정하기 위하여 상면 좌우측에 홈을 시공하였다. 기단 면석부에는 안상을 음조(陰彫)하였는데 전후면에 3구, 두 측면에는 2구씩 조식하였다. 안상은 가운데를 중심으로 상단부에 4개의 첨형(尖形) 무늬가 솟아나와 좌우대칭을 이루도록 하였다. 안상의 조식 수

---

149) 李夏中, 「尙州伏龍里幢竿支柱」, 『考古美術』 통권 19호, 고고미술동인회, 1961, p. 158.
150) 현재 甲寺에는 백제 때 조성된 것으로 추정되는 石佛이 남아있다.
151) 대적전 앞쪽 移建된 갑사 부도가 서있는 지점을 중심하여 건물에 활용되었던 초석들이 흩어져 있다. 초석들은 정교하게 다듬었으며 柱座를 마련하였다. 이러한 것으로 보아 통일신라시대 건물에 활용되었던 초석들임을 알 수 있다.
152) 갑사 일대는 임진왜란 당시 금산성 전투에서의 상처로 입적한 靈圭大師가 武藝를 닦은 곳으로 전해진다. 영규대사는 국난을 당하자 의승군을 모집하기 위하여 철당간 꼭대기에 올라가 승려들을 독려하였으며, 의승군을 모아놓고 우국충정의 기상을 외쳤다고 한다(한국문화사학회 편집실, 『護國道場 汪川 甲山寺』, 『文化史學』 15호, 한국문화사학회, 2001, p. 27).

법이 통일신라시대에서 고려 초기까지 성행한 수법을 보이고 있다. 기단 상부는 갑석형(甲石形)으로 마련하여 기단은 전체적으로 석탑의 하층기단과 친연성을 보이고 있다. 그리고 부재가 연결되는 부위에 나비장을 끼워 견고하게 고정되도록 하였다. 두 지주 사이에는 간대석을 사각형 대석으로 마련하였다. 간대석은 지주와 밀착시켜 견고하게 결구하였으며, 원좌를 시공하였다. 또한 철당간이 세워진 점으로 보아 간대석 상면 중앙에 원공이 시공되었을 것으로 보인다.

두 지주는 별다른 장식이 없는 소박한 평면 사각 석주형이다. 각 면이 고르게 다듬어지기는 하였지만 자세히 관찰하면 정자국이 많이 남아있다. 정상부는 내면에서 외면으로 나가면서 비교적 유려한 호선을 형성하도록 치석하였다. 이와 같이 지주는 전체적으로 단순하면서도 간결한 인상을 주고 있다. 이러한 당간지주는 통일신라 말기에서 고려 초기에 성행한 치석 수법이다. 그런데 두 지주를 자세히 관찰하면 지주의 규모와 치석 수법이 약간 다름을 알 수 있다. 당간을 고정하는 간(杆)은 간구와 간공을 시공하여 끼우도록 하였다. 그리고 간구는 지주 내면 꼭대기에 사각형으로 마련하였으며, 서쪽지주는 사각형의 간공을 시공하였다. 그런데 동쪽지주는 간구는 마련되었지만 지주 중간부에 간공은 시공되지 않았다. 이것은 동쪽지주가 최초 건립 이후 파괴되거나 보수하는 과정에서 새롭게 첨가되었음을 알려준다.

철당간은 간대석 위에 세우고 5번째 철통을 철띠로 3번 돌려 굵은 철 막대기에 고정시킨 후 간구에 연결하여 서도록 하였다. 현재는 간구 부위가 시멘트로 가득 채워져 있다. 그리고 철당간은 24단이 남아 있는데, 1893년 7월 25일 벼락을 맞아 상단부 4단이 부러졌다고 한다. 따라서 원래는 28단 이상이었음을 알 수 있다. 각각의 철통은 소켓 연결 방법으로 연결되었다. 즉, 철통은 상부에서 하부 철통으로 끼워 고정하는 방법이다.[153] 이것은 철당간이 처음부터 정교하게 설계되고 주조(鑄造)되었음을 알 수 있다.[154] 한편 철당간의 철통 내부는 17단까지 시멘트가 가득 채워진 것으로 밝혀졌다.[155] 그리고 그 위로는 내부에 철주(鐵柱)가 수

---

153) 포항산업과학연구원, 『철당간 보존방안 수립 연구』, 2001, p. 23.
154) 현재 24단까지 철당간만의 총중량은 7,324kg으로 계산되었다(포항산업과학연구원, 『철당간 보존방안 수립 연구』, 2001, p. 50).

직방향으로 세워져 있고, 환봉이 중간마다 옆으로 각 철통에 연결되어 있는 것으로 확인되었다. 즉, 목탑의 심주와 같이 중심기둥이 있고, 그 좌우로 작은 연결쇠를 각각의 철통에 연결하여 높은 철당간을 하나하나 올렸음을 알 수 있게 한다. 그런데 철당간은 여러 번 중수를 거친 것으로 보인다. 그것은 각각의 철통마다 해당되는 단을 표시하는 숫자가 양각되어 있는데, 숫자가 거꾸로 표시되어 상하가 뒤바뀐 단이 있기 때문이다.

이와 같이 갑사 철당간은 대적전을 중심한 지역에 고대의 초석들이 남아 있는 점으로 보아 이들과 비슷한 시기에 건립된 것으로 보인다. 갑사는 679년(문무왕 19)에 창건이나[156] 중창이 이루어졌던 것으로 전하고 있다. 그런데 당간과 당간지주의 양식은 이보다 늦은 시기에 건립된 것으로 보인다.[157] 지주부의 치석 수법이 통일신라 말기에서 고려 초기에 성행한 수법을 보이고 있으며, 두 지주의 간공 수법이 어울리지 않기 때문이다. 그리고 갑사의 지리적인 위치도 경주로부터 상당한 거리에 있었기 때문에 당간지주가 전국적으로 성행한 통일신라 말기인 9세기에 건립되었을 것으로 추정된다. 한편 서쪽지주는 최초 건립시의 지주이나 동쪽지주는 후대에 새롭게 보강된 것으로

갑사 철당간의 당간지주

---

155) 이외에 기단 하부에도 시멘트로 결구한 흔적들이 있다. 이것은 일제 강점기에 붕괴를 방지하기 위하여 시행된 것으로 보인다.
156) 공주군지편찬위원회 편, 『公州郡誌』, 1988, p. 728.
157) 李浩官, 「統一新羅時代 幢竿支柱와 石橋」, 『考古美術』 158·159합집, 한국미술사학회, 1983, p. 83.

갑사 철당간 전경

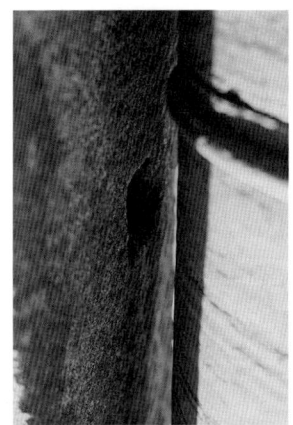

갑사 철당간 지주부 간공

갑사 철당간 간과 간구의 연결

갑사 철당간 보존 방안 연구 전경

갑사 철당간 철통의 양각 명문

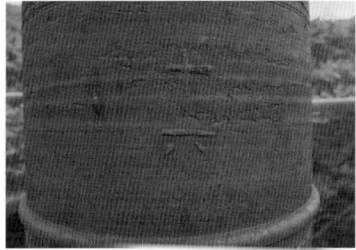

갑사 철당간 철통의 양각 명문

갑사 철당간 상단부

보이며, 철당간은 건립 이후 여러 번 보수가 이루어졌음을 알 수 있다.

(41) 강릉 수문리 당간지주(江陵 水門里 幢竿支柱)

당간지주는 강릉시 옥천동 주택가가 밀집된 지역의 작은 길옆에 위치하고 있다. 현재 이 일대는 절터로 추정되나 흔적은 찾아볼 수 없다. 다만 강릉 대창리 당간지주가 멀지 않은 거리에 위치하고 있어, 두 사찰이 이 지역에서 중심적인 사찰로 상당한 규모의 가람을 갖추었을 것으로 추정될 뿐이다.

두 지주는 원위치로 추정되는 곳에 남북으로 마주 서있다. 현재 기단이나 간대석 등은 결실된 상태이다. 지주 하단부의 치석 수법으로 보아 정연한 기단은 마련되지 않았던 것으로 보인다. 지주부는 아무런 조식이 없는 간결한 수법으로 치석

강릉 수문리 당간지주(일제강점기)[158]　　　강릉 수문리 당간지주(『조선고적도보』 4)

---

158) 文化財管理局 文化財硏究所,『小川敬吉調査文化財資料』, 1994.

6장 시대별 당간과 당간지주　379

강릉 수문리 당간지주

하였다. 각 면은 다듬은 수법이 고르지 못하여 정자국이 그대로 남아 있으며, 여기저기 파손 흔적도 있다. 특히 남쪽 지주 뒷면 외곽 모서리 부분에는 깊게 패인 자국이 위아래로 9군데나 남아 있어 역사의 상흔을 느끼게 한다. 이런 흔적이 남은 이유는 당간지주가 다른 용도로 이용하기 쉽기 때문에 용도를 전이하는 과정에서 생긴 것으로 보인다. 지주부 외면의 외곽 모서리는 일정한 너비(6~7cm)로 깎았으며, 정상부는 내면에서 외면으로 나가면서 부드러운 호선을 그리도록 하였다. 당간지주는 평면 사각 석주형으로 상부로 올라가면서 좁아지기는 하지만 너비와 폭이 거의 동일하여 둔중한 인상을 준다. 그런데 지주부 정상부를 자세히 관찰하면 두 지주의 치석 수법이 약간 다름을 알 수 있다. 남쪽지주는 평평하다가 호선을 그리고 있어 둔중한 반면, 북쪽지주는 유려하게 이어지고 있어 부드러운 인상을 준다. 그리고 외면 외곽 모서리를 깎은 수법도 다르다.

이러한 치석 수법의 차이는 남쪽지주에 기록된 명문의 내용과 관련된 것으로 보인다. 명문은 자경(字徑)이 13cm인 해서체(楷書體)로 음각되어 있는데, 내용은 '戰渡橋廢於之 去正德戊辰復設干府使南公惠寬之時 嘉慶丁丑八月 日'이다. 이 기록에 의하면 당간지주는 1508년(중종 3)경에 무너졌던 것을 복원한 일이 있고, 강릉부사 남혜관(南惠寬)에 의하여 1817년(순조 17)에 다시 세워졌음을 알 수 있다.

당간을 고정시키는 간은 지주 내면 꼭대기에 'ㄴ'형의 간구(남: 43×17cm/깊이 18cm, 북: 34×11cm/깊이 19cm)를 세로로 길게 마련하여 끼우도록 하였고, 간공은 시공하지 않았다. 그리고 간구 안쪽 가운데에는 간을 견고하게 고정시키는데 사용되었던 것으로 보이는 사각 모양의 작은 구멍을 양쪽으로 뚫어 놓았다.

이 당간지주는 정연한 양식을 보이고는 있지만 치석이 정교하지 못하고, 간구의 시공 수법 등 여러 가지 점에서 강릉 대창리나 홍천 희망리 당간지주와 강한 친연성을 보이고 있다. 따라서 그 건립 시기는 강릉 대창리 당간지주보다는 늦은 통일신라 말기에서 고려 초기 사이에 건립되었을 것으로 추정된다.

(42) 굴산사지 당간지주(掘山寺址 幢竿支柱)

굴산사는 847년 당나라에서 귀국한 통효대사 범일(通曉大師 梵日 : 810~889)이 창건한 사찰이다. 범일은 당나라 유학시 명주 개국사(開國寺)에서 왼쪽 귀가 떨어진 승려를 만났다. 그는 신라 사람이었는데 고향이 명주계 익령현 덕기방(溟州界 翼嶺縣 德耆房)으로 범일에게 본국으로 돌아가면 자신의 집을 지어줄 것을 간청하였다. 이후 범일은 염관(鹽官)에게서 불도(佛道)를 얻고 귀국하여 그 승려의 청에 따라 고향에 굴산사를 창건하였다고 한다.[159] 굴산사는 창건 이후 구산선문의 하나인 도굴산파(闍掘山派)의 본산으로 발전하였다. 전성기에는 사역이 300m에 이르고 승려 수도 200여명이 넘었다고 한다. 1936년 홍수 시 '闍掘山寺'라는 명문 기와가 출토되어 굴산사임이 밝혀졌다.[160]

굴산사지 석조부도

당간지주는 현재 논 가운데 동서로 서있는데, 원래는 중심 사역으로 들어가는 진입공간에 배치되었을 것이다. 지주는 동일석으로 치석되었으며, 노출된 높이가 540cm 정도로 상당한 규모로 마련되었다. 현재 노출된 높이로 보아 상당히 깊게 매몰되어 있을 것으로 보인

---

159) 『三國遺事』 卷3, 塔像 4, 洛山二大聖 觀音正趣 調信.
160) 江陵大學校 博物館, 『崛山寺址 浮屠 學術調査報告書』, 1999.

다. 기단은 결실되거나 매몰되어 확인할 수 없으며, 간대석도 남아있지 않다. 지주 하단부의 치석 수법으로 보아 정연한 기단이나 간대석은 마련되지 않았던 것으로 보인다. 또한 지주가 대형인 것으로 보아 당간도 상당한 규모의 높이였을 것으로 보인다. 따라서 당간을 견고하게 고정하기 위한 별도의 시설이 있었을 가능성이 높다.

지주부는 평면이 사각인 석주형을 유지하고는 있으나, 각 면의 치석 수법이 다소 조잡하고 정자국이 그대로 남아있어 일률적이지는 못하다. 지주는 내면과 외면이 수직을 이루었고, 전후면은 돌을 네모나게 다듬어 올라가다 정상부에서 차츰 둥글게 깎아 곡선을 이루도록 하였다. 그리고 지주 상단부는 뾰족하게 올라가다가 꼭대기에서 수평을 이루도록 치석하였다. 지주부의 치석 수법 상 간구는 시공되지 않았으며, 간공이 상하 2곳에 마련되었다. 간공은 두 지주가 모두 원형(지름 19cm)으로 관통(깊이 93cm)되게 시공하였다. 그런데 지주부의 치석 수법이 거친 반면 간공은 정교하게 뚫었다.

굴산사는 신라 말기 범일이 창건하였고, 범일이 굴산사에 주석하면서 사세(寺勢)가 확장되었다. 이후 명주 지역에서 하나의 산문(山門)으로 발전하였다. 범일은 경문왕, 헌강왕, 정강왕 등 신라 왕실로부터 초빙을 받았으나 모두 거절하는 등 신라 정부와는 일정한 거리를 두고 있었다.[161] 특히 범일은 헌강왕이 국사(國師)에 봉하기

굴산사지 당간지주

---

161) 金興三,「羅末麗初 崛山山門과 政治勢力의 動向」,『古文化』50집, 한국대학박물관협회, 1997, p. 404.

위하여 중사(中使)를 보내 초빙하였으나 거절한다. 이 지역은 신라말기 신라 정부의 영향권에서 다소 벗어난 지역이었다. 이러한 사실은 범일이 명주지역을 중심으로 한 강원도 영동지방에서 상당한 영향력을 행사하였으며, 반신라적인 성향을 지닌 이 지역의 호족들과 어느 정도 밀착되어 있었음을 알 수 있다. 따라서 이러한 경향이 어느 정도 불교미술에도 반영되었을 가능성이 있다. 한편 범일은 중국 유학 후 줄곧 굴산사에 주석하다가 889년 5월 1일 입적한다.[162] 928년 김순식이 왕건에게 귀부하면서 이 지역은 서서히 고려의 영향 하에 들어간다. 굴산사는 범일이 창건한 이후 고려 초기까지 왕실이나 호족들의 지원으로 여러 번의 불사가 진행되었을 것으로 사료된다. 그런데 당간지주는 통일신라 중기나 말기에는 일반적으로 선종 사찰에서는 건립되지 않았다.[163]

따라서 신라와는 다른 면모를 보임과 동시에 이 지역의 중심적인 사찰로서 그 위상을 강조하고 표상하기 위하여 대형의 당간지주를 건립하였던 것으로 보인다. 또한 당간지주의 규모가 대형이고, 치석 수법이 정연하지 못한 것으로 보아 신라 정부와의 관련성보다는 이 지역의 호족이나 고려 정부와의 관련성이 높을 것으로 보인다. 이러한 점 등으로 보아 당간지주는 이 지역의 중심 사찰로서 굴산사가 상당히 중요한 역할을 하였던 통일신라 말기에서 고려 초기 사이에 건립되었을 가능성이 높은 것으로 추정된다.

---

162) 『祖堂集』 卷 17, 溟州堀山故通曉.
163) 현재 신라말기 구산선문 중에서 성주사와 굴산사만 당간지주가 건립되었던 것으로 확인된다.

2. 고려시대

(1) 광법사 당간지주(廣法寺 幢竿支柱)

광법사는 평양 대성산 국사봉 자락에 위치하였던 사찰로 중흥사지(中興寺址)로도 알려져 있다.[1] 이 사찰은 왕건(王建)이 9층탑을 세우고 창건하였다고 한다. 이후 1010년 11월 거란의 침입으로 전소되었다가 1051년에 중수되기 시작하였으며, 여러 번 중건을 거듭하면서 법등을 잇다가 어느 시기에 폐사된 것으로 보인다. 이와 같이 광법사는 고려시대에 왕이나 왕실과 밀접한 관계를 형성하고 있었다. 한편 사역에는 1727년 세워진 「광법사사적비(廣法寺事蹟碑)」가 남아있다고 한다. 광법사는 한국전쟁 당시 파괴되었다가 일부 건물들이 새롭게 복원되었다고 한다.[2]

당간지주는[3] 사찰로 들어가는 입구에 배치되어 있는데, 전체 높이가 470cm로 대형에 속하며 원위치로 추정되고 있다.[4] 한쪽지주는 중간부분이 절단되어 새롭게 결구한 흔적이 있다. 기단은 매몰되어 구체적으로 알 수 없지만 지주 하단부의 치석 수법과 두 지주 사이에 길다란 간대석을 마련한 것으로 보아 정연한 시설은 없었던 것으로 보인다. 간대석은 두 지주 사이에 끼워 놓았는데, 양 측면에 'ㄷ'자형의 홈을 마련하여 지주를 끼웠다. 간대석 상면 중앙에는 원형의 돈을대를 마련하고, 그 주위에 수평으로 연화문을 장식하였다. 이러한 간대석은 통일신라 말기와 고려 초기에 건립된 중초사지·상주 복룡동·용두사

광법사 당간지주(1916년)[5]

---

1) 『新增東國輿地勝覽』 51卷, 平壤府, 佛宇.
2) 齋藤忠, 『幢竿支柱の研究』, 第一書房, 2003, p. 200.
3) 당간지주의 형식과 양식에 대한 설명은 아래의 책에 제시된 설명과 사진을 참고하였다.
   국립문화재연구소, 『北韓文化財解說集 Ⅰ』, 1997.
   齋藤忠, 『幢竿支柱の研究』, 第一書房, 2003.
4) 齋藤忠, 『北朝鮮考古學の新發見』, 雄山閣, 1996, p. 109.

북한 광법사 전경(齋藤忠)

광법사 당간지주(齋藤忠)

광법사 당간지주 간대서(齋藤忠)

---

5) 朝鮮總督府, 『大正五年度 古蹟調査報告』, 1917, p. 605.

지·홍성 동문동 당간지주 등에서도 채용된 수법이었다.

지주부는 평면 사각 석주형(石柱形)으로 상부로 올라가면서 좁아지는 형태이다. 외면 외곽 모서리를 부드럽게 깎았으며, 정상부는 내면에서 외면으로 나가면서 호선(弧線)을 형성하도록 치석하였다. 그런데 자세히 관찰하면 두 지주의 치석 수법이 약간 다름을 알 수 있다. 특히 지주 정상부와 외면 외곽 모서리에서 분명한 차이를 보인다. 이것은 어느 한쪽지주가 후대에 보강되었음을 간접적으로 알 수 있게 한다. 간공은 지주 내면 하단부에 시공하였는데, 사각형으로 관통되지 않았다. 간구는 지주 내면 꼭대기에 긴 사각형 형태로 시공하였다.

광법사 당간지주

이와 같이 지주부는 각 면을 고르게 다듬기는 하였지만 기단이 시설되지 않았으며 전체적으로 정연한 모습은 아니다. 또한 모서리를 직각으로 처리하여 강인한 인상을 주고 있다. 전체적으로 지주의 너비와 폭이 높이에 비하여 작아 세장(細長)한 인상을 주기도 하지만 정상부 처리가 유려하지 못하여 둔중하게 보이기도 한다. 이러한 치석 수법은 고려 전기에 성행한 것이다. 또한 사찰의 연혁으로 보아도 이 당간지주는 고려 초기에 건립되었음을 알 수 있다.

(2) 불일사지 당간지주(佛日寺址 幢竿支柱)

불일사는 판문군 산적리에 소재한 사찰로 일제 강점기와 1959년 조사가 실시되기도 하였다.[6] 불일사는 광종(光宗)이 태조의 원당(願堂)으로 봉은사(奉恩寺)를 창건하면서 어머니 유씨의 원당으로 창건한 사찰이었다.[7] 이후 불일사는 왕실과 밀접한 관련을 가지면서 많은 왕들이 행차하기도 하였으며, 주요 행사가 거행되기도 하였다. 또한 계단(戒壇)이 설치되면서 많은 승려들이 계(戒)를 받았던 사찰이기도 하였다.

불일사지 오층석탑

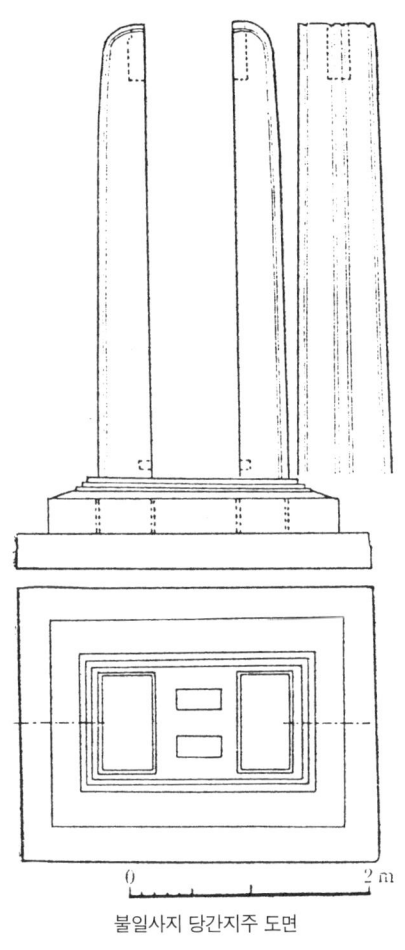

불일사지 당간지주 도면

---

6) 水谷昌義 譯,「高麗佛日寺の調査・研究 -近年の共和國の研究報告から」,『朝鮮學報』113輯, 朝鮮學會, 1984.
7)『高麗史』2卷, 世家 2, 光宗 2.
  '辛亥二年創大奉恩寺于城南爲太祖願堂又創佛日寺于東郊爲先妣劉氏願堂'

현재 당간지주의 현존 여부는 알 수 없지만 조사된 자료가 있기에 소개한다. 당간지주는 가람 중심 축선을 중심으로 하여 남쪽에 배치되었다고 한다. 즉, 경내로 들어가는 진입공간에 세워졌음을 알 수 있다. 기단은 사각형의 지대석을 놓고 그 위에 2매의 판석형 석재를 결구하여 마련하였다. 기단 상면에는 사각형 홈을 마련하여 두 지주와 간대석을 끼우도록 하였으며, 지주가 세워지는 곳에는 4단의 지주괴임을 두었다. 간대석은 사각형 대석으로 상면에 사각형 홈을 2개 시공하였다. 이러한 간대석은 숭선사지 당간지주에서 채용된 보기 드문 수법이다.

　지주는 평면 사각 석주형으로 정연한 치석 수법을 보였던 것으로 짐작된다. 외면 중앙에는 세로로 돋을대를 장식하였으며, 정상부는 내면에서 외면으로 나가면서 유려한 호선을 형성하도록 하였다. 간공은 지주 하단부에 간구는 지주 내면 꼭대기에 모두 사각형으로 시공하였다. 지주부는 전체적으로 소박한 인상을 주고 있지만 북한 지역에서는 보기 드물게 외면에 돋을대를 세로로 장식하였다. 이러한 치석 수법은 통일신라 말기부터 고려 초기까지 성행하였다.

　이와 같이 불일사지 당간지주는 기단부와 지주부의 치석과 결구 수법이 통일신라시대 건립된 당간지주들의 영향을 강하게 보이고 있다. 그리고 불일사가 광종이 창건하였던 것으로 보아 당간지주도 창건 시 가람의 면모를 갖추면서 세워진 것으로 보인다. 따라서 불일사지 당간지주는 고려 초기에 건립되었을 것이다.

(3) 숭선사지 당간지주(崇善寺址 幢竿支柱)

　당간지주는 숭선마을 한 가운데에 서 있으며, 숭선사지로 올라가는 입구에 배치되어 있다. 현재 서쪽지주만 남아있는데, 동쪽지주는 일제 강점기 저수지 공사 시 교량에 사용되었다고 전해지고 있다.[8] 이 일대에서는 기와편과 초석이 널려 있어 절터임을 알 수 있었고, 1981년에 명문 기와가 출토됨에 따라 숭선사임이 확인되었다.[9] 기록과 최근 발굴 조사에 의하면 숭선사는 954년(광종 5)에 창건되

---

8) 文化公報部 文化財管理局, 『文化遺蹟總覽』上, 1977, p. 578.
9) 金顯吉, 「中原(忠州市 中原郡)地域의 寺址」, 『廢寺址 調査報告』(鄕土史硏究 叢書 제3책), 한국향토사연

었으며,[10] 1182년(명종 12)에 중수되었고 조선후기까지 꾸준하게 법등을 이었던 것으로 확인되었다.[11]

당간지주의 기단은 결실된 상태이다. 다만 지주부와 간대석의 하단부가 지면에서 70cm 정도 치석이 고르지 못한 것으로 보아 묻혔거나 기단부와 결구된 흔적으로 보인다. 간대석(90×65cm)은 큰 사각형 대석(臺石)으로 별다른 조식은 없으나 상면에 특이한 형태의 사각형 구멍을 남북으로 33cm 간격을 두고 2개 시공하였다. 한 변이 17cm인 정사각형으로 깊이는 5cm 정도인데, 이것은 당간 하단부를 이중으로 세워 당간을 견고하게 고정하기 위한 시설로 보인다. 현재 확인할 수는 없지만 일제 강점기에 조사된 것에 의하면 북한의 불일사지 당간지주와 동일한 간대석 수법이다. 따라서 두개의 당간지주가 비슷한 시기에 중앙정부에서

숭선사지 발굴 조사 전경

구 전국협의회, 1992, p. 15.
10) 『高麗史』 2卷, 世家 2, 光宗 5.
 '甲寅五年春創崇善寺追福先妣'
11) 충청대학 박물관, 「충주 숭선사지 발굴조사 지도위원회 회의자료」, 2001.

숭선사지 출토 불두

숭선사지 당간지주

숭선사지 출토 석조물

숭선사지 출토 암막새

파견된 석공들에 의하여 치석되었을 가능성이 높은 것으로 추정된다. 특히 간대석 각 측면에 정으로 돌을 치석하였던 흔적이 그대로 남아 있는데, 정자국으로 보아 당간지주는 지름이 2cm 정도인 정을 사용하여 치석하였음을 알 수 있다. 간대석의 당간 받침 시설로 보아 숭선사에는 목당간(木幢竿)이나 석당간(石幢竿)이 세워졌을 가능성이 높은 것으로 추정된다.

지주부는 각 면에 별다른 조식은 없지만 규모가 커서 웅장하면서도 단순한 인상을 주고 있다. 다만 외면 외곽 모서리를 부드럽게 깎았으며, 정상부는 평평하다가 약하게 호선을 이루고 있다. 당간을 고정시키는 간은 간구와 간공을 마련하여 고정하였다. 간공(8×12cm, 깊이 16cm)은 지주 내면에 사각형으로 관통되지 않게 시공하였다. 간구(31×19cm, 깊이 14cm)는 내면 꼭대기에 'ㄴ'형으로 크게 시공하였다. 간공과 간구는 지주 규모에 비하여 작은 편이다.

이와 같이 숭선사지 당간지주는 통일신라시대의 수법이 일부 적용되어, 웅장하면서 둔중한 인상을 주고 있어 고려시대적인 치석 수법을 다분히 보이고 있다. 따라서 당간지주는 954년 숭선사가 창건되고, 가람이 대찰로서의 면모를 갖추어 나간 시기에 건립되었을 가능성이 높다. 이러한 사실은 숭선사지 발굴 조사에서 출토되는 유물들과 숭선사 창건 기록이 방증하고 있다. 또한 숭선사지에서 출토된 석조물들이 비슷한 시기에 건립된 것으로 보인다. 따라서 당간지주도 경내로 들어가는 입구에 전체적인 가람이 조영(造營)되면서 건립되었을 것으로 추정된다.

(4) 법천사지 당간지주(法泉寺址 幢竿支柱)

법천사는 725년 창건되었다고 전해지고 있다. 이후 통일신라 말기에서 고려시대까지 지속적으로 중건내지는 중수가 이루어지면서 사역(寺域)이 확대되었던 것으로 추정된다. 그리고 지광국사 해린(智光國師 海麟 : 984~1070)이 출가한 이후 법천사에 주석하면서 사세(寺勢)는 급속히 확장된 것으로 보인다. 조선시대에 들어와서도 법등을 이었으나 임진왜란으로 전소된 후 중창되지 못한 것으로 추정되고 있다.[12] 이곳에는 고려시대 탑비를 대표할 만한 법천사 지광국사 현묘탑비

가 언덕 위에 위치하고 있으며, 건물지와 기와 조각이 광범위한 지역에 걸쳐 출토되고 있다.[13]

당간지주는 경작지 높은 축대 위에 동서로 세워져 있다. 당간지주가 서있는 지점이 원래는 법천사 경내로 들어가는 입구였을 것이다. 기단부는 매몰 또는 결실되어 확인할 수 없으며, 간대석이 두 지주 사이에 마련되었다. 지주 하부의 치석 수법이 조잡한 것으로 보아 정연한 기단은 시설되지 않았던 것으로 보인다. 간대석은 치석 수법이 정교하지는 못하지만 원형에 가까운 팔각형으로 독특하게 마

법천사지 발굴 전경

법천사지 발굴 전경

법천사시 식딥재

법천사지 지광국사 현묘탑지와 탑비

---

12) 權相老, 『韓國寺刹全書』 上卷, 東國大出版部, 1979, pp. 459~460.
13) 강원문화재연구소, 「法泉寺」, 원주 법천사 2~3차 발굴조사 지도위원회의 자료집, 2003.

련되었다. 아직도 정자국이 그대로 남아 있으며, 원좌나 원공은 마련하지 않고 상면 중앙에 원형의 돌출 부위(지름 35cm, 높이 9cm)를 시공하여 당간 하부를 받치도록 하였다. 이러한 수법은 괴산 외사리 당간지주 등에서도 볼 수 있는 간대석 수법이다.

두 지주는 별다른 조식은 없으며, 외면 외곽 모서리도 깎지 않았다. 따라서 전체적으로 평면 사각형의 높은 석주를 세워놓은 듯하다. 지주 정상부는 내면에서 외면으로 나가면서 평평하다가 부드러운 호선을 그리도록 하였다. 당간을 고정하는 간은 내면 꼭대기에 Ս형의 작은 간구를 마련하여 끼우도록 하였으며, 간공은 시공하지 않았다. 간구는 지주 규모에 비하여 작게 마련되었으며, 간공을 시공하지 않은 점 등은 고려시대의 수법을 보인다.

법천사지 당간지주는 전체적으로 각 면의 치석 수법이 정교하지 못하고, 지주의 너비와 폭이 전체 높이에 비하여 상대적으로 커서 둔중한 인상을 준다. 또한 외면 외곽 모서리를 깎지 않고 직각으로 치석하여 강인한 인상을 주고 있다. 그

법천사지 당간지주

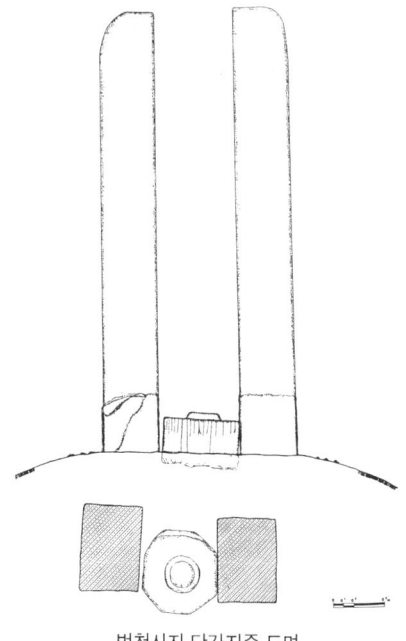

법천사지 당간지주 도면

리고 간구는 지주 규모에 비하여 작은 편이다. 이러한 치석 수법은 강릉 대창리·강릉 수문리·춘천 근화동·홍천 희망리 당간지주 등 주로 강원도 지방에서 통일신라 말기부터 고려 전기까지 건립된 당간지주에서 많이 볼 수 있다. 특히 법천사는 고려 초기에 사역이 확장되고 남한강 수로를 통한 교역이 확대되면서 흥법사, 거돈사 등 인근에 소재한 다른 사찰들과 함께 원(院)의 기능도 수행하였을 것으로 보인다. 따라서 법천사는 고려 초기에 들어와 사역이 확장되면서 중창이 이루어졌을 가능성이 높다. 이러한 점으로 보아 법천사지 당간지주는 통일신라시대의 치석 수법을 계승하여 고려 초기에 건립된 것으로 추정된다.[14] 또한 당간지주의 양식도 고려시대의 특징을 보이고 있다.

(5) 만덕사지 당간지주(萬德寺址 幢竿支柱)

만덕사는 고려 전기에 대찰의 규모를 갖춘 사찰로 알려져 있다. 현재 만덕사지에는 넓은 범위에 걸쳐 석축과 초석들이 산재되어 있어 번성기에 규모가 큰 사찰이었음을 알려주고 있다. 특히 만덕사는 고려가 원나라의 지배를 받던 시절 충혜왕(忠惠王)의 서자였던 석기(釋器)의 머리를 깎게 하여 머물도록 했던 곳이기도 하다.[15] 이러한 것으로 보아 만덕사는 창건된 이후 고려말기까지 이 지역의 중심 사찰로 규모가 상당하였던 것으로 보인다.[16]

현재 당간지주는 중심 사역에서 만덕터널로 향하는 큰 길 건너편에 세워져 있다. 당간지주는 원위치로 확실시되며, 그 위치로 보아 만덕사는 작은 개울을 따라 오르면 진입공간에 당간지주가 서있고, 다시 오르막길을 조금 오르면 경내로 들어갈 수 있도록 조영되었음을 알 수 있다. 당간지주는 1주(柱)만 남아 있는데 전체적으로 단아한 이미지를 주고 있다.

---

14) 당간지주가 서있는 일대에 대한 발굴 조사가 이루어지면 건립 시기에 대하여 더욱 구체적으로 접근할 수 있을 것이다.
15) 『高麗史』 38 卷, 世家 38, 恭愍王 1.
  '十二月辛卯髡永陵孽子釋器置萬德寺'
16) 부산시, 『부산북구향토지』, 1991.

지주부는 각 면을 고르게 다듬었으며, 지주의 너비와 폭이 넓고 전체 높이가 비교적 큰 편이다. 지주부의 하부는 대강 치석하여 지면에 묻히도록 하였고, 노출 부위는 정교하게 치석하였다. 그리고 외면 가운데에는 1조(條)로 세로로 길게 낮은 돌기대(突起帶)를 마련하였다. 정상부는 내면에서 외면으로 나가면서 호형(弧形)을 그리도록 하였으며, 그 중간에 1단의 굴곡을 두어 장식하였다. 당간은 간공은 마련하지 않았으며, 내면 꼭대기에 긴사각형의 홈으로 간구를 마련하여 고정하였다.

한편 지주가 세워져 있는 곳에서 5미터 정도 떨어진 지점에 파손이 심한 석재가 있는데, 평면이 사각형이고 상부에 원좌와 원공의 흔적이 있는 것으로 보아 간대석 부재로 보인다. 간대석은 두 지주 안쪽에 끼워 시설되었던 것으로 보이며, 당간은 원공에 끼워 세우도록 하였음을 알 수 있다. 이와 같이 지주 하부의 치석과 파손된 간대석으로 보아 별도의 정연한 기단 시설은 없었던 것으로 보인다.

만덕사지는 여러 번 발굴 조사가 실시되었는데, 1990년 발굴 시에는 연화문이 장식된 팔각대좌와 '기비사(祇毗寺)' 명 기와가 출토되었다.[17] 1996년에는 치미편이 출토되기도 하였다. 또한 만덕사지 삼층석탑이 부산시립박물관에 이건(移建)되어 있으

만덕사지 전경

만덕사지 삼층석탑(부산시립박물관)

---

17) 부산시립박물관, 『釜山萬德寺址』, 1993.

만덕사지 당간지주

며, 국장생표(國長生標)가 인근에 자리 잡고 있다. 이와 같이 발굴시 출토된 유물들은 대부분 고려시대의 것으로, 특히 삼층석탑은 기단부나 탑신부가 고려 전기의 전형적인 석탑 양식을 보이고 있다.

당간지주는 치석 수법이 단정하고 각 면을 고르게 다듬어 깔끔하고 세련된 인상을 주고 있다. 또한 지주부에 윤곽대는 돌리지 않았지만 외면 가운데에 낮은 돌기대를 마련하고, 정상부를 호형(弧形)으로 깎으면서 굴곡을 둔 점 등은 돋보이는 작이다. 이러한 것으로 보아 통일신라시대의 장식 수법을 그대로 계승하여 고려 초기에 건립된 당간지주로 추정된다.

(6) 용두사지 철당간(龍頭寺址 鐵幢竿)

철당간은 청주시 남문로 시내 한복판에 우뚝 솟아있다. 용두사지 철당간은 한국 당간과 당간지주 중에서 유일하게 국보로 지정되었으며, 청주시를 대표하는 문화재로 알려져 있다.[18] 소속 사찰은 용두사인데, 철당기(鐵幢記)에 의하면 962년(광종 13)에 철당간의 주성과 함께 대역사(大役事)가 있었다고 한 것으로 보아 그 이전에 초창되었던 것으로 보인다. 용두사의 창건은 철당기의 내용으로 보아 청주지방의 호족 세력과 깊은 관련이 있으며, 고려 초기의 숭불정책에도 영향을 받은 듯하다.[19] 1011년(현종 2)에는 왕이 이곳에 이르러 연등회를 베풀었으며,

---

18) 최효승,「도심문화재보전을 위한 시민문화운동사례연구 -용두사지철당간보전운동과정과 앞으로의 과제를 중심으로-」,『도시·지역개발연구』3집, 청주대학교, 1996.
19) 朴相佾,「忠州 淸原地域의 廢寺址」,『廢寺址 調査報告』, 향토사연구 총서 제3책, 한국향토사연구전국

1090년(선종 7)에는 범종을 봉안하였는데 모양이 기이하고 그 소리가 몇 십리까지 들렸다고 한다. 『여지도서(輿地圖書)』를 보면[20] 1090년에 제작한 금구(錦口)가 발견된 사실을 기록하고 있어 당시까지 용두사가 있었음을 알 수 있다. 그러다가 조선시대에 접어들어 폐사되고 철당간 만이 남게 되었다.[21] 당시 용두사는 거란과 몽고의 침입 등 잦은 병란으로 폐사된 것으로 추정되고 있다.[22]

현재까지 남아있는 철당간은 용두사지, 갑사, 칠장사, 법주사, 담양 읍내리 등이 있다. 이중에서 철당간의 정확한 조성 연대를 알 수 있는 것은 용두사지 철당간 뿐으로 매우 귀중한 자료이다. 두 지주 사이에는 철통 1개 높이가 63cm, 지름 40cm 가량 되는 같은 형태의 철통 20개를 연결하여 세웠는데, 철통은 상단부로 갈수록 작아진다.[23] 철통의 연결은 상부 철통 하단부에 끼임턱을 만들어 하부 철통에 끼워 넣는 방식으로 올렸으며, 이음 부분에 별도의 철띠를 돌리지는 않았지만 견고하게 연결되어 있다. 당간은 지주 정상부분에 간구를 마련하여 빗장형식으로 지주에 돌려 고정시켰다. 갑사와 칠장사 철당간은 철통 이음부분에 별도의 철띠를 돌려 연결하고 있어 용두사지 철당간의 연결 방법과는 약간 다르다.

당간의 건립 연대를 밝힌 명문이[24] 밑에서 3번째 철통에 양주(陽鑄)되어 있다.

협의회, 1992, p. 58.
20) 『輿地圖書』上, 淸州牧 古蹟條(國史編纂委員會 編, 韓國史料叢書 20, 1973, p. 219).
  '菩薩寺錦口 占庚申八月 州人穿土得古鐘 有刻云大安六年 龍頭寺錦口 其制奇古聲聞數里'
21) 『東國輿地勝覽』卷15, 淸州牧 古蹟.
  '銅檣 在州城內龍頭寺 寺廢而檣在焉 高十餘丈 世傳初設州時用術者言建此以表行舟之勢'
22) 李惠善, 「〈龍頭寺鐵幢記〉에 보이는 高麗初 淸州豪族」, 충북대학교 석사학위논문, 1992, p. 4.
  김갑동, 「고려건국기의 청주세력과 왕건」, 『韓國史硏究』 48, 한국사연구회, 1985.
  박경자, 「청주호족의 이족화」, 『院友論叢』 4, 숙명여자대학교 대학원, 1986.
  김주성, 「고려초 청주지방의 호족」, 『韓國史硏究』 61·62, 한국사연구회, 1988.
  金壽泰, 「高麗初 忠州地方의 豪族 -忠州劉氏를 中心으로-」, 『忠淸文化硏究』 1집, 한남대 충청문화연구소, 1989.
23) 용두사지 철당간은 1998~1999년 사이에 걸쳐 보존 처리가 실시되었다. 그리고 조사 결과 철통의 내부는 시멘트가 채워져 있는 것으로 확인되었다(청주대학교 도시지역개발연구소, 『용두사지철당간 안전진단 및 보존처리 학술연구용역 보고서』, 1999). 갑사 철당간도 철통 내부에 시멘트가 가득 채워진 것으로 확인되었는데(포항산업과학연구원, 『철당간 보존방안 수립 연구』, 2001), 이는 일제 강점기 이후에 붕괴를 방지하기 위하여 행해진 것으로 보인다.
24) 楷書體로 字徑은 2.8cm 정도임.

철당기는 김원(金遠)이 찬하였으며 393자로 원래 철통의 수는 30단이었고 높이가 60척이었다고 한다. 또한 김예종(金芮宗)이 염질(染疾)에 걸리자 철당을 주조하여 부처에게 병을 낫게 해주고 사후에 극락천도를 기원하기 위하여 발원하였음도 알 수 있다. 이후 김예종이 죽고 몇 해가 흘러 옛 서원을 다시 일으켜 김희일(金希一) 등이 철당을 주성하여 공사가 완료되었음을 밝히고 있다. 당기에 의하면 '維峻豊三年太歲壬戌三月二十九日鑄成'이라고 하여 962년에 당간이 조성되었음을 알 수 있다. 그리고 1923년 발간된 『청주연혁지』에 따르면 당간의 꼭대기에는 보주형의 장식물이 있었는데, 결실되었다고 한다.[25] 아마도 당을 걸기 위한 시설물이 일제 강점기 초기에는 남아있었던 것으로 추정된다.

간대석는 두 지주 사이에 남북으로 길게 지주 규모에 가까운 대석을 마련하였다. 간대석 상면에는 원좌가 마련되었고, 철당간을 세운 것으로 보아 원공이 시공되었을 것이다. 이러한 간대석은 중초사지나 상주 복룡리 당간지주 등에서처럼 통일신라 말기에 일반적으로 쓰이는 간대석 수법이었다. 그런데 간대석은 남쪽편은 치석이 거친 반면 북쪽편은 동쪽지주 외면과 동일한 돋을대 장식이 있고, 동쪽지주 하단부 간공과 동일한 높이에 시공되었던 것으로 보이는 관통된 간공 흔적이 남아 있다. 이러한 것으로 보아 현재의 간대석은 최초에는 지주로 활용되었던 부재였음을 알 수 있다.

두 지주는 동서로 마주 서있는데, 내면에는 아무런 조식이 없으나 전후면과 외면 외곽 주위는 너비가 넓은 윤곽대를 돌렸다. 특히 외면 중앙 부분은 세로로 둥글게 돌기대를 두었고, 정상부는 내면에서 외면으로 나가면서 호형을 형성하고 있으며, 굴곡을 두어 장식적인 의장을 가미하였다. 이러한 치석 수법은 통일신라시대 건립된 당간지주들의 전형적인 수법이었다.[26] 그런데 용두사지 당간지주의 두 지주는 건립 시기가 다른 것으로 추정된다.

우선 동쪽지주에는 사용되지 않는 2개의 간공이 마련되어 있다. 통일신라 중기 이후에 세워진 대부분의 당간지주는 당간을 고정하기 위해서 간대부를 마련

---

25) 청주시, 『1923년도 발간 淸州沿革誌』, 1999, p. 190
26) 이러한 예는 통일신라시대에 건립된 浮石寺·彌勒寺址·佛國寺 西便·高靈 池山洞·金山寺 幢竿支柱 등이나 고려시대에 조성된 普願寺址·無量寺 幢竿支柱 등과 동일한 양식이다.

하고 1~2개의 간공을 마련한다. 그런데 고려시대가 되면 간대부가 점차 사라지고 당간 하부를 땅속에 묻고 일반적으로 간공은 시공하지 않으며, 지주 내면 꼭대기에 간구만을 시공하여 당간을 고정하였다. 특히 상단부의 간공은 간구와 거의 연접하고 있어 구조적으로도 어울리지 않는다.

그리고 두 지주의 치석 수법과 규모가 약간 다르다는 것을 알 수 있다. 동쪽지주는 전체적으로 통일신라시대에 세워진 부석사나 금산사의 당간지주처럼 안정되고 세련된 인상을 주며, 지주 굵기도 날씬하고 경쾌하게 치석하였다. 지주 정상부의 호선 처리도 중간에 1단의 굴곡을 깊게 주었고, 유려한 호선을 그리고 있다. 그러나 서쪽지주는 고려시대에 조성된 천흥사지와 아산 읍내동 당간지주처럼 지주의 폭과 너비가 넓어져 둔중한 인상을 주고, 정상부도 완만한 호선으로 치석하였으며, 중간에 1단의 굴곡도 형식적으로 처리하였다. 또한 지주 외면 중앙부분은 세로로 둥글게 돌기대를 두었고, 외곽 주위에는 굵은 윤곽대로 장식하였다. 이러한 치석과 상식 수법은 통일신라 말기에 건립된 당간지주에서 나타난다. 이러한 것으로 보아 동쪽지주가 서쪽지주보다 빠른 시기에 치석되었음을 알 수 있다. 간대석이 동쪽지주와 동일한 치석 수법을 보이고 있으

용두사지 철당간(『조선고적도보』 6)

용두사지 철당간(1960년대)

용두사지 철당간 전경

용두사지 철당간 지주 중간부

용두사지 철당간 간대석   용두사지 철당간 지주부   용두사지 철당간 지주 상단부

용두사지 철당간 당간부   용두사지 철당간 상단부

며, 관통된 간공 부위에서 절단된 흔적이 있는 것으로 보아 그러한 가능성을 높여 준다.

한편 철당기에 처음에 김예종이 병이 들자 발원하여 공사가 시작되었으나 그가 죽고 몇 년이 지나 다시 김희일 등이 서원하여 공사가 완료되었다고 한다. 이것은 당간과 당간지주의 공사 시점과 완료 시점이 상당한 차이가 있음을 시사하기도 한다. 결국 원래 당간지주가 있었는데, 그것이 어떤 이유로 훼손되자 고려시대에 들어와

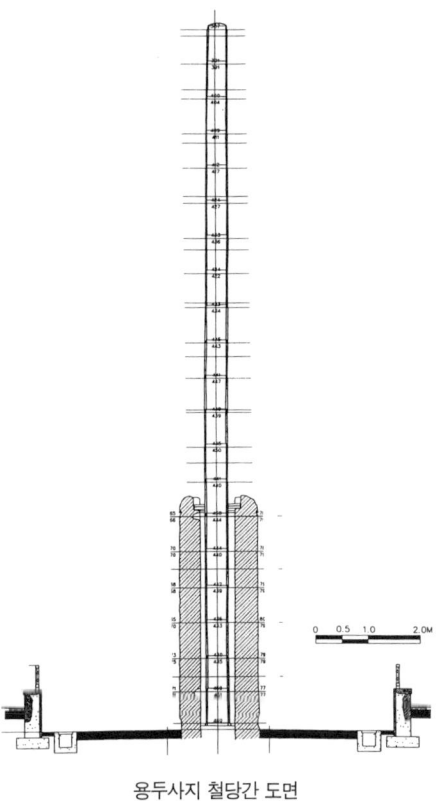

용두사지 철당간 도면

용두사지 철당간 동쪽지주 간공

용두사지 철당간 서쪽지주 상단부

용두사지 철당간 동쪽지부 상단부

김예종이 발원하여 다시 세웠거나, 아니면 김예종이 죽은 이후 김희일 등이 다시 서원하여 새롭게 서쪽지주와 철당을 올려 공사를 완공한 것으로 보인다.[27] 어쨌든 용두사지 철당간과 당간지주의 공사 완료 시점은 962년임을 정확하게 알 수 있어 당간과 당간지주의 양식과 당간의 주성(鑄成) 수법을 고찰하는데 기준이 되고 있다.

(7) 귀법사 당간지주(歸法寺 幢竿支柱)

귀법사는 963년 광종이 송악산 아래에 창건한 사찰이었다.[28] 광종은 귀법사가 완공되자 균여(均如 : 923~973)를 초대 주지로 삼았다고 한다. 이처럼 귀법사는 창건되면서부터 왕이나 왕실과 밀접한 관계를 맺으면서 발달하였다. 그래서 광종 이후에도 목종, 선종, 의종 등 여러 왕들이 행차하여 중요한 법회가 거행되는 국찰(國刹)이었다.[29] 그리고 균여, 정수, 탄문 등이 귀법사에 머물렀으며, 귀법사는 광종의 개혁정치와 밀접한 관련이 있는 사찰이었다. 귀법사의 폐사 시기는 알 수 없지만 조선시대까지 법등이 이어졌던 것으로 추정되며, 일제 강점기에 사지에 남아있던 석탑·석조(石槽)·당간지주 등이 조사되었다.[30] 또한 고유섭 선생도 귀법사지의 당간지주에 대하여 언급하였다.[31]

당간지주는 귀법사의 중심 사지로 들어가는 입구에 배치되었음을 알 수 있다. 기단은 확인할 수 없지만 두 지주 사이에 연화문이 화려하게 장식된 간대석이 마

---

27) 용두사가 통일신라 말기에 창건되었던 것으로 보아 초창시 동쪽지주와 현재의 간대석이 당간지주로 세워졌던 것으로 보인다. 이후 고려시대에 들어와 새롭게 서쪽지주와 철당간을 세워 중건한 것으로 추정된다(嚴基杓,「忠北地域 幢竿과 幢竿支柱 考察」,『博物館誌』5호, 충청전문대 박물관, 1996, p. 51).
28)『高麗史』2卷, 世家 2, 光宗 14.
 '秋七月創歸法寺'
29) 김두진,「均如의 生涯와 著述」,『歷史學報』75·76집, 역사학회, 1977.
 최연식,「均如 華嚴思想硏究」, 서울대 박사학위논문, 1999.
 김용선,「광종의 개혁과 귀법사」,『고려 금석문 연구』, 일조각, 2004.
30) 현재 북한에 소재한 歸法寺에 대하여 알려진 것은 거의 없다. 귀법사 당간지주에 대한 내용은『大正五年度 古蹟調査報告』에 의하여 작성하였다(朝鮮總督府,『大正五年度 古蹟調査報告』, 1917, pp. 190~196).
31) 고유섭,「송도고적」,『고유섭전집』4, 통문관, 1993, p. 102.

련되었다. 간대석은 평면 사각형 대석으로 상면에 원형으로 단판의 복련문(伏蓮紋)을 장식하였다. 그리고 그 안쪽으로 원좌를 마련하고 원형으로 높게 돌출된 받침대를 마련하였다. 받침대는 당간의 하단부를 견고하게 고정하기 위한 것으로 보인다. 두 지주는 평면 사각 석주형으로 상부로 올라가면서 좁아지도록 치석되었다. 지주부의 외면 외곽 모서리는 각을 깎았으며, 정상부는 내면에서 외면으로 나가면서 부드러운 호선을 형성하도록 하였다. 간구는 지주 내면 꼭대기에 하부를 호형으로 시공하였다.

이와 같이 지주부는 전체적으로 소박한 인상을 준다. 지주는 외면 외곽 모서리 외에는 별다른 장식이 보이지 않고 있다. 그런데 간대석은 연화문을 장식하였으며, 독특한 당간 결구 수법을 보이고 있다. 특히 당간지주는 같은 사지에 남아있는 석탑과 동시기에 건립된 것으로 추정된다.[32] 석탑은 고려 초기의

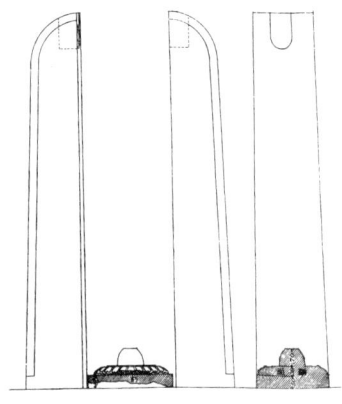

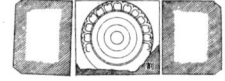
귀법사 당간지주 도면

귀법사 석탑(1916년)

귀법사 당간지주 원경(1916년)[33]

---

32) 『朝鮮古蹟圖譜 6』에도 歸法寺 石塔 사진이 전재되어 있다(朝鮮總督府, 『朝鮮古蹟圖譜 6』, 1918(사진번호 2912).

양식을 보이고 있는데, 당간지주도 고려 초기에 건립된 지주들과 강한 친연성을 보인다. 또한 귀법사가 963년 창건되면서부터 국가적으로 중요한 역할을 하였던 것으로 보아 석탑과 당간지주는 창건 시 건립된 것으로 보인다.

(8) 보원사지 당간지주(普願寺址 幢竿支柱)

보원사지는 서산마애삼존불이 있는 곳에서 계곡을 따라 2km 정도 가면 나온다. 사지에서 삼국시대 불상이 출토되기도 하여 창건 시기가 오래되었음을 알려주고 있다.[34] 보원사는 고려시대에 들어와 대대적인 중창이 이루어지면서 대찰의 면모를 갖춘다. 특히 법인국사 탄문(法印國師 坦文 : 900~975)이 말년에 하산하면서 크게 중창된 것으로 보인다. 당시 광종은 보원사에 많은 토지와 노비를 내렸다고 한다. 현재 사지에는 석조부도와 탑비, 오층석탑, 석조 등 고려시대 유물들이 많이 남아있다.

당간지주는 경내로 들어가는 진입 공간에 배치되었는데, 경내는 작은 개울을 건너 들어가도록 하였다. 사찰의 진입 공간과 중심 공간이 물로 나누어져 있어, 마치 사바세계와 불세계를 개울이 구분하고 있는 듯하다. 이와 같이 보원사지 당간지주는 사찰로 들어서는 입구에 배치되어 경계나 위상을 표시하는 기능도 하였음을 알 수 있다.

기단은 결실되었으며, 두 지주 사이에 간대석만 남아있다. 지주 하단부의 치석 수법으로 보아 미륵사지나 금산사 당간지주처럼 성연한 기단이 마련되었던 것으로 보인다. 간대석 아래에는 작은 잡석을 깔아 받침으로 삼았으며, 상면에는 이중의 원좌와 원공(지름 30cm, 깊이 14cm)을 시공하였다. 지주부는 동일한 치석 수법을 보이고 있는데, 전후면과 외면 외곽은 일정한 너비(13cm)로 윤곽대(輪廓帶)를 돌렸다. 윤곽대는 지주 규모에 비하여 너비가 넓은 편이다. 외면 가운데에는 2조의 반원형 돋을대를 세로로 추가 장식하였다. 정상부는 내면에서 외면으로

---

33) 사진과 도면은 『大正五年度 古蹟調査報告』(朝鮮總督府, 1917, pp. 191~193)에서 인용하였다.
34) 李殷昌, 「瑞山 龍賢里出土 百濟金銅如來立像考」, 『百濟文化』 3집, 공주대학교 백제문화연구소, 1969.

나가면서 유려한 호선을 형성하도록 치석하였으며, 그 가운데에는 1단의 굴곡을 두어 장식적인 의장을 더하였다. 간구는 지주 내면 꼭대기에 시공하였으며, 간공(12×14.5cm, 깊이 10cm)은 사각형으로 지주 하부에 시공하였다.

이와 같이 보원사지 당간지주는 전체적으로 각 면을 고르게 다듬었을 뿐만 아니라 정연하고 세련된 치석 수법을 보인다. 또한 지주부는 너비와 폭이 전체 높이에 비하여 상대적으로 작아 날렵한 인상을 주고 있다. 그리고 기단이 결실되기는 하였지만 정연한 결구 수법으로 마련되었음을 알 수 있다. 특히 보원사는 법인국사 탄문이 하산한 시기를 전후하여 가람의 규모가 확장되었다. 현재 남아있는 오층석탑이나 석조 등이 이 시기를 전후하여 건립되었을 것이다.

보원사지 출토 철불

한편 보원사 법인국사 보승탑은 975년 직후에 건립되었으며, 탑비는 978년 건립되었다.[35] 이중에서 김정언(金廷彦)이 찬하여 건립된 「보원사 법인국사 보승탑비(普願寺法印國師寶乘塔碑)」에는[36] 보원사에

보원사지 오층석탑

보원사지 석조

보원사 법인국사 보승탑

---

35) 엄기표, 『신라와 고려시대 석조부도』, 학연문화사, 2003, p. 324.
36) 현재 충남 서산시 운산면 용현리 보원사지에 소재하고 있으며, 法印國師의 부도도 남아 있다.

서있던 당간과 당간지주와 관련된 내용이 전하고 있다. 즉 '법당(法幢)을 중정(中庭)에 세우고 범패(梵旆)를 그 위에 걸어두니, 바람에 흔들리고 태양에 빛나며 휘날렸다.'고 한다. 당시 당간지주가 지금과 같이 사역으로 들어가는 입구에 있었고, 그 꼭대기에는 화려한 장엄물들이 걸려 있었음을 전하고 있다. 또한 법인국사가 하산하면서 그 일행이 보원사에 도착하자 번개(幡盖)가 구름처럼 날렸다고 한다.

이러한 사실들로 보아 당간지주는 「보원사 법인국사 보승탑비」가 세워지기 이전에 건립되었음을 알 수 있다. 그리고 보원사지 당간지주는 고려 왕이나 왕실과 밀접한 관련을 가졌던 개경 지역 사찰에 건립된 당간지주들과 강한 친연성을 보이고 있다. 특히 법인국사 보승탑은 국가에서 직접 파견한 국공(國工)이 치석한 것으로 비문에 기록되어 있다. 이러한 것으로 보아 당간지주도 중앙 정부에 소속된 장인이 파견되어 치석되었을 것으로 보인다.

보원사지 당간지주(1995년)

보원사지 당간지주(2003년)

(9) 봉업사지 당간지주(奉業寺址 幢竿支柱)

봉업사지는 평지에 건립된 사찰로 발굴 조사에 의하면 9세기경에 초창되었으며, 당시 절 이름은 화차사(華次寺)였던 것으로 밝혀졌다. 이후 화차사는 고려시대에 들어와 대대적으로 중창되고 가람이 확장되면서 절 이름을 봉업사로 바꾼 것으로 짐작된다. 봉업사는 고려 태조의 진영이 봉안된 진전사원(眞殿寺院)으로 당시 가람의 규모가 상당하였던 것으로 확인되었다.[37] 특히 고려 광종대(949~975)에 봉업사는 이 지역에서 중요한 역할을 수행한 것으로 이해되고 있다. 따라서 봉업사는 고려시대에 들어와 대대적으로 중창되면서 대찰로서의 면모를 갖추었던 것으로 보인다.[38] 또한 봉업사는 주요 교통로 상에 위치하고 있어 원(院)으로서의 기능도 수행하였을 것이다.

당간지주는 논 가운데 봉업사지 오층석탑과 나란히 세워져 있다. 1주는 넘어져 있었는데, 1980년에 철책을 설치하면서 세운 것이라고 한다.[39] 그런데 당간지주는 석탑과의 거리나 사지의 입지로 보아 원위

봉업사지 발굴 조사 전경

봉업사지 오층석탑

---

37) 『新增東國輿地勝覽』 8卷, 竹山縣, 古蹟.
38) 경기도 박물관, 『奉業寺』, 2002.
　　安城市, 『安城 竹山里 五層石塔 實測調査報告書』, 2003.
39) 文化公報部 文化財管理局, 『文化遺蹟總覽』 上, 1977, p. 287.

치가 아닐 가능성이 높은 것으로 추정된다. 현재 기단은 결실되었거나 매몰되어 있어 확인할 수는 없다. 다만 지주 하단부의 치석 수법으로 보아 정연한 기단은 원래부터 결구되지 않았을 가능성이 높다. 두 지주는 동서로 마주 서있는데, 서쪽지주 상단부가 일부 파손되어 있다. 따라서 1980년에 넘어져 세운 지주가 서쪽지주로 보인다. 두 지주는 동일한 수법으로 치석되었다. 각 면에는 치석 수법이 정교하지 못하여 정자국이 그대로 남아 있으며, 외면 외곽 모서리는 모를 깎아 부드럽게 하였다. 정상부는 내면에서 외면으로 나가면서 부드럽게 호선을 그리도록 치석하였고, 간구는 내면 꼭대기에 긴 사각형(11×47cm, 깊이 18cm)의 홈을 파서 마련하였다.

이와 같이 봉업사지 당간지주는 별다른 조식이 없고, 치석 수법도 간결하여 고려시대 양식을 보인다. 또한 지주의 너비와 폭이 전체 높이에 비하여 상대적으로 넓어서 둔중한 인상을 준다. 특히 봉업사가 고려시대에 접어들어 대대적으로 중창되면서 대찰로서의 면모를 갖추었던 것으로 보아 옆에 있는 오층석답과 같은 시기에 건립되었을 것이다. 따라서 봉업사지 당간지주는 고려 초기에 건립된 것으로 보인다.[40]

봉업사지 당간지주

(10) 부안 서외리 석당간(扶安 西外里 石幢竿)

당간지주는 마을 한가운데 좁은 공간에 세워져 있으며, 마을 사람들로부터 당

---

40) 奉業寺의 연혁과 발굴 성과로 보아 오층석탑과 당간지주는 고려 광종대(949~975)에서 문종대(1046~1083) 사이에 건립되었을 가능성이 높은 것으로 추정된다.

산(堂山)이라고 불리고 있다. 현재 주변에서 모은 석재들을 시멘트로 보강하여 기단을 형성하였다. 마을 사람들의 말에 의하면 옛날 부안읍성내에 있었던 유물로 표식(標識)을 하기 위한 시설이라고도 하며, 장승이라고도 하여 오래전부터 신성시 되었다고 한다.

  기단부는 주변 석재를 모아 시멘트로 결구한 상태여서 정확히 알 수 없지만 긴 사각형의 판석형 석재를 결구하여 낮게 마련하였던 것으로 보인다. 왜냐하면 시멘트로 결구된 동쪽 편에 갑석형(甲石形) 석재가 있는데, 형태로 보아 최초 당간지주 건립 시 활용되었던 부재로 보인다. 따라서 기단부는 미륵사지나 금산사 당간지주처럼 석탑의 하층기단과 같이 마련하였을 것으로 추정된다. 간대석은 두 지주 사이에 1매의 사각형 대석(臺石 : 74×43×15cm)을 놓아 당간 하단부를 받치도록 하였다.

  두 지주는 동서로 마주 서있는데, 치석 수법과 규모가 약간 다름을 알 수 있다. 동쪽지주는 전후면과 외면 외곽에 윤곽대(너비 12cm)를 돌렸으며, 외면 중앙부에는 2조(條)로 돌기된 낮은 세로띠를 상단부까지 장식하였다. 그러나 서쪽지주는 전체적으로 지주면의 치석수법이 거칠고 동쪽지주처럼 윤곽대나 외면에 세로띠 장식이 없다. 이러한 것으로 보아 서쪽지주가 후대에 보강되었던 것으로 보인다.

  당간은 석주형(石柱形)의 석당간 4매를 연결하여 세웠는데, 하단부 당간은 간대에서 187cm 높이까지 사각형으로 만들고 각 면 외곽에 테두리(너비 10cm)를 돌렸다. 이러한 장식 수법은 동쪽지주와 동일하여 석당간이 후대에 보강되면서 동쪽지주를 모방한 것으로 보인다. 지주부 위로 결구된 석당간은 길고 짧은 팔각형 석주를 연결하여 세웠다. 그리고 당간 꼭대기에 절단된 연결부의 흔적이 있어 당간이 현재보다는 높게 연결되었음을 알 수 있다. 석당간의 연결은 당간 상하부를 각각 반절로 절단하여 상하부 연접부분(連接部分)에 각각 1개씩 2개의 팔각형 철띠를 두르고, 그 사이에 2개의 둥근 구멍을 관통시켜 그 구멍으로 고정쇠를 끼워 연결하는 방식이다. 이러한 석당간 연결은 담양 읍내리나 나주 동문외 석당간에서도 사용된 방법이다. 석당간은 밑에서 3번째 당간까지는 같은 방향으로 연결하여 세우고, 세 번째와 네 번째 석당간은 교차되도록 연결하였다. 특히 석당간에서 주목되는 것은 간대석에서 296cm 높이인 두 번째 석당간에 3마리의 거북이 형상을 양각하였다는 점이다. 원래는 2쌍으로 짐작되는데, 남쪽의 1쌍은 하향하는 상이고, 북쪽의 것은 상향하는 상이다. 또한 밑에서 두 번째 석당간 연결부 위로는 용이 당간을 감아 오르는 형상을 양각하였다. 이러한 표현은 당간에서 유일한 예로 조선시대 묘역에 세워지는 망주석(望柱石)이나 조선후기 호남지방을 중심으로 성행하는 석조부도의 표면에 새겨지는 동물상들과 상통하고 있다. 이러한 표현 수법은 석당간의 중건 시기를 추정하는데 도움을 주고 있다. 석당간은 두 지주 내면 정상부에 간구(19×27cm, 깊이 22cm)를 시공하고, 첫 번째 석당간 상부에 사각형으로 관통된 구멍을 만들어 간을 끼워 고정하도록 하였다. 특히 두 지주 표면과 당간의 북쪽 면에는 석당간의 보수와 관련된 명문이 음각되어 있다. 이러한 기록은 석당간의 표면에 양각된 동물상들과 함께 보수 시기를 구체적으로 알 수 있게 한다.[41]

두 지주와 석당간의 표면에 기록된 명문은 당간과 당간지주가 최초로 건립된 이후 여러 번 중건이 이루어졌음을 알려준다. 현재 동쪽지주 북쪽 면에는 '寮任 金尙古[42] 崔世俊 崔錫胤[43] 姜載之', 서쪽지주 북쪽 면에는 '木干僧安密蕃奴 水鐵匠 鳴鶴 鄭付吉□', 석당간 남쪽 면에는 '崇禎後四四年辛亥四月日 立石 崔哲□ 崔石□ 坐位'라고 음각되어 있다. 석당간의 북쪽 면에도 명문이 있었으나 의도적으로 파괴한 흔적이 역력하여 현재는 그 내용을 전혀 알 수 없다. 명문은 당간과 당간지주의 중건과 관련된 인물, 장인, 중건 연대와 후원자들과 관련된 내용이다. 이중에서 서쪽지주 북쪽 면에는 석당간이 목간승, 수철장 같은 전문 장인에 의하여

---

41) 전북향토문화연구회 편, 『부안군지』, 1991.
42) 1939년 작성된 『扶安金氏世譜』에 의하면 金尙古는 부안의 대표적 사족인 扶寧(扶安) 金氏 司直公派로서 고려 고종조에 등제하여 벼슬이 中書侍郞平章事에 이른 文貞公 金坵의 19세손이다. 『扶安金氏世譜』에 의하면 그의 부친 金廷老는 1597년생, 그의 아들 金敏淑은 1676년 생으로 나와있어(『扶安金氏世譜』 卷 5, 司直公派, 1939) 석당간이 중건된 1671년 김상고는 대략 40대를 전후한 나이였을 것으로 추정된다(국립전주박물관, 『부안 전북의 역사문물 Ⅲ』, 2001, pp. 188~189).
43) 世나 錫이 당시 이 지역 사족집안의 하나인 耽津 崔氏들의 돌림자였음을 고려할 때, 최세준이나 최석윤도 이 지역에서 일정한 영향력을 행사하던 사족집단의 인물들이었던 것으로 추정된다(국립전주박물관, 『부안 전북의 역사문물 Ⅲ』, 2001, p. 189). 또한 탐진 최씨는 김상고의 처가이기도 하여 이들 집안들의 주도에 의하여 석당간의 중건이 이루어졌던 것으로 보인다

작업이 이루어졌음을 알려준다. 그리고 석당간 남쪽 면에는 석당간과 당간지주가 1671년 중건되었음을 알려준다. 어쨌든 이 기록은 당간과 당간지주의 최초 건립 시 새긴 것이 아니고 후대에 보수 또는 중건하면서 새긴 명문으로 보인다.

이와 같이 부안 서외리 당간과 당간지주는 건립 이후 중건이나 보수를 실시하면서 원래의 모습이 많이 변모된 상태이다. 그런데 기단부와 당간지주에 창건 당시의 흔적들이 남아 있으며, 건립 시기를 대략적으로 추정할 수 있는 단서들이 혼재되어 있다.

이 당간지주의 최초 건립 시기를 알려주는 근거들을 살펴보면, 먼저 동쪽지주의 지주부 치석수법이 주목된다. 현재 두 지주의 치석수법이 다른데 동쪽지주는 원래의 지주로 보이며, 서쪽지주는 마모가 심하여 확실하지는 않지만 중건 시 보강된 지주로 추정된다. 동쪽지주는 지주부 높이에 비하여 너비와 폭이 커서 전체적으로 둔중한 인상을 준다. 그러나 전체 결구 수법이 변형되면서 지주부가 상대적으로 낮아진 결과에서 온 것으로 보인다. 원래는 세련되고 단아한 인상을 주었

부안 서외리사지 석탑 옥개석

부안 서외리 당간지주

부안 서외리 석당간 기단부재

을 것이다. 또한 동쪽지주는 내면을 제외한 나머지면의 외곽에 일정한 너비로 윤곽대를 돌렸으며, 외면 중앙에는 2조의 세로띠를 상단부까지 올려 장식하였다. 이러한 수법은 통일신라시대뿐만 아니라 고려시대에 건립된 숭선사지·만덕사지·담양 읍내리 당간지주 등에서 볼 수 있다. 이와 같이 동쪽지주는 고려시대 치석 수법을 보이고 있지만 서쪽지주는 후대의 수법을 보이고 있다.

한편 사찰의 창건이나 당간지주의 최초 건립과 관련된 결정적인 단서로 지주부 서쪽 편에 파손된 석탑의 옥개석과 동쪽 편 하부에 결구되어 있는 갑석형(甲石形) 석재를 들 수 있다. 옥개석은 이 일대에 있었던 사찰의 석탑 부재로 보이는데, 낙수면과 옥개받침이 고려 전기에 건립된 것임을 알 수 있다. 그리고 갑석형 석재는 최초 당간지주 건립 시 기단부에 활용되었던 유물로 보이는데, 그 양식으로 보아 고려시대에 치석된 것으로 추정된다. 또한 이 일대의 민가에는 사찰에서 활용되었던 많은 석재들이 건물의 기단부나 계단 등에 사용되고 있다.

이러한 사실들로 보아 아직까지 정밀 조사가 실시되지는 못하였지만 이 일대에는 고려 전기에 비교적 큰 규모의 사찰이 창건되었던 것으로 보인다. 당간과 당간지주는 창건 당시 가람의 면모를 갖추면서 건립되었으며, 이후 사찰이 폐사되고 당간과 당간지주가 파괴되

부안 서외리 석당간

자 1671년 당산신앙과 같은 민간신앙과 관련되어 새롭게 보수된 것으로 추정된다. 그리고 일제 강점기 이후 다시 주변에 있는 석재들을 모아 시멘트를 활용하여 보강한 것으로 보인다. 따라서 당간과 당간지주는 최초에는 사찰 가람 상의 조형물로 건립되었는데, 후대에 당산신앙과 습합되면서 사찰 조형물이 아닌 읍성의 표식이나 민간신앙의 대상으로 윤색되었음을 알 수 있다. 따라서 기단과 당간지주, 하부의 석당간 등은 고려전기에 건립되었으며, 석당간의 상부는 조선후기에 새롭게 결구된 것으로 보인다.

(11) 무량사 당간지주(無量寺 幢竿支柱)

무량사는 만수산 자락에 있는 사찰로 마곡사(麻谷寺)의 말사(末寺)이다. 통일신라 말기 통효대사 범일(通曉大師 梵日 : 810~889)이 창건하여 여러 번 중수를 하였다고 하나 자세한 연혁은 알 수 없다. 다만 신라 말기 주요하게 활약한 낭혜화상 무염(朗慧和尙 無染 : 800~888)이 잠시 머물렀고, 고려시대에 들어와 크게 중창되었다고 한다. 현재 남아있는 유적이나 유물들로 보아 고려시대에 대대적인 중창을 하면서 오늘날과 같은 가람의 면모를 갖추었던 것으로 보인다. 조선 세조 때에는 김시습(金時習 : 1435~1493)이 말년을 보내다가 입적하였다.

당간지주는 작은 개울을 건너 경내로 들어가는 입구에 배치되었다. 시내식은 매몰되어 있고 기단은 상부의 일부만 노출되어 있는 상태이다. 기단 면석부에는 전후면 각 3구, 양 측면에 각 2구씩 안상을 조각하였다. 기단은 전후에 2매의 사각형 석재를 결구하여 마련하였는데, 상면에 사각형의 홈을 마련하여 두 지주를 끼우고 1단의 지주괴임을 두었다. 간대석은 기단 상면에 1단괴임을 추가하여 받침석으로 삼고, 그 위에 사각형 대석(46×54cm, 높이 17.5cm)을 마련하였다. 간대석은 전후면을 3단으로 구획하여 연화문을 장식한 것으로 보이는데, 마모가 심하여 알아보기 힘들다. 상면에는 당간을 받치기 위한 원좌(지름 38.5cm)와 원공(지름 22.5cm)을 정연하게 마련하였다.

두 지주는 동서로 마주 서있는데, 동일한 치석 수법을 보이고 있다. 지주 내면

무량사 오층석탑　　　　무량사 석등　　　　무량사 당간지주(일제강점기)

에는 아무런 장식이 없으나 전후면 과 외면은 외곽에 일정한 너비로 윤곽대(輪廓帶)를 돌렸다. 그리고 외면은 가운데에 2조의 세로띠를 추가 장식하였다. 정상부는 내면에서 외면으로 나가면서 평평하다가 호선을 형성하도록 하였으며, 그 중간에 1단의 굴곡을 두었다. 지주 내면 꼭대기에는 간구(12×15.5cm, 깊이 14cm)를 시공하였으며, 중간에는 사각형의 간공(10×15cm, 깊이 10.5cm)을 시공하여 간을 끼우도록 하였다.[44]

이와 같이 무량사 당간지주는 기단과 지주부가 정연한 결구와 치석

무량사 당간지주

---

44) 1942년 1월 발간된 『朝鮮と建築』 21卷 12號에 朝鮮古建築圖抄-幢竿及幢竿支柱(一)에 의하면 두 지주 사이에 幢竿이 서있고 상단부에 杆이 연결되어 있었음을 알 수 있다. 당간과 당간지주에 대한 자세한 설명이 없어 정확한 것은 알 수 없지만 사진 상으로 보아 당간은 木幢竿이었던 것으로 보인다.

수법을 보이면서 세부적으로는 간략화 내지는 형식화된 경향을 보이고 있다. 특히 정연한 기단을 구성하고, 지주부에 윤곽대를 돌리고 간구와 간공을 마련한 점 등은 통일신라시대의 수법으로 미륵사지 당간지주와 강한 친연성을 보이는 측면이기도 하다.[45] 그런데 무량사 당간지주의 전체적인 양식은 고려시대 당간지주들과 닮아 있다. 그리고 당간지주는 무량사가 본격적으로 가람의 규모를 갖추면서 건립된 경내의 석탑이나 석등과 같은 시기에 건립되었을 것으로 보인다. 따라서 무량사 당간지주는 고려 전기에 통일신라시대의 당간지주를 모방하여 건립된 것으로 추정된다.

(12) 아산 읍내리 당간지주(牙山 邑內里 幢竿支柱)

현재 당간지주는 도로와 연접하여 위치하고 있다. 그런데 당간지주가 서있는 북쪽 편으로 경작지와 민가가 들어서 있는데, 이 일대에 건물지와 광범위한 지역에서 토기와 기와 조각들이 산재되어 있다. 특히 석탑의 상대갑석과 옥개석 그리고 일부 석조물들이 민가에 남아있다.[46] 이러한 것으로 보아 당간지주는 사찰의

아산 읍내리 사지 전경

아산 읍내리 사지 석탑재

---

45) 무량사 당간지주를 치식한 장인이 미륵사지 당간지주를 그대로 보고 모방하였다고 할 만큼 기단, 간대석, 지주부 등에서 친연성을 보이고 있다.
46) 이 석탑은 원래 민가 바로 옆에 있는 경작지 한 가운데에 다른 석조물들과 함께 있었다고 한다.

남쪽 편 진입 공간에 배치되었으며, 북쪽 편으로 대규모의 가람이 있었음을 알 수 있다. 아직까지 당간지주의 소속 사찰이나 연혁에 대해서는 구체적으로 알려진 것이 없다. 다만 사찰이 주요 교통로 상에 있으며, 입지 조건과 주변 지형 등으로 보아 당간지주 소속 사찰은 고려시대에 원(院)의 기능도 수행했던 것으로 추정된다.

당간지주는 도로 보다 낮은 지점에 세워져 있다. 따라서 오랜 시간이 흐르면서 예전보다 지면이 높아졌음을 알 수 있다. 현재 기단부는 시멘트로 되어있어 원래의 모습에서 변형되었으며, 두 지주 사이에 간대석으로 보이는 석재가 끼워져 있다. 간대석은 평면 사각형 대석으로 상면에 원형의 당간 받침대를 마련하였다. 두 지주는 동일한 수법으로 치석되었는데 동쪽지주 간구 부분이 파손되었다. 각 면은 고르게 다듬어 정교한 치석 수법을 보이고 있다. 지주는 외곽 모서리(너비 7cm)를 깎았으며, 정상부는 내면에서 외면으로 나가면서 유려한 호선을 그리도록 하였다. 당간을 고정시키는 간은 지주 내면 꼭대기에 'ㄴ'형의 간구(10×27cm, 깊이 17cm)를 마련하여 끼우도록 하였을 뿐 간공은 시공하지 않았다.

이와 같이 당간지주는 소박하면

아산 읍내리 사지 출토 '天' 자명 기와

아산 읍내리 당간지주

서도 단아한 치석 수법을 보이고 있다. 또한 각 면을 정교하게 다듬었으며, 마치 평면 사각 석주가 길게 세워져있는 듯한 인상을 주고 있다. 이러한 치석 수법은 고려 전기에 건립된 당간지주에서 많이 볼 수 있다. 또한 당간지주와 동일한 시기에 건립되었을 것으로 보이는 석탑재가 있는데, 상대갑석과 옥개석은 고려시대 석탑의 특징을 보이고 있다. 이러한 것으로 보아 아산 읍내리 당간지주는 고려 전기에 사찰 가람이 구성되면서 세워진 것으로 추정된다.

(13) 영통사 당간지주(靈通寺 幢竿支柱)

영통사는 대각국사 의천(大覺國師 義天 : 1055~1101)이 출가한 곳이기도 하며 그의 장례가 행해진 사찰이었다. 이 사찰은 현종대인 1027년에 창건된 것으로 알려져 있다. 영통사는 고려시대 많은 왕들이 행차하기도 하였으며, 주요 법회가 개최된 곳으로 왕실이나 중앙정부와 밀착된 사찰이었다. 현재도 영통사에는 대각국사비, 대각국사부도, 부도전지(浮屠殿址),[47] 3기의 삼층석탑 등 다수의 유적과 유물들이 남아 있다.[48]

영통사 석탑들

영통사 복원 전경(한기선 기자 제공)

영통사 대각국사 부도 옥개석(한기선 기자 제공)

당간지주는 사찰의 입구인 진입 공간에 세워져 있다. 기단 하부가 매몰되어 정확한 것은 알 수 없지만 정연한 기단부가 마련되었던 것으로 보인다. 기단은 면석부에 판석형(板石形) 석재를 결구하고, 상부에는 2매의 판석형 석재를 결구하여 마련하였다. 면석부는 특별한 장식없이 석재를 결구하였으며, 상부를 갑석형으로 놓았다. 이와 같이 기단부는 석탑의 하층기단과 유사한 결구 수법을 보이고 있다. 기단 상면에는 사각형의 홈을 마련하여 두 지주와 간대석을 끼웠다. 간대석은 기단 상면과 같은 높이로 두 지주 사이에 끼웠으며, 원좌와 원공을 시공하였다.[49]

지주부는 동일한 치석 수법을 보이고 있는데, 각 면에 별다른 장식은 하지 않았다. 지주 정상부는 내면에서 외면으로 나가면서 호선을 형성하도록 하였다. 그리고 지주에는 간공과 간구를 시공하였다. 간공은 사각형으

영통사 당간지주(『조선고적도보』 6)

영통사 당간지주

---

47) 리창언, 「대각국사 의천의 부도에 대하여」, 『조선고고연구』 2002년 2호, 2002.
   齋藤忠, 「開城市靈通寺蹟の大覺國師の現狀について」, 『朝鮮學報』 176 · 177輯, 朝鮮學會, 2000.
48) 남측 天台宗의 후원으로 靈通寺가 복원되었다.
49) 강우방, 「당간지주」, 『北韓文化財解說集 I』, 국립문화재연구소, 1997.
   齋藤忠, 『幢竿支柱の硏究』, 第一書房, 2003, p. 202.

로 지주 상하부에 시공하였는데 관통되었다. 간구는 지주 내면 꼭대기에 사각형으로 시공하였다.

이와 같이 두 지주는 각 면을 고르게 다듬었으며, 지주의 너비와 폭이 전체 높이에 비하여 상대적으로 작아 세장한 인상을 주고 있다. 기단부도 정연한 결구 수법으로 석탑의 하층기단을 비롯하여 고려전기에 건립된 당간지주들과 친연성을 보인다. 특히 영통사 당간지주는 간공과 간구를 시공하여 통일신라시대 당간지주의 영향을 많이 보이고 있다. 일반적으로 고려시대 당간지주는 간구만 마련하고 간공은 시공하지 않는 특징을 보인다. 또한 지주부의 치석 수법과 전체적인 인상이 보원사 당간지주와 강한 친연성을 보이고 있어 주목된다. 당시 영통사가 왕이나 왕실과 밀착되어 있었으며, 국가 규모의 기우제와 법회가 개최되었던 점 등으로 보아 당간지주는 중앙정부에서 파견된 국공(國工)에 의하여 치석되었을 가능성이 높다. 또한 당간지주는 영통사가 가람의 면모를 갖추어나간 시기에 건립되었을 것으로 보인다. 따라서 영통사 당간지주는 영통사의 연혁으로 보아 11세기 전반경 영통사가 창건되면서 건립되었던 것으로 추정된다.

(14) 자비사 당간지주(慈悲寺 幢竿支柱)

자비사는 평양에 소재한 사찰로 구체적인 연혁은 알려진 것이 없다. 다만 고려시대에 창건된 것으로만 전하고 있다.

당간지주의 기단이나 간대석은 확인할 수 없지만 주변에 있는 석재들로 보아 여러 매의 석재를 결구하여 기단을 마련하였던 것으로 보인다. 그런데 지주 하단부 치석 수법으로 보아 정연한 기단이 조성되지는 않았던 것으로 추정된다. 지주부는 평면 사각 석주형(石柱形)으로 상부로 올라가면서 조금씩 좁아지는 모습이다. 각 면을 고르게 다듬어 깔끔한 인상을 주고 있다. 외면 외곽 모서리는 모를 깎았으며, 정상부는 평평하다가 외면과 만나는 지점에서 약하게 호형을 형성하고 있다. 간공은 시공하지 않았으며, 내면 꼭대기에 사각형의 간구를 시공하여 간을 끼우도록 하였다. 간구는 지주 규모에 비하여 작은 편이다.

지주부는 각 면을 정연하게 다듬고, 모서리를 깔끔하게 처리하여 전체적으로 세련된 인상을 주고 있다. 그런데 지주부 각 면에 정자국이 그대로 남아있고 전체적인 외관에서 간략화의 경향이 보이고 있다. 또한 지주 전후면과 외면에 별다른 장식 수법은 보이지 않고 있다. 이와 같이 지주부가 정연하고 세련되지만 둔중한 인상을 주는 치석 수법은 고려시대의 특징을 보이고 있다. 한편 자비사가 고려시대 수도였던 개경에서 비교적 가까운 지점에 위치하고 있는 점 등으로 보아 당간지주는 고려 전기에 건립된 것으로 추정된다.

자비사 당간지주

(15) 춘천 근화동 당간지주(春川 槿花洞 幢竿支柱)

당간지주는 춘천시를 흐르고 있는 소양강변에서 가깝게 위치하고 있다. 현재 당간지주는 높은 축대위에 세워져 있으며, 일대에 민가가 들어서 있다. 당간지주 주변으로 나있는 도로와 제방 공사 중에 많은 기와편이 출토되기도 하였으며,[50] 석등 하대석이 발견되어 당간지주 옆에 있는 것으로 보아 사찰이 있었던 것은 분명하지만 사명(寺名)이나 구체적인 연혁은 알 수 없다.

두 지주는 전체적으로 단아한 수법을 보이고 있지만 각 면에 정자국이 많이 남

---

50) 文化財管理局, 「春川 槿花洞 幢竿支柱」, 『文化遺蹟 補修淨化誌 -石造文化財篇-』, 1981, p. 194.

아 있어 깔끔한 치석 수법은 아니다. 기단은 지주 하단부의 치석 수법으로 보아 정연하게 마련되지는 않았던 것으로 보이며, 두 지주 사이에 독특한 형식의 간대석이 마련되었다. 간대석의 하부는 평면 사각형이며, 전후면에 각각 2구씩의 안상을 낮게 음조(陰彫)하고 그 안에 3엽의 연화문을 장식하였다. 그리고 간대석의 2단은 평면 팔각형으로 면석부에 수직형 앙련문(仰蓮紋)을 새겼다. 연화문은 단판(單瓣)의 연입형으로 모서리와 각 면 가운데 1엽씩 총 16엽을 배치하였다. 간대석 상면에는 낮은 원좌와 원공(지름 29cm)을 마련하여 당간을 고정하도록 하였다. 간대석의 원좌 규모와 원공 시공 수법으로 보아 하단부 당간의 지름이 65cm 정도 되는 대형의 당간을 세웠던 것으로 추정된다.

지주부는 단순 소박한 형식으로 평면이 사각형인 길다란 석주형이다. 지주는 상부로 가면서 좁아지는 모습이고, 외면의 양 측면 모서리만 모를 깎아 부드럽게 치석하였다. 정상부는 평평하다가 바깥쪽으로 나가면서 부드럽게 호형을 이루도록 하였다. 그런데 서쪽지주는 동쪽지주와 달리 정상부에서 외면으로 이어지는 호형이 더 밑에까지 다듬어져 있으며, 지주부의 너비와 폭도 동쪽지주보다 크다. 이러한 것으로 보아 당간지주가 건립된 이후 어떤 이유로 파손내지 결실되자 어느 쪽 지주를 새롭게 세운 것으로 추정되기도 하지만 정확한 것은 알 수 없다. 간

춘천 근화동 당간지주(일제강점기)

춘천 칠층석탑

춘천 근화동 당간지주 주변 출토 연화문석

구는 지주 내면 꼭대기에 사각형으로 길쭉하게 시공하여 간을 끼우도록 하였다.

아직까지 당간지주의 소속 사찰은 알려진 것이 없지만 사찰이 북한강변에서 가까운 지점에 위치하였던 것으로 보아 원(院)의 기능도 수행했을 것으로 추정된다. 또한 당간지주에서 비교적 가까운 지점에 충원사지(冲圓寺址)가 있다. 이곳에서는 자기편과 적심석 등이 출토되었으며, 현재 고려시대 건립된 칠층석탑이[51] 남아 있다. 그리고 당간지주가 위치한 북한강변을 중심으로 가까운 거리에 계성사(啓星寺),[52] 청평사(淸平寺), 서상리와 월송리 삼층석탑이 소속된 사찰, 홍국사삼층석탑 등 통일신라 말기에서 고려시대에 창건된 것으로 보이는 다수의 사찰이 있었다.

당간지주는 전체적으로 규모가 큰 편으로 군데군데 정자국이 남아있고, 각 면을 고르게 다듬지 않았다. 그리고 지주부의 너비와 폭이 전체 높이에 비하여 상대적으로 커서 둔중한 이미지를 주는 등 전체적인 치석 수법이 홍천 희망리 당간지주와 강한 친연성을 보이고 있다. 한편 춘천 근화동 당간지주를 중심으로 한 지역에 고려시대 건

춘천 근화동 당간지주

춘천 근화동 당간지주 간대석

---

51) 춘천칠층석탑은 기단부가 간결하여 간략화의 경향이 보이고 있으며, 탑신부에서 옥개받침과 옥개석의 치석 수법 등으로 보아 고려 전기에 건립된 석탑임을 알 수 있다. 특히 탑신석과 옥개석을 별석으로 하지 않고 동일석으로 하여 치석한 것은 특징적이다. 그리고 多層으로 구성하면서 木塔을 모방한 듯 細長하게 層數가 올라가고 있다. 날렵한 옥개석은 통일신라시대의 수법을 계승하고 있다.
52) 강원대학교 중앙박물관, 『華川 啓星寺址 地表調査報告書』, 2002.

립된 다수의 사찰이 있었으며, 당간지주의 치석 수법 등으로 보아 고려 전기에 건립되었을 것으로 추정된다. 특히 춘천 근화동 당간지주의 간대석은 보기 드문 형식으로 돋보이는 수법이다.

(16) 홍천 희망리 당간지주(洪川 希望里 幢竿支柱)

당간지주는 홍천읍을 끼고 흐르는 화양강변에 인접하여 있다. 그리고 경작지와 민가 일대에 기와 조각들이 넓게 흩어져 있는 것으로 보아[53] 사찰의 규모가 상당하였음을 알 수 있다. 당간지주 위치가 원위치라면 사찰 경내로 들어가기 위해서는 강변에서 진입했던 것으로 보인다. 고려시대 창건된 많은 사찰들이 강변과 인접한 경우가 많았던 것으로 보아 홍천 희망리 당간지주의 소속 사찰도 원으로서의 기능도 아울러 수행했던 것으로 보인다. 아직까지 절 이름이나 구체적인 연혁은 밝혀진 것이 없으며, 다만 석탑이 인근에 있었는데 현재는 읍사무소로 이건되어 있다.

두 지주는 별다른 장식이 없고 평면 사각 석주형을 세워놓은 듯 소박한 인상이다. 간대석은 결실되었으며, 지주 하단부의 치석 수법으로 보아 정연한 기단은 마련되지 않았던 것으로 보인다. 고려시대에는 일부 당간지주를 제외하고 기단을 마련하지 않는 경향을 보인다. 지주부는 각 면의 치석이 고르지 못하고 정자국이 여기저기 많이 남아있다. 지주는 석주형으로 상부로 올라가면서 좁아지는 형태이고, 정상

홍천 희망리 삼층석탑

---

53) 홍천군지편찬위원회, 『홍천군지』, 1989.

부는 평평하다가 외면과 만나는 지점에서 호선(弧線)을 형성하고 있다. 당간은 지주 내면 꼭대기에 사각형 간구를 시공하여 고정하도록 하였다. 간구는 지주 규모에 비하여 상대적으로 작게 시공하였다.

이와 같이 지주부는 전체적으로 투박하게 다듬었지만 외관은 안정된 인상을 주고 있다. 그런데 지주부 각 면을 고르게 다듬지 않았으며, 지주 외면 외곽 모서리를 깎지 않고 각지게 처리하였다. 또한 지주 규모에 비하여 간구를 작게 마련한 점 등은 고려시대 당간지주의 특징을 보이고 있다. 이러한 치석 수법은 강릉 대창리나 강릉 수문리 당간지주 등과 닮았으며, 특히 법천사지와 춘천 근화동 당간지주와 강한 친연성을 보이고 있다. 그리고 당간지주의 건립 시기와 관련하여 당간지주가 서 있는 일대에서 옮겨진 홍천 희망리 삼층석탑이 주목된다. 당간지주와 삼층석탑은 같은 사찰의 석조미술품으로 확실시되고 있는데, 그 양식으로 보아 거의 비슷한 시기에 건립되었을 것으로 보인다. 삼층석탑은 기단부와 탑신부가 통일신라시대의 석탑들과 비교하여 간략화의 경향이 보이지만 여전히 전형 양식을 계승하고 있다.[54] 따라서 석탑은 고려전기에 건립된 것으로 추정되며, 당간지주도 이와 비슷한 시기에 건립되었을 것으로 보인다.

홍천 희망리 당간지주

---

54) 鄭永鎬, 「高麗時代 石塔의 特性에 관한 硏究」, 『檀國大論文集』 11, 단국대학교, 1977, p. 102.

(17) 괴산 외사리 당간지주(槐山 外沙里 幢竿支柱)

당간지주가 서있는 일대는 경작지로 변하였지만, 답비편·기와편·초석 등의 유물들로 보아 절터였음을 알 수 있다. 한때 일본인들이 이곳에 남아있던 석조부도 1기를 반출하려고 하였던 곳이기도 하다.[55] 이 절터는 탑비의 내용과 절터에서 출토되는 유물들로 보아 고려 초기에 세워진 사찰로 추정되고 있다.[56]

당간지주는 논 가운데 낮은 축대 위에 세워져 있다. 기단은 지주 하단부의 치석 수법으로 보아 정연하게는 마련되지 않았던 것으로 보인다. 간대석(82×58cm)은 사각형 대석으로 상부에 이중의 원좌(지름 28cm)를 마련하였다. 그리고 하단부 당간이 견고하게 고정되도록 높은 원형 돌기대를 돌출시켜 놓았다. 이러한 간대석 마련 수법은 통일신라시대에도 많이 보이는 것으로 당간의 재료가 나무나 돌이 아닌 철일 경우에 주로 사용되었다.

두 지주는 동서로 마주 서있는데, 지주 내면이 일부 파손되었다. 지주부는 평면 사각 석

괴산 외사리 석조부도

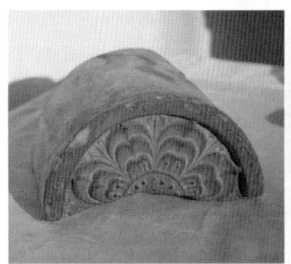
괴산 외사리사지 출토 수막새

괴산 외사리사지 출토 연화문전

괴산 외사리사지 출토 암막새

---

55) 鄭永鎬,『槐山地區古蹟調査報告書』(檀國大博物館 古蹟調査報告書 第1册), 檀國大出版部, 1967, p. 84.
56) 淸州大博物館,『中原文化圈遺蹟精密調査報告書』(淸州市 槐山郡), 古蹟調査報告 第5册, 1983. p. 101.

주형으로 상부로 올라가면서 좁아지고 있으며, 정상부만 내면에서 외면으로 나가면서 직선에 가까운 완만한 호선를 그리고 있다. 그리고 그 중간 부분에 1단 굴곡을 주어 장식적인 치석 수법을 보인다. 지주 정상부에 1단 굴곡을 둔 장식 수법은 통일신라시대 당간지주와 상통하고 있다. 그런데 지주부는 각 면을 고르게 다듬기는 하였지만 전체적으로 간략화의 경향과 세장한 인상을 보이고 있는 점은 고려시대 당간지주의 일반적인 양식이다. 간구는 지주 내면 꼭대기에 'ㄴ'형의 홈을 파서 마련하였으며, 간공은 시공하지 않았다. 이러한

괴산 외사리 당간지주

지주부와 간구만을 시공한 수법은 고려시대의 법천사지·아산 읍내리·봉업사지·춘천 근화동·홍천 희망리 당간지주 등과 친연성을 보인다.

이와 같이 당간지주의 치석 수법과 그에 따른 양식은 고려 전기에 건립된 당간지주들과 일맥상통하고 있다. 특히 이 당간지주는 절터에 남아 있었던 유물들과 비슷한 시기에 건립되었을 것으로 보인다. 이중에서 이곳에서 반출된 괴산 외사리 석조부도가 주목된다. 괴산 외사리 석조부도는 주인공은 밝혀지지 않았지만 ㄱ 양식과 절터에서 발견된 비편 등으로 보아 고려 전기에 건립된 것으로 추정되고 있다.[57] 당간지주는 여러 가지 정황으로 보아 석조부도보다는 먼저 건립되었을 것이다. 왜냐하면 석조부도는 고승이 하산한 사찰에 세워지는 것이 일반적이며, 하산소로 지정된 사찰은 하산을 전후하여 가람을 일신하기 때문이다. 따라서 괴산 외사리 사지도 석조부도의 주인공이 하산하기 전에 대찰로서의 면모를 갖추게 되었을 것이다. 당간지주는 이때 건립되었을 가능성이 높다. 따라서 괴산

---

57) 엄기표, 『신라와 고려시대 석조부도』, 학연문화사, 2003, p. 382.

외사리 당간지주는 고려 전기에 건립된 것으로 추정된다. 또한 사지에서 출토되는 각종 연화문 수막새, 통일신라시대의 암막새 문양과 강한 친연성을 보이는 화려한 암막새가 그러한 사실을 간접적으로 시사해 주고 있다.

(18) 현화사 당간지주(玄化寺 幢竿支柱)

현화사는 영취산 자락에 있으며, 1018년 현종(顯宗)의 명으로 창건되면서[58] 왕이나 왕실과 밀접한 관계에 있었던 사찰이었다. 현종은 현화사에서 법경대사를 왕사로 책봉하였으며, 현화사는 문종의 아들 규(窺)가 출가한 사찰이기도 하였다. 현재 현화사지에는 현화사비·칠층석탑·석조 등이 남아있으며, 석등이 서울에 있는 국립중앙박물관에 옮겨져 있다.

이 당간지주는 북한에 남아있는 것 중에서 가장 규모가 크다.[59] 기단은 판석형 석재를 여러 단으로 쌓아 구축하였다. 그리고 두 지주와 간대석이 결구되는 부위

현화사 당간지주(『조선고적도보』6)

현화사 칠층석탑

현화사 석등

---

58) 『高麗史』 4卷, 世家 4, 顯宗 1.
　'戊申始創大慈恩玄化寺以資考妣冥福'
59) 강우방, 「당간지주」, 『北韓文化財解說集 Ⅰ』, 국립문화재연구소, 1997, p. 247.

현화사 당간지주

현화사 당간지주(齋藤忠)

에는 넓은 사각형 석재를 마련하였다. 기단 상면에 홈을 마련하여 지주를 끼워 세웠으며, 간대석은 사각형 대석으로 기단 상면 위에 돌출시켜 놓았다. 간대석의 상면에는 거의 수평에 가깝도록 연화문을 원형으로 배치하고, 그 안쪽으로 원좌를 마련하였다. 원좌 안에는 사각형의 구멍(깊이 27cm)이 시공되었다. 지주부는 평면 사각 석주형으

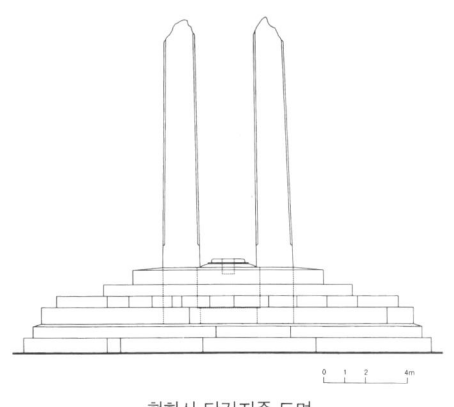
현화사 당간지주 도면

로 상부로 올라가면서 좁아지는 모습이며, 각 면 모서리를 둥글게 깎아 부드러운 인상을 주도록 하였다. 정상부는 평평하다가 약하게 호선을 그리도록 치석하였다. 당간을 고정하는 간은 지주 내면 꼭대기에 사각형 간구만을 시공하여 끼우도

록 하였다. 간대석 상면에 깊은 사각형 구멍을 시공하여 당간의 하단부를 견고하게 고정하였기 때문에 간공은 별 필요가 없었을 것이다. 그리고 고려시대에 접어들면서 당간을 고정할 때 일반적으로 간공은 시공하지 않는다. 이것은 오랫동안 당간과 당간지주를 세우면서 당간을 고정하는 기술이 그만큼 발전되었음을 간접적으로 시사한다.

이와 같이 현화사 당간지주의 지주부 치석 수법은 남한에 있는 홍천 희망리·법천사지·천흥사지 당간지주 등 고려 전기에 건립된 당간지주들과 친연성을 보인다. 특히 현화사는 1018년 현종의 명으로 개창이 착수되어 1020년 1차 당우(堂宇)가 완공되었다.[60] 따라서 당간지주도 1차 당우가 완성된 1020년을 전후한 시기에 건립되었을 것이다.

(19) 고창 흥덕 당간지주(高敞 興德 幢竿支柱)

당간지주는 흥덕면 교운리 마을 흥덕향교 입구에 서있다. 당간지주의 위치와 주변 지형으로 보아 향교와 교운리 마을 일대에 사찰이 있었을 것으로 보이지만 지금은 흔적조차 찾을 수 없다. 다만 당간지주는 고려시대에 이 일대에 있었다고 하는 갈공사(葛空寺)의 것으로 전해지고 있다. 그러나 갈공사와 관련된 기록이나 유적이 없어 구체적인 연혁은 알 수 없는 실정이다.[61]

두 지주는 동서로 마주 서있는데, 기단이 남아있지 않아 원래부터 마련하지 않았는지 유실되었는지는 확인이 불가능한 상태이다. 다만 지주 하단부의 치석 수법으로 보아 최초 건립 시부터 기단을 마련하지 않았던 것으로 보인다. 즉, 두 지주 하단부를 깊게 땅에 묻고 간대석을 마련하여 당간을 세웠던 것으로 추정된다. 이와 같이 고려시대에는 기단부를 마련하지 않고, 두 지주를 땅속에 깊이 묻어 건립한 경우가 많았다.

두 지주는 동일한 치석 수법을 보이고 있는데, 남쪽지주는 7조각으로 파손된 것

---

60) 崔柄憲,「高麗中期 玄化寺의 創建과 法相宗의 隆盛」,『韓㳓劤博士停年紀念史學論叢』, 1981, p. 243.
61) 교운리 마을 사람들에 의하면 예전에 마을 일대에서 기와가 많이 출토되었다고 한다.

을 시멘트로 결구하여 놓은 상태이다.[62] 그리고 지주 내면 상단부에는 정자국이 여기저기 그대로 남아 있고 군데군데 파손 흔적이 많다. 지주 외면 모서리는 모를 깎아 부드럽게 하였다. 그리고 전후면과 외면은 외곽에 이중의 윤곽대(너비 4cm)를 돌려 장식하였다. 윤곽대의 장식 수법이 화려하기는 하지만 선조형(線條形)으로 낮게 돋을새김하여 형식화의 경향이 보인다. 지주 정상부는 내면에서 평평하다가 약하게 호선을 그리며 외면으로 이어지고 있다. 특히 이 지주에서 주목되는 것은 외면에 장식된 3엽의 연꽃잎이다. 연화문은 지면에서 130cm되는 높이와 그 위로 42cm, 48cm 간격을 두고 1엽씩 장식되었다. 연화문은 자방(지름 11cm)이 유난히 크고, 연꽃잎(지름 23cm)도 두툼하고 도드라지게 하여 풍만하면서도 부드러운 백제계 연화문 와당에 가까운 수법으로 조식되었다. 또한 연화문은 통일신라와 고려시대 범종의 당좌(撞座) 문양과도 친연성을 보이고 있다.[63] 당간을 고정시키는 간은 지주 내면 꼭대기에 'ㄴ'형으로 지주의 전체적인 규모에 비해 작게 간구(7×25cm, 깊이 8cm)를 시공하여 끼우도록 하였다. 그리고 간공은 시공하지 않았다.

이와 같이 지주부에 연화문이 조식된 당간지주는 통일신라시대에 건립된 경주 보문동 당간지주와 고려시대에 건립된 미륵리사지 당간지주를 포함하여 총 3기(基)가 확인되고 있다. 이들 당간지주의 연화문은 자방이 크고 연판이 작아 범종의 당좌와 동일한 수법을 보이고 있다. 그런데 고창 흥덕 당간지주의 연화문은 연판이 정교하게 구획되지 않고, 형식적인 장식 수법을 보이고 있어 간략화된 고려시대 연화문 수법이다. 그리고 지주부는 너비와 폭이 전체 높이에 비하여 상대적으로 커서 둔중한 인상을 주고 있다. 또한 지주 내면에 작은 간구만을 시공하였다. 이러한 수법은 일반적으로 고려시대 당간지주에서 많이 나타난다.

한편 당간지주가 서있는 지역에서 가까운 일대에는 많은 가마터가 있었던 것으로 확인되었다. 그래서 이 지역은 서해안과 가까운 곳으로 일찍부터 중국의 청자 제작 기술이 도입되었던 곳으로 짐작되고 있다. 특히 아산면 용계리 가마터의 청자는 유색이 전형적인 고려청자의 비색과는 거리가 있고, 기형(器形)이나

---

[62] 1960년대에는 4조각으로 파괴되어 방치되어 있었다고 한다(文化公報部 文化財管理局, 『文化遺蹟總覽』 下, 1977, p. 122).
[63] 林永周, 『韓國紋樣史 -韓國 美術 樣式의 흐름-』, 미진사, 1983.

고창 흥덕 당간지주

고창 흥덕 당간지주 외면 연화문

제작 기법 등이 초기의 모습을 보이는 것으로 밝혀졌다.[64] 또한 가마터에서 해무리굽이 다량으로 출토되어 청자 제작 기술이 도입된 직후 활용된 가마로 확인되었다. 그리고 반암리 가마터도 용계리와 그 성격이 같은 것으로 조사되었다. 이 외에도 대산면 회룡리와 성남리, 고창읍 덕산리와 내동리, 고수면 초내리, 흥덕면 사천리, 상하면 용정리 등지에서도 청자가 출토되어[65] 가마터가 있었을 가능성을 높여주고 있다. 또한 부안면 수동리에서는 이보다는 늦지만 15세기 후반에서 16세기에 걸쳐서 활용되었을 것으로 보이는 분청사기 가마터가 조사되었다.

  이러한 것으로 보아 고려시대에 당간지주가 서있는 사찰에서 비교적 가까운 거리에 많은 가마터가 집중적으로 분포되어 있었음을 알 수 있다. 이것은 이 지역이 통일신라시대와 고려시대에 서해를 통하여 대외 활동이 활발하였으며, 선진문물이 들어왔던 곳이었음을 짐작케 한다. 이와 같이 이 지역은 사람들의 왕래나 활동이 많았던 곳으로 일찍부터 사찰이 건립되어 있었을 가능성이 높다. 이러한 사찰들은 서해로 나가는 사람들에게 무사 항해를 비는 기원 사찰로서 또는 가

---

(64) 아산면 용계리 가마터 건물지에서 수습된 '太平壬戌銘' 기와는 1022년에 해당되어 용계리 청자 가마의 제작시기를 가늠케 한다.
(65) 국립전주박물관, 『高敞郡의 역사문물』, 1999, p. 47.

마터에 종사하는 사람들의 기복(祈福) 또는 추복(追福) 사찰로서 기능하였을 것이다. 동시에 고려시대 많은 사찰들처럼 원의 기능도 수행하였을 것으로 보인다.

이러한 사실들로 미루어 고창 흥덕 당간지주가 서있는 사찰도 통일신라 말기나 늦어도 고려 전기에는 창건되었을 것으로 보인다. 특히 흥덕 당간지주의 소속 사찰은 지리적인 위치로 보아 청자 가마가 활발하게 운영되던 고려시대에 이 지역의 중심 사찰이었을 가능성이 높다. 따라서 당간지주는 늦어도 고려 전기에는 건립되었으며, 치석 수법과 그 양식으로 보아 11세기 전반경에 건립되었을 것으로 추정된다.

(20) 미륵리사지 당간지주(彌勒里寺址 幢竿支柱)

미륵리사지는 신라의 마지막 임금인 경순왕(敬順王)의 아들 마의태자가 나라가 멸망함에 한을 품고 금강산으로 가던 도중에 창건한 것으로 전하고 있다. 당시 누이인 덕주(德周)공주는 월악산에 덕주사(德周寺)를 창건하여 남향한 암벽에 마애불을 조성하였으며, 태자는 석굴을 창건하여 불상의 방향이 덕주사를 바라보게 하였다고 한다. 현재 사지에는 석굴형식으로 조성된 석불 입상, 오층석탑, 삼층석탑, 석등, 귀부[66] 등 많은 유물들이 남아 있다.

당간지주는 현재 경내로 들어가는 입구에 넘어져 있다. 두 지주 중 1주는 1976년 사지 정비 작업 중 발견되었고, 다른 1주와 간대석은 미륵리사지 1차 발굴 시에 노출되었다.[67] 간대석은 긴 사각형의 큰 돌을 대강 치식하여 상면 중앙에 이중의 원좌와 그 가운데에 사각형 구멍(1변 16cm, 깊이 7cm)을 시공하였다. 이러한 간대석 수법은 통일신라시대에 조성된 상주 복룡동·중초사지·용두사지·홍성 동문동 당간지주 등에서도 볼 수 있다. 이외에도 당간지주의 간대석으로 추정되는 석재가 남아있다. 그러나 사찰의 입지 조건과 석재를 다듬은 수법으로 보아

---

[66] 귀부는 대형으로 현재 형태만 잡은 것으로 보아 치석하다가 중단된 귀부로 보인다.
[67] 淸州大博物館, 『大院寺址 彌勒大院址』, 中原彌勒里寺址 5次發掘調査報告書(遺蹟調査報告 第13冊), 1993.

미륵리사지에 2기의 당간지주가 세워졌던 것은 아닌 것으로 보인다. 또한 간대석으로 추정되는 두개의 석재가 전혀 다른 치석 수법을 보이고 있는 점도 의문점이다. 따라서 치석 수법이 당간지주에 활용된 간대석과 유사하지만 다른 용도에 사용되었던 석재로 보인다. 다만 시간이 흐르면서 당간이나 지주가 파손되자 보수나 중건하는 과정에서 새로운 간대석을 보강하여 끼웠을 가능성은 있다.

당간지주는 석불과 사지의 방향으로 보아 원래는 입구에 동서로 마주 서있었을 것으로 추정된다. 두 지주는 동일한 치석 수법으로 하단부가 절단되어 정확한 높이는 알 수 없지만 지주부의 너비와 폭이 상당한 것으로 보아 원래는 높고 웅

미륵리사지 석불입상

미륵리사지 보증석탑

미륵리사지 석등

미륵리사지 당간지주

미륵리사지 당간지주 연화문

장한 지주였을 것으로 보인다. 외면 외곽 모서리는 각을 부드럽게 깎았으며, 지주 정상부는 내면에서 외면으로 나가면서 부드러운 호선을 그리고 있다. 그리고 지주 정상부 호선을 그리는 부분에만 높게 돋을새김한 세로띠를 양각하였다. 특히 지주 외면에서 주목되는 장식 수법은 연화문을 조식하였다는 점이다. 연화문은 6엽으로 큼직한 선문대(線紋帶)를 돌리고, 연판은 둥글게 조각하였다. 연화문은 지주면에서 5~6cm 높이로 높게 돋을새김하였다. 연판 사이에는 간엽이 있고, 간엽의 끝부분은 살짝 들어올려 반전(反轉)이 되었다. 당간을 고정하는 간은 지주 내면 꼭대기에 간구를 시공하여 고정하였으며, 간공의 시공 여부는 알 수 없는 형편이다.

이와 같이 지주부에 연화문을 조식한 예는 통일신라시대의 경주 보문동 연화문 당간지주와 고려시대의 고창 흥덕 당간지주에서 볼 수 있다. 지주 외면에 연화문을 장식한 당간지주는 처음에 경주 지역에 건립되었다. 당간지주가 경주 지역을 중심으로 발생되어 전국으로 확산되었듯이, 미륵리사지 당간지주의 외면에 연화문을 장식한 수법은 경주 보문동 연화문 당간지주의 영향으로 보인다. 한편 미륵리사지 주변에는 월광사지(月光寺址), 덕주사(德周寺), 사지빈신사지(獅子頻迅寺址) 등 통일신라시대부터 중요한 역할을 했던 사찰들이 있었다.[68] 이러한 것으로 보아 미륵리사지 당간지주는 지주부의 치석 수법, 연화문 기법, 사지에 남아있는 각종 유물 등과 비교하여 보았을 때 고려 전기에 건립된 것으로 보인다. 또한 둔중한 인상을 주는 지주부의 양식도 고려 전기에 건립된 당간지주들과 친연성을 보이고 있다. 특히 이 당간지주는 미륵리사지에 남아있는 오층석탑이나 석등과 비슷한 시기에 건립되었을 것으로 추정된다.

(21) 담양 읍내리 석당간(潭陽 邑內里 石幢竿)

석당간의 소속 사찰은 현재 논으로 변하였으며, 오층석탑이 국도를 사이에 두고 서있다. 따라서 오층석탑은 석당간과 같은 사찰의 유물임을 알 수 있다. 현재

---

[68] 충청전문대학 박물관, 『堤川 月光寺址』, 1998.

담양 읍내리 오층석탑

석탑과 당간지주가 남아있는 읍내리 사지는 평지에 위치하고 있으며, 발굴 조사 시 지방관아와 관련된 것으로 보이는 건물지가 발견되었다. 또한 사지가 주요 교통로 상에 위치하였던 것으로 보아 고려시대에는 사(寺)와 원(院)의 기능을 동시에 수행했던 곳으로 추정된다. 그리고 발굴 조사에 의하여 당간지주 소속 사찰은 적어도 통일신라 말기에 창건되어 18세기경까지 존속하였던 것으로 밝혀졌다.[69]

담양 읍내리 석당간과 당간지주는 기단부가 매몰되어 있어 구체적인 양상을 알기 어렵지만 전체적으로 정연한 결구 수법을 보이고 있다. 지대석은 평면이 사각형으로 원래는 2매의 판석형(板石形) 석재를 결구하였던 것으로 보이나 현재는 5편으로 조각났다. 지대석 상면에 사각형 홈을 마련하여 두 지주와 간대석을 끼워 고정하도록 하였다. 현재 두 지주와 석당간 사이는 시멘트로 채워져 있는데, 원래는 간구와 간공에 간(杆)을 끼워 고정하였을 것이다. 간대석은 두 지주 사이에 사각형 대석으로 마련하였으며, 석당간의 하단부는 간대석 상면에 고정토록 하였다. 석당간은 간대석 상면에 마련된 홈이나 돌기대에 견고하게 끼웠을 것으로 보인다.

두 지주는 남북으로 마주 서있는데, 일부 파손되기는 하였지만 동일한 치석 수법을 보이고 있다. 지주부의 전후면과 외면은 외곽에 윤곽대(너비 10~11cm)를 돌렸으며, 외면 중앙에는 가운데가 굵은 3조의 돌기대를 세로로 장식하였다. 정상

---

[69] 호남문화재연구원, 『潭陽 邑內里遺蹟』, 2002, p. 136.

부는 첨형(尖形)으로 다듬었으며 지주 내면에는 간구를 시공하였는데, 현재는 사용되지 않고 있다. 이러한 것으로 보아 여러 번의 보수가 있었음을 알 수 있다. 그리고 간구와 동일한 높이의 석당간에 사각형의 관통된 구멍이 있는 것으로 보아 최초에는 간구와 관통된 석당간의 구멍에 간을 끼워 당간을 고정하였음을 알 수 있다. 북쪽지주는 중간 부분에 사각형의 관통된 간공을 시공하였다. 따라서 지주와 석당간 사이에 시멘트로 채워져 있지만 서쪽지주도 동쪽지주와 동일한 높이에 간공이 시공되었을 것으로 보인다.

당간은 하부에는 평면이 팔각인 지주형 석주(石柱) 3매를 연결하여 세우고, 그 위로는 6개의 철통을 올렸다. 따라서 석당간과 철당간이 혼용되고 있음을 알 수 있는데, 통일신라나 고려시대 조성된 당간의 재료가 돌·나무·철 등이 각각 사용되는 경우도 있었지만 혼용되는 경우도 있었을 것으로 보인다.[70] 따라서 현재 부안 서외리나 영광 단주리 등 상당한 높이까지 남아있는 석당간의 경우 상단부에 철당간이나 목당간이 연결되었을 가능성도 있는 것으로 판단된다. 담양 읍내리 석당간의 평면은 정팔각형으로 연결 방법은 당간 상하부를 각각 반절로 절단한 다음 상하부 연접 부분에 각각 1개씩 2개의 철띠를 두르고, 그 사이에 2개의 둥근 구멍을 관통시켜 그 구멍으로 고정쇠를 끼워 고정시키는 방식이다. 이러한 방법으로 3개의 석당간을 같은 방향에서 연결하여 세우고, 상단부 석당간 위로는 6단의 철통을 끼워 당간을 세웠다. 석당간의 연결 방법이 부안 서외리나 나주 동문외 석당간과 유사함을 알 수 있다. 특히 당간부에서 주목되는 것은 정상부 시설물이다. 먼저 보륜과 같이 원형으로 된 이중의 철띠를 돌리고, 외곽 철띠에 방울과 같은 장식물을 달았다.[71] 보륜형 철띠 위로는 둥근 보주형이 2중 받침을 두고, 삼지창과 같은 예리한 철침이 솟아 있다.

그리고 당간부에서 석당간은 최초에 활용되었던 부재일 가능성이 높다. 왜냐하면 간대석과 석당간 하단부의 평면이 잘 어울리고 있으며, 동시에 석당간의 너

---

70) 담양 읍내리 석당간은 옆에 세워져 있는 石碑의 碑文에 의하면 나무를 대신하여 다시 세웠다고 한다. 당간 전체가 나무로 된 木幢竿이었는지 일부만 나무로 되었는지는 알 수 없다. 필자의 생각으로는 현재 철당간이 있는 부분이 나무로 되어 있었는데, 목당간이 큰 바람으로 붕괴되자 이를 철당간으로 바꾸어 새롭게 세운 것으로 추정된다.
71) 몇 년 전만 해도 2개의 방울 장식이 달려 있었다.

비가 두 지주의 상대 간격과도 조화를 이루고 있기 때문이다. 또한 두 지주의 간구와 같은 높이에 관통된 구멍이 시공되어 있어 간을 끼웠던 곳임을 알 수 있고, 석당간이 상단부로 올라가면서 좁아지는 등 정연한 치석과 결구 수법을 보이고 있기 때문이다.

이와 같이 담양 읍내리 당간지주는 지주 외곽 장식과 치석 수법에서 고려 전기에 건립된 당간지주들과 상통하고 있다. 특히 당간지주는 읍내리 사지가 사찰로서의 면모를 갖추면서 건립된 것으로 보이는 오층석탑과[72] 동시기에 세워진 것으로 보인다. 그런데 읍내리 사지는 발굴 조사에 의하면 900년대 후반경에 대대적인 중창이나 중건이 있었던 것으로 밝혀졌다.[73] 따라서 담양 읍내리 석당간의 최초 건립도 오층석탑과 함께 이 시기를 전후하여 이루어진 것으로 보인다. 이후 두 지주와 당간부는 여러 번 보수가 있었을 것이다. 그리고 당간지주와 석당간은 최초 건립 시 활용되었던 부재이며, 철당간은 새롭게 추가되거나 예전의 모습을 모방하여 조성된 것으로 추정된다. 특히 당간지주 바로 옆에는 석비가 있는데, 비문에 의하면 당간이 1794년 큰 바람으로 무너지자 1839년(憲宗 5) 3월 중건하였다고 기록

담양 읍내리 석비   담양 읍내리 석당간 정상부

---

72) 石幢竿이 있는 곳에서 서남쪽 100m 지점 논 가운데 서있는 석탑으로, 상륜부는 결실되었으며 현재 전체 높이는 7m 정도이다. 기단부는 간략화의 경향이 보이며 각 층의 탑신석에 우주가 모각되어 있고, 2층 이상의 탑신석 밑에는 別石形 괴임이 있다. 또한 屋蓋石은 두툼한 편이며, 落水面은 유려하게 곡선을 이루고 있다. 그리고 옥개석의 처마선은 수평을 이루고 있고, 옥개받침은 3단이다. 이와 같이 담양 읍내리 오층석탑은 고려시대의 전형적인 석탑 양식을 보이고 있으며(秦弘燮 編, 『塔婆』(國寶 6), 웅진출판사, 1992, p 247), 각부의 치석과 결구 수법 등은 충청도와 호남 지역에서 고려 전기에 성행한 百濟系 石塔을 연상케 한다.

73) 호남문화재연구원, 『潭陽 邑內里遺蹟』, 2002, p. 139.

담양 읍내리 당간지주

담양 읍내리 석당간 지주부 측면

담양 읍내리 석당간부

담양 읍내리 석당간 찰당간부

담양 읍내리 철당간 전경

되어 있다.[74] 그러나 당시 어느 부분을 어떻게 중건하였는지는 구체적으로 알 수 없다. 다만 현재 상태로 보아 당간부가 중건되었던 것으로 추정된다.

한편 읍내리 석당간은 언제부터인가 담양의 풍수지리와 관련되어 이해되고 있다.[75] 그러나 원래는 사찰 가람 상에서 중요한 기능과 상징성을 가졌던 당간이었는데, 사찰이 완전히 폐사된 후 당간이 풍수지리사상과 연결되면서 그 기능이 변하여 풍수적인 대상으로 인식이 바뀌었던 것으로 보인다. 이러한 인식의 변화는 사찰이 폐사된 이유도 있지만 읍내리 사지가 평지에 자리 잡고 있으며, 비교적 가까운 곳에 풍수적 성격이 짙은 나주 동문외 석당간의 영향도 있었을 것으로 추정된다.

(22) 법주사 철당간(法住寺 鐵幢竿)

법주사는 553년(진흥왕 14) 의신조사(義信祖師)가 창건하였고, 776년(혜공왕 12)에 진표(眞表)가 중창한 것으로 알려져 있다. 의신조사가 인도에 가서 흰 나귀에 불경을 싣고 와서 머물렀기 때문에 법주사(法住寺)라고 부르게 되었다고 한다.

당간지주는 사천왕문을 지나 경내 원편 입구에 웅장하게 우뚝 서있다. 현재 기단부는 지면보다 약 50cm 낮은 곳에 지대석을 깔고, 긴 사각형 4매의 돌을 결구하여 구성하였다. 기단부는 면석부에 안상과 같은 특별한 장식 없이 소박하게 마련하였다. 두 지주와 간대석은 기단 상면에 긴 사각형 홈을 마련하여 끼우도록 하였다. 그리고 간대석은 기단 상면과 같은 높이에 사각형 대석을 두 지주 사이에 끼워 마련하였다. 간대석 상면에는 원좌(지름 79cm)를 마련하여 철당간을 받

---

74) 石碑의 명문은 다음과 같다.
  '石樟之立年不可攷蓋自設邑幾 年至甲寅爲大風折以木代立昨春 又頹今則如初重建歲己亥三月也 崇禎紀元後四己亥三月日知府洪者發記……'
  이 외에 석비의 후면에는 有司, 戶長, 邑吏 등 당간의 重建을 후원한 인물들의 이름이 기록되었다.
75) 潭陽은 풍수설에 의하면 行舟形이기 때문에 돛을 세워서 담양의 발전을 기원하였다고 한다. 그리고 배는 사공이 있어야 갈 수 있기 때문에 담양읍 천변리에 두 石人像을 세웠다고 전해지고 있다(담양문화원, 『담양의 맥』, 1987/金喜庚, 「高麗石造建築의 硏究 -幢竿支柱・石燈・石碑-」, 『考古美術』 175・176합집, 韓國美術史學會, 1987).

법주사 당간지주(『조선고적도보』 4)   법주사 당간지주(일제강점기)[76]   법주사 당간지주

치도록 하였다.[77] 하단부 철당간을 견고하게 고정하기 위하여 원공을 시공하였을 것으로 보인다.

　두 지주는 평면 사각 석주형(石柱形)으로 상부로 올라가면서 좁아지도록 치석하였다. 현재 동쪽지주 상단부 남쪽 부분은 파손되어 시멘트로 땜질하여 놓았다. 그리고 지주 외면 중앙부에는 반원형으로 높게 돌기된 세로띠(너비 7cm)를 장식하였다. 지주 외곽 모서리는 부드럽게 하기 위하여 좁게 깎았다. 시수부는 신체적으로 각 면 모서리를 각지게 치석하여 강직한 인상을 주고 있다.

　당간은 현재 30단의 철통을 연결하여 세웠는데, 전체 높이가 22m에 이른다. 당간은 철통 이음 부분에 철띠를 돌려 연결하였으며, 밑에서 6번째 철통 중간부에 원형 철띠를 돌리고 간(杆)이 철통을 감아 돌아 간구(杆溝)로 연결되도록 하였다. 이러한 연결 수법은 갑사 철당간과 동일하다. 당간의 정상부는 당을 걸기 위

---

76) 文化財管理局 文化財硏究所, 『小川敬吉調査文化財資料』, 1994.
77) 이러한 간대석은 公州 班竹洞·彌勒寺址·金山寺·公州 上莘里·海印寺·普願寺址·天興寺址 幢竿支柱 등에서 볼 수 있는 가장 일반적인 치석 수법이다. 또한 당간이 남아있는 甲寺·七長寺·扶安 西外里 幢竿支柱의 간대석도 정확하게 확인이 불가능하지만 현재의 상태로 보아 동일한 형식으로 볼 수 있다.

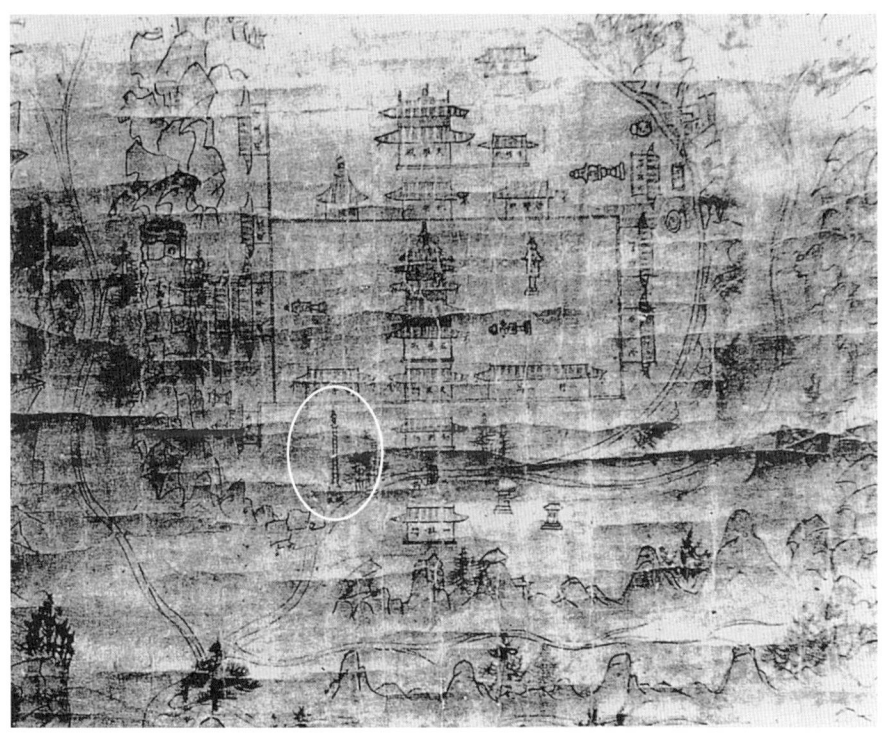

법주사 배치 고도

한 특별한 장식이나 장치는 없으며, 복원 시 철당간을 새롭게 세운다는 것에 의의를 둔 것으로 보인다. 그러나 최초 건립 시에는 당을 걸기 위한 특별한 시설이 있었을 것이다. 현재 당간의 첫 번째 철통(지름 55cm, 높이 74cm)의 남쪽 면과 북쪽 면에 복원하면서 새긴 양각의 명문[78]이 있다.

이와 같이 법주사 당간지주는 고려시대 건립된 당간지주들처럼 소박한 치석 수법을 보인다. 그런데 지주 외면 중앙에 높은 세로띠를 장식한 점은 천흥사지·홍성 동문동 당간지주 등 법주사에서 비교적 가까운 지역에 건립된 당간지주들과 친연성을 보이고 있다. 이들은 고려 전기에 건립된 당간지주로 지주부의 양식이 단순하면서 웅장한 인상을 준다.

---

78) 陽刻된 銘文에 의하면 재건 당시 忠淸道 知事, 副知事, 內務局長, 監督, 施工者, 製作者 그리고 '一九七二年 十二月' 이라고 새겨져 있다. '法住寺 住持 朴吞星'도 양각되어 있다.

법주사 철당간 전경

한편 법주사 철당간과 당간지주는 1006년(목종 9)에 건립되었음이 기록으로 남아있다.[79] 법주사 철당간은 최초 건립 시 962년 건립된 용두사지 철당간처럼 철당에 명문을 새겼다. 또한 법주사 철당간은 처음 건립할 때 구리와 철로 주조되었으며, 그 높이가 50척이었다고 한다.⁸⁰⁾ 당시 용두사와 법주사가 청주를 중심한 지역에서는 대찰이었던 것으로 보아 법주사 철당간은 이미 건립되어 있었던 용두사지 철당간을 참고하여 건립하였을 것으로 추정된다. 따라서 두 철당간은 당간의 연결 방법이나 꼭대기의 구조물이 동일하였을 가능성이 높다. 이후 법주사 철당간은 1866년(고종 3) 대원군의 명으로 용화전(龍華殿)에 봉안된 미륵불상과 함께 무너뜨려 당백전(當百錢)을 만드는데 사용되었다고 한다. 그 후 1907년 철당간을 재건하였으며,⁸¹⁾ 이후에도 여러 차례 손상을 입어 1927년과 1954년에 복원하였다.⁸²⁾ 현재의 상태는 1970년 피해를 입어 1972년 12월 대대적인 보수를 하면서 복원하여 세워놓은 것이다.⁸³⁾

(23) 천흥사지 당간지주(天興寺址 幢竿支柱)

천흥사는 성거산(聖居山) 자락에 있었던 사찰로 고려 초기인 921년에 창건된 것으로 전하고 있다. 현재 사찰이 있었던 자리는 과수원과 민가가 자리 잡고 있다. 과수원 일대의 넓은 범위에 걸쳐 많은 기와 조각들이 흩어져 있다. 그리고 당간지주는 오층석탑이 있는 곳에서 500m 정도 떨어진 작은 개울을 건너있는 천흥마을 한 가운데 위치하고 있다.⁸⁴⁾ 즉, 천흥사 경내로 들어가기 위해서는 진입 공

---

79) 「法住寺鐵幢竿銘」(李俁, 『大東金石書』(亞細亞文化社, 1979, p. 147)).
    『新增東國輿地勝覽』 卷16, 報恩縣, 佛宇.
80) 『輿地圖書』上, 淸州牧 古蹟條(國史編纂委員會 編, 韓國史料叢書 20, 1973, p. 357).
    '…門前有鑄銅幢樣甚高一面刻云…'
81) 關野貞, 『朝鮮の建築と藝術』, 岩波書店刊行, 1941, pp. 627~628.
    1916년에 발간된 『朝鮮古蹟圖譜』 4권(도판번호 1609)에도 당시의 鐵幢竿이 남아 있었음을 알 수 있는 도판이 실려 있다. 현재 鐵幢竿은 이후 重建된 것임을 알 수 있다.
82) 한편 朝鮮古蹟刊行會에서 1962년 발간한 『韓國古蹟圖報』에 전제된 법주사 전경 사진에는 당간이 보이지 않는다. 어느 해에 촬영된 것인지는 정확히 알 수 없다(朝鮮古蹟刊行會, 『韓國古蹟圖報』-建築歷史-, 보국문화사, 1962).
83) 충청북도, 『寺誌』, 1982, p. 228.
84) 마을 사람들은 당간지주에 징을 달아 쳤다고 해서 '징대'라 부르기도 한다(檀國大 歷史學科, 『天興寺址』-學術調査 報告書-, 1996, pp. 29~32/白種伍 외, 「天安 天興寺址 地表調査報告」, 『博物館學』 제4

천흥사지 오층석탑

간에 배치된 당간지주를 지나서, 다시 개울을 건너도록 조영되었음을 알 수 있다. 따라서 광범위한 지역에 걸쳐 가람이 구성된 대찰(大刹)이었음을 알 수 있다.

당간지주는 경사진 곳에 동서로 마주 서 있으며, 당간을 제외하고 기단부와 지주부가 정연하게 잘 남아있다. 지대석은 4매의 판석형(板石形) 석재를 깔아 마련하였으며, 기단은 파손되어 보강된 부분도 있기는 하지만 원형을 잘 유지하고 있다.[85] 기단은 아래에 받침부와 호각형(弧角形) 2단괴임을 두고 안상을 음조(陰彫)하였다. 안상은 전후면 4구·양 측면 2구씩 조식하였는데, 가운데는 큰 화문(花紋)을 양각하여 화려하다. 이와 같이 안상은 안쪽에 화문을 장식하여 전형적인 고려시대 안상 수법을 보인다. 상부에는 갑석형 받침이 있고, 상면은 수평으로 고르게 치석하였다. 그런데 모서리 합각부에는 일정한 너비로 낮은 돋을대를 대각선으로 새겼다. 이러한 치석은 석탑 기단부에서도 가끔씩 보이는 수법이다. 기단부 상면은 직사각형으로 홈을 파서 그 주변에 낮고 높은 호형(弧形) 받침을 두고, 그 안쪽에 두 지주와 간대석을 끼우도록 하였다. 간대석은 기단 상면과 같은 높이로 사각형 대석(臺石)을 두 지주 사이에 끼워 마련하였는데, 상면에 원좌(지름 44.5cm)와 원공(지름 8cm, 깊이 9cm)을 시공하였다.

두 지주는 평면 사각 석주형으로 상부로 올라가면서 좁아지는 형태로 치석되었

호, 숭청선문대학 박물관, 1995). 이러한 것으로 보아 어느 시기에 사찰이 폐사되면서 당간과 당간지주의 기능은 완전히 사라지고, 신호나 특별한 목적을 위하여 징을 달아 두었던 것으로 추정된다.

[85] 1917년경에는 기단부가 제대로 결구되지 않은 상태였다(朝鮮總督府, 『大正六年度 古蹟調査報告』, 1920, p. 612).

천흥사지 동종　　　　천흥사지 당간지주(1917년)[86]

다. 외면은 외곽 모서리를 일정한 너비로 깎았으며, 중앙에는 반원형으로 높은 돋을대를 세로로 두고 다시 좌우에 낮고 좁은 띠를 덧붙여 장식하였다. 그리고 지주 상부는 외면만 좁은 범위에 걸쳐 1단 낮게 단을 두었다. 정상부는 유려한 호선을 형성하도록 치석하여 전체적으로 웅장하면서도 부드러운 인상을 주고 있다. 당간을 고정하는 간은 지주 내면 꼭대기에 간구만을 시공하여 끼우도록 하였다. 간구는 지주 규모에 비하여 작은 편이다. 그리고 지주 외면에는 정상부에서 52cm 정도 아래로 단을 두었는데, 이것은 장식을 위한 치석 보다는 당간을 견고하게 고정하기 위한 간을 지주 외곽으로 걸치기 위한 수법의 일환으로 보인다.

　천흥사지 당간지주는 『대동여지도』, 『충청도읍지』, 『직산현지』에 '銅橦', '天興銅橦今無'라고 기록되어 있다. 이러한 기록으로 보아 철이나 동으로 된 당간이 세워져 있었던 것으로 추정된다.

　천흥사지 당간지주는 전체적으로 규모가 대형이고, 기단부와 지주부의 치석과 장식 수법이 우수하다. 이것은 건립 당시 천흥사의 후원 세력과 사찰의 위상이 상당하였음을 간접적으로 보여주는 유물이라 할 수 있다. 또한 기단부에서 지주부까

---

86) 廉永夏, 『韓國의 鐘』, 서울대학교 출판부, 1992, pp. 159~162.

천흥사지 당간지주 기단부

천흥사지 당간지주

지 정연한 결구 수법을 잘 유지하고 있어 고려시대 당간지주의 전형적인 양식을 파악하는데도 귀중한 자료이다. 이와 같이 고려시대 건립된 당간지주 중에 기단부와 지주부가 정연한 결구 수법을 보이는 경우는 흔하지 않다.

현재 천흥사에 대한 구체적인 연혁은 알려진 것이 거의 없다. 다만 사지에 남아있는 오층석탑과 천흥사지에서 출토된 동종(銅鐘)이[87] 연혁과 관련된 구체적인 자료라 할 수 있다. 먼저 오층석탑은 기단부 결구 수법, 탑신석의 각층 비율, 우주의 모각(模刻) 수법, 옥개석이 평박하고 날렵하며, 옥개받침과 처마부에서 보이는 간략화의 경향, 옥개석 낙수면의 곡선적인 처리 수법 등이 전형적인 고려 전기 석탑의 특징을 보이고 있다. 그리고 천흥사 동종은 명문에[88] 의하여 1010년에 주조(鑄造)되었음을 알 수 있다. 이러한 것으로 보아 천흥사는 고려 초기에 가람의 면모를 갖춘 것으로 보이며, 당간지주도 이들과 비슷한 시기에 건립된 것으로 추정된다.[89]

---

87) 朝鮮總督府, 『大正六年度 古蹟調査報告』, 1920, p. 612.
88) 「稷山 天興寺鐘」(許興植 編著, 『韓國金石全文』 中世 上, 아세아문화사, 1984, p. 434).
   '聖居山天興寺鍾銘 統和二十八年庚戌二月日'
89) 金喜庚, 「高麗石造建築의 硏究 -幢竿支柱·石燈·石碑-」, 『考古美術』 175·176합집, 韓國美術史學會, 1987, p. 56.

(24) 홍성 동문동 당간지주(洪城 東門洞 幢竿支柱)

당간지주는 홍성읍을 관통하여 흐르는 홍주천변에 세워져 있다. 이곳은 고려시대 창건된 광경사지(廣景寺址)로 전해지고 있다.[90] 당간지주의 소속 사찰이 있었던 일대가 현재는 완전히 민가로 변하였지만 입지 조건으로 보아 원의 기능도 수행하였을 것으로 보인다. 그리고 이 일대에서 석탑과 석불이 발견되어 현재 다른 곳으로 옮겨져 있다.[91]

당간지주는 동서로 마주 서있다. 두 지주 하부는 판석형 석재와 크고 작은 자연석들을 깔아 기초를 다진 후, 주위를 흙으로 덮어 마감한 것으로 1988년 수리시 밝혀졌다.[92] 현재 두 지주 하단부의 치석 수법이 조잡한 것으로 보아 이 부분까지 묻혔던 것으로 보이며, 정연한 기단은 마련하지 않았던 것으로 보인다. 간대석은 두 지주 사이에 남북으로 긴 돌을 놓고, 그 아래에는 3매의 받침석을 마련하였다. 이러한 형태의 간대석은 상주 복룡동·중초사지·용두사지 등 통일신라말기에서 고려시대까지 활용되었다. 간대석 상면 중앙에는 원좌와 원공(지름

홍성 광경사지 삼층석탑

홍성 광경사지 석불 좌상

---

90) 충청남도 편, 『文化財大觀』 -忠南-, 1985.
91) 현재 당간지주가 서있는 일대에서 옮겨진 유물은 홍성여자중학교 정원에 있는 석탑과 홍북면 내북리에 위치한 龍珠寺 石佛 坐像이 있다(李殷昌, 「洪城五官里寺址의 幢竿支柱와 石佛坐像」, 『考古美術』 통권54호, 고고미술동인회, 1965, p. 25). 석탑은 기단부의 결구와 치석 수법, 옥개석의 치석 수법 등으로 보아 건립 시기는 고려 전기에서도 하강할 것으로 보인다. 그리고 석불 좌상은 고려 중후기에 조성된 것으로 추정된다.
92) 文化財管理局, 『金谷寺 三層石塔·洪城 東門洞 幢竿支柱 修理 報告書』, 1989.

홍성 동문동 당간지주   홍성 동문동 당간지주 외면

30cm, 깊이 6cm)을 시공하였다.

  두 지주는 동일한 치석 수법을 보이고 있으며, 비교적 규모가 크다. 지주는 평면 사각 석주형으로 상부로 올라가면서 좁아지는 형태이다. 지주 내면에는 별다른 장식이 없으나 전후면 외곽에는 낮게 양각된 윤곽대(너비 16cm)를 돌렸다. 다른 당간지주에 비하여 윤곽대의 너비가 상당히 넓은 편이다. 그리고 외면 중앙에는 반원형으로 굵은 2조의 세로띠를 추가적으로 장식하였다. 이와 같이 외면 중앙에 굵은 세로띠를 장식하는 것은 천흥사지 당간지주와 같이 고려 전기에 성행한 장식 수법이었다. 지주 정상부는 평평하다가 외면과 만나는 부분에서 약하게 호선을 형성하고 있다. 그리고 당간을 고정하는 간은 내면 꼭대기에 비교적 작은 간구(깊이 18cm)를 시공하여 끼우도록 하였다.

  이와 같이 지주부는 규모가 커서 웅장하면서도 각 면을 비교적 고르게 다듬어 상부로 올라가면서 좁아지게 하여 둔중하기 보다는 세련된 인상을 주고 있다. 그리고 지주 전후면 외곽에 윤곽대를 장식한 것은 통일신라시대에서 고려 초기까지 건립된 당간지주의 치석 수법을 계승하고 있다. 또한 외면 중앙에 세로로 굵은 돋을대를 추가 장식한 것은 용두사지·천흥사지·담양 읍내리·보원사지 당간지주 등과 같이 고려 전기에 건립된 당간지주들과 친연성을 보이고 있다. 간을 끼우는 홈도 지주 규모에 비하여 작은 간구만을 시공하였다. 이러한 것으로 보아 홍성 동문동 당간지주는 고려 전기에 건립된 것으로 추정된다. 그리고 당간지주와 소속 사찰이 동일한 것으로 추정되는 석탑과 석불은 그 양식으로 보아 당간지주보다 후대에 조성된 것으로 보인다.

(25) 장성 사가리 당간지주(長城 四街里 幢竿支柱)

이 당간지주는 호남선 백양사역에서 신흥리역 방향으로 철로를 따라 300m 정도 가면 오른편에 세워져 있다. 당간지주는 철로 바로 아래쪽 농로 변에 위치하고 있으며, 바로 옆으로는 호남고속도로가 지나가고 있다. 현재 사지의 흔적은 당간지주 외에 찾을 수 없는 형편이다. 다만 마을 사람들에 의하면 오래전에 백양사역을 중심한 지역에 절이 있었다고 전하지만 자세한 내력은 알 수 없다고 한다. 이 당간지주는 오래전부터 마을사람들에게 석당문(石幢門)으로 불렸다고 하며, 원래부터 이곳에 있었다고 하는 것으로 보아 원위치인 것으로 보인다.[93] 또한 조선시대에 죄인을 형벌하던 형대로 사용되었다고도 전하고 있다.[94]

현재 두 지주는 남북으로 마주보고(상대간격:70cm) 세워져 있으며, 북쪽지주(전체 높이 293cm)는 원래의 모습으로 보존되었으나 남쪽지주는 하부 간공 부위에서 절단된 상태이다. 두 지주 사이에는 간대석으로 활용되었던 부재가 남아있으나 파손이 심하여 원형을 알 수 없는 형편이다. 다만 파손된 상태로 보아 평면 사각형으로 치석하여 간대석을 마련하였던 것으로 보인다. 그리고 두 지주 하단부의

---

93) 文化財管理局, 『文化遺蹟總覽』 下卷, 1977, p. 413.
94) 목포대학교 박물관, 『문화유적 조사카드』, 1987.
　　최성렬, 「장성군의 불교유적」, 『장성군의 문화유적』, 조선대학교 박물관, 1999.
　　전라남도, 『문화재도록』-도지정문화재편-, 1998.

치석 상태로 보아 전형적인 기단부는 마련되지 않았던 것으로 추정된다.

북쪽지주는 평면 사각형 석주형으로 각 면을 고르게 다듬었지만 표면에 작은 정자국이 많이 남아있다. 바깥면은 지주 상단부까지 전면을 1단 높게 하여 장식적인 치석 수법을 보이고 있다. 지주 상단부에는 굴곡과 같은 별다른 장식은 없으며, 안쪽면에서 바깥면으로 약간 경사지게 하여 이어지도록 하였다. 그리고 바깥면 외곽은 다른 당간지주들처럼 일정한 너비(7~8cm)로 모서리를 깎았다. 북쪽지주에는 상하(간격:152cm)로 2개의 간공이 마련되었다. 하부 간공은 원형(지름:14cm, 깊이:16cm)으로 관통되지 않았으며, 상부 간공은 사각형(12×12cm)으로 지주를 관통하여 시공하였다. 이와 같이 상하 간공을 다른 평면으로 마련한 경우는 보기 드문 시공수법이다. 또한 하부 간공은 지주를 관통시키지 않고, 상부 간공은 지주를 관통시켜 간공을 시공한 경우도 유례가 드물다. 그리고 남쪽지주는 절단된 상태지만 북쪽지주와 동일한 치석수법을 보였던 것으로 보이며, 하부 간공은 파손된 상태로 보아 북쪽지주와는 달리 원형으로 관통시켜 시공하였음을 알 수 있다. 이러한 것으로 보아 당간을 세운 이후 남쪽지주에서 북쪽으로 간을 삽입하여 당간을 고정하였음을 알 수 있다.

이 당간지주는 전체적으로 치석 수법이 소박하고, 지주부 상단부를 평면적으로 치석하여 둔중한 인상을 주고 있다. 또한 각 면을 전체적으로 고르게 다듬기는 하였지만 약하게 정자국이 남아있으며, 지주부에 윤곽대와 세로띠 등 세부적인 장식이 없는 점 등이 고려진기에 건립된 당간지주들과 강한 친연성을 보이고 있다.

장성 사가리 당간지주

(26) 정읍 장명동 당간지주(井邑 長明洞 幢竿支柱)

당간지주는 정읍시 장명동에 있는 민가의 벽돌담 사이 좁은 공간에 세워져 있다. 당간지주가 서있는 것으로 보아 장명동 일대에 사찰이 있었던 것은 확실하지만 사찰의 흔적이나 관련된 기록은 남아있지 않다.[95] 이러한 이유로 당간지주의 소속 사찰이나 연혁은 알려진 것이 없다.

당간지주는 일부의 변형이 있기는 하지만 원위치에 남아있는 것으로 추정된다. 기단은 결실 또는 매몰되어 알 수 없으며, 현재 두 지주가 상당한 거리(165cm)를 두고 남북으로 마주 서있다.[96] 따라서 어느 쪽 지주가 옮겨진 것으로 보인다. 지주부는 평면 사각 석주형으로 상부로 올라가면서 좁아지도록 치석하였으며, 전체 높이에 비하여 너비와 폭이 크다. 지주의 전후면과 외면 외곽에는 일정한 너비로 윤곽대를 돌려 장식하였으며, 외면 중앙에는 반원형 돌기대를 세로로 높게 돋을새김 하였다. 지주 정상부는 외면으로 나가면서 호형을 그리도록 하고, 그 가운데에 1단의 굴곡(屈曲)을 두었다. 지주부는 전체적으로 통일신라시대의 치석 수법을 잘 계승하고 있다. 지주부 내면에는 간공과 간구를 시공하였다. 간공은 사각형으로 1개를 마련하였는데, 상부를 경사지게 치석하여 간을 위에서 아래로 끼워 고정하였음을 알 수 있다. 이러한 간공의 시공 수법은 관통되지 않은 간공을 마련한 당간지주에서 자주 볼 수 있다. 그리고 간구는 내면 꼭대기에 마련하였는데,

정읍 장명동 당간지주

---

95) 당간지주는 '불천', '갯대백이'로 불리웠다고 한다(文化公報部 文化財管理局, 『文化遺蹟總覽』, 下, 1977, p. 90).
96) 林南坤 編, 『井邑文化財誌』, 정읍문화원, 2002, p. 396.

사각형으로 길게 시공하였다.

이와 같이 정읍 장명동 당간지주는 지주부 외곽에 윤곽대를 돌리고, 외면 가운데에 반원형으로 높게 돌기대를 추가 장식하였다. 지주부가 전체적으로 둔중한 인상을 주지만 각 면이 비교적 정연하게 치석되었음을 알 수 있다. 또한 지주 정상부에 1단 굴곡을 두어 장식하였다. 이러한 지주부의 장식 수법은 통일신라시대 경주를 중심한 지역에서 건립된 당간지주에서 많이 볼 수 있으며, 고려 초기의 당간지주에서 일부 적용된 수법이었다. 특히 지주부의 양식은 천흥사지나 홍성 동문동 당간지주와 강한 친연성을 보이고 있다. 이러한 것으로 보아 이들 당간지주와 비슷한 시기인 고려 전기에 건립되었을 것으로 추정된다.

(27) 칠장사 철당간(七長寺 鐵幢竿)

칠장사는 신라시대에 창건되었다고 전하지만 현재로서는 신뢰하기 어렵고, 고려시대에 들어와 가람의 면모를 갖춘 것으로 보인다.[97] 특히 고려시대 혜소국사 정현(慧炤國師 鼎賢 : 972~1054)이 머물면서 대찰로서 번창하였다. 혜소국사는 영통사(靈通寺)에서 구족계를 받은 이후 현종 때 칠장사에 주석하였다. 이후 혜소국사 정현은 덕종대에 법천사(法泉寺)와 현화사(玄化寺)에서 주석하기도 하였으며, 문종은 정현에게 승가리(僧伽梨) 한 벌과 법의를 하사하는 등 극진하게 예우하였다. 그리고 정현은 1054년 국왕에게 하산할 것을 청하여 봉은사(奉恩寺)에서 국사(國師)로 책봉된 다

칠장사 출토 기와

---

97) 權相老,『韓國寺刹全書』下卷, 東國大出版部, 1979, pp. 1108~1110.
　　단국대학교 중앙박물관,『안성시의 역사와 문화유적』, 1999, p. 213.

칠장사 철당간(1977년)

음 칠장사로 하산한다. 이와 같이 혜소국사 정현은 일찍부터 칠장사에 주석한다. 또한 그는 왕들로부터 극진한 예우를 받았다. 그래서 혜소국사는 1014년 칠장사를 크게 중창하였다. 이후 칠장사는 1308년에도 중창되었으며,[98] 1383년 왜구의 침입으로 충주 개천사(開天寺:淨土寺)에 있던 『고려역조실록(高麗歷朝實錄)』을 옮

---

98) 京畿道, 『畿內寺院誌』, 1988, pp. 682~684.

칠장사 혜소국사 탑비의 귀부

칠장사 혜소국사 탑비의 이수

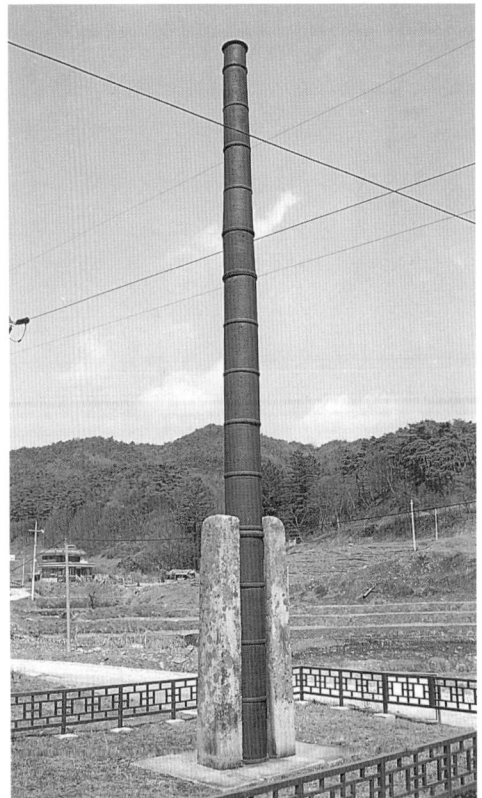
칠장사 철당간 전경

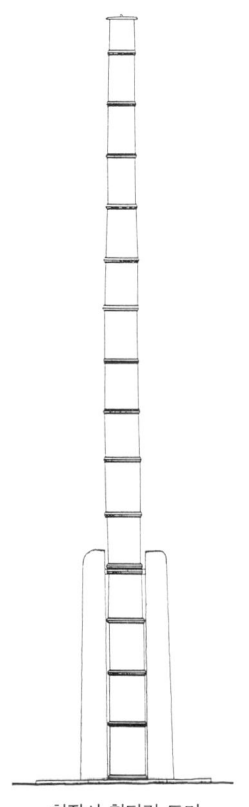
칠장사 철당간 도면

칠장사 철당간 하단부

칠장사 철당간 상단부

칠장사 철당간 지주부

겨 보관하기도 하였다.[99] 이러한 것으로 보아 칠장사는 고려시대에 불교계에서 차지하는 비중이 높았으며, 이 지역의 중심적인 사찰이 었음을 알 수 있다. 그리고 철당간이 서있는 주변에서도 초석과 기와조각이 출토되고 있어 칠장사의 사역이 상당히 넓었음을 알 수 있다.

　철당간은 칠장사 경내로 들어가는 진입공간에 위치하고 있다. 즉, 칠장사 입구에 배치하여 가람의 위상을 드러내고, 멀리서도 잘 보이는 곳에 위치시켜 표상의 역할도 병행하였음을 알 수 있다. 현재의 상태는 오랜 세월 방치로 인해 기단부가 흙에 덮이고, 당간도 15도 정도 기울어져 있던 것을 1981년 보수한 상태이다.

　당간지주의 기단부는 매몰되어 구체적으로 확인할 수 없으나 판석형 석재를 결구하여 기단(238×178cm)을 마련하였던 것으로 보인다. 지대석은 3매의 판석형 석재를 바닥에 동서로 깔아 마련하였는데, 가운데 지대석은 간대(竿臺) 역할을 겸하고 있다. 두 지주는 지대석 상면 가운데에 사각형 홈을 마련하여 끼우도록 하였다. 간대석은 당간이 놓여있어 확인할 수는 없지만 철통을 견고하게 고정하기 위하여 원좌와 원공을 시공하였을 것으로 보인다.

---

99)『高麗史』卷 15, 列傳 48, 辛禑 9年.

두 지주는 동서로 마주 서있는데, 전체적으로 소박한 치석 수법의 당간지주이다. 지주부는 평면 사각 석주형으로 각 면을 고르게 치석하였으며, 외곽 모서리를 깎지 않고 직각으로 처리하였다. 지주 정상부는 내면에서 외면으로 나가면서 평평하다가 외면과 이어지는 모서리 부분에서 짧은 호선을 그리도록 치석하였다. 지주 내면에 간공은 시공하지 않았으며, 꼭대기에 간구를 시공하여 당간을 고정하는 간을 끼우도록 하였다.

당간은 현재 철통(鐵筒) 15단이 연결되어 있다.[100] 그런데 원래는 30단으로[101] 지금보다 2배 가까운 높이로 당간이 세워졌음을 알 수 있다. 철통은 상부로 올라가면서 지름이 좁아지도록 주조하였으며, 제일 하단부 철통은 높이가 67cm, 지름 49cm이다. 철통은 하부에 철띠를 마련하고 위에서 아래로 끼워 연결하였다. 즉, 각 철통의 상부에 끼움촉을 마련하여 서로 소켓식으로 연결되도록 하였다.[102] 연결 부위에는 철띠(두께 6.5cm)를 돌려 견고하게 고정되도록 하였다. 이러한 철통의 연결 방법은 용두사지 철당간과는 약간 다르며, 갑사 철당간과 상통하고 있다.

이와 같이 칠장사 당간지주는 전체적으로 규모가 작고, 지주부의 너비와 폭도 다른 지주에 비하여 작은 편이다. 그리고 각 면을 고르게 치석하였지만 장식적인 의장은 보이지 않고 있다. 즉, 간략화의 경향이 보이는 지주부의 치석과 기단 결구 수법으로 보아 고려 전기에 건립된 것으로 보인다. 특히 칠장사가 혜소국사 정현이 주석하면서 중앙정부의 지원을 받아 1014년경에 크게 중창된 것으로 보아 이 시기를 전후하여 칠장사 철당간과 당간지주도 건립된 것으로 추정된다.[103]

---

100) 申榮勳,「安城郡 七長寺의 調査」,『考古美術』통권 53호, 考古美術同人會, 1964, p. 21.
101) 文化公報部 文化財管理局,『文化遺蹟總覽』上, 1977, p. 289.
　　한편『朝鮮寺刹史料』上의「칠장사사실기」에 의하면 당시 鐵幢이 28층이었다는 기록이 있다.
102) 京畿道,『경기도지정문화재 실측조사보고서(상)』, 1996.
103) 칠장사 철당간은 전하는 바에 의하면 칠장사에서 입적한 慧炤國師의 공덕을 추모하기 위하여 세운 것이라고도 하며, 주변 지형이 배와 유사해 중앙부인 이곳에 배의 돛대를 형상화하여 세운 것이라고도 한다(京畿道,『畿內寺院誌』, 1988, p. 693). 그러나 이러한 것은 칠장사 연혁에서 차지하는 혜소국사의 중요성을 강조한 방편이거나 고려~조선시대에 성행한 풍수지리와 관련시킨 설화로 여겨진다.

(28) 범어사 당간지주(梵魚寺 幢竿支柱)

범어사는 통일신라시대 창건된 것으로 전하고 있으며, 화엄십찰의 하나로 왜구를 진압하는 비보사찰(裨補寺刹)이었다.[104] 당간지주는 사찰로 진입하는 공간에 세워져 있는데, 일주문 못 미쳐 오른편에 서있다. 현재의 위치가 원위치로 추정되며, 그 위치로 보아 경내로 진입하기 위해서는 당간지주를 거치도록 범어사가 조영되었음을 알 수 있다. 현재 기단부는 결실된 상태인데, 지주 하부 치석 수법으로 보아 지주 하단부를 깊게 매몰하여 세우고 별도의 정연한 기단은 시설되지 않은 것으로 보인다.

지주부는 규모가 상당하여 웅장한 인상을 주고 있다. 그런데 지주면은 정자국이 그대로 남아있고 각 면이 고르지 않아 거칠게 다듬어졌음을 알 수 있다. 또한 모서리 부분도 모죽임을 하지 않아 평면 사각 석주형을 하고 있다. 정상부는 내면에서 외면으로 나가면서 평평하다가 외면과 이어지는 부분에서 부드럽게 호형(弧形)을 그리며 이어지도록 하였다. 그리고 내면 꼭대기에는 상하로 긴 사각형 간구(23×11cm, 깊이 7cm)를 마련하여 간을 끼워 당간을 고정하도록 하였다. 지주 내면에 별도의 간공이 마련되지 않은 것으로 보아 당간은 원공이 있는 간대석을 마련하였던 것으로 보인다.

한편 범어사에 있었던 철당과 관련된 기록이 『범어사창건사적(梵魚寺創建事蹟)』[105]과 「범어사사적비명(梵魚寺事蹟碑銘)」에 남아 있다.

범어사 원효암 동편 삼층석탑   범어사 원효암 서편 삼층석탑

---

104) 한국불교연구원,『梵魚寺』, 한국의 사찰 18, 일지사, 1989.
105) 1700년(숙종 26) 東溪가 편찬하여 간행한 것으로 현존한다.

범어사 당간지주

기록에 의하면 범어사에는 철당이 있었는데, 33천을 나타내려고 33층으로 조성하였으며 절 이름을 범어사로 하였다고 한다.[106] 이러한 것으로 보아 조선후기까지 철당이 남아 있었던 것으로 보이며, 33단의 철통을 연결한 철당간이 높이 세워져 있었음을 알 수 있다. 특히 33단의 철통을 올린 이유가 불가의 이상세계인 도리 33천을 표현한 것이라고 하여 당간의 상징성과 관련된 주목되는 내용을 전하고 있다.

범어사 당간지주는 전체적으로 규모가 웅장하기는 하지만 통일신라시대에 세워진 당간지주들처럼 세련되고 정교한 치석 수법을 찾기는 힘들다. 또한 각 면에 장식을 하지 않고 거칠게 다듬은 점은 건립 시기가 고려 전기에서도 다소 하강할 것으로 추정된다.[107] 따라서 당간지주는 범어사 경내에 있는 삼층석탑이나 석등보다는 늦게 건립된 것으로 추정되며, 경내에서 그리 멀지 않은 곳에 위치한 원효암 동편 또는 서편의 삼층석탑과 비슷한 시기에 건립되었을 것으로 보인다.

---

106) 『梵魚寺創建事蹟』, 古蹟條(한국불교연구원, 『梵魚寺』, 한국의 사찰 18, 일지사, 1989, p. 15).
　　　'……鐵幢三十三層乃表三十三天……'
　　「梵魚寺事蹟碑銘」(한국학문헌연구소 편, 『梵魚寺址』(한국사지총서), 아세아문화사, 1987).
　　　'……二十二層鐵幢……'
107) 범어사 당간지주의 건립 시기를 통일신라 말기로 보았으나 이후 다소 수정되어야 함을 알게 되었다. 한편 범어사성보박물관에서 간행된 『범어사성보문화재 해설집』(2002)에서는 고려말 조선초로 당간지주의 건립 시기를 설정하고 있다.

(29) 파주 파주리 당간지주(坡州 坡州里 幢竿支柱)

이 당간지주는 현재 1주만 남아있는데 보존 상태는 양호한 편이다. 마을 사람들에 의하면 한국전쟁 이전까지만 해도 상하로 간공이 시공된 2주의 당간지주가 세워져 있었다고 한다. 한국전쟁 이전에 당간지주는 경작지 한가운데 세워져 있었으며, 주변에서 사지의 존재여부는 알 수 없었지만 당간지주 옆에 작은 우물이 있어 마을 사람들의 식수원이었다고 한다. 그런데 한국전쟁 이후 미군이 당간지주가 서있는 바로 옆에 군부대를 조성하면서 1주를 옮겨 사용하게 되었고, 그 이후 행방을 알 수 없다고 한다.[108] 지금도 마을 사람들은 당간지주가 사찰에서 사

파주 파주리 당간지주 전경

파주 파주리 당간지주 측면

108) 현재 당간지주가 세워져 있는 땅이 경작지로 활용될 당시의 소유주에 의하면 당간지주 1주가 미군에 의하여 옮겨져 군부대 입구에 방치되어 있다가 연병장을 만들면서 연병장 어딘가에 묻혔다고 한다. 한편 마을 사람들에 의하면 옮겨진 1주도 상하에 2개의 간공이 시공되었는데, 관통되지는 않았었다고 한다.

파주 파주리 당간지주 간공

용했던 것으로는 알지 못하고 있으며, 이곳을 신성한 장소로 여겨 매년 1번씩 이곳에 모여 제사를 올린다고 한다.

여러 정황으로 보아 당간지주가 세워져 있는 지점이 원위치로 추정된다. 현재 지주의 치석 수법과 간공의 위치로 보아 원래의 당간지주는 동서로 상대하고 있었던 것으로 보인다. 이러한 것으로 보아 사찰의 흔적이 전혀 남아있지 않아 사찰 건물지의 위치를 추정하기는 어렵지만 지형적인 여건과 당간지주의 상대 방향으로 보아 가람은 당간지주의 북쪽 편에 조성되었을 것으로 보인다.

지주부 하부가 깊게 매몰되어 있고, 기단부나 간대석은 보이지 않고 있다. 다만 지주의 규모가 작은편이고, 간략한 치석 수법을 보이고 있어 기단부가 마련되지 않고 지주 하부를 깊게 매몰하여 당간과 당간지주를 조성했을 가능성이 높은 것으로 추정된다. 지주부는 표면을 비교적 고르게 다듬었으며, 외면 외곽 모서리는 모를 각지게 깎았다. 그리고 지주 정상부는 내면에서 외면으로 나가면서 수평을 이루다가 경사지게 깎아 장식성을 가하였다. 이와 같이 지주부의 전체적인 치석 수법은 이전에 건립된 당간지주에 비하여 간략한 경향을 보이기는 하지만 이전에 건립된 당간지주의 치석 수법을 부분적으로 계승한 측면을 보이고 있다. 간공은 지주 내면 상하에 원형으로 2개를(간공 지름 11~12cm, 깊이 15cm) 시공했는데, 동일한 크기로 관통되지는 않았다(간공 간격 128cm). 그런데 간구는 시공하지 않았다. 이러한 것으로 보아 간공만을 활용하여 당간을 고정했던 것으로 보인다.

현재 이 당간지주와 관련된 사찰의 연혁이나 사지의 흔적은 전혀 알 수 없는 상태이다. 이 일대가 개발되면서 모두 파괴되었기 때문이다. 다만 당간지주의 전체적인 규모가 작은 편이고, 치석 수법이 간략화의 경향을 보이고 있으며, 당간을 고정시킨 방법, 지리적인 위치 등으로 보아 이 당간지주는 고려전기에 건립된 것으로 추정된다.

(30) 진주 성산리 당간지주(晉州 省山里 幢竿支柱)

당간지주는 덕계마을 앞으로 넓게 형성된 논 가운데 세워져 있다. 마을 사람들에 의하면 1992년 농지정리 공사를 하였는데, 두 지주가 오래전부터 이 자리에 세워져 있었기 때문에 건드리지 않았다고 한다.[109] 당시까지 당간지주가 원래의 위치를 지키고 있었던 것으로 보이며, 마을 안쪽으로 사지가 있었을 것으로 추정된다. 현재 당간지주를 중심한 일대에서는 사지와 관련되었을 만한 유적이나 유물은 확인되지 않고 있다. 다만 당간지주의 하부가 지표면보다 높게 돌출되어 있고, 다량의 돌이 쌓여져 있는 점으로 보아 농지정리 공사를 하면서 사지와 관련된 유적은 완전히 파괴된 것으로 보인다.

당간지주는 하부에 커다란 자연석을 활용하여 견고하게 고정시켰으며, 돌출된 전체 높이는 215cm 가량으로 비교적 낮은 편이다. 두 지주는 남북으로 마주 서 있으며, 치석 수법이 약간 차이가 나는데 이는 시간이 흐르면서 파손내지는 마모의 결과로 보인다. 남쪽지주는 평면 사각형으로 치석되었으며, 파손의 흔적이 많지 않아 비교적 원형을 잘 유지하고 있다. 남쪽지주는 안쪽면과 바깥면의 너비를 전후면보다 넓게 하여 안정되면서도 세장한 인상을 주도록 치석했다. 바깥면 외곽 모서리는 약하게 각을 깎았으며, 상단부도 안쪽으로 바깥쪽으로 나가면서 약하게 경사지도록 치석했다. 이는 그나마 당간지주의 딘조로움이나 정적인 인상을 탈피하고자 하는 장인의 의도로 보인다. 그리고 남쪽지주는 남면과 서면에

진주 성산리 당간지주

---

109) 동아대학교 박물관, 『진주-통영간 고속도로 예정구간 문화유적 지표조사보고』, 1997, p. 32.

1973년 마을사람들이 명문을 음각하였다. 그 내용은 '石棹 여기는 新羅 一善縣이요 高麗 永善縣이다. 地局이 舟形이라 짐대를 세운 것임'이다. 당간지주는 조선시대 이후 전국의 많은 사찰들이 폐사되면서 그것의 본래적인 의미와는 달리 풍수지리와 연관되어 설명되거나 민간신앙적인 요소로 이해되는 경우가 많았다. 마을 사람들이 이와 같이 새긴 것은 당간지주의 용도와 기능을 정확하게 알지 못하여 풍수지리적인 조형물로 인식했음을 알 수 있게 한다. 그리고 북쪽지주는 평면이 부등변 마름모형을 이루고 있어 지주부가 파손되었음을 짐작케 한다. 안쪽면은 원래의 상태를 비교적 잘 유지하고 있는데, 지주부 표면을 정교하게 다듬었으며, 상단부에 간구가 시공되었다. 간구는 상하로 길쭉한 사각형으로 마련되었다.

이와 같이 진주 성산리 당간지주는 전체 규모가 비교적 작은 편이며, 각부도 간략하게 치석되었음을 알 수 있다. 또한 표면에 윤곽대나 세로띠와 같은 장식적인 기교도 가미되지 않았으며, 간구도 좁고 길쭉한 형태로 시공되었다. 이러한 형식과 양식의 당간지주는 고려 중후기 이후에 건립된 당간지주들과 친연성을 보이고 있다.

(31) 거돈사지 당간지주(居頓寺址 幢竿支柱)

거돈사는 통일신라 말기나 늦어도 고려 초기에는 창건되어 있었던 것으로 알려져 있다.[110] 이후 거돈사는 1018년경 원공국사 지종(圓空國師 智宗 : 930~1018)이 하산한 시점을 전후하여 대대적인 중창이 이루어졌던 것으로 보인다. 고려시대 경종은 왕위에 올라 지종에게 삼중대사(三重大師)의 법계(法階)를 내리고 마납가사(磨衲袈裟)를 하사하는 등 극진하게 예우한다. 목종은 지종을 스승으로 모시고 불은사(佛恩寺)에 주석토록 하며, 현종도 즉위하여 대선사(大禪師)의 법계를 내리고 광명사(廣明寺)에 주석토록 한다. 이후 지종은 1013년 왕사(王師)에 책봉

---

110) 原城郡, 『居頓寺址 石物實測 및 地表調査報告書』, 1986, p. 122.

되며, 1016년에는 국왕에게 하산할 것을 여러 번 청한다. 그러자 현종은 1018년 4월 거돈사를 하산소로 지정하여 하산토록 한다. 이와 같이 원공국사 지종은 여러 왕들로부터 극진한 예우를 받았다.[111] 따라서 그가 하산한 사찰에 대하여 적극적인 지원이 이루어지면서 당시 거돈사는 크게 중창되었을 것이다. 거돈사는 당시 사역(寺域)이 상당히 넓었던 것으로 조사되었으며, 삼층석탑과 탑비 등 많은 석조물들이 남아 있다.

당간지주는 현재 폐교된 정산초등학교 운동장에 넘어져 있다. 현재의 위치가 원위치라면 당간지주는 거돈사로 들어가는 진입 공간에 배치되었음을 알 수 있다. 현재 운동장 구석에 1주만 남아 있는데 전체 길이가 690cm에 이르는 대형이다. 지주는 각 면을 거칠게 다듬은 평면 사각 석주형이다. 지주 중간부에 1단 낮게 깎은 흔적이 있는데, 이곳을 기준으로 동쪽은 지주부이며 서쪽은 지하에 묻혔던 부분으로 보인다. 따라서 지주부 높이는 390cm 정도 되는데, 이와 비슷한 길이가 땅속에 깊이 묻혔음을 알 수 있다. 지주 서쪽 하단부에는 지름 10cm 정도의 원공이 있지만 간공은 아닌 것으로 보이며, 다른 용도

거돈사지 전경

거돈사지 삼층석탑

거돈사 원공국사 승묘탑

---

111) 金龍善, 「高麗 前期 法眼宗과 智宗」, 『江原佛敎史硏究』, 한림과학원총서 51, 1996, p. 96.

거돈사 원공국사 승묘탑비   거돈사지 당간지주

에 사용된 원공으로 보인다. 현재 지주가 넘어져 있어 당간을 고정하기 위한 간구와 간공의 시공 여부는 알 수 없는 실정이다.

    거돈사지 당간지주는 각 면을 거칠게 치석하였으며, 외곽 모서리나 정상부도 대강 치석하였다. 또한 지주의 너비와 폭이 커서 지주를 세웠을 경우 상당히 둔중한 인상을 줄 것으로 보인다. 이러한 지주부의 치석 수법은 만복사지 당간지주와 강한 친연성을 보인다. 당간지주는 거돈사지에 남아있는 석조물들의 형식과 양식으로 보아 그것들보다는 약간 뒤에 건립된 것으로 추정된다. 특히 거돈사는 1018년 원공국사 지종이 하산한 시점을 전후하여 중창이 이루어졌을 것으로 보이기 때문에 당간지주도 이 시기를 전후하여 건립되었을 것으로 보인다.

(32) 만복사지 당간지주(萬福寺址 幢竿支柱)

    만복사는 『신증동국여지승람(新增東國輿地勝覽)』의 기록[112]과 1979년부터 1985년까지 7차에 걸친 발굴 조사 결과 고려 문종대(1046~1083) 말기에 창건되어,[113]

---

112) 『新增東國輿地勝覽』 卷 39, 南原都護府, 佛宇.
    '萬福寺 在麒麟山 東有五層殿 西有二層殿 殿內有銅佛 長三十五尺 高麗文宗時所創'

정유재란 시 남원성과 더불어 소실되었음이 밝혀졌다.[114] 현재 만복사지에는 고려시대에 건립된 5층석탑, 석조 대좌, 석불 입상 등이 남아있다.

당간지주는 현재 원위치로 추정되는 곳에 동서로 서있다.[115] 지대석과 간대석은 확인 할 수 없지만, 발굴 보고서에 따르면 지하 3m까지 굴착하였으나 지주의 바닥은 노출되지 않았으며 다만 지주를 받치고자 쌓았던 것으로 추정되는 할석(割石)과 천석(川石)만을 확인 할 수 있었다고 한다. 그 이상의 지하는 도로 붕괴 위험으로 실시하지 못하였다고 한다.[116] 따라서 지주 주변과 하단부에 할석과 천석을 채워 두 지주를 단단히 고정시켜 세웠음을 알 수 있고,[117] 지주 하단부의 치석 수법으로 보아 별도의 기단은 마련되지 않았던 것으로 보인다.

두 지주는 아무런 조식이 없는 투박한 형식으로 정자국이 그대로 남아있고, 치석 수법도 조잡하여 마치 평면 사각의 긴 석주(石柱)를 세워놓은 듯하다. 다만 두 지주의 정상부는 외면으로 나가면서 직선에 가까운 완만한 사선을 그리도록 하였고, 지주 모서리 부분을 약간 둥글게 깎았을 뿐이다. 두 지주 중 동쪽지주가 높으며, 꼭대기 부분을 뾰족하게 치석하여 동쪽과 서쪽의 지주는 치석 수법이 약간 다르다.

서쪽지주는 상하에 관통된 원형의 간공(지름 17cm)을 2개 마련하였으며, 간구는 지주 내면 꼭대기에 'ㄴ'형으로 시공하였다. 동쪽지주는 지주 내면 상하에 관통되지 않은 원형의 간공 2개(간격 183cm, 지름 18cm, 깊이 20cm)를 마련하였고, 지주 내

---

113) 全北大學校 博物館,『萬福寺發掘調査報告書』, 1986, pp. 7~17.
　　보고서에 따르면 고려시대 폭넓게 성행한 풍수설이 創寺의 동기가 되었을 것으로 추측하고 있다.
114) 尹德香,「萬福寺址 伽藍配置에 대하여」,『佛敎美術』10, 동국대학교 박물관, 1991, p. 221.
115) 金喜庚,「高麗石造建築의 硏究 -幢竿支柱·石燈·石碑-」,『考古美術』175·176합집, 韓國美術史學會, 1987, p. 57.
116) 全北大學校 博物館,『萬福寺發掘調査報告書』, 1986, p. 54.
117) 만복사지 당간지주가 서있는 바로 옆에는 인왕상으로 보이는 頭像이 일부 노출되어 있다. 1960년 발굴시 확인한 결과 2개의 석주형태로 한쪽 면은 조각하고 다른 면은 수직으로 곧게 다듬은 형태였다고 한다. 당시 45cm 간격을 두고 마주 서있었으며 수직으로 다듬은 안쪽 면 상하부에 2개의 구멍이 있었다고 한다. 따라서 이 유물을 石人支柱 형태의 당간지주로 추정하기도 한다. 그러나 당간지주를 이러한 형태로 세웠을 리는 만무하다. 필자의 생각으로는 건물의 벽면 쪽에 배치하였던 인왕상으로 보이며, 구멍은 단단하게 고정하기 위한 시설로 보인다. 즉, 건물의 벽면에 고정되어 서로 마주보며 수호신장상 역할을 하였던 유물로 추정된다.

만복사지 5층석탑

만복사지 석조 대좌

만복사지 석탑재

만복사지 당간지주

만복사지 당간지주(『조선고적도보』6)

면 상단부에는 'U'형의 간구를 마련하여 간을 끼우도록 하였다. 이와 같이 한쪽지주는 관통된 간공을 시공하고 다른 쪽 지주는 관통되지 않은 간공을 시공한 것은 가운데에 당간을 세운 후에 서쪽지주에서 간을 끼워 당간을 고정시키기 위한 배려

임을 알 수 있다.[118]

만복사지 당간지주는 발굴 조사에서 창건 시부터 기단부를 마련하지 않은 것으로 확인되었다. 이것은 당간지주가 고려시대에 건립되었음을 방증한다. 또한 두 지주는 아무런 조식이 없는 투박한 형식으로 정자국이 그대로 남아있고 치석 수법도 조잡하여 평면 사각의 긴 석주를 깎아 세워놓은 듯하다. 이러한 당간지주의 치석 수법은 일반적으로 고려시대에 나타나는 양식이다. 한편 당간지주는 사지에 남아있는 석조물들과 함께 만복사 가람의 면모를 갖추어 나가면서 건립된 것으로 보인다. 따라서 만복사지 당간지주는 고려 전기에 건립된 것으로 보인다.

(33) 원주 봉산동 당간지주(原州 鳳山洞 幢竿支柱)

당간지주는 봉산동 민가가 밀집된 지역에 세워져 있는데, 바로 옆으로 원주천이 흐르고 있어 사찰의 기능이나 역할을 어느 정도 짐작할 수 있다. 즉, 당시 강이 주요 교통로로 활용되었으며, 당간지주 소속 사찰이 강과 연하고 있었던 것으로 보아 원(院)의 기능도 아울러 가졌던 것으로 보인다. 이 일대는 천왕사지(天王寺址)[119] 등으로 전하고 있으나 이를 입증할만한 자료는 없는 실정이다. 현재 당간지주가 있는 마을 일대에는 소위 철학관이라고 하는 점치는 집이 운집해 있다. 이러한 것은 이곳에 절이 있었음을 간접적으로 시사한다.

두 지주는 봉산동으로 들어가는 도로 한쪽 편에 동서로 마주 서있다. 기단부는 대부분 매몰되어 확인하기 어려우나, 부분적으로 지상에 노출되어 있는 큰 돌들을 볼 수 있어 자연석을 지하에 묻어 두 지주를 견고하게 고정하였던 것으로 보인다. 그리고 두 지주 사이에는 간대석 역할을 하는 둥그런 돌이 남북으로 놓였다. 간대석은 전체적으로 치석 수법이 고르지 못하고 파손된 부분이 많지만, 상

---

118) 만복사지 당간은 木幢竿일 가능성이 높은 것으로 추정된다. 왜냐하면 발굴시 당간의 부재로 보이는 유물이 출토되지 않았으며, 돌이나 철은 당간을 세운 이후 간을 끼워 고정하기가 어렵기 때문이다.
119) 文化公報部 文化財管理局, 『文化遺蹟總覽』 上, 1977, p. 347.
　　이 외에도 당간지주 주변에는 보살입상 2구와 석불좌상 1구가 있었던 것으로 전하고 있다.

원주 봉산동 당간지주
(일제강점기)[120]

전 천왕사지 석조보살입상
(원주시립박물관)

부에 3단의 원좌를 마련하고 가운데에 원공(지름 32cm, 깊이 12cm)을 시공하여 당간을 끼우도록 하였다.

두 지주는 간대석 좌우에 'ㄷ'자형으로 홈을 파서 하단부를 끼워 견고하게 고정되도록 하였다. 지주부는 각 면의 치석 수법이 고르지 못하고 정자국이 그대로 남아있다. 서쪽지주는 밑 부분에서 103cm되는 부분이 절단되어 시멘트로 연결한 흔적을 볼 수 있는데, 이것은 1910년 절단되어 1980년 4월 복원한 것이라고 한다.[121] 지주 외면 모서리는 각을 깎았으며, 지주 정상부는 반원형으로 깎아 보기 드문 치석 수법을 보이고 있다. 동쪽지주는 파손된 흔적은 없으며, 정상부는

원주 봉산동 당간지주 간대석

옆에서 볼 때 양쪽에서 차츰 둥글게 깎아 올라가 꼭대기를 뾰족하게 치석하였다. 이와 같이 두 지주는 전체적인 외관은 동일하지만 세부적으로 다른 치석 수법을 보인다. 따라서 어느 쪽 지주는 후대에 보강된 것으로도 보인다. 당간을 고정하는 간공은 지주 내면 상단부에 긴 타원형으로 마련하여, 다른 당간지주에서 볼 수 없는 간공 시공 수법을 보이고 있다.

---

120) 文化財管理局 文化財硏究所, 『小川敬吉調査文化財資料』, 1994.
121) 문화재관리국 문화재연구소, 『문화재안내문안집』, 1980. p. 134.

원주 일산동 오층석탑

원주 봉산동 석조보살입상

전체적으로 당간지주는 각 면에 정자국이 그대로 남아 있어 정교함이 떨어지고 소박한 인상을 주고 있다. 그리고 기단부와 지주부도 전형적인 양식이 채용된 것이 아니라 어색하고 형식적인 인상을 주고 있다. 특히 간공은 다른 당간지주에서 보기 드문 시공 수법을 보인다. 한편 원주를 중심한 이 지역은 고려시대에 접어들면서 남한강을 중심으로 많은 사찰이 창건내지는 중건되면서 정치, 경제, 문화의 중심 역할을 하였던 곳이다. 그래서 흥법사지·법천사지·거돈사지 등을 비롯하여 많은 사찰과 사지가 확인되

원주 봉산동 당간지주

고 있으며, 고려시대 원주지역에 건립된 석탑과 석불 등이 현재 원주시립박물관에 옮겨져 있다. 이러한 것으로 보아 원주 봉산동 당간지주도 고려시대에 건립된 것으로 보이며, 특히 당간지주가 위치한 사찰의 입지 조건으로 보아 소속 사찰은 원주 지역에서 수로(水路)를 통한 교통과 산업의 중심지 역할도 하였을 것으로 추정된다.

(34) 양평 옥천리 당간지주(楊平 玉泉里 幢竿支柱)

이 당간지주는 대원사(大院寺) 또는 대월사(大月寺)로 전하는 사지에 세워져 있다. 이 사찰은 통일신라 말기에서 고려 초기에 창건된 것으로 전하고 있으나[122] 구체적인 연혁은 알 수 없다. 현재 당간지주가 서있는 주변이 민가와 경작지로 변하여 사찰의 흔적은 찾을 수 없으나 오래전에 기와조각들이 출토되었다고[123] 하여 사찰이 있었음을 알 수 있다.

당간지주는 1주만 남아 있는데,[124] 원위치인지는 불분명하다. 기단과 간대는 남아있지 않으며, 지금은 잡석들이 시멘트로 결구되어 있다. 지주는 하단부를 대강 치석하여 지하에 깊게 묻어 세웠던 것으로 보인다. 지주는 각 면을 고르게 치석하였고, 상부로 가면서 좁아지게 하였다. 그리고 지주는 너비와 폭이 전체 높이에 비하여 상대적으로 작아 전체적으로 세장하면서 단아한 이미지를 주고 있다. 지주 하단부에는 원형으로 관통된 간공(지름 13cm)을 시공하였는데, 관통된 중간 부분에 돌출된 부위가 있는 것으로 보아 한쪽 면에서 중간까지 구멍을 판 후 다시

---

122) 鄭永鎬,「楊平 玉泉面의 佛蹟 -舍那寺와 玉泉里遺蹟을 중심으로-」,『白山學報』 8호, 白山學會, 1970.
경기도,『향토유적총람』, 1987.
양평군지편찬위원회,『楊平郡誌』, 1991.
123) 1960년대까지만 해도 많은 민가가 들어서지 않아 대략적으로 사찰의 흔적을 찾을 수 있었다고 한다.
124) 다른 1주는 일제 강점기에 일본인 경찰서장이 읍사무소 뒤편에 있는 갈신에 신사를 만들기 위해 지주를 옮겨 그 표면에 '皇國臣民誓詞'를 새겼다고 전한다(한국토지공사 토지박물관,『양평군의 역사와 문화유적』, 1999, p. 189). 이것과는 다르게 일제 강점기에 일본인들이 당간지주를 모두 반출하려다가 뜻을 이루지 못하고 1주만 반출하였다고도 전한다. 또한 반출된 1주는 서울 남산으로 옮겨졌다고도 한다. 어느 것이 맞는지 알 수 없으며, 반출된 1주는 지금도 행방을 알 수 없다.

반대편에서 작업이 이루어졌음을 알 수 있다. 간구는 내면 꼭대기에 시공되었는데, 상하로 긴사각형이다. 외면 외곽 모서리는 각을 깎아(너비 5~6cm) 부드럽게 처리하였다. 지주 정상부는 평평하다가 외면과 연결되는 부위에서 호선(弧線)을 형성하고 있다.

이와 같이 당간지주는 규모가 큰 편은 아니지만 각 면을 고르게 다듬었으며, 정제된 형식으로 정연한 치석 수법을 보이고 있다. 그리고 관통된 간공과 상하로 길쭉한 형태의 간구를 시공하여 이전의 수법을 충실히 계승하였음을 알 수 있다. 한편 인근에 당간지주와 동일 사찰의 것으로 추정되는 석탑이 남아있다.[125] 석탑은 2층 기단으로 하층기단은 면석부에 안상을 조식하였으며, 각형(角形) 2단의 괴임이 있다. 그리고 상층기단은 우주와 탱주를 낮게 모각하였으며, 갑석부연이 있는데 간략화 경향이 강하다. 옥개받침은 각층 3단이고, 상층기단과 탑신부 치

양평 옥천리 석탑

양평 옥천리 당간지주

---

125) 이 석탑은 원래 옥정의 서남쪽 경작지 부근의 탑산리에 있었던 것을 옮겼다고 한다.

석 수법 등으로 보아 고려시대에 건립되었음을 알 수 있다. 특히 탑신석에 우주가 모각되고 그 가운데에 탱주형(撐柱形) 기둥을 추가 모각한 점은 다른 석탑에서 보기 드문 치석 수법이다. 이러한 것으로 보아 당간지주와 석탑은 소속 사찰이 가람의 면모를 갖추어 나간 비슷한 시기에 건립된 것으로 추정된다.

(35) 서산 동문동 당간지주(瑞山 東門洞 幢竿支柱)

당간지주가 서있는 일대는 완전히 주택가로 변해 있으며 고려시대에 큰 사찰이 있었다고 하여 '대사동(大寺洞)'이라는 지명이 전해오고 있다.[126] 현재 삼층석탑과 당간지주 사이에 민가가 밀집되어 있지만 가까운 거리에 위치하고 있어 동일 사찰의 것임을 알 수 있다. 삼층석탑은 당간지주가 세워져 있는 곳에서 북쪽편으로 30m 정도 떨어진 곳에 있다. 따라서 이 절은 진입공간에 당간지주를 배치하였으며 경내 중심에 삼층석탑을 세워, 가람이 남북 축선을 중심으로 석탑 주변에 배치된 남향 가람이었을 알 수 있다.

당간지주는 마을 안쪽 좁은 길옆에 동서로 마주 서있다. 기단은 지주 하단부의 치석 수법이 거친 것으로 보아 원래부터 정연하게 마련되지 않은 것으로 보이며, 두 지주를 깊게 매몰하여 세웠음을 알 수 있다. 간대석은 현재 결실되었다. 동쪽 지주는 약간 남쪽 편으로 기울어져 있고, 서쪽지주는 내면 정상부가 약간 파손되었다. 지주부는 외면 외곽 모서리를 일정한 너비(너비 6~7cm)로 깎았으며, 정상부는 평평하다가 외면과 이어지는 부분에서 형식적인 호선을 형성하고 있다. 당간을 고정시키는 간은 지주 내면 꼭대기에 세로로 길게 홈을 파서 ∐형의 간구를 마련하여 끼우도록 하였으며, 간공은 시공하지 않았다.

이와 같이 두 지주는 아무런 장식이 없으며, 치석 수법도 정교하지 못하여 각 면에 정자국이 그대로 남아 있다. 그런데 지주의 규모가 상당하여 웅장한 인상을 주고 있다. 당간지주는 전체적으로 고려시대의 치석 수법을 보이고 있다. 한편

---

126) 현재 마을 사람들은 이 당간지주를 '젓가락바위'라고 한다.

당간지주는 소속 사찰이 같고, 가까운 거리에 위치한 오층석탑과 비슷한 시기에 건립된 것으로 추정된다. 오층석탑은 기단부가 2층기단으로 하층기단은 동일석으로 마련하였으며, 상층기단은 우주와 탱주를 모각하였다. 기단부는 단순하고 간략화의 경향이 진전된 결구수법을 보이고 있다. 그리고 갑석에는 부연이 생략되어 있으며, 갑석 상면에 각형 1단으로 높은 탑신괴임을 두었다. 옥개받침은 상층으로 가면서 5단에서 3단으로 감소하고 있다. 옥개석 상면의 낙수면은 현수곡선을 그리고는 있으나

서산 동문동 삼층석탑

서산 동문동 당간지주(1995년)

서산 동문동 당간지주(2003년)

둔중한 인상을 주고 있다. 이와 같이 오층석탑은 기단부, 탑신부 등 전체적으로 고려 전기 석탑의 특징을 가지고 있다. 그런데 석탑은 전체적인 양식으로 보아 그 건립 시기가 고려 전기에서도 하강할 것으로 보인다. 따라서 당간지주도 전체적인 양식이 둔중하면서 간략화의 경향을 보이고 있어, 건립 시기가 고려 전기에서도 하강할 것으로 추정된다.

(36) 나주 동문외 석당간(羅州 東門外 石幢竿)

석당간이 서있는 이곳은 원래 나주 읍성의 동문 밖 지역으로 동쪽으로는 내목성과 외목성 등의 목책이 있었다고 한다.[127]

두 지주의 하단부는 깊게 매몰되어 있어 기단부는 확인할 수 없는 실정이며, 현재 상태로 보아 특별한 시설없이 지하에 깊게 묻고 잡석 등을 이용하여 견고하게 고정시킨 것으로도 보인다. 두 지주는 동일한 치석 수법을 보이고 있으며, 외면 외곽 모서리를 일정한 너비(8cm)로 깎았다. 그리고 지주 정상부는 평평하게 다듬었다. 그래서 두 지주는 평면 사각형의 석주(石柱)를 세워놓은 듯한 인상을 주고 있다. 석당간은 하단부를 매몰하여 세운 다음 두 지주 내면 꼭대기에 시공된 'ㄴ'형의 간구에 간을 연결하여 고정시켰다. 간은 3조의 원형 철띠를 석당간에 두른 다음 간구로 연결되었다. 간공은 확인되지 않는다.

석당간은 평면이 부등변 팔각형(넓은 폭 32cm, 짧은 폭 20cm)인 석주 5매를 연결하여 세웠다. 석당간의 연결은 당간석 상하부를 각각 반절로 절단하여 상하부 연접부분에 각각 1개씩 2개의 원형 철띠를 두르고,[128] 그 사이에 2개의 둥근 구멍을 관통시켜 그 구멍으로 고정쇠를 끼워 밀착한 후 고정쇠 끝부분에 쐐기를 박았다. 이러한 방법으로 5개의 석당간을 지그재그가 아닌 같은 방향으로 연결하여

---

127) 나주목향토문화연구회, 『羅州地理志』, 1989.
한편 현위치가 원위치가 아니라고도 전해진다.
128) 이 철띠는 원래 주철로 주조한 무쇠고리였으나 1983년 보수하면서 철띠를 돌려 석당간 여러 부위에 녹물이 물들게 되었다고 한다(나주목향토문화연구회, 『羅州地理志』, 1989, p. 283).

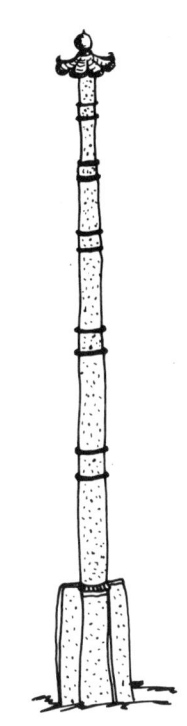

나주 동문외 석당간(일제강점기)　　나주 동문외 석당간 그림(『조선의 풍수』)

세웠는데, 상단부로 올라갈수록 가늘어지게 하여 안정감을 주고 있다. 석당간 꼭대기에는 보개석(寶蓋石)과 보주(寶珠)를 올렸는데, 보개석은 1석의 팔각형 석재로 조성하였다. 보개석은 처마선이 합각부에서 치켜 올라가고 있으며, 반전(反轉)을 보이고 있어 고려시대 석조부도나 석등의 옥개석 수법과 친연성을 보이고 있다. 보주는 원형에 가까운 사각형으로 각 면에 작은 안상(眼象)을 음조(陰彫)하고, 그 안에 화형문(花形紋)을 장식하였다.

　현재 나주 동문외 석당간이 서있는 일대에는 사찰이 있었는지 알 수 없는 실정이다. 다만 나주 서문 석등과[129] 나주 북문외 삼층석탑이[130] 남아 있어 나주 시내

---

129) 원래는 나주 읍성 서문 안에 있었는데, 1925년 옮겼다.
130) 원래는 나주 읍성 북문 밖 탑거리에 있던 것을 현재의 자리로 옮겨온 것이다.

나주 서문 석등

나주 북문외 삼층석탑

에 사찰이 있었음은 분명하게 알 수 있다. 그러나 이들 불교 관계 유물이 나주 동문외 석당간과 직접적으로 관련되어 있는지는 불분명하다. 한편 이 석당간은 고려시대에 도참설이 성행하면서 나주의 지형이 배모양이기 때문에 고을의 안녕을 빌기 위해 지형에 맞춰 돛대 모양으로 건립되었다고 전해지고 있다.[131] 그러나 아직까지 석당간이 사찰에 활용된 것인지, 원래부터 도참설과 관련되어 세워진 것인지는 확실하게 알 수 없다. 다만 이 일대에 사찰의 흔적이 없는 점과 최초 건립시의 것으로 보이는 석당간의 꼭대기에 당(幢)을 걸기 위한 별도의 시설이 없는 점 등으로 보아 도참설과 관련이 있는 것으로도 보인다. 특히 『신증동국여지승람』에 당시 이것을 '석장(石檣)'이라 불렀고, 나주의 지형이 행주(行舟)의 형세임을 표시하기 위한 것으로 나주가 처음으로 주(州)가 될 때 세운 것이라고 기록되어 있다. 그리고 문안에는 목장(木檣)이 있었다고 한다.[132] 만약에 이러한

---

131) 村山智順 著・崔吉城 譯, 『朝鮮의 風水』, 民音社, 1990, p. 633.
　　金喜庚, 「高麗石造建築의 研究 -幢竿支柱・石燈・石碑-」, 『考古美術』 175・176합집, 韓國美術史學會, 1987, p. 58.

나주 동문외 석당간 정상부

나주 동문외 당간지주

나주 동문외 석당간 전경

기록이 사실이고 석당간이 사찰에 활용되지 않았다면 현재까지 알려진 당간지주 중에 유일하게 풍수지리에 의하여 세워진 것이라고 할 수 있다.

어쨌든 나주 동문외 석당간은 당간지주와 석당간이 원형대로 남아있는 귀중한 유물이다. 그리고 지주부와 석당간의 치석과 결구 수법, 석당간 꼭대기의 보개석과 그 치석 수법 등으로 보아 고려시대에 건립된 것으로 추정된다.

---

132) 『新增東國輿地勝覽』, 羅州牧, 古蹟.
　　'石檣 在東門外世傳初設州時術者建此以表行舟之勢門內亦木檣'

(37) 영광 단주리 석당간(靈光 丹朱里 石幢竿)

　석당간은 논 가운데에 서 있는데, 원래는 전체 높이가 1212cm에 달하였다고 한다. 그런데 1945년 7월경 태풍으로 석당간의 윗부분이 부러져 쇠고리로 연결하여 놓았는데, 이후 다시 상단부가 파손되어 없어졌다고 한다. 현재는 당시 석당간이 결구되었던 흔적만 남았다. 석당간이 서 있는 곳에서 북쪽으로 길을 건너 100m되는 지점에 석탑 1기와 넓은 지역에 걸쳐 기와 조각이 흩어져 있다. 이 일대는 천작사(天作寺) 또는 월평사(月坪寺)가 있었다고[133] 전하지만 정확한 절 이름이나 구체적인 연혁은 알 수 없다.
　당간지주는 잡석을 깔아 기초를 다진 후 판석형 석재를 결구하여 기단을 마련하였다. 간대석은 사각형 대석으로 두 지주 사이에 놓여 석당간을 받치고 있다.

영광 월평리 석탑

영광 단주리 석당간

---

133) 전라남도,『문화재도록』, 1988.
　　대한불교조계종총무원,『불교사원지』하, 1998, p. 490.

두 지주는 규모가 상당히 큰 편으로 동서로 마주 서 있다. 지주부는 평면 사각 석주형으로 각 면이 고르지 못하고 소박한 형식이다. 지주 내면 꼭대기에는 간구를 시공하였으며, 지주 중간 부분에 원형으로 관통된 간공(지름 11cm)을 시공하여 간을 끼우도록 하였다. 현재는 간공에 별다른 시설물이 없으나 동일한 높이의 석당간에도 관통된 구멍이 있는 것으로 보아 원래는 간을 끼워 연결하였음을 알 수 있다.

석당간은 현재 1매의 돌을 다듬어 세웠는데, 상단부에 반절로 절단된 연결 흔적이 있는 것으로 보아 그 위로 석재로 된 당간이 연결되었음을 알 수 있다. 석당간의 평면은 부등변 팔각형이며 각 면의 치석 수법은 거친 편이다. 석당간의 연결 방법은 상단부의 절단된 흔적으로 보아 부안 서외리 석당간과 유사하였음을 알 수 있다. 석당간은 지주부 높이까지는 굵게 치석하고, 그 위로는 가늘게 하였다. 이러한 것으로 보아 석당간은 상부로 올라가면서 가늘게 마련되었음을 알 수 있다.

석당간과 석탑의 소속 사찰은 평지에 자리 잡고 있으며, 주요 교통로 상에 위치한 지리적인 조건으로 보아 원의 기능도 수행했던 것으로 추정된다. 특히 석당간의 건립 시기와 관련하여 주목되는 자료는 석탑이다. 석탑은 원래 칠층 석탑이었다고 하는데, 간략화된 기단부와 탑신부의 치석 수법으로 보아 고려 중기경에 건립된 것으로 보인다. 따라

영광 단주리 석당간 당간지주 측면

영광 단주리 석당간 간대석

서 영광 단주리 당간지주도 지주부와 석당간의 치석 수법으로 보아 석탑과 비슷한 시기에 건립된 것으로 추정된다.

(38) 창녕 직교리 당간지주(昌寧 直橋里 幢竿支柱)

당간지주는 창녕읍 직교리 마을 담 사이 좁은 공간에 세워져 있다. 오래전부터 마을 사람들은 명절이나 제사 후에 음식을 받치는 등 당간지주를 민간신앙의 대상으로 인식하고 있다. 아직까지 당간지주가 어느 사찰에 소속되었는지는 밝혀지지 않고 있다.[134] 그런데 창녕읍을 중심으로 진흥왕 척경비, 창녕 고분군, 술정리 동·서 삼층석탑, 화왕산 일대를 중심으로 많은 불적(佛蹟)들이 밀집 분포하고 있다. 또한 당간지주는 창녕읍의 중심권역에 위치하고 있다. 이러한 것으로 보아 당간지주는 이 지역에서 중요한 사찰에 소속되었던 것으로 추정된다. 특히 당간지주는 창녕읍을 관통하여 흐르는 개울을 건너 건립되어 있는 술정리 서 삼층석탑과 비교적 가까운 지점에 위치하고 있다. 따라서 당간지주는 술정리 서 삼층석탑과 건립 시기는 다르더라도, 이 석탑과 관련되어 있거나 같은 사찰에 소속되었던 것으로 보인다.[135]

두 지주는 현재 마을을 관통하는 작은 도로 옆 낮은 축대 위에 위치

창녕 술정리 서 삼층석탑

창녕 직교리 당간지주
(1917년)[136]

---

134) 文化公報部 文化財管理局, 『文化遺蹟總覽』 中, 1977, p. 500.
135) 당간지주와 같은 소속 사찰의 것으로 보이는 石蓮池가 있었다고 한다(경상남도지편찬위원회, 『경상남도지』, 1978).

창녕 직교리 북쪽 당간지주 상단부

창녕 직교리 당간지주

하고 있다. 지주 하부가 매몰되어 있으며, 두 지주 사이에 간대석으로 보이는 작은 사각형 대석이 놓여 있는데 원좌나 원공의 흔적은 보이지 않는다. 두 지주는 기단부와 같은 특별한 시설을 하지 않고 깊게 땅에 묻어 세우고, 간단한 간대석을 마련하여 당간을 고정하였던 것으로 추정된다. 두 지주는 남북으로 마주보고 있는데, 다른 당간지주처럼 정연하게 치석되어 곧게 솟은 형태는 아니다. 지주부는 전체적으로 치석 수법이 조잡하고, 가로로 정자국이 그대로 남아 있다. 그리고 북쪽지주 상단부는 원통형(圓筒形 : 높이 43cm)으로 깎았는데, 후대에 다른 용도로 사용하기 위하여 치석한 것으로 보인다.[137] 남쪽지주 내면에는 상하에 원형으로 간공(상부 간공 지름 : 7cm/깊이 : 17cm, 하부 간공 지름 : 9cm/깊이 : 19cm)을 마련하여 당간을 고정하는 간(杆)을 끼우도록 하였으며, 간공은 101cm

---

136) 朝鮮總督府, 『大正六年度 古蹟調査報告』, 1920, p. 410.
137) 鐵筒과 같은 별도의 시설물을 올리기 위하여 깎은 것으로도 볼 수 있다. 1917년 조사 당시에도 圓筒形으로 치석되어 있었다(朝鮮總督府, 『大正六年度 古蹟調査報告』, 1920, p. 411).

간격을 두고 시공되었다. 북쪽지주 내면에도 99cm 간격을 두고 상하에 간공(상부 간공 지름 : 9cm / 깊이 : 16cm, 하부 간공 지름 : 10cm / 깊이 : 17cm)을 시공하였다.

이와 같이 직교리 당간지주는 전체적으로 치석 수법이 조잡하고 곧은 형태가 아니며, 지주의 너비와 폭이 다른 지주에 비하여 작은 편이고 일률적이지 못하다. 즉, 조선후기에 대대적으로 성행한 괘불지주와 유사한 치석 수법을 보이고 있다. 한편 비교적 가까운 거리에 있는 창녕 술정리 서 삼층석탑과 같은 사찰에 소속되었던 당간지주로는 추정되지만 그 건립 시기는 석탑보다 상당히 떨어질 것으로 보인다. 석탑은 기단부와 탑신부 등 각 부의 치석 수법이 통일신라시대 이래 건립된 전형적인 양식을 보이고 있다. 따라서 당간지주가 석탑과 같은 사찰에 소속되었다면 사찰이 창건된 이후 고려시대에 들어와 전국적으로 당간과 당간지주가 성행하자 그 필요성이 대두되어 건립되었던 것으로 보인다. 창녕 직교리 당간지주는 치석 수법과 그 양식으로 보아 고려 중기 이후에 건립된 것으로 보인다. 또한 평지에 세워진 사찰의 당간지주로서 사찰의 경계나 표식(標式) 기능에 상당한 비중이 있었던 것으로 추정된다.

(39) 익산 쌍정리 당간지주(益山 雙亭里 幢竿支柱)

이 당간지주는 현재 1주만 남아있으며, 익산 왕궁사지에서 가까운 입석마을 입구에 세워져 있다.[138] 마을 사람들에 의하면 원래는 입석마을에서 왕궁사지로 가는 논 가운데 2주가 서있었는데, 1970년대 초반 새마을사업 시에 지금의 자리에서 조금 떨어진 길가로 옮겨왔다고 한다(1972년경). 그런데 마을에서 궂은 일이 자주 일어나자 마을사람들이 당간지주를 불길하게 생각하여 다시 현재의 자리로 옮겨 놓았으며, 언제인가 나머지 1주가 사라졌다고 한다.

현재 지주는 버스정류장 옆에 이정표와 같은 역할을 하고 있다. 지주의 하부를 시멘트로 매몰하여 견고하게 서 있도록 했다. 전체적으로 평면 사각형의 석주형

---

138) 이 당간지주를 조사할 수 있도록 소개해준 경주의 김환대 선생에게 이 자리를 빌어 감사드린다.

익산 쌍정리 당간지주　　　　　익산 쌍정리 당간지주 상부 간공

으로 치석했지만 일부 파손과 마모가 진행되어 정연한 수법은 보이지 않고 있다. 또한 지주 하부에는 정자국이 그대로 남아있으며, 각 면을 대강 치석하여 전체적으로 조잡한 인상을 주고 있다. 지주부는 정상부에 안쪽면으로 바깥면으로 나가면서 평평하다가 약하게 호형을 그리고 있어 약간의 장식적인 기교가 보인다. 그리고 지주부는 두께를 전체적으로 얇게 치석하여 형식화의 경향이 강하게 보이고 있으며, 괘불지주와도 유사한 치석수법을 보이고 있다. 지주 안쪽면 상하에 간공을 시공했는데, 평면은 원형으로 미관통이다(하부 간공 지름 9cm, 상부 간공 지름 12cm, 간공 깊이 5cm, 상하부 간공 간격 119cm). 이러한 것으로 보아 다른 쪽 당간지주는 간공이 관통되었을 가능성이 높은 것으로 추정된다.

　이 당간지주는 치석 수법이 전체적으로 조잡하여 정연한 인상을 주지 못하고 있으며, 장식적인 기교도 반영되지 못한 편이다. 지주부가 전체적으로 괘불지주에 가까운 치석 수법을 보이고 있어 고려 후기에 건립된 것으로 추정된다. 그리고 현재 이 당간지주의 소속사찰은 알 수 없지만 왕궁사(王宮寺), 제석사(帝釋寺)

등 왕궁리 일대에 있는 사찰들과 관련있는 사찰에 세워졌던 것으로 보인다. 이 당간지주의 건립 시기로 보아 당간지주 소속 사찰은 고려 후기경에 사찰의 중건이나 중수가 이루어졌을 가능성이 있다.

(40) 울진 구산리 당간지주(蔚珍 九山里 幢竿支柱)

당간지주는 논 가운데 남북으로 마주 서있다. 현재 사지와 관련된 기록이나 연혁을 추정할만한 유적이나 유물은 거의 없는 실정이다.[139)] 다만 고려시대 창건되었으며, 절 이름이 배잠사(盃岑寺)로 전해지고 있다. 그리고 당간지주와 소속 사찰이 같은 것으로 보이는 삼

울진 구산리 삼층석탑

울진 구산리 당간지주

---

139) 한편 이 당간지주와 관련시킬 만한 유물로 울진 구산리 삼층석탑이 있기는 하다. 그러나 거리가 너무 멀리 떨어져 있어 직접적으로 관련되었거나 소속 사찰이 같은 것으로 보기에는 무리가 있는 것으로 판단된다. 울진 구산리 삼층석탑이 서있는 사지는 고려시대 靑崖寺로 전해지고 있으며, 석탑은 그 양식으로 보아 통일신라 말기에서 고려 초기 사이에 건립된 것으로 보인다.

층석탑이 남아있다.[140]

두 지주는 현재 상대 간격이 상당히 떨어져 있는 것으로 보아 원위치가 아니거나 한쪽 지주가 이동된 것으로 보인다. 지주부는 평면 사각형으로 상부로 올라가면서 가늘어지도록 하였으나 전체적으로 치석 수법이 정연하지 못하다. 지주의 각 면은 거칠게 다듬었으며, 정자국이 여기 저기 많이 남아있다. 지주부 외곽 모서리도 깎지 않고 각을 그대로 두었다. 정상부는 평평하다가 호선을 형성하도록 하였다. 간구(31×10cm, 깊이 9cm)는 지주 내면 꼭대기에 길게 사각형으로 시공되었다.

두 지주는 전체적으로 단순 소박하면서 규모가 작게 건립되었으며, 비율이 정연하지 못한 인상을 주고 있다. 또한 지주의 너비와 폭이 작아 괘불지주(掛佛支柱)의 규모에 가깝다. 지주 내면에 간구를 시공한 수법도 상하로 길쭉하게 하여 다소 기형적인 모습을 취하고 있다. 이와 같이 울진 구산리 당간지주는 간략화의 경향이 상당히 진전되었으며, 전체적으로 정연하지 못한 치석 수법으로 보아 고려 중기 이후에 건립된 것으로 추정된다.

(41) 회암사지 당간지주(檜岩寺址 幢竿支柱)

회암사는 양주군 천보산 자락에 위치한 사찰로 선각왕사 혜근(禪覺王師 惠勤 : 1320~1376)과 무학대사 자초(無學大師 自超 : 1327~1405)가 머물면서 고려 말기에서 조선 초기까지 왕실과 밀착되어 있었다. 이러한 회암사는 고려시대에 창건되어 법등을 이어오다가 고려 말기에서 조선 초기에 걸쳐 크게 중창된 것으로 각종 기록과[141] 최근의 발굴 조사 결과 밝혀졌다.[142]

회암사지는 발굴 결과 동서를 축으로 하여 다수의 건물이 배치되었음이 확인되었는데, 당간지주는 현재 사지 남쪽 서편에 3주(柱)가 세워져 있다. 본래는 두

---

140) 文化公報部 文化財管理局, 『文化遺蹟總覽』 中, 1977, p. 427.
　　蔚珍郡, 『蔚珍郡誌』 上, 2002, p. 5.
141) 金澈雄, 「고려말 檜巖寺의 중건과 그 배경」, 『史學志』 30집, 단국대 사학회, 1997.
　　허흥식, 「한국불교사에서 회암사의 중요성과 국제적 위상」, 『회암사』, 경기도 박물관, 2003.
142) 경기도 박물관 · 기전문화재연구원, 『檜巖寺 I 시굴조사 보고서』, 2001.

쌍으로 모두 4주였을 것으로 보이지만 1주는 결실되어 아직까지 발견되지 않고 있다. 그리고 당간지주의 원위치는 정확하게 알 수 없지만 현재 위치에서 좌측 15m 담장 지대석 밑에 쓰러져 매몰되어 있던 것을 1981년 9월에 발굴하여 복원한 것이라고 한다. 당간지주는 회암사 경내로 들어가는 입구에 세워졌음을 알 수 있다. 현재 남쪽 편 지주는 2기가 상대하고 있으며, 북쪽 편 지주는 1주 만 세워져 있다. 3주의 당간지주는 복원 시 하단부를 시멘트로 마무리하여 세웠는데, 지주 외에는 남아있는 것이 없어 기단이나 간대석은 알 수 없다. 3주는 동일한 치석 수법을 보이고 있다.

회암사지 발굴 조사 전경

회암사지 건물지 계단

회암사지 당간지주 전경

회암사지 당간지주

지주부는 전체적으로 각 면을 고르게 다듬어 정연한 치석 수법으로 마련되었다. 지주는 평면 사각 석주형으로 상부로 올라가면서 약간씩 좁아지는 형태이며, 외면의 외곽 모서리만 일정한 너비(6~7cm)로 각을 깎아 부드럽게 처리하였다. 지주 정상부는 평평하게 수평으로 마무리하였다. 그리고 당간을 세울 때 간을 끼우는 간구나 간공은 시공되어 있지 않다. 또한 다른 방법으로 당간을 고정시켰던 특별한 흔적도 찾을 수 없다. 따라서 당간은 두 지주 사이에 깊게 매몰하고, 두 지주에 다른 고정 장치를 사용하여 고정하였던 것으로 보인다. 즉, 지주부 외곽으로 간을 돌려 당간을 고정하였던 것으로 보인다.

이와 같이 당간지주는 정연한 치석 수법을 보이면서 단아한 인상을 주고 있다. 또한 각 면을 고르게 다듬어 세련된 수법을 보이고 있어 중앙정부에 소속된 석공이 파견되어 치석되었던 것으로 보인다. 그리고 당간지주의 치석 수법은 회암사지 발굴 조사 결과 노출된 각종 석조물과 그 수법에서 강한 친연성을 보인다. 회암사는 고려 말에서 조선 초에 이르기까지 왕실과 긴밀한 관계를 가졌던 사찰로 이 시기에 대대적인 중창이 이루어졌다. 선각왕사 혜근이 고려 말기에 머물고 있을 때에는 회암사에 너무 많은 불도들이 모여들어 유생들이 회암사의 지나친 발전을 경계하기도 하였다. 특히 회암사는 1376년 4월 전당(殿堂)을 확장하는 공사를 마치고 낙성법회(落成法會)를 개최하였다고 한다. 당시 회암사는 대찰로서 전형적인 가람 배치를 완성하였던 것으로 보인다. 이러한 것으로 보아 회암사의 가람은 고려 말기에 갖추어졌음을 알 수 있다. 당간지주는 회암사가 대찰로서의 면모를 갖춘 시기에 건립되었던 것으로 보인다. 한편 당간지주는 조선시대에 접어들어 불교계가 위축되면서 거의 세워지지 않았다. 따라서 회암사지 당간지주는 지주부의 치석 수법과 회암사의 연혁 등으로 보아 14세기 말경에 건립되었을 것으로 추정된다.

(42) 통도사 석당간(通度寺 石幢竿)

석당간과 당간지주는 통도사 입구 하마비(下馬碑)라는 푯말이 있는 바로 옆에

통도사 석당간(1994년)   통도사 석당간(2006년)

세워져 있다. 현재 두 지주와 석당간은 시멘트로 결구되어 있다.

　당간지주는 남북으로 마주 서있는데, 치석 수법이 조잡하고 규모가 작아 괘불지주에 가까운 형식이다. 그리고 두 지주는 동일한 치석 수법이 아닌 것으로 보아 어느 시기에 어떤 이유로 한쪽지주가 보강된 것으로 추정된다. 간공은 사각형으로 관통되게 2개를 마련하여 간을 끼우도록 하였다. 석당간은 평면이 사각형에 가까운 부등변 팔각형이다. 간대석은 평면 사각형의 대석형으로 마련되었다. 석당간은 상부가 파손되어 시멘트로 결구하였다. 한편 석당간 하단부에는 사각형의 구멍을 뚫어 놓았는데, 이 부분이 지주의 간공과 연결되었던 곳인을 알 수 있다. 그러나 현재는 석당간에 시공된 구멍과 지주의 간공 높이가 맞지 않는 상태이다. 이것은 석낭간이나 당간지주가 중건되었음을 간접적으로 시사한다. 지주부는 외곽모서리를 일정한 너비로 깎았으며, 바깥면 가운데에 세로띠를 두어 장식성을 가하였다.

이와 같이 당간지주는 괘불지주에 가까운 형식으로 치석되었으며, 석당간의 구멍과 지주부의 간공 높이가 맞지 않는 것으로 보아 어느 시기에 중건되었음을 알 수 있다. 또한 당간지주와 석당간이 어울리지 않고 있어 여러 번 중건이나 보수의 과정이 있었던 것으로 보인다. 어쨌든 전체적인 치석 수법은 고려 말기에서 조선 초기에 건립된 양상을 보인다.

통도사 석당간 지주부(2006년)

3. 기타

(1) 풍기 출토 금동 당간 용두(豊基 出土 金銅 幢竿 龍頭)

이 용두는 1977년 풍기시내 하수도 공사 중 출토되었다. 현재 국립대구박물관에 소장되어 있다. 양 입가에는 가로지른 철봉(鐵棒)이 있고 그 철봉에 용두(龍頭)의 머리 속으로 도르래가 연결되도록 장치되었다. 턱 밑은 고리를 달았던 흔적이 있다. 긴 목 안은 비어 있어서 당간에 꽂도록 되어 있다. 이러한 것으로 보아 이 유물은 당간 꼭대기에 장식한 용두임을 알 수 있다. 그리고 용두의 표현이 사실적이고 역동적이며 통일신라시대 조성된 귀부의 귀두와 친연성을 보이는 것으로

풍기 출토 금동당간 용두

풍기 출토 금동당간 용두 도르래 　　　　풍기 출토 금동당간 용두 도면

보아 통일신라 중후기에 조성된 것으로 추정된다.

(2) 금동 용두 보당(金銅 龍頭 寶幢)

호암미술관에 소장되어 있는 것으로 당간의 원형을 추정하는데 귀중한 자료이다. 특히 당간 꼭대기 장식에 대한 결정적인 근거를 제시해 주고 있다. 통일신라 이래로 생성 발달해 온 당간의 형식과 상단부의 장식을 알 수 있는 귀중한 예이다. 또한 기단부, 지주부, 당간부, 당간 상단부의 장식 등을 축소화시켜 제작한 것으로 세련된 공예미를 보여주는 유물이기도 하다.

전체 높이는 73.8cm로 작으며, 기단부는 불상 대좌와 유사한 형식으로 사각형의 하대석과 중대석, 상대석으로 구성하였다. 하대석은 정면 3칸, 측면 2칸으로 머름칸을 두고 중대석을 올렸으며, 상하에 각각 앙련과 복련을 장식하였다. 상대석은 앙련 위에 올려 지주부와 당간을 받치도록 하였다. 이러한 기단 구성은 고려시대의 석탑이나 불상 대좌에서 많이 볼 수 있는 결구 수법이다. 상대석의 상면 중앙에는 사각형으로 홈을 마련하여 두 지주를 세우도록 하였다. 지주부는 외곽에 윤곽대를 돌려 통일신라시대의 당간지주 장식 수법을 보이고 있다.

두 지주 사이에는 사각형의 간대를 마련하고 꼭대기 용두까지 합하여 8절로 이어진 당간을 세웠다. 당간의 정상에 장식된 용두는 비늘이 음각되어 있고, 뿔이 앞뒤로 역동감 있게 뻗쳐 있으며, 명쾌한 선과 과장된 듯한 수법 등은 정교하고 세련된 공예 수법을 보여주고 있다. 입속에는 혀 모양의 띠를 위쪽으로 이었는데, 이것은 소형의 당이나 번을 걸기 위한 시설물이다. 이와 같이 보당은 화려하면서도 정교하지만 간략화 내지는 생략된 수법들이 보이고 있다. 따라서 통일신라시대의 당간과 당간지주 수법으로부터 영향을 받아 고려 전기에 제작된 것

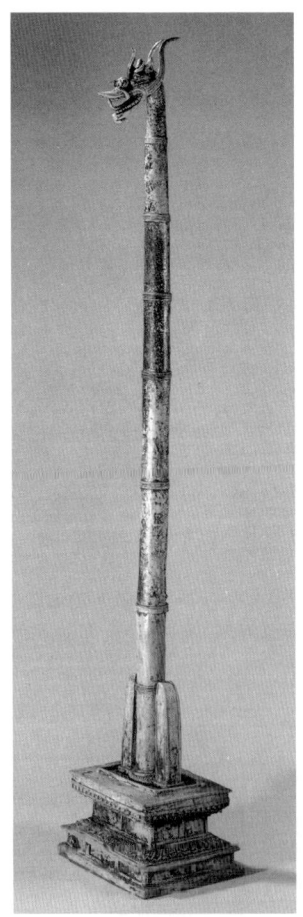
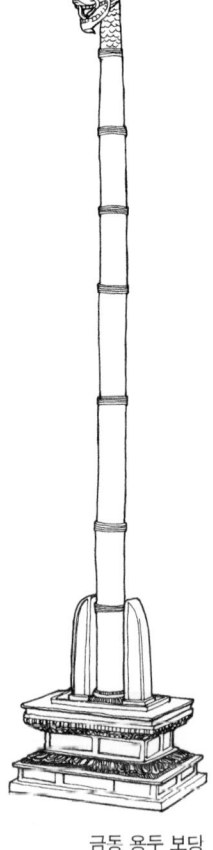

금동 용두 보당

498 한국의 당간과 당간지주

으로 추정된다.

(3) 음각 탑당 동판(陰刻 塔幢 銅版)

　국립중앙박물관에 소장되어 있는 것으로 동판 표면에 선조(線條)로 탑과 당간을 새겼다. 동판 그림 왼편에 당간과 지주가 있는데 당간은 8단으로 구성되었으며, 각 단은 철띠로 연결되었다. 꼭대기는 용두로 장식되었다. 용두 입에는 쇠사슬이 길게 달려있고 당간을 2번 감싸고 밑으로 땅바닥까지 내려져 있다. 쇠사슬을 이용하여 당을 달았음을 알 수 있다. 그리고 당간이 우측 옆에 서있는 7층탑과 같은 높이로 상당히 높게 마련되었음을 알 수 있다. 당간지주는 지대석과 기단부를 마련하고 두 지주를 세웠다. 지주 정상부는 둥글게 깎아 호형을 형성하도

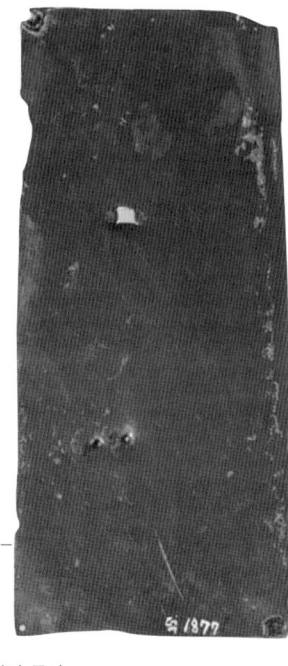
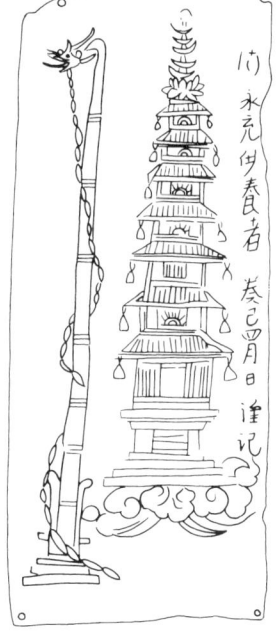

음각 탑당 동판　　　　　　　　　　　　음각 탑당 동판 도면

록 하였으며 외면으로 약간 벌어져 있다. 지주 하단부에 당간을 고정시키는 간
(杆)을 길게 끼웠는데, 지주를 관통하도록 시설하였다. 전체적으로 탑과 함께 고
려시대 당간과 당간지주를 보여주고 있는 것으로 추정된다.

(4) 흥덕사지 청동 보당 용두(興德寺址 靑銅 寶幢 龍頭)

이 용두(龍頭)는 국립청주박물관에 소장되어 있으며, 1986년 5월 청주 흥덕사
지(興德寺址) 발굴 조사 중에 수습되었다. 당시 2점이 수습되었는데, 중심 사역에
서 동북방으로 약 200m 정도 떨어진 흙더미 속에서 발견되었다. 2점의 용두는
모양과 크기가 똑같으며, 목 부분에서 거의 'ㄱ'자로 꺾이어 앞을 향하고 있으며,
입에는 여의주를 물고 있다. 용두는 두 눈과 귀, 뿔이 힘차게 조각되어 있고, 입
좌우로 갈퀴형 문양이 길게 뻗쳐있다. 코는 높게 올라와 있고, 목 밑으로 비늘이
사실적으로 표현되었다.

목줄기는 원통형으로 가운데가 비어 있으며, 양 측면에 못 구멍이 있어 다른

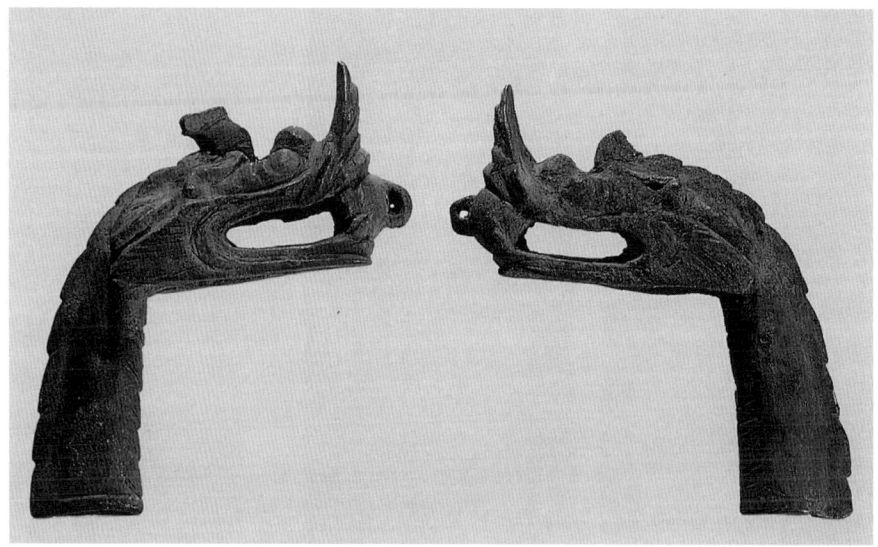

흥덕사지 출토 청동 보당 용두

시설물과 연결되었음을 알 수 있다. 또한 입을 크게 벌려 빈공간으로 처리하였으며, 여의주 끝에 무언가를 걸 수 있는 고리를 만들어 놓았다. 그리고 턱 위로 고리를 달아 줄을 걸 수 있도록 장치하였던 흔적이 있다.[1] 이와 같이 전체적인 형태가 호암미술관 소장 금동 보당과 유사하여 용두 보당의 정상부이거나 다른 시설물에 달아 번이나 당을 달 때 사용된 것임을 알 수 있다. 즉 불전을 장엄하기 위하여 번이나 당을 달 때 사용된 조형물임은 분명하다.

조성 연대는 용두의 조각 수법이 정교하지는 못하지만 부근에서 함께 출토된 '皇統十年興德寺'명[2] 청동불발(靑銅佛鉢)로 보아 12세기경으로 추정된다.

---

1) 淸州大學校博物館, 『淸州興德寺址 發掘調査報告書』, 古蹟調査報告 8책, 1986, p. 77.
2) 皇統(1141~1148)은 금나라의 연호이다. 황통 10년은 1150년에 해당된다.

당간과 당간지주에 새겨진 명문

1. 中初寺址 幢竿支柱(827년)

"寶曆二年歲次丙午八月朔六辛丑日中初寺東方僧岳一
石分二得同月廿八日二徒作初奄九月一日此處至丁未年
二月卅日了成之 節州統皇龍寺恒昌和尙上坐
眞行法師貞坐義說法師上坐年嵩法師史師二
妙凡法師則永法師典都唯乃二昌樂法師法智法師
徒上二智生法師眞方法師作上秀南法師"

중초사지 당간지주 명문

2. 龍頭寺址 鐵幢竿(962년)

龍頭寺鐵幢記
　　　　前翰林學生金遠撰兼書　　鐫者孫錫
早聆幢竿所制飾佛門之玉標幡盖由來
粧寶殿之神旆其狀也鶴翔碧落龍躍
靑霄立之者旁發信心望之者心傾丹
愿固知伏魔　鐵杖挮賊霓旌傾有堂大
等金芮宗者也州里豪家鄕閭冠族偶因染
疾忽約
佛天仰祈則敬造鐵幢俯擔則莊嚴玉利然而
難停逝水易沒黃泉已間數歲遲延喝時
容易於是從兄堂大等正朝賜丹銀魚袋

용두사지 철당간 명문 1

金希一等彼爲還願此繼頹繹遂令鑄
成三十段之鐵筒連立六十尺之幢柱穿雲
捧日貫霧倚空魯氏雲梯難攀龍盖甘
寧錦纜未敵璅繩可謂奉往心深興亡情切
植金剛之不朽營玉利之無窮僕者膠柱頑
流剋舟膚物忽蒙勸我聊表短章其詞曰
幢竿始立天半可壓(及)巧成物像莊嚴佛法兄
弟兩家令脩善業鑄之植之无窮永劫

용두사지 철당간 명문 2

　　當寺令釋紬大德　　檀越兼令金希一正朝金守□□□
　　金釋希釋希□　　金寬謙大等監司上和尙信學府□
　　前侍朗孫熙大　　前兵部卿慶柱洪大奈學院卿韓明
　　寔柰 前司倉慶　　奇俊大舍學院郎中孫仁謙鑄大□□
　　維峻豊三年太歲壬戌二月二十九日鑄成

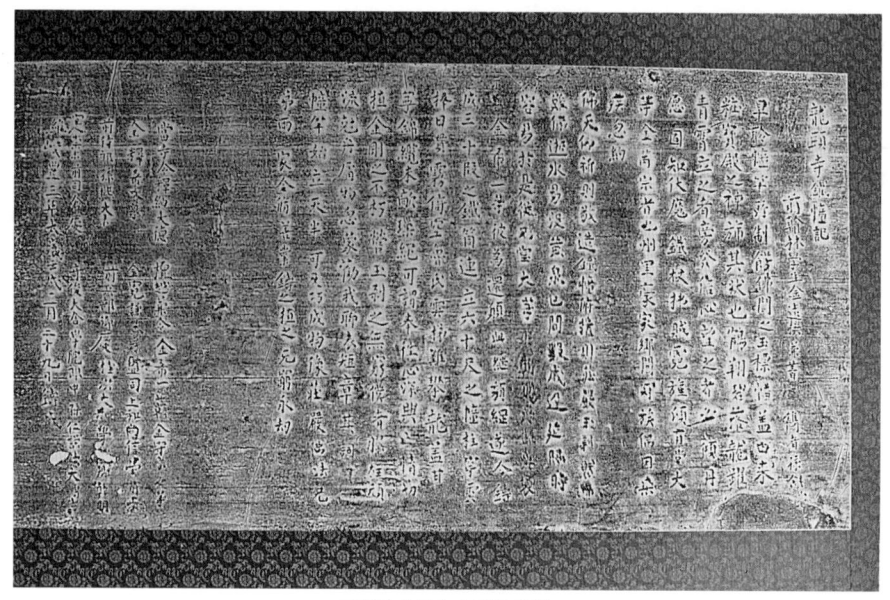

용두사지 철당간 명문 탑본

3. 法住寺 鐵幢竿(1006년: 출처『大東金石書』)

법주사 철당간 명문(대동금석서)

법주사 철당간 명문 1(1972년)

법주사 철당간 명문 2(1972년)

4. 扶安 西外里 幢竿支柱(1671년)

1) 동쪽지주 북쪽 면

'齋任 金尙古 崔世俊 崔錫胤 姜載之'

2) 서쪽지주 북쪽 면

'木干僧安密蕃奴 水鐵匠鳴鶴 鄭付吉□'

3) 석당간 남쪽 면

'崇禎後四四年辛亥四月日 立石

崔哲□ 崔石□

坐位'

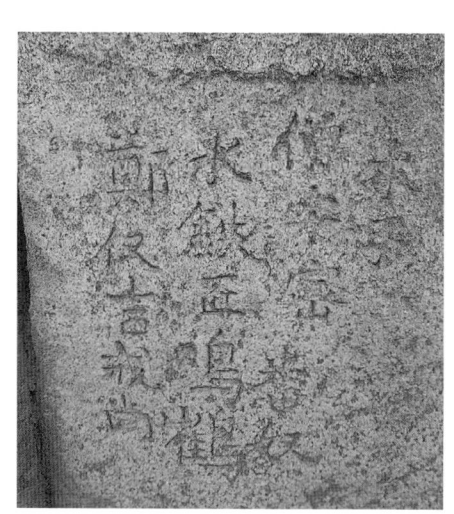 

부안 서외리 당간지주 서쪽지주 명문   부안 서외리 석당간 명문

5. 江陵 水門里 幢竿支柱(1817년)

'戰渡橋廢於之去正德戊辰復設干府使南公惠寬之時嘉慶丁丑八月 日'

강릉 수문리 당간지주 명문

參考文獻

1. 原典 史料 및 基礎 資料

『三國史記』/『三國遺事』/『高麗史』/『宣和奉使高麗圖經』/『東國李相國集』
『新增東國輿地勝覽』/『東史綱目』/『東京雜記』/『輿地圖書』/『大東金石書』
『梵魚寺創建事蹟』/『日本書紀』/『往五天竺國傳』/『洛陽伽藍記』/『祖堂集』
『入唐求法巡禮行記』/『均如傳』/『太宗實錄』/『世宗實錄』/『東文選』
『遊松都錄』/『西河集』/『永嘉誌』/『大正新修大藏經』

京畿道,『京畿金石大觀』, 1982.
京畿道,『畿內寺院誌』, 1988.
權相老 編,『韓國寺刹全書』上/下, 東國大學校 出版部, 1979.
金韓中,『安東誌』, 고향문화사, 1988.
민족문화추진회 편,『校勘 三國遺事』, 韓國古典叢書 1, 1982.
李智冠 譯註,『校勘譯註 歷代高僧碑文』卷 1~卷 6, 伽山文庫.
全羅南道,『全南金石文』, 1990.
朝鮮總督府 編,『朝鮮金石總覽』上, 1919.(亞細亞文化社, 1976)
韓國古代社會研究所 編,『譯註 韓國古代金石文』Ⅰ~Ⅲ, 駕洛國史蹟開發研究院, 1992.
韓國佛敎全書編纂委員 編,『韓國佛敎全書』1~6册, 東國大學校 出版部, 1994.
한국역사연구회 편,『譯註 羅末麗初金石文』上/下, 혜안, 1996.
韓國學文獻研究所 編,『韓國寺誌叢書』1~11輯, 亞細亞文化社, 1983.
許興植 編,『韓國金石全文』古代/中世 上/中世 下, 亞細亞文化社, 1984.
黃壽永 編,『韓國金石遺文』, 一志社, 1994.

2. 報告書 및 圖錄

江陵大學校 博物館,『崛山寺址 浮屠 學術調査報告書』, 1999.
강원대학교 중앙박물관,『華川 啓星寺址 地表調査報告書』, 2002.
경기도 박물관,『奉業寺』, 2002.
경기도 박물관,『京畿道佛蹟資料集』, 1999.

경기도 박물관 · 기순문화재연구원, 『檜巖寺 I 시굴조사 보고서』, 2001.
경기도 편, 『京畿文化財大觀』-國家指定篇-, 1989.
京畿道, 『경기도지정문화재 실측조사보고서(상)』, 1996.
경기도, 『향토유적총람』, 1987.
京畿道, 『畿內寺院誌』, 1988.
경상남도지편찬위원회, 『경상남도지』, 1978.
경상북도, 『지방문화재대관』, 1980.
공주군지편찬위원회 편, 『公州郡誌』, 1988.
공주대학교 박물관, 『九龍寺址』, 1995.
光森正士 責任編集, 『正倉院寶物にみる佛具 · 儀式具』, 紫紅社, 1993.
國立慶州文化財研究所, 『慶州 南山』-本文 · 解說篇-, 2002.
國立慶州博物館, 『文字로 보는 新羅』, 2002.
국립대구박물관 편, 『국립대구박물관』, 통천문화사, 1996.
國立文化財研究所, 『彌勒寺址石塔 解體調査報告書 I』, 2003.
國立文化財研究所, 『北韓文化財解說集 I』-石造物 篇-, 1997.
국립부여문화재연구소, 『彌勒寺遺蹟發掘調査報告書 II』, 1996.
국립부여박물관 편, 『중국낙양문물명품전』, 통천문화사, 1998.
국립전주박물관, 『高敞郡의 역사문물』, 1999.
국립전주박물관, 『부안 전북의 역사문물 III』, 2001.
국립중앙박물관 편, 『국립중앙박물관』, 통천문화사, 1988.
국립청주박물관 편, 『국립청주박물관』, 통천문화사, 2001.
국립춘천박물관 편, 『국립춘천박물관』, 통천문화사, 2002.
金顯吉, 『廢寺址 調査報告』, 한국향토사연구전국협의회, 1992.
나주목향토문화연구회, 『羅州地理志』, 1989.
奈良國立博物館, 『高麗時代の佛畵』, 1996.
奈良國立博物館, 『日本佛敎美術名宝展』, 1995.
奈良國立博物館, 『特別展 天平』, 1998.
檀國大 歷史學科 編, 『天興寺址』- 學術調査 報告書 -, 1994.
단국대학교 중앙박물관, 『안성시의 역사와 문화유적』, 1999.
담양문화원, 『담양의 맥』, 1987.
大邱大學校 博物館, 『符仁寺址 2次 發掘調査報告書』, 學術調査報告 제4책, 1991.

大英博物館, 『西域美術』 1~3, 講談社.

東京國立博物館, 『西域 美術展』, 1991.

東京國立博物館, 『特別展 正倉院 寶物』, 1981.

동국대학교 경주캠퍼스 편, 『慶州狼山遺蹟調査』 古蹟調査報告 第 1 冊, 1985.

동국대학교 편, 『中國大陸의 文化』 3, (주)한국언론자료 간행회, 1990.

동아대학교 박물관, 『진주-통영간 고속도로 예정구간 문화유적 지표조사보고』, 1997.

문화재관리국 문화재연구소, 『皇龍寺 遺蹟發掘調査報告書 Ⅰ』, 1984.

文化財管理局 文化財研究所, 『小川敬吉調査文化財資料』, 1994.

文化財管理局, 『金山寺實測調査報告書』, 1987.

文化財管理局, 『文化遺蹟 補修淨化誌 -石造文化財篇-』, 1981.

文化財管理局, 『金谷寺三層石塔·洪城東門洞幢竿支柱 修理 報告書』, 1989.

文化財管理局, 『金山寺實測調査報告書』, 1987.

文化財管理局, 『文化遺蹟總覽』 上/中/下卷, 1977.

문화재연구소, 『彌勒寺遺蹟發掘調査報告書 Ⅰ』, 1989.

문화재연구소·경주고적발굴조사단, 『추정 주전지 시굴조사』, 1986.

百濟文化開發研究院, 『鷄龍山 地域의 遺蹟과 遺物』, 1995.

부산시, 『부산북구향토지』, 1991.

부산시립박물관, 『釜山萬德寺址』, 1993.

서울시, 『서울문화재대관』, 1987.

安城市, 『安城 竹山里 五層石塔 實測調査報告書』, 2003

양평군지편찬위원회, 『楊平郡誌』, 1991.

영남매장문화재연구원, 『경주시 문화유적 지표조사 보고서』, 1996.

云岡石窟文物保管所 編, 『云岡石窟』 Ⅰ, 文物出版社, 1991.

云岡石窟文物保管所 編, 『云岡石窟』 Ⅱ, 文物出版社, 1994.

蔚珍郡, 『蔚珍郡誌』 上, 2002.

原城郡, 『居頓寺址 石物實測 및 地表調査報告書』, 1986.

原州郡, 『法泉寺址 石物實測 및 地表調査 報告書』, 1992.

林南坤 編, 『井邑文化財誌』, 정읍문화원, 2002.

전남문화공보담당실 편, 『文化財圖錄』 -전라남도-, 1988.

전라남도, 『문화재도록』, 1988.

全北大學校 博物館, 『萬福寺發掘調査報告書』, 1986.

전북향토문화연구회 편, 『부안군지』, 1991.
鄭永鎬 編, 『國寶』 7 -石造-, 웅진출판주식회사, 1992.
鄭永鎬, 『槐山地區古蹟調査報告書』, 檀國大 出版部, 1967.
鄭永鎬, 『尙州地區古蹟調査報告書』, 檀國大出版部, 1969.
鄭于澤 外, 『高麗時代の佛畵』, (株)時空社, 2000.
朝鮮古蹟刊行會, 『韓國古蹟圖報』 -建築歷史-, 보국문화사, 1962.
조선유적유물도감 편찬위원회, 『북한의 문화재와 문화유적 Ⅳ』, 서울대학교 출판부, 2000.
朝鮮總督府, 『大正十一年度古蹟調査報告』 第一冊, 1924.
朝鮮總督府, 『大正五年度 古蹟調査報告』, 1917.
朝鮮總督府, 『大正六年度 古蹟調査報告』, 1920.
朝鮮總督府, 『大正七年度 古蹟調査報告』 第一冊, 1922.
朝鮮總督府, 『慶州南山の佛蹟』, 民族文化, 1986.
朝鮮總督府, 『朝鮮古蹟圖譜』 4~6冊, 1916.
周心慧 編, 『中國古代佛敎版畵集』, 學苑出版社, 1998.
中國古宮博物院, 『中國歷代繪畵』, 古宮博物院藏畵集 Ⅰ, 1978.
진홍섭 편, 『國寶 5』 -공예-, 웅진출판주식회사, 1992.
淸州大 博物館, 『大院寺址 彌勒大院址』, 中原彌勒里寺址 5次發掘調査報告書, 1993.
淸州大 博物館, 『淸州興德寺址 發掘調査報告書』, 古蹟調査報告 8冊, 1986.
청주대학교 도시지역개발연구소, 『용두사지철당간 안전진단 및 보존처리 학술연구용역 보고서』, 1999.
충남대학교 박물관, 『聖住寺』, 1998.
忠淸南都 편, 『文化財大觀』 -忠南-, 1985.
忠淸北道 편, 『忠北의 文化財』 -指定文化財-, 1978.
충청전문대학 박물관, 『堤川 月光寺址』, 1998.
포항산업과학연구원, 『철당간 보존방안 수립 연구』, 2001.
한국교원대학교 박물관, 『新羅佛敎初傳地域 學術調査報告書』, 1997.
韓國文化財保護協會 編, 『文化財大觀』 6, 大學堂, 1989.
호남문화재연구원, 『潭陽 邑內里遺蹟』, 2002.
홍천군지편찬위원회, 『홍천군지』, 1989.
黃壽永·文明大, 「法光寺址實測調査」, 『佛敎美術』 1, 동국대 박물관, 1973.

大英博物館, 『西域美術』 1~3, 講談社.

東京國立博物館, 『西域 美術展』, 1991.

東京國立博物館, 『特別展 正倉院 寶物』, 1981.

동국대학교 경주캠퍼스 편, 『慶州狼山遺蹟調査』古蹟調査報告 第 1 冊, 1985.

동국대학교 편, 『中國大陸의 文化』 3, (주)한국언론자료 간행회, 1990.

동아대학교 박물관, 『진주-통영간 고속도로 예정구간 문화유적 지표조사보고』, 1997.

문화재관리국 문화재연구소, 『皇龍寺 遺蹟發掘調査報告書 Ⅰ』, 1984.

文化財管理局 文化財研究所, 『小川敬吉調査文化財資料』, 1994.

文化財管理局, 「金山寺實測調査報告書」, 1987.

文化財管理局, 『文化遺蹟 補修淨化誌 -石造文化財篇-』, 1981.

文化財管理局, 『金谷寺三層石塔·洪城東門洞幢竿支柱 修理 報告書』, 1989.

文化財管理局, 『金山寺實測調査報告書』, 1987.

文化財管理局, 『文化遺蹟總覽』 上 / 中 / 下卷, 1977.

문화재연구소, 『彌勒寺遺蹟發掘調査報告書 Ⅰ』, 1989.

문화재연구소·경주고적발굴조사단, 『추정 주전지 시굴조사』, 1986.

百濟文化開發研究院, 『鷄龍山 地域의 遺蹟과 遺物』, 1995.

부산시, 『부산북구향토지』, 1991.

부산시립박물관, 『釜山萬德寺址』, 1993.

서울시, 『서울문화재대관』, 1987.

安城市, 『安城 竹山里 五層石塔 實測調査報告書』, 2003

양평군지편찬위원회, 『楊平郡誌』, 1991.

영남매장문화재연구원, 『경주시 문화유적 지표조사 보고서』, 1996.

云岡石窟文物保管所 編, 『云岡石窟』 Ⅰ, 文物出版社, 1991.

云岡石窟文物保管所 編, 『云岡石窟』 Ⅱ, 文物出版社, 1994.

蔚珍郡, 『蔚珍郡誌』 上, 2002.

原城郡, 『居頓寺址 石物實測 및 地表調査報告書』, 1986.

原州郡, 『法泉寺址 石物實測 및 地表調査 報告書』, 1992.

林南坤 編, 『井邑文化財誌』, 정읍문화원, 2002.

전남문화공보담당실 편, 『文化財圖錄』 -전라남도-, 1988.

전라남도, 『문화재도록』, 1988.

全北大學校 博物館, 『萬福寺發掘調査報告書』, 1986.

전북향토문화연구회 편, 『부안군지』, 1991.
鄭永鎬 編, 『國寶』 7 -石造-, 웅진출판주식회사, 1992.
鄭永鎬, 『槐山地區古蹟調査報告書』, 檀國大 出版部, 1967.
鄭永鎬, 『尙州地區古蹟調査報告書』, 檀國大出版部, 1969.
鄭于澤 外, 『高麗時代の佛畵』, (株)時空社, 2000.
朝鮮古蹟刊行會, 『韓國古蹟圖報』 -建築歷史-, 보국문화사, 1962.
조선유적유물도감 편찬위원회, 『북한의 문화재와 문화유적 Ⅳ』, 서울대학교 출판부, 2000.
朝鮮總督府, 『大正十一年度古蹟調査報告』 第一冊, 1924,
朝鮮總督府, 『大正五年度 古蹟調査報告』, 1917.
朝鮮總督府, 『大正六年度 古蹟調査報告』, 1920.
朝鮮總督府, 『大正七年度 古蹟調査報告』 第一冊, 1922.
朝鮮總督府, 『慶州南山の佛蹟』, 民族文化, 1986.
朝鮮總督府, 『朝鮮古蹟圖譜』 4~6冊, 1916.
周心慧 編, 『中國古代佛敎版畵集』, 學苑出版社, 1998.
中國古宮博物院, 『中國歷代繪畵』, 古宮博物院藏畵集 Ⅰ, 1978.
진홍섭 편, 『國寶 5』 -공예-, 웅진출판주식회사, 1992.
淸州大 博物館, 『大院寺址 彌勒大院址』, 中原彌勒里寺址 5次發掘調査報告書, 1993.
淸州大 博物館, 『淸州興德寺址 發掘調査報告書』, 古蹟調査報告 8冊, 1986.
청주대학교 도시지역개발연구소, 『용두사지철당간 안전진단 및 보존처리 학술연구용역 보고서』, 1999.
충남대학교 박물관, 『聖住寺』, 1998.
忠淸南都 편, 『文化財大觀』 -忠南-, 1985.
忠淸北道 편 , 『忠北의 文化財』 -指定文化財-, 1978.
충청전문대학 박물관, 『堤川 月光寺址』, 1998.
포항산업과학연구원, 『철당간 보존방안 수립 연구』, 2001.
한국교원대학교 박물관, 『新羅佛敎初傳地域 學術調査報告書』, 1997.
韓國文化財保護協會 編, 『文化財大觀』 6, 大學堂, 1989.
호남문화재연구원, 『潭陽 邑內里遺蹟』, 2002.
홍천군지편찬위원회, 『홍천군지』, 1989.
黃壽永・文明大, 「法光寺址實測調査」, 『佛敎美術』 1, 동국대 박물관, 1973.

3. 論著

Sylvan Barnet 지음·김리나 역, 『미술품의 분석과 서술의 기초』, 시공사, 1995.

葛城末治, 「朝鮮の幢及ひ幢竿に就いて」, 『小田先生頌壽記念朝鮮論集』, 1933(『朝鮮金石攷』(韓國金石文全書補助資料), 亞細亞文化社, 1979).

姜友邦, 「統一新羅 法幢의 復元的 考察」 -豊基 出土 金銅龍頭의 出現을 계기로-, 『圓融과 調和』, 悅和堂, 1990.

강우방, 『한국불교의 사리장엄』, 열화당, 1993.

輕部慈恩, 『百濟美術』, 寶雲舍, 1944.

輕部慈恩, 『百濟遺蹟の研究』, 吉川弘文館, 1941.

과학백과사전출판부, 『우리나라 역사유적』, 평양, 1983.

關野貞, 『朝鮮の建築と藝術』, 東京 岩波書店刊行, 1941.

關野貞, 『韓國建築調査報告』, 동경대, 1904.

光森正士, 「奈良時代の佛具」, 『正倉院寶物にみる佛具·儀式具』, 紫紅社, 1993.

具美來, 『한국인의 상징세계』, 교보문고, 1992.

具善會, 「韓國上代伽藍建築의 幢竿支柱 및 掛佛臺에 關한 研究」, 영남대 석사학위논문, 1981.

具滋奉, 「高靈 池山洞 幢竿支柱의 發掘調査」, 『佛教考古學』 창간호, 위덕대학교 박물관, 2001.

權相老, 「韓國古代信仰의 一覽」, 『佛教學報』 1집, 東國大 佛教文化研究所, 1963.

권오달, 「익산지역의 석조미술과 돌 다루기」, 익산문화원, 2001.

권오식, 「安東의 塼塔 法林寺와 良志 法師」, 『安東文化』 11집, 안동문화원, 2003.

金福順, 『新羅華嚴宗研究』, 民族史, 1990.

金相鉉, 『新羅華嚴思想史研究』, 民族史, 1991.

김영숙, 「佛腹藏物 통해 본 服飾 思想性 檢討」, 『文化財』 35호, 국립문화재연구소, 2002.

金煐泰, 「三國遺事 所傳 佛教 龍에 대하여」, 『三國遺事의 研究』, 1982.

金煐泰, 「新羅佛教에 있어서의 龍神思想 -三國遺事를 中心으로-」, 『佛教學報』 11집, 東國大 佛教文化研究所, 1974.

金煐泰, 「朝鮮前期의 度僧 및 赴役僧 問題」, 『佛教學報』 32집, 동국대 불교문화연구원, 1995.

金龍善, 「高麗 前期 法眼宗과 智宗」, 『江原佛教史研究』, 한림과학원총서 51, 1996.

金元龍, 『韓國美術史』, 一志社, 1973.

金載元, 「宿水寺址 出土 佛像에 대하여」, 『震檀學報』 19집, 震檀學會, 1958. 6.
金貞淑, 「新羅文化에 나타나는 動物의 象徵」, 『新羅文化』 7집, 東國大 新羅文化硏究所, 1990.
金澈雄, 「고려말 檜巖寺의 중건과 그 배경」, 『史學志』 30집, 단국대 사학회, 1997.
金和英, 「三國時代 蓮花紋硏究」, 『歷史學報』 34, 歷史學會, 1967.
金興三, 「羅末麗初 闍堀山門과 政治勢力의 動向」, 『古文化』 50집, 한국대학박물관협회, 1997.
金喜庚, 「高麗石造建築의 硏究 -幢竿支柱·石燈·石碑-」, 『考古美術』 175·176합집, 韓國美術史學會, 1987.
김두진, 「均如의 生涯와 著述」, 『歷史學報』 75·76집, 역사학회, 1977.
김현길, 「中原(忠州市 中原郡)地域의 寺址」, 『폐사지 조사보고』(향토사연구 총서 제3책), 한국향토사연구전국협의회, 1992.
대한불교조계종 총무원, 『佛敎寺院址』 上·下, 1997.
藤島亥治郎, 「慶州を中心とせる新羅時代幢竿支柱論」, 『史蹟名勝天然記念物』 제8집 제11호 별쇄, 1933.
藤島亥治郎, 『朝鮮建築史論』, 景仁文化社, 1972.
리창언, 「대각국사 의천의 부도에 대하여」, 『조선고고연구』 2002년 2호, 2002.
馬韓百濟文化硏究所 共著, 「彌勒寺址 石造物 및 石部材調査資料」, 『馬韓·百濟文化』 창간호(圓光大 馬韓百濟文化硏究所), 1975.
末松保和, 「新羅の軍號「幢」について」, 『史學雜誌』 제 43 편 제 12 호, 1932.
文明大, 「法水寺의 摩訶毘盧舍那三尊佛」, 『古文化』 5·6합집, 한국대학박물관협회, 1969.
文明大, 『佛敎美術槪論』, 현대불교신서 30, 동국대 부설 역경원, 1992.
米田美代治, 「慶州·望德寺의 硏究」, 『朝鮮と建築』 19卷 4號, 朝鮮建築會, 昭和 15年 4月 (1940년).
朴慶植, 「9世紀 新羅 石造美術에 關한 硏究」, 한국교원대학교 역사교육 박사학위논문, 1992.
박경식, 「江陵市의 佛敎遺蹟」, 『江陵의 歷史와 文化遺蹟』, 강릉대 박물관, 1995.
朴慶植, 「安養 中初寺址에 대한 考察」, 『實學思想硏究』 14집, 모악실학회, 2000.
朴萬植, 「韓國古代 伽藍의 配置 및 平面計劃에 關한 硏究」, 충남대 박사학위논문, 1974.
朴相佾, 「忠州 淸原地域의 廢寺址」, 『폐사지 조사보고』(향토사연구 총서 제3책), 한국향토사연구전국협의회, 1992.

朴容淑, 『傳統美術의 再發見』, 一志社, 1988.

朴容塡, 「公州時代의 文化에 關한 硏究」, 『百濟文化』 2집, 공주사범대학 백제문화연구소, 1969.

朴昊遠, 「솟대와 幢竿」, 『古美術』 88년 가을·겨울호, 1988.

朴洪國, 「慶州地方 幢竿支柱의 硏究」, 『慶州史學』 4, 동국대경주캠퍼스 국사학회, 1985.

朴洪國, 「新羅 三杆孔 貫通型 幢竿支柱에 대한 考察」, 『新羅文化』 제28집, 동국대학교 신라문화연구소, 2006.

白種伍 외, 「天安 天興寺址 地表調査報告」, 『博物館學』 제4호, 충청전문대학 박물관, 1995.

서영대 엮음, 「인도의 龍신앙」, 『용 그 신화와 문화』 -세계편-, 민속원, 2002.

서영대 엮음, 「한국불교의 龍신앙 수용」, 『용 그 신화와 문화』 -한국 편-, 민속원, 2002.

松本文三郞, 「朝鮮の幢に就いて」, 『內藤博士還曆祝賀支那學論叢』, 弘文社, 1926.

松本包夫, 「上代布帛の形式について」, 『正倉院寶物にみる佛具·儀式具』, 紫紅社, 1993.

水谷昌義 譯, 「高麗佛日寺の調査·硏究 -近年の共和國の硏究報告から」, 『朝鮮學報』 113輯, 朝鮮學會, 1984.

申榮勳, 「安城郡 七長寺의 調査」, 『考古美術』 통권53호, 고고미술동인회, 1964.

辛鍾遠, 「幢竿造營의 文化史的 背景」, 『江原史學』 3집, 강원대 사학회, 1987.

안양시청, 『中初寺址 幢竿支柱 修理 報告書』, 2000.

安瑛培, 『韓國建築의 외부공간』, 寶晉齊, 1992.

梁泰鎭 엮음, 『미리 가보는 북한의 문화유적 순례』, 백산출판사, 1995.

嚴基杓, 「高麗時代 幢竿과 幢竿支柱」, 『文化史學』 11·12·13호, 韓國文化史學會, 1999.

嚴基杓, 「新羅 雙身頭 龜趺에 대한 考察」, 『文化史學』 19號, 韓國文化史學會, 2003.

嚴基杓, 「全北地域 幢竿과 幢竿支柱」, 『順天大博物館誌』, 순천대학교 박물관, 2000.

嚴基杓, 「忠北地域 幢竿과 幢竿支柱 考察」, 『博物館誌』 5호, 충청전문대 박물관, 1996.

嚴基杓, 「충북지역 당간과 당간지주」, 『충북의 석조미술』, 충북학연구소, 2000.

嚴基杓, 「統一新羅時代의 幢竿과 幢竿支柱 硏究」, 『文化史學』 6·7호, 韓國文化史學會, 1997.

嚴基杓, 「韓國의 幢竿과 幢竿支柱 硏究」, 한국교원대학교 석사학위논문, 1996.

嚴基杓, 『신라와 고려시대 석조부도』, 학연문화사, 2003.

呂聖九, 「神行의 生涯와 思想」, 『水邨朴永錫敎授華甲紀念 韓國史學論叢(上)』, 탐구당,

1992.

廉永夏, 『韓國의 鐘』, 서울대 출판부, 1992.

吳京厚, 「17世紀 佛國寺古今創記와 湖南의 寺刹事蹟記」, 『新羅文化』 19집, 2001.

尹京烈, 『慶州南山古蹟巡禮』, 慶州市, 1979.

尹德香, 「萬福寺址 伽藍配置에 대하여」, 『佛敎美術』 10, 동국대학교 박물관, 1991.

윤열수, 『괘불』, 대원사, 1990.

尹容鎭, 「法水寺址와 遺物」, 『古文化』 1집, 한국대학박물관협회, 1962.

이강오·오병무, 「全北益山 地域의 廢寺址」, 『폐사지 조사보고』(향토사연구 총서 제3책), 한국향토사연구전국협의회, 1992.

이근직 엮음, 『경주의 문화유산』, 경주박물관회, 2000.

李南奭, 「百濟 大通寺址와 그 出土遺物」, 『湖西考古學』 6·7합집, 호서고고학회, 2002.

李南奭, 「百濟 蓮花紋 瓦當의 一硏究」, 『古文化』 32, 한국대학박물관협회, 1988.

李萬烈, 『韓國史年表』, 역민사, 1985.

李英淑, 「朝鮮後期 掛佛幀 硏究」, 동국대학교 대학원 미술사학과 박사논문, 2003.

李殷昌, 「瑞山 龍賢里出土 百濟金銅如來立像考」, 『百濟文化』 3집, 공주대학교 백제문화연구소, 1969.

李殷昌, 「洪城五官里寺址의 幢竿支柱와 石佛坐像」, 『考古美術』 통권54호, 고고미술동인회, 1965.

李春桂, 「日本 正倉院의 刺繡와 그 製作國」, 『服飾』 25호, 한국복식학회, 1995.

李夏中, 「尙州邑 伏龍里 幢竿支柱」, 『考古美術』 통권14호, 고고미술동인회, 1961.

李惠善, 「〈龍頭寺鐵幢記〉에 보이는 高麗初 淸州豪族」, 충북대학교 석사학위논문, 1992.

李浩官, 「統一新羅時代 幢竿支柱와 石橋」, 『考古美術』 158·159합집, 한국미술사학회, 1983.

林玲愛, 「古代 中國 佛敎幡의 樣式變遷考」, 『美術史學硏究』 189, 한국미술사학회, 1991.

林玲愛, 「韓國·日本의 古代 佛敎幡에 관한 硏究 -中國 唐幡의 韓國·日本에의 傳播와 受容을 중심으로-」, 『美術史學硏究』 190·191, 한국미술사학회, 1991.

林永周, 『韓國紋樣史』 -韓國 美術 樣式의 흐름-, 미진사, 1983.

林在海 外, 『安東文化의 再照明』, 안동문화연구회, 1986.

張慶浩, 『百濟寺刹建築』, 예경산업사, 1991.

張慶浩, 『韓國의 傳統建築』, 문예출판사, 1992.

張忠植, 『新羅石塔硏究』, 一志社, 1987.

齋藤忠, 「開城市靈通寺蹟の大覺國師の現狀について」, 『朝鮮學報』 176·177輯, 朝鮮學會, 2000.
齋藤忠, 『幢竿支柱の研究』, 第一書房, 2003.
齋藤忠, 『北朝鮮考古學の新發見』, 雄山閣, 1996.
全榮來, 「萬福寺址 石人 支柱」, 『考古美術』 통권 59 호, 고고미술동인회, 1965.
전창기, 『미륵사지 당간지주』, 현대옵셋인쇄사, 1999.
鄭明鎬, 『韓國石燈樣式』, 民族文化社, 1994.
정무웅, 「韓國傳統建築 外部空間의 階層的 秩序에 關한 硏究」, 홍익대 박사학위논문, 1984.
鄭性本, 「新羅禪宗의 諸問題」, 『新羅禪宗의 硏究』, 민족사, 1995.
鄭永鎬, 「高麗時代 石塔의 特性에 관한 硏究」, 『檀國大論文集』 11, 1977.
鄭永鎬, 「楊平 玉泉面의 佛蹟 -舍那寺와 玉泉里遺蹟을 중심으로-」, 『白山學報』 8호, 白山學會, 1970.
鄭永鎬, 「韓國의 幢竿과 幢竿支柱」, 『古美術』 1991년 봄호, 韓國古美術協會, 1991.
鄭永鎬, 「華嚴寺의 石造遺物」, 『화엄사 화엄석경의 종합적 고찰』, 화엄사, 2001.
鄭寅國, 『韓國建築樣式論』, 一志社, 1988.
정재훈·이융조 외 공저, 『북한의 문화유산』 Ⅰ, 고려원, 1990.
曺庚時, 「新羅下代 華嚴宗의 構造와 傾向」, 『釜大史學』 13집, 부산대 사학회, 1989.
朝鮮總督府, 『慶州南山の佛蹟』, 民族文化, 1986.
竹島卓一, 『營造法式の研究』 第1卷, 東京, 中央公論美術出版, 1970.
秦洪燮, 「宿水寺址 出土 銅佛」, 『考古美術』 통권17호, 고고미술동인회, 1961.
秦弘燮, 「八公山 符仁寺址의 調査」 -新羅五岳調査記其一-, 『考古美術』 통권53호, 고고미술동인회, 1964.
秦弘燮, 「韓國의 眼象文樣」, 『東洋學』 4집, 檀國大 東洋學研究所, 1974.
秦弘燮, 『韓國美術史資料集成(1)』, 一志社, 1987.
秦弘燮, 『韓國의 石造美術』, 문예출판사, 1995.
진홍섭·최순우 편, 『韓國美術史年表』, 一志社, 1992.
千敬和 편, 『韓國文化財總說』, 白山出版社, 1993.
청주시, 『1923년도 발간 淸州沿革誌』, 1999.
村山智順 著·崔吉成 譯, 『朝鮮의 風水』, 民音社, 1990.
崔柄憲, 「高麗中期 玄化寺의 創建과 法相宗의 隆盛」, 『韓㳓劤博士停年紀念史學論叢』,

1981.
최연식,「均如 華嚴思想硏究」, 서울대 박사학위논문, 1999.
崔元禎,「漆谷 松林寺 舍利莊嚴具 樣式 硏究」,『문화사학』14호, 한국문화사학회, 2000.
崔珍源,「龍頭寺幢竿說話考」,『人文科學』12집, 성균관대학교 인문과학연구소, 1983.
추만호,「나말려초 선사들의 선교양종 인식과 세계관」,『國史館論叢』52집, 國史編纂委員會, 1994.
韓國經濟史學會 編,『韓國史時代區分論』, 乙酉文化社, 1986.
韓國佛敎事典編纂委員會 編,『韓國佛敎大事典』, 보련각, 1982.
韓國佛敎硏究院 編, 韓國의 寺刹 (1)~(15)권, 一志社.
한진섭 역,『法華三部經』, 법륜사, 1979.
허균,『전통미술의 소재와 상징』, 교보문고, 1994.
許英桓,「龍紋과 中國美術」,『三佛金元龍敎授停年退任紀念論叢』Ⅱ, 一志社, 1987.
허영환,「韓國美術과 龍」,『한국학의 과제와 전망』Ⅰ(예술·사상·사회편), 제5회 국제학술회의 세계한국학대회 논문집, 한국정신문화연구원, 1988.
許興植,「靈巖寺 寂然國師碑」,『高麗佛敎史硏究』, 一潮閣, 1986.
허흥식,「한국불교사에서 회암사의 중요성과 국제적 위상」,『회암사』, 경기도 박물관, 2003.
洪慶杓,「龍神說話와 그 象徵體系 試考 -『三國遺事』所收 說話를 中心으로-」,『韓國傳統文化硏究』1, 1985.
洪潤植,「金山寺伽藍과 彌勒信仰」,『韓國佛敎史의 硏究』, 교문사, 1988.
洪潤植,「馬韓蘇塗信仰領域에서의 百濟佛敎의 受容」,『馬韓·百濟文化』11집, 圓光大 馬韓·百濟文化硏究所, 1988.
홍윤식,『한국의 불교미술』, 대원정사, 1988.
洪潤植,『韓國의 佛敎美術』, 대원정사, 1988.
黃壽永 編,『韓國金石遺文』, 一志社, 1994.
黃壽永,「新羅 法光寺 石塔記」,『白山學報』8輯, 白山學會, 1970.
黃壽永,「佛敎와 美術」, 悅和堂, 1985.
황인규,『고려후기 조선초 불교사 연구』, 혜안, 2003.
黃互根,「韓國紋樣史」, 悅和堂, 1987.

찾아보기

가

간(杆) 160
간공(杆孔) 160, 178
간구(杆溝) 160, 178
갈공사(葛空寺) 432
갑사 철당간(甲寺 鐵幢竿) 374
갑석형(甲石形) 141
강릉 대창리 당간지주(江陵 大昌里 幢竿支柱) 360
강릉 수문리 당간지주(江陵 水門里 幢竿支柱) 379
개국사(開國寺) 381
개천사(開天寺) 457
거돈사지 당간지주(居頓寺址 幢竿支柱) 466
경덕왕 97, 299
경순왕(敬順王) 435
경주 구황동 당간지주(慶州 九黃洞 幢竿支柱) 287
경주 동천동 당간지주(慶州 東川洞 幢竿支柱) 297
경주 보문동 연화문 당간지주(慶州 普門洞 蓮華紋 幢竿支柱) 326
경주 보문리 당간지주(慶州 普門里 幢竿支柱) 317
경주 전 주전지 당간지주(慶州 傳 鑄錢址 幢竿支柱) 296
경흥(憬興) 290
계성사(啓星寺) 425
고려도경(高麗圖經) 207, 237
고려사(高麗史) 47, 107
고려역조실록(高麗歷朝實錄) 457

고령 지산동 당간지주(高靈 池山洞 幢竿支柱) 302
고승법현전(高僧法顯傳) 26
고창 흥덕 당간지주(高敞 興德 幢竿支柱) 432
공주 반죽동 당간지주(公州 班竹洞 幢竿支柱) 311
관무량수경(觀無量壽經) 206
관정번(觀頂幡) 28, 120
광경사지(廣景寺址) 451
광명사(廣明寺) 466
광법사 당간지주(廣法寺 幢竿支柱) 386
광법사사적비(廣法寺事蹟碑) 386
광종(光宗) 389
괘불지주(掛佛支柱) 118, 269
괴산 외사리 당간지주(槐山 外沙里 幢竿支柱) 428
구룡사지 당간지주(九龍寺址 幢竿支柱) 314
구산선문(九山禪門) 256
국공(國工) 158
국찰(國刹) 405
굴산사(崛山寺) 259
굴산사지 당간지주(掘山寺址 幢竿支柱) 381
귀법사 당간지주(歸法寺 幢竿支柱) 405
귀부(龜趺) 288
귀신사(鬼神寺) 258
규(窺) 430
균여(均如) 405
균여전(均如傳) 124
극달화상(極達和尙) 354
금구(錦口) 399
금당사(金塘寺) 332

금당평(金堂坪) 317
금동 용두 보당(金銅 龍頭 寶幢) 497
금번(錦幡) 120
금산사 당간지주(金山寺 幢竿支柱) 369
김예종(金芮宗) 109, 400
김원(金遠) 236, 400
김정언(金廷彦) 106, 236, 408
김희일(金希一) 110, 400

나

나주 동문외 석당간(羅州 東門外 石幢竿) 478
낙양가람기(洛陽伽藍記) 27
남간사지 당간지주(南澗寺址 幢竿支柱) 309
남혜관(南惠寬) 380
낭공대사 행적(朗空大師 行寂) 260
낭원대사 개청(朗圓大師 開淸) 260
낭혜화상 무염(朗慧和尙 無染) 260, 416

다

단속사지 당간지주(斷俗寺址 幢竿支柱) 299
담양 읍내리 석당간(潭陽 邑內里 石幢竿) 437
담엄사(曇嚴寺) 328
담엄사지 당간지주(曇嚴寺址 幢竿支柱) 328
당(幢) 23, 119, 121
당간(幢竿) 119, 121
당개(幢蓋) 73
당번(幢幡) 25, 119
대가야(大伽倻) 302
대각국사 의천(大覺國師 義天) 109, 350, 420
대경대사 여엄(大鏡大師 麗嚴) 258
대비로차나성불경소(大毘盧遮那成佛經疏) 70
대원사(大院寺) 474
대월사(大月寺) 474
대청량사(大淸凉寺) 87
대통사지(大通寺址) 311

덕주사(德周寺) 435
도굴산파(闍掘山派) 381
도리사(桃李寺) 353
도첩제(度牒制) 266
동경잡기(東京雜記) 290
동국이상국집(東國李相國集) 102
동리산문(桐裏山門) 260
동장(銅檣) 121
동화사 당간지주(桐華寺 幢竿支柱) 354

마

마곡사(麻谷寺) 416
만덕사지 당간지주(萬德寺址 幢竿支柱) 396
만복사지 당간지주(萬福寺址 幢竿支柱) 468
만불산(萬佛山) 97
만안사(萬安寺) 103
망덕사지 당간지주(望德寺址 幢竿支柱) 283
면석부(面石部) 140
명관(明觀) 350
명랑법사(明朗法師) 280
명활산(明活山) 317
목당간(木幢竿) 263
묘길상탑(妙吉祥塔) 340
묘법연화경(妙法蓮華經) 24
묘탑(墓塔) 269
무량사 당간지주(無量寺 幢竿支柱) 416
무량수사(無量壽寺) 258
무진사(無盡寺) 361
무학대사 자초(無學大師 自超) 489
문두루비법(文豆婁秘法) 283
물산사(勿山寺) 302
미륵리사지 당간지주(彌勒里寺址 幢竿支柱) 435
미륵사지(彌勒寺址) 238
미륵사지 당간지주(彌勒寺址 幢竿支柱) 319

민지(閔漬) 109
밀교(密敎) 96

바

박거물(朴居勿) 290
반니원경(般泥洹經) 24
배잠사(盃岑寺) 488
백연경(白緣經) 23
백호당(白虎幢) 64
번(幡) 23, 119
번간(幡竿) 119
번간지주(幡竿支柱) 126
번개(幡蓋) 73
번당(幡幢) 119
번찰(幡刹) 126
범공(梵空) 332
범어사 당간지주(梵魚寺 幢竿支柱) 461
범패(梵唄) 36
법광사석탑기(法光寺石塔記) 334
법광사지 당간지주(法廣寺址 幢竿支柱) 334
법당(法幢) 46
법림사(法林寺) 341
법수사지 당간지주(法水寺址 幢竿支柱) 332
법인국사 탄문(法印國師 坦文) 407
법주사 철당간(法住寺 鐵幢竿) 443
법천사지 당간지주(法泉寺址 幢竿支柱) 393
법칙비(法勅碑) 80
법화삼부경(法華三部經) 24
보각국사 일연(普覺國尊 一然) 109
보감국사 혼구(寶鑑國師 混丘) 350
보개(寶蓋) 25
보륜(寶輪) 215
보리사(菩提寺) 258
보문사(普門寺) 326
보문사지(普門寺址) 317

보원사 법인국사 보승탑비(普願寺法印國師寶乘塔碑) 46
보원사지 당간지주(普願寺址 幢竿支柱) 407
보전(寶殿) 236
보조국사(普照國師) 354
보주(寶珠) 215
복련(伏蓮) 147
봉업사지 당간지주(奉業寺址 幢竿支柱) 410
봉은사(奉恩寺) 389, 456
부석사 당간지주(浮石寺 幢竿支柱) 304
부안 서외리 석당간(扶安 西外里 石幢竿) 411
부인사지 당간지주(符仁寺址 幢竿支柱) 356
분황사(芬皇寺) 287
불국사 당간지주(佛國寺 幢竿支柱) 293
불국사고금역대기(佛國寺古今歷代記) 38, 105
불문(佛門) 104
불보살(佛菩薩) 23
불상번(佛像幡) 120
불소행찬(佛所行讚) 80
불은사(佛恩寺) 466
불일사지 당간지주(佛日寺址 幢竿支柱) 389
불전(佛殿) 23
비로사 당간지주(毗盧寺 幢竿支柱) 306
비보사찰(神補寺刹) 461

사

사릉(蛇陵) 329
사명당(四溟堂) 354
사신숭배(蛇神崇拜) 114
사천왕사(四天王寺) 28
사천왕사지 당간지주(四天王寺址 幢竿支柱) 280
삼국유사(三國遺事) 34, 38, 97, 124, 206
삼랑사지 당간지주(三郎寺址 幢竿支柱) 290
상주 복룡동 당간지주(尙州 伏龍洞 幢竿支柱)

372
서긍(徐兢) 207
서산 동문동 당간지주(瑞山 東門洞 幢竿支柱) 476
서하집(西河集) 99
석기(釋器) 396
석당(石幢) 121
석당간(石幢竿) 263
석장(石檣) 121, 480
선각국사 도선(先覺國師 道詵) 260
선각왕사 혜근(禪覺王師 惠勤) 489
선종 399
선화봉사고려도경(宣和奉使高麗圖經) 47
성거산(聖居山) 447
성목태후(聖穆太后) 340
성주사(聖住寺) 259
세종실록 64
소도신앙(蘇塗信仰) 93
소백산사(小白山寺) 306
소수서원(紹修書院) 365
송림사 당간지주(松林寺 幢竿支柱) 350
수철화상(秀澈和尙) 258
숙수사지 당간지주(宿水寺址 幢竿支柱) 365
순응(順應) 261, 340
순천사(順天寺) 105
숭립사(崇立寺) 26
숭선사지 당간지주(崇善寺址 幢竿支柱) 390
신림(神林) 340
신목태후(神睦太后) 286
신문왕 290
신충(信忠) 299
신행선사(神行禪師) 299
실상사(實相寺) 258
심지왕사(心地王師) 354

아

아산 읍내리 당간지주(牙山 邑內里 幢竿支柱) 418
아슬라사(阿瑟羅寺) 361
안동 운흥동 당간지주(安東 雲興洞 幢竿支柱) 341
안상(眼象) 304
안양사(安養寺) 343
안향(安珦) 365
안화사(安和寺) 47
앙련(仰蓮) 147
야마천궁(夜摩天宮) 206
양평 옥천리 당간지주(楊平 玉泉里 幢竿支柱) 474
양현지(楊衒之) 27
여지도서(輿地圖書) 399
연복사(演福寺) 47
염관(鹽官) 381
영가지(永嘉誌) 342
영광 단주리 석당간(靈光 丹朱里 石幢竿) 482
영국사 혜거국사비문(寧國寺 慧炬國師碑文) 46
영양 현일동 당간지주(英陽 縣一洞 幢竿支柱) 367
영추(永樞) 350
영통사(靈通寺) 456
영통사 당간지주(靈通寺 幢竿支柱) 420
영통사 대각국사비(靈通寺大覺國師碑) 109
오방번(五方幡) 36
옥번(玉幡) 120
옥표(玉標) 104, 236
왕건(王建) 386
왕궁사(王宮寺) 487
왕륜사(王輪寺) 102
왕오천축국전(往五天竺國傳) 26, 80

요극일(姚克一) 290
용두(龍頭) 215
용두보당(龍頭寶幢) 147
용두사지 철당간(龍頭寺址 鐵幢竿) 398
용지사(龍池寺) 361
우두선(牛頭禪) 261
우주(隅柱) 141
우파새(優婆塞) 114
울진 구산리 당간지주(蔚珍 九山里 幢竿支柱) 488
원공(圓孔) 149
원공국사 지종(圓空國師 智宗) 466
원당(願堂) 389
원묘국사 요세(圓妙國師 了世) 107
원융국사 결응(圓融國師 決凝) 305
원적니(圓寂尼) 335
원종대사 찬유(元宗大師 璨幽) 330
원좌(圓座) 149
원주 봉산동 당간지주(原州 鳳山洞 幢竿支柱) 471
월평사(月坪寺) 482
유가사(瑜迦寺) 354
유소번개(流蘇幡蓋) 38
윤곽대(輪廓帶) 167
음각 탑당 동판(陰刻 塔幢 銅版) 499
의상(義湘) 286
의상대사 304
의신조사(義信祖師) 443
이규보 102
이준(李俊(純)) 299
이차돈 309
익산 쌍정리 당간지주(益山 雙亭里 幢竿支柱) 486
일념(一念) 309
일본서기(日本書紀) 28, 208

입목(立木) 95

자

자비령라한당기(慈悲嶺羅漢堂記) 110
자비사 당간지주(慈悲寺 幢竿支柱) 422
장락사지 당간지주(長樂寺址 幢竿支柱) 346
장번(長幡) 58
장성 사가리 당간지주(長城 四街里 幢竿支柱) 453
장엄(莊嚴) 23
장연사지 당간지주(長淵寺址 幢竿支柱) 337
장의사지 당간지주(莊義寺址 幢竿支柱) 330
장춘랑(長春郞) 330
적인선사 혜철(寂忍禪師 慧徹) 104
정읍 장명동 당간지주(井邑 長明洞 幢竿支柱) 455
정토론(淨土論) 24
제석사(帝釋寺) 487
조연소사(槽淵小寺) 299
종경(鍾磬) 98
주륵사지(朱勒寺址) 353
주작당(朱雀幢) 64
죽장사지 당간지주(竹杖寺址 幢竿支柱) 352
중초사지 당간지주(中初寺址 幢竿支柱) 343
중흥사지(中興寺址) 386
증각대사 홍척(證覺大師 洪陟) 258
지광국사 해린(智光國師 海麟) 393
지증대사 도헌(智證大師 道憲) 260
진전사원(眞殿寺院) 410
진정(眞定) 306
진주 성산리 당간지주(晋州 省山里 幢竿支柱) 465
진평왕 290
진평왕릉(眞平王陵) 317
진표(眞表) 443

진표율사(眞表律師) 369
징효대사 절중(澄曉大師 折中) 260

차

찰간(刹竿) 24
창녕 직교리 당간지주(昌寧 直橋里 幢竿支柱) 484
채수(蔡壽) 58
천작사(天作寺) 482
천흥사지 당간지주(天興寺址 幢竿支柱) 447
철감선사 도윤(澈鑒禪師 道允) 258
철당(鐵幢) 121
철당간(鐵幢竿) 264
철당기(鐵幢記) 398
철주(鐵柱) 121
첨두형(尖頭形)
첨형(尖形) 141
청룡당(靑龍幢) 64
청주연혁지 400
청평사(淸平寺) 425
최우(崔瑀) 102
최자(崔滋) 107
최하(崔賀) 104
춘천 근화동 당간지주(春川 槿花洞 幢竿支柱) 423
충원사지(冲圓寺址) 425
충혜왕(忠惠王) 396
칠장사 철당간(七長寺 鐵幢竿) 456

타

탑묘(塔廟) 24
탱주(撑柱) 141
통도사 석당간(通度寺 石幢竿) 491
통효대사 범일(通曉大師 梵日) 381, 416

파

파다가(波多迦) 118
파랑(罷郞) 330
파주 파주리 당간지주(坡州 坡州里 幢竿支柱) 463
팔대용왕(八大龍王) 114
표암재(瓢巖齋) 297
풍기 출토 금동 당간 용두(豊基 出土 金銅 幢竿 龍頭) 496

하

학조화상(學祖和尙) 341
한산주(漢山州) 330
항마(降魔) 97
항창화상(恒昌和尙) 345
해인사 당간지주(海印寺 幢竿支柱) 339
행주(行舟) 480
향조사(香照寺) 335
현무당(玄武幢) 64
현종(顯宗) 398, 430
현화사 당간지주(玄化寺 幢竿支柱) 430
혜덕왕사(慧德王師) 369
혜소국사 정현(慧炤國師 鼎賢) 456
혜초(慧超) 26
혜통(惠通) 309
호국용(護國龍) 115
호형(弧形) 141
홍각선사 이관(弘覺禪師 利觀) 260
홍성 동문동 당간지주(洪城 東門洞 幢竿支柱) 451
홍진국사(弘眞國師) 354
홍천 희망리 당간지주(洪川 希望里 幢竿支柱) 426
화개(花蓋) 73
화엄사 당간지주(華嚴寺 幢竿支柱) 362

회암사지 당간지주(檜岩寺址 幢竿支柱) 489
화엄종(華嚴宗) 256
화차사(華次寺) 410
황룡사(皇龍寺) 345
황룡사지(皇龍寺址) 238
황룡사지 당간지주(皇龍寺址 幢竿支柱) 285
황룡사지 서편 당간지주(皇龍寺址 西便 幢竿支柱) 358
황번(黃幡) 58
황복사지 당간지주(皇福寺址 幢竿支柱) 286
효소왕 286
흥국사(興國寺) 207
흥덕사지 청동 보당 용두(興德寺址 靑銅 寶幢 龍頭) 500

한국의 당간과 당간지주
Buddhist Banner Pole and Stone Posts in Korea

2007년 10월 29일 개정증보판

지은이 · 엄기표
펴낸이 · 권혁재
책임 편집 · 최정애
편집 · 조혜진
관리 · 이완준

펴낸곳 · 학연문화사
등록 · 1988년 2월 26일 제2-501호
주소 · 서울시 금천구 가산동 371-28 우림라이온스밸리 B동 712호
전화 · 02-2026-0541~4
팩스 · 02-2026-0547
E-mail · hak7891@chollian.net
Homepage · www.hakyoun.co.kr

ⓒ 엄기표, 2007

저작권자와 맺은 협약에 따라 인지를 생략합니다.

ISBN 978-89-5508-131-2   93900

잘못 만들어진 책은 바꾸어 드립니다.
책값은 뒤표지에 적혀 있습니다.